U0797715

人有一个神秘的心灵地带，

谁能用天意、天旨去撩动它，

谁就能主导着人类未来文明、文化的动向。

（摘自廖志祥先生诗咒）

破

BREAKING THE GAME

Banking Market and Legal Innovations

银行金融
法律市场与实务运作

刘大力 / 著

局

法律出版社 LAW PRESS · CHINA

序

自我国律师制度恢复以来，相对于刑法、民法、诉讼法等方面法律业务而言，涉外经济法律业务起步较晚，律师参与涉外金融法律的案例屈指可数，办理涉外金融业务的亲历者与参与者更是凤毛麟角。这本书不仅是刘大力律师一笔可与世人分享、与同行共勉、与后进切磋的宝贵精神财富，而且他把自己经办过的经典案例的交易思维过程、谈判过程写下来，尤其是把律师的创新价值写下来，可谓一本功在当代、利在长远、对有志于成为优秀律师的同行非常有启发的好书。

我最早认识大力律师要回溯到20世纪80年代末，那时他刚从华东政法学院（现改为华东政法大学）研究生毕业，怀着当一名涉外律师的强烈愿望来到位于新闸路上的上海市第三律师事务所应聘。当时事务所门前同时挂着三块牌子，即“上海市对外经济律师事务所”“上海市海事律师事务所”“上海市侨务律师事务所”，承接上海市大部分的涉外律师业务，由此事务所人员紧张，特别需要年轻人充实队伍。经过与大力律师用英语交谈后，他那流利的英语给我留下了深刻的印象。但当时对进所的外地毕业生，所内有一个不成文的规定，进所前必须承诺由其本人解决住宿问题。事后，听说大力律师为能进入上海市第三律师事务所并办理涉外业务，他甚至找了远房之远房亲戚帮忙提供住宿的故事。

大力律师进所不久，适逢主攻银行业务的老律师蒋鸿礼的助手出国进修，事务所安排大力律师接替该律师的工作，大力律师的勤奋好学和努力工作的表现很快赢得了银行客户的信任。

1992年2月，随着浦东改革开放的兴起，我和刘大力等五位律师来到浦东进行第二次创业，创办了上海浦东涉外律师事务所。当时浦东还有不少农田，基础设施很不完善，律师创业十分艰苦，大力律师每天加倍努力工作。过江不便，他就骑一辆旧自行车，一一登门拜访，几乎所有设在浦东的重要金融机构都留下了他的足迹。

大力律师从事金融律师业务30年，恰恰是我国金融律师业务从无到有并不断发展的30年。这本书不可能涵盖金融业务的全貌，但大力律师把一个优秀金融律师视野下的银行金融法律市场需求描绘得非常清楚，还从其处理的数千个金融交易中挑选了十几个典型银行金融案例，通过大力律师的视角，以故事的手法生动地呈现了中国涉外律师在改革开放进程中通过一个个金融交易的设计、文件起草和谈判所创造的法律价值，真实体现了中国年轻一代涉外律师在与国际客户和国际顶尖律师同行合作中成长的过程，给人以身临其境的感觉。尤其是大力律师用其酷爱的古典音乐把理性的律师执业连接起来，让这本书具有很强的可读性。

文如其人，我与大力律师相识30余载，是同事也是好友。他的金融律师业务开拓发展的经历，可以说是上海律师勇于实践敢于创新的缩影。透过书中朴实无华的文字，相信读者们可以看到大力律师30年的成长轨迹、他的一颗拳拳爱国之心，以及他为维护客户利益而忘我工作的优秀律师的职业精神。我希望大力律师的书能够激励新一代的中国律师继续发扬他的精神，努力为实现中华民族的伟大复兴贡献自己的力量和智慧。

毛柏根

原上海第三律师事务所主任

原上海浦东涉外律师事务所主任

目 录
Contents

第一部
法律市场：
金融律师的舞台

第二部

破局：

金融律师的创新

第三部

进行曲：

金融律师的成长

返场曲：

博弈——银团贷款

合同的谈判要点

ACTION

1

第一部

◇

法律市场：

金融律师的舞台

前奏曲

金融法律市场全景图

金融市场是一个外延非常宽泛的概念，在中国如今的金融体制下，它实际上是由众多细分金融市场所组成的一个大的市场概念。虽然金融市场就像金融法一样并没有确切的法律定义，但概括来说，金融市场包括银行市场、非银行金融机构市场、证券市场、期货市场、保险市场、票据市场、债券市场、货币市场等。从金融律师的角度来看，金融市场不等同于金融法律市场。金融交易的参与方围绕着金融市场开展各类金融活动，并不是所有的金融活动均需要律师参与服务。或者说，只有有金融法律服务需求的领域才构成金融法律市场。对于金融律师而言，金融法律市场才是金融律师需要真正关注的市场，而不是整个金融市场内的所有金融活动。同时，在金融法律市场内，也会因为金融活动的机构不同、类别不同而分为不同的金融法律业务。

为方便了解上面提及的金融市场和金融法律市场的区别，我们举一个事例。比如，在银行金融市场中有众多银行金融活动，包括账户开立和存取款业务、结算业务、融资业务等。这些众多的银行金融活动组成了整个银行金融市场。但是，并不是每一项银行金融活动均需要银行金融律师的参与。在账户开立过程中，银行需要完成开户申请、“了解你的客户”、开户授权、开户协议签署等各项流程，基本全部流程都可以由银行工作人员自行完成，无须金融律师的介入，这样自然也没有金融律师需要提供法律服务的市场了。然而，在一些特殊类型的复杂融资业务中，客户需要与银行完成融资申请、融资条件和条款拟定、法律文件制作、融资放款手续准备、融资放款后续条件满足等一系列流程，这些流程并不是一个银行工作人员可以轻易完成的，在很多环节都需要律师的介入并提供法律服务，这样就自然形成了金融律师需要提供法律服务的市场了。了解这一点非常重要。对律师而言，必须随时跟踪市场对法律服务的需求。根据金融市场的需求，金融律师提供相应的专业服务，而不是根据自己的兴趣爱好和想当然的推理来做金融法律服务的准备。

进一步看，即使在同一个金融法律市场，也会存在诸多不同类型、不同层次的金融法律业务，从而导致不同的金融法律专业需求。金融法律业务的需求大小高低造就了金融法律市场的大小高低。比如，在上述的银行账户开立业务中，也并不是一概无须金融律师的服务。诸如开户授权文本和开户协议文本的准备和制作等，也需要专业的金融律师提供法律服务，只是这类业务由于其本身的可重复性，往往在金融律师提供法律服务后很难滋生后续的金融法律服务，或者说对小型金融机构而言，这类法律工作由内部的法务人员承担，所以这一金融法律市场相对来说就较小。但是，在上述的特殊类型的复杂融资中，需求专业的金融律师提供法律服务的业务范围就非常广，包括但不限于融资项目的法律评估、贷款协议文本的起草和谈判、担保文件的制作和谈判、担保完善等，而且由于融资项目的差异性，完成一项融资交易并不意味着可以将这一交易简单复制到下一交易，所以，银行在这一块的金融法律业务需求就特别大，也造就了很大的金融法律市场。同样，在证券业、保险业、期货业等金融也是 一样的。当然，大中小型的金融机构、中外资金融机构、不同地域的金融机构所需要的金融法律服务是不同的，相应的金融法律市场也是不同的。

通过以上的介绍，我们可以看到，金融市场非常宽泛，而金融法律市场因为金融活动对法律服务的特定需求而与金融市场本身存在差异，进一步来讲，金融法律市场又因为金融活动所需法律业务范围的不同存在大小之差。正确地认识金融法律市场和金融法律业务这一概念能够有效地帮助金融律师快速定位，并深入市场进行跟踪和研究，有利于长远的职业规划和发展。

主题曲

银行金融法律市场舞台

本书主要聚焦于银行金融法律市场，包括银行金融法律市场和非银行金融机构法律市场（包括信托、保理、融资租赁、财务公司、小额贷款等），并不会涉及其他不同类型的金融法律市场，如证券市场、期货市场、债券市场、货币市场、保险市场等隶属于不同法律框架下的市场类型。由于银行和非银行金融机构均隶属于中国银行保险监督管理委员会的监管范围或者受中国银行保险监督管理委员会监管指导，又由于其本身业务的同质性（核心业务为融资），我们会放在本书中一并讨论。本部分旨在阐述银行金融市场内的银行金融法律市场及其业务。

场景一

银行金融市场参与主体

银行金融市场的主要参与主体为政策性银行和商业银行，大致分类如下：

（一）政策性银行

政策性银行，是指国家开发银行、中国进出口银行和中国农业发展银行。

政策性银行是由政府主导，不以营利为目的，专门贯彻、配合政府社会经济政策，从事金融活动的机构。国家开发银行主要业务方向是棚户区改造、城市基础设施建设和国家大型基建贷款等；中国进出口银行主要是提供买卖方信贷、进出口信用证、代收等国际贸易业务；中国农业发展银行则主要承担脱贫攻坚和乡村振兴战略的一些金融服务。不过，近几年来，随着市场化的发展和互联网金融的兴起，政策性银行也开始探索创新和谋求商业转型。

（二）大型国有商业银行

大型国有商业银行，主要包括中国银行、中国工商银行、中国建设银行、中国农业银行、交通银行和中国邮政储蓄银行。国有商业银行都是由国家（财政部、中央汇金公司）直接管控的商业银行。到2018年年底，大型国有商业银行（不包括中国邮政储蓄银行）的总资产达98万亿元左右，占银行业金融机构总资产的36%左右。[1]

（三）股份制商业银行

股份制商业银行，指12家全国性股份制商业银行，包括中信银行、中国光大银行、华夏银行、中国民生银行、招商银行、兴业银行、广发银行、平安银行、浦发银行、恒丰银行、浙商银行和渤海银行。到2018年年底，股份制商业银行的总资产达47万亿元左右，占银行业金融机构总资产的17%左右。[2]

（四）民营银行

民营银行，指目前已成立的由私营企业控股的银行，包括天津金城银行、上海华瑞银行、浙江网商银行、温州民商银行、重庆富民银行股份有限公司和深圳前海微众银行。创新可以说是民营银行最大的竞争优势。

---

〔1〕参见中国银行保险监督管理委员会发布的《银行业监管统计指标季度情况表（2018）》。
〔2〕参见中国银行保险监督管理委员会发布的《银行业监管统计指标季度情况表（2018）》。

（五）城市商业银行

城市商业银行，是指从城市信用社改制而成的城市商业银行，主要在某一城市开展商业银行业务。目前在中国有 100 多家城市商业银行。到 2018 年年底，城市商业银行的总资产达 34 万亿元左右，占银行金融机构总资产的 12% 左右。[1]

（六）农村金融机构

农村金融机构，包括农村合作银行、农村信用社、从农村信用社改制而成的农村商业银行以及新型农村金融机构，主要为农村和城市市郊提供商业银行服务。目前，农村商业银行的数量截至 2018 年年底为 1427 家。到 2018 年年底，农村金融机构的总资产达 34 万亿元左右，占银行金融机构总资产的 13% 左右。[2]

（七）外资银行

外资银行，是指外国银行在中国的法人制银行、中外合资银行、外国银行中国分行、外国银行中国代表处。目前，在中国共有 41 家外资法人银行。到 2018 年年底，整个外资银行（包括外国银行在中国的分行）的总资产达 4.4 万亿元左右，占银行金融机构总资产的比例约为 1.7%。[3]

场景二

银行金融法律市场需求

银行金融法律服务基本来源于两方面：一是银行在其业务经营过程中开

〔1〕参见中国银行保险监督管理委员会发布的《银行业监管统计指标季度情况表（2018）》。
〔2〕参见中国银行保险监督管理委员会发布的《银行业监管统计指标季度情况表（2018）》。
〔3〕载国家统计局网站：http://data.stats.gov.cn/easyquery.htm?cn=C01&zb=A0L07&sj=2019，访问日期：2020 年 4 月 8 日。

展的银行业务所产生的法律服务需求；二是围绕银行这一金融机构主体的设立和运营而产生的法律服务需求。就第一方面而言，主要是银行的账户和结算类业务、融资类业务、衍生品业务、理财业务、信用卡业务和投行业务等衍生出的法律服务需求。就第二方面而言，主要是围绕银行开展的机构设立、变更类业务、运营和合规类业务和诉讼类业务等衍生出的法律服务需求。

◎ 银行自身开展的业务

银行自身开展的业务是因为其业务经营所需而展开的经营类业务，主要类型如下：

➡ 账户和结算类业务

账户业务是银行业务中最基础的一项业务，包括开户、关户、存款、取款、网上银行等，而结算业务则是银行最传统的一项业务，包括信用证、票据和日常融资类业务。由于账户和结算类业务最基础和最传统，其业务量在银行整体业务中的占比也是非常大的。金融律师可以在这两类业务中提供的法律服务主要包括业务标准文本的制作、业务中产生的法律问题的咨询和建议等。

就账户类业务而言，金融律师会协助银行制作标准开户文件（主要指开户协议)，并就开立账户中的法律问题提供一般性的法律咨询意见。但是，围绕账户业务，金融律师有时候也可以为银行提供一些创新性的法律服务。比如，我们在本书的第二部分将会介绍的现金池创新金融产品，就是围绕银行客户的账户体系通过法律结构设计搭建起来的一款银行金融产品，有效地解决了银行客户的金融需求。而另外一些围绕账户的业务主要还包括结构性存款协议的审阅和法律建议。

就结算类业务而言，金融律师也会协助银行制作标准文件，如信用证开立文件、票据贴现协议、日常融资业务的授信函等，并就银行在此类业务中遇到的法律问题提供法律咨询，如票据的承兑、挂失，信用证欺诈等。偶尔在银行遇到一些新型结算类业务时，金融律师也会提供法律可行性的论证和结构设计，比如一些国际福费廷（International Forfeiting）的结构设计、债权文书凭据的规范、跨境票据质押融资等。

总体而言，由于账户类和结算类业务的标准化程度高，所存在的法律问题也并不新颖，金融律师在这类业务中的整体法律市场并不是很大，所起到的作用总体而言是有限的。

[代表性案例 1 -2 -1] 我们代表香港上海汇丰银行（中国）有限公司起草账户开户协议。这项工作极具挑战性，因为汇丰原有的格式文本是基于香港法下起草的文本，并不能直接在中国法下使用，很多术语和法律关系都有问题。另外，文本反映的是香港市场的惯例，和中国内地银行业的操作惯例很不一样。所以，我们的工作是根据中国法律法规和监管的要求以及中国内地市场的惯例使其本土化。

➡ 融资类业务

银行的融资类业务从类型上可以分为两类：一类是日常类的融资业务，既包括各类贸易融资如保理、信用证、票据贴现，也包括标准化的流动资金循环授信贷款；另一类是特殊类型的融资项目，包括担保贷款、房地产融资、收购融资、银团融资、项目融资、跨境融资、结构性融资等。

就日常类融资而言，银行对法律服务的需求基本集中于日常的法律业务咨询，出具各类法律意见以及就新产品协助准备标准文本等，法律服务需求并不广泛。究其本质原因，主要是这类业务具有标准化和同质化的特征。一旦交易结构确定，在同类交易结构中，法律文本可以被重复使用，律师在这类业务中的需求不是很突出。而且，银行一般也会配备法律部门或法务团队，随着法务团队的扩大，这类日常融资往往都可以交由银行内部法务团队完成，律师的业务需求就被进一步压缩了。从另一方面来看，中资银行在日常类融资中很少聘请外部律师处理这类业务，而外资银行只有新设的或者小型的机构会有这类需求。

相较于日常类融资，银行在特殊类型的融资项目中对律师法律服务的需求则是非常大的。因为这类型的业务首先结构复杂，所涉法律问题众多，而且交易方及交易所涉事项也众多，银行业务人员往往难以凭借标准文件完成这一类型的融资业务，也很难依靠银行法务人员完成大量的特殊融资项目的法律工作。一般而言，这类业务中需要律师提供的法律服务包括前期咨询、准备法律文本、协助银行谈判、代表银行办理各类政府手续、出具法律意见以及提供其他法律建议等。

因为特殊类型的融资业务所涉法律问题众多，且银行金融律师的业务基本集中于此，在此将各类型特殊融资业务详述如下：

1. 担保贷款

相比于其他特殊类型的融资业务，担保贷款在银行特殊类型的融资业务中属于比较成熟的业务产品。担保贷款，顾名思义，是指借款人或第三人提供担保而银行发放贷款的融资业务。《物权法》和《担保法》（包括最高人民法院对担保法的司法解释）对担保类型有多种规定，包括不动产抵押、动产抵押、动产质押、股权质押、应收账款质押、现金质押。在实际业务中，只要是可以为债权提供担保且银行可以接受的押品，在银行都可以做担保贷款业务，但多数情况下为抵押贷款。因此，我们所谈的抵押贷款是一类融资结构的统称，泛指有担保品的贷款。

抵押贷款还有另外一个特征，即所担保的贷款往往是中长期的定期贷款，而非流动资金贷款。因为贷款期限越长，银行所承担的风险就越高，对于风险高的贷款，银行通常就会要求客户提供相应的担保品。这也是抵押贷款的基本逻辑之一。

（1）最高额抵押贷款

根据客户需求不同，银行的抵押贷款业务又可以分为最高额抵押贷款业务和一般抵押贷款业务。前者以抵押品作担保，在一定期间内可以发生多笔贷款业务，而后者则以抵押品作为担保仅发生一次性贷款业务。这两种同一大类业务下的不同分类业务，在表面上看来是贷款是否可以多次使用的关系，但体现在法律结构和文本结构上，则是迥然不同的结果。最高额担保与一般担保各自有不同的法律关系，在贷款结构和文本设计上需要因循两者的不同而各自做不同的条款设置，以满足两者不同的需求。

举个简单的例子：最高额抵押对主债权最高限额有约定，而不是以单笔贷款为主债权，一般抵押则是以单笔贷款为准。在不动产登记实践中，最高额抵押往往登记主债权最高限额，而一般抵押往往登记单笔贷款本金金额。那么在法律认定上，最高额抵押所登记的主债权最高限额是否可以涵盖利息金额？换言之，利息金额是否可以及于抵押物而享有优先受偿顺位？因为银行与客户约定的是“主债权最高限额”，似乎应该是涵盖利息金额，不然怎么能称为“主债权最高限额”呢？那么，一般抵押所登记的单笔贷款本金金额是否仅意味着贷款本金金额才享有优先受偿顺位，而利息金额则无法及于抵押物而享有优先受偿顺位？在法律实务中，这两者是存在差别的，而在文本中如何处理这两者的差别以达到对银行的最大保护，则是律师的主要工作之一。

（2）抵押贷款需要律师的工作

总体而言，在抵押贷款业务中，银行的需求和律师的业务基本互相匹配，一般来说，包括对抵押质押的可行性分析，担保完善手续的分析，法律文本的制作、修改和谈判，协助安排签约，准备公司授权类文件，审阅提款文件，办理担保完善登记或者备案，出具法律意见书等。

虽然抵押贷款结构以及律师所要做的业务看似简单，但实际上其所衍生出的法律问题及律师所要开展的实际工作量往往是巨大的。以下举几个例子予以说明：

①就不动产抵押贷款而言，不动产分为土地、在建工程和完工后的房屋，其办理抵押的条件和要求均不相同。在某些不动产登记机关，土地抵押所担保的主债权仅局限于土地原始购买价值（土地使用权出让金），在这种情况下，如果主债权超过这一价值，则超过部分就无法获得优先清偿的顺位，对银行来说是一个非常大的风险点，如何解决这个风险就需要律师和银行共同的努力。

②一笔不动产抵押贷款业务，贷款是用于厂房建设，银行要求的是厂房的不动产抵押（包括前期的土地、中期的在建工程和后期的完工厂房），而抵押是需要视抵押品的具体情况来办理的，如何在整个贷款期间完成这三类抵押，这三类抵押如何实现无缝连接以始终持续担保贷款等这些问题都需要在实际业务中考虑并予以解决。各地抵押政策存在不同，土地抵押完成后，如果要转为在建工程抵押，则有可能需要先解除土地抵押再新设在建工程抵押，也可能是直接在原土地抵押的基础上追加在建工程抵押，两种不同抵押方式对银行贷款的安全性有着不同的影响，前一种会导致银行抵押贷款在土地转在建工程抵押过程中出现“空窗期”，因为在土地抵押解除而在建工程抵押新设之前这一段时间贷款是不被担保的。以上问题在实际操作中和法律文本中如何解决也需要律师给予建议和意见。

③在抵押贷款中，抵押登记手续完成后，如何确认抵押登记顺位对银行

来说是非常重要的一件事情。如果所登记的抵押对银行来说是第二顺位甚至第三顺位，那么意味着银行在清偿贷款时必然劣后于其他贷款人。这在银行的信贷中是无法接受的。那么，在抵押贷款中，律师的另外一项工作就是协助银行确认抵押顺位。众所周知，不动产登记已经在全国范围内开展统一登记操作，所以，不动产抵押登记的相关信息一般都可以在不动产登记系统中查询，相对来说，不动产抵押登记的顺位确认工作会比较容易，只要做一个产权调查即可。但即使这样，在中国这样一个地域非常广阔的国家，也不是所有地方都普及了这一工作，尤其在一些偏远地区的不动产登记机关，这类查询往往都是做不了的，那么如何可以帮助银行确认抵押权的顺位？除了不动产之外，银行有时候也会拿动产作为抵押担保。随着国家市场监督管理总局有关动产抵押登记的改革，在我们撰写这篇章节时，动产抵押的登记已经经过两次调整了，一开始动产抵押在市场监督管理局窗口人工进行登记，后来市场监督管理局上线了动产抵押登记平台，企业可以选择在动产抵押登记平台或者市场监督管理局窗口人工登记，再后来国家市场监督管理总局在北京和上海两个城市试点动产抵押登记，委托中国人民银行征信中心管理的动产融资平台统一登记，企业在这两个城市可以选择动产融资平台统一登记。这样复杂的登记操作流程，就需要律师的协助。此外，再试想，一家成立很久的企业想将一批设备抵押给银行，如果银行想要确认这批设备上的抵押权顺位，又需要如何操作？如果没有律师给予指引，恐怕银行很难完整地确认这批设备上的抵押权顺位问题。

以上只是在抵押贷款中举出的几个例子，以说明抵押贷款业务看似简单，实际上内里的工作往往会呈现非常复杂的情况。所以在这类业务中，银行是有很大的法律业务需求的，而且律师具备丰富的实践经验，可以为银行提供巨大的附加价值，因此银行往往很难舍弃对律师的需求。

(3) 抵押贷款业务对律师的要求

根据我们的经验，从事此类业务的律师往往需要熟悉银行的业务、了解银行风控的要求、能够在实践中灵活运用法律、掌握法律法规和政策的变化对业务的影响等。另外，需要掌握不动产登记部门、市场监督管理局等抵押质押登记部门的实践要求以及各地的差异。

[代表性案例1-2-2] 我们代表由中国建设银行作为牵头安排行的银团为上海国际博览中心提供8.35亿元人民币融资项目。该项目是上海一个标志性的房地产建设项目。我们的工作范围包括：尽职调查、准备全部的融资文件和担保文件、安排担保事项和协助获取政府批准等。这个项目的挑战是我们在安排房地产抵押时，需要按照工程进度分别办理土地使用权抵押、在建工程抵押和房地产抵押，并安排好三个阶段的衔接。

2. 房地产融资

房地产融资是银行围绕房地产的开发、建设、运营和买卖所提供的一种融资类型。房地产融资的本质是房地产企业以房地产本身及围绕房地产所产生的权益作为担保向银行融资贷款的一种融资类型。房地产融资根据具体情况分为项目融资、担保贷款、收购融资和跨境融资，因此其可能适用于监管机构颁布的关于固定资产贷款和项目融资指引相关的法规，同时，也受制于监管机构专门针对房地产融资的专项法律法规的约束。为房地产融资提供担保的担保品，核心是房地产本身（土地使用权、在建工程或者现房），其次是基于房地产所产生的权益，如应收账款、保险权益、其他重大合同权益等。

需要特别提及的是，我们所说的房地产融资不包括银行提供的个人或者企业按揭业务。按揭业务作为银行一项传统业务，具有高度的同质性和可复制性，属于银行的日常融资业务，通常无须金融律师提供专项法律服务。

（1）房地产融资的类型

房地产融资是银行围绕房地产的开发、建设、运营和买卖所提供的一种融资类型，因此，房地产融资一般分为以下几种类型：

①开发贷：为房地产企业开发建设房地产项目提供的融资；

②经营性物业贷款：为房地产企业的建成物业提供经营性物业融资，包括对建成之前的开发贷的再融资；

③商业购房贷款：为房地产企业购买商业楼宇提供融资。

上述的类型虽然都属于房地产融资，但是不同类型的房地产融资所适用的法律规则和产生的法律问题都是不同的，也需要有经验的金融律师提供专项的法律服务。举个简单的例子，房地产开发贷需要律师准备专项的适用于房地产开发贷的法律文本，因为该融资的本身更加侧重于房地产项目的建设和后续的售卖或者出租，因此，对于房地产项目本身建设的合法合规性更加看重，那么如何确保房地产项目的建设合法合规就是律师在提供此类法律服务时的侧重点，也是需要律师重点落实在法律文本中的。

经营性物业贷款则不同于房地产开发贷，因为银行在提供经营性物业贷款时，房地产企业的物业都已经建成了。但这类融资也会遇到一些特殊类型的问题，比如，对于一个建成年代很久的物业，如果经营性物业贷款用于再融资房地产企业的前手贷款，而前手贷款可能是用于再融资其前前手贷款的，那么本笔经营性物业贷款在合规性上是否需要穿透检查至最前手的那笔贷款以判断本笔经营性物业贷款合规与否？又如，房地产企业一般不存在流动资金贷款需求，但是对于一些运营经营性物业的房地产开发企业而言，为了支付员工工资、进行市场推广等，其可否将经营性物业贷款用于这类流动资金用途？

在商业购房贷款中，如果是单项目公司购买一座商业楼宇，那么这笔贷款是商业购房贷款还是并购贷款？如何确保银行在提供该笔贷款时满足监管机构的合规性要求？在不同的房地产融资类型中，为银行解决不同的法律问题，并进行文本上的处理，是律师在房地产融资中的主要工作之一。

（2）房地产融资需要律师做的工作

房地产融资中银行的需求与律师可以提供的服务基本上是匹配的，主要包括前期对房地产项目的尽职调查，在建项目当地法律法规的研究和整理，制作法律文本，完善担保手续，协助完成提款手续，出具法律意见书等。虽然看起来比较简单，但实际从事房地产融资的律师可以提供的法律服务是非常宽泛的。

①在提供融资之前，银行往往都会关注房地产项目本身是否存在重大的法律瑕疵，则需要依赖律师基于房地产企业提供的文件对房地产项目进行尽职调查，调查的范围包括房地产企业的基本情况、基本证照、房地产项目的建设和完工情况以及可能对房地产融资产生影响的其他方面。

在做这类尽职调查时律师往往需要考虑一系列相关问题：例如，在建物业的拿地程序是否合法合规？如果涉及联合开发又需要注意什么？融资时是否可以满足“四证”要求？土地是否涉及闲置问题？实际用途与规划用途是否一致？建成物业的建设和竣工手续是否完善？产权转让是否存在限制？产生收入的租赁合同是否合法合规？是否存在限制质押或者转让条款？是否存在优先购买权条款？

②对于房地产开发贷而言，银行可能还会尤其关注当地政策要求。房地产政策讲究因城而异，因此，在实践中，房地产开发贷款在不同城市或多或少都存在差异性，这就需要律师在提供法律服务时尤其注意，这也是律师在提供法律服务时可以发挥价值的地方。比如，商品房的房地产开发贷中一个很重要的环节是预售资金的监管，有些城市的预售资金监管政策比较松，任

何其他城市的银行都可以很轻易地监管当地城市的房地产预售资金；有些城市的预售资金监管政策稍微比较严格，异地的银行需要满足一定的监管要求才可以成为当地房地产预售资金的监管银行；有些城市的预售资金监管政策则非常严格，一概不允许异地银行监管当地城市的房地产预售资金。预售资金是房地产企业的主要现金来源，也是房地产企业的第一还款来源，对于预售资金实施全面的监管对银行的信贷有极大的保障，而且监管账户内沉淀的资金也可以算作银行存款的一部分，无论是从信贷还是银行存款业务量上来说，提供融资的银行都会具有很大的意愿将预售资金放置在本行监管的。但是，由于一些城市的特殊要求（实际上大部分城市采用类似政策），放贷银行基本不太可能获得预售资金的监管，那么在这种情况下如何实现放贷银行的利益最大化，就需要律师提供有价值的法律服务了。另外一个比较重要的问题就是当地政策对于在建工程抵押的要求，有些城市可以办理预告登记，有些城市则仅可以按照实际建成情况予以抵押，不同的政策反映在房地产融资的抵押安排中则是完全不同的法律条款，如何在满足当地政策的情况下最大化保护银行的利益，也是需要律师提供专业法律服务的。

③法律文本和法律意见书的出具也是一项复杂的工作。开发贷有开发贷专门的法律文本，经营性物业贷款的融资法律文本又稍有不同，商业购房贷款则与前两者存在根本性的差异。如何在短时间内，基于客户的要求、前期的尽职调查以及对当地政策法规的研究，制定适合每一不同房地产项目的法律文本是对律师非常大的考验。这些文本至少包括：贷款协议、抵押协议（区分土地抵押协议、在建工程抵押协议和现房抵押协议）、应收账款质押协议、保险权益转让协议、重大合同权益转让协议、从属协议等。每一项协议都对一个专门的法律关系作特殊的处理，有可能会产生的不同的法律问题，需要在法律意见里作出专门的提示。律师在这里面所起到的作用和体现的价

值无疑都是巨大的。

（3）房地产融资对律师的要求

根据我们的经验，从事房地产融资业务的律师往往需要熟悉房地产行业政策、了解银行对房地产融资的特殊要求、深入研究各地房地产融资相关政策的特殊要求、能够灵活地在实践中运用法律解决房地产融资中遇到的法律问题、随时掌握法律法规和政策的变化对房地产业务以及房地产融资业务的影响等。在实践中，金融律师也需要相当地熟悉和掌握房地产市场的操作方式和惯例。

［代表性案例 1-2-3］ 我们代表中国建设银行为安排行的银团为上海环球金融大厦提供 39 亿元人民币房地产融资提供法律服务。我们的工作包括融资方案的设计，起草融资文件，代银团聘请、协调香港律师，参与谈判等。该项目因为文化差异，谈判艰苦，但因对建设风险、保险安排和应收款现金流等所做的合理控制，使其成为房地产项目成功融资的典范，并获得当年亚洲法律杂志 ALB 的年度最佳交易荣誉。

3. 并购融资

并购融资是围绕企业兼并收购行为开展的银行融资。并购融资在现行中国法律法规下一个非常重要的特征就是，并购行为需要以取得目标企业控制权为最终目标，或者已经取得目前企业控制权但为了进一步维持目标企业控制权为最终目标。换言之，如果一项并购行为并不是为了取得目标企业控制权，比如，并购企业仅仅是作为财务投资人的角色参股目标企业，这类并购行为在中国现行法律法规下是无法获得银行融资的。

并购融资的另外一个特征就是其还款来源主要依赖于并购后企业的现金流，第二还款来源来自并购后企业所提供的担保。通常一个典型的并购融资，并购方可以提供的担保主要就是并购后企业的资产及其持有的并购后企业的股权，并购方并不会为了这笔并购融资以其自身资产或者母公司的信用提供增信措施。目前，中国的并购融资发展还比较落后，典型的并购融资案例比较少见，大部分并购融资还是主要依赖并购方自身的信用（如并购方本身就是一家上市公司）或者并购方的母公司信用（如并购方是一家上市公司的下属投资平台，而上市公司为该并购融资提供保证担保）。

（1）并购融资的类型

并购融资在中国现行的法律法规和融资环境下种类比较单一，一般都是为了配合并购方企业的合并或者收购行为提供的一笔中长期银行贷款。根据并购行为的不同可以区分为股权并购融资和资产并购融资，主要根据并购资产的类型来决定何种并购方式。根据并购方的动机和行业不同可以区分为产业并购和投资并购，前者主要是实业企业之间为了扩大经营规模进行的上下游之间或者同行业之间的并购（并购方的资金大部分来源于其自有资金），后者主要是投资基金的一些资本运作（通常伴随着较大的财务杠杆，资金主要来源于外部债权人以期最大化利用财务杠杆）。

在国际上来看，并购融资的分类是比较细化的。比如，在一项大型的并购案例中，并购融资可以分为：

①由众多银行组成的高级担保贷款融资，为并购行为提供大额债权资金，通常利率较低，担保条件很好，债权的受偿顺序居前，这类融资往往是一笔短期“过桥”性质的贷款，在完成并购后通常会由并购方在资本市场发行高收益债券予以置换。

②由一些基金提供的夹层融资，和银行提供的高级担保贷款融资一并为并购行为提供资金，这类夹层融资通常利率较高级担保贷款融资要高，但是担保条件弱于高级担保贷款融资，灵活性高，除非有特别约定，偿还顺位上

一般落后于高级担保贷款融资。

③由并购方提供的一些从属贷款融资，并购方从财务角度出发，很可能并不会全部投入资本金参与收购，可能会将部分资金作为股权资金，而将另一部分资金作为债权资金投入并购中作为并购资金的一部分。但是这类由并购方提供的债权资金在偿还顺位上要落后于高级担保贷款融资和夹层融资。

作为一名金融律师，在为银行寻求并购融资方面提供法律服务时，根据并购交易的具体情况，如何合法合理且可行地帮助银行设计并购融资交易结构是非常重要的一项服务。并购融资是并购和融资两部分法律业务组成的一项交易，这两部分对于非专业人士而言，是存在相当大的知识盲区的，这就需要律师提供专业的法律服务。

（2）并购融资需要律师的工作

一项大型的并购融资案件可能需要律师做的工作，包括分析和论证基础交易结构、审查和总结交易文件法律问题、起草并购融资文本、协助并购融资放款、出具法律意见书等。

①银行在为一项并购案件提供融资时，首要会关注的就是基础并购交易的合规性和可行性。如果一项基础交易本身就存在合规问题或者在实践中无法切实可行，银行所提供的并购融资就是空中楼阁。

银行通常关注的问题包括：如果是为中国企业的红筹结构搭建提供融资，红筹结构是否合规？37 号文［《国家外汇管理局关于境内居民通过特殊目的公司境外投融资及返程投资外汇管理有关问题的通知》（汇发〔2014〕37号）］登记是否合法？如果是为一项大型兼并案件提供融资，该兼并案件是否需要履行反垄断申报？如果涉及一项敏感行业的收购，该收购是否需要履行国家安全审查？如果涉及外资并购内资且行业又属于国家禁止或者限制外资投入的，该收购行为是否合法合规？如何可以使其合法合规？这些问题银行只可能依赖于律师的法律分析和建议才可以得出结论，相应地，就需要专业的律师提供相应的法律服务。

②在银行确定基础并购交易合规且可行后，银行通常还会关注并购交易文本层面是否落实了相关条件和要求，并确定并购交易进度与并购融资之间的安排。并购交易文本通常由专业的并购律师起草，文本专业而且量大，如果是由非专业人士来审阅，通常耗时耗力。银行为了确保并购交易文件中的约定与并购融资不存在冲突或者出现衔接上的问题，通常都会要求并购融资的律师审阅和总结并购交易条件和条款。如果发现与并购融资安排有差异或者冲突的地方，可以及时与并购方沟通协调，相应地修改并购交易文本或者在并购融资文本中进行相应的约束。

③在排除并购交易结构性问题和并购交易文本的潜在问题后，银行律师协助银行设计并购融资方案，包括融资路径和担保安排。比如，一项跨境并购融资，借款主体是选择境外的还是境内的？银行选择通过其国外分行放款还是国内分行放款？贷款资金通过股权方式层层注入并购实体还是由并购实体直接借贷？并购方可以提供的担保品有哪些？哪些担保品在放款前就可以提供？哪些担保品必须要等到放款后才可以提供？并购前和并购后的整个企业账户结构如何安排才可以实现银行对并购企业的现金流监管？比如，如果是一项境内的并购融资，并购贷款最多可以放多少？并购交易所处的这个行业是否对并购融资有特殊限制？这些问题都需要专业的律师介入才可以得出结论。

④设计完成并购融资结构后，律师需要准备并购融资文本，通常会包括并购贷款协议、母公司保证担保、目标企业股权质押、目标企业保证担保、目标企业资产抵押等。贷款协议需要涵盖多个方面，最重要的如提款条件。在国外的一些上市公司并购中，可能会要求并购方满足 Certain Fund（特定资

金）要求，即在提供并购要约时，并购方需要证明其有足够的资金可以用来完成并购，而银行作为其资金来源的一方，就需要承诺可以向并购方发放这笔并购融资贷款，但是，在实践中，银行通常又会在贷款协议中设置一系列的放款前置条件，只有并购方满足这些条件后，银行才会同意放款。并购方需要满足的 Certain Fund 要求与银行要求的放款前置条件之间就存在天然的冲突，如何设置银行的放款条件以达到既可以保护银行的权益，又可以满足并购方 Certain Fund 要求，就需要律师提供专业的法律建议。除此之外，贷款协议还需要涵盖并购后企业的现金流安排、财务承诺安排、银行对并购后企业的业务、资产、负债等的控制权，如何设计这些条款，也需要专业的律师提供专业的意见。

我们上面只是重点列举了并购融资中需要律师重点提供法律服务的几方面内容，实际上在一项并购融资中，律师提供的服务远不止这些。可以说，在并购融资案件中，律师的作用是主导性的，银行反而是协助律师工作的。在大型的并购融资案件中，律师会主导整个交易的流程，包括与各方的协调沟通，与交易对手及其律师的谈判，与银行内部的交流，交易文本的修改等。所以，在并购融资案件中，需要律师提供的服务不仅是法律上的，还包括项目管理上的。囿于篇幅原因，我们就不再详细展开阐述。

（3）并购融资对律师的要求

根据我们的经验，从事并购融资业务的律师往往需要熟悉并购交易的一些基本问题（专业的问题可以交由专业的律师解答，如专门的竞争法律师等，但一些基本的并购交易问题需要熟悉）、熟练的项目管理能力（包括与交易各方及其律师的沟通协调能力）、了解并购融资的法律法规、能够灵活在实践中运用法律解决并购交易和并购融资中遇到的法律问题等。如果涉及上市公司的并购融资，则律师还需要熟悉资本市场对上市公司并购的监管要求；如果涉及外资公司的并购，律师还应熟悉掌握有关外商投资的法律要求和市场惯例；如果并购涉及特别行业，律师也应熟悉掌握有关产业政策和产业特点。

［**代表性案例1－2－4**］　我们代表国家开发银行向青岛海尔有限公司提供33亿美元的并购贷款，用于收购美国GE部分公司的股权。在该融资项目中，我们对借款人和境内保证人（海尔集团公司）进行了法律尽职调查，对融资交易结构（尤其是涉及外管方面的问题）提供法律建议，准备和审阅贷款协议、保证协议等融资文件。我们还和美国律师一起合作在该项目中做了很多协调沟通工作，帮助银行和借款人了解国际上并购交易和融资交易的很多惯例，并将这些国际惯例与中国实践、银行政策等相结合，落实到交易结构和文本条款中。

4. 结构性融资

结构性融资是指银行以结构性产品的安排设计从而实现贷款融资的一种融资品种，这类融资如果仅依赖借款人自身的信用往往无法获得。它的主要特征是通过结构性设计，为不具备一般公司贷款条件但又存在资金需求的企业创造出可以贷款的条件，从而实现融资目的。结构性融资运用最多的领域一般都是在大宗商品行业。一些大宗商品的制造企业，为了获得采购原材料的资金，通常会与银行进行结构性融资。典型的结构性融资结构是：

①企业与一家大型的购买商签订长期购货合同，约定交付特定产品以及特定产品的价格、交货量等，该购货合同所产生的现金流应足以覆盖企业为生产该交付产品所向银行借贷的款项；

②企业与银行签订贷款合同，约定贷款用途为采购生产购货合同项下交付产品的原材料；

③企业将购货合同项下的应收账款质押予银行；

④企业在贷款银行开立资金归集账户用以归集购货合同项下的全部销售资金，并与银行约定最低的销售资金覆盖比率，以确保一定期间内的销售回笼资金与一定期间内的贷款还本付息可以相匹配；

⑤企业可能还会额外开立一个偿债备付金账户，用以备存企业在贷款项下的下一期还本付息金额，以应对购货合同项下可能发生的特殊情况。

通过以上的结构设计，我们可以看到，银行的贷款资金会专门用于原材料的采购，企业生产的产品专项用于供应购货合同项下的产品，企业销售产品所获得的现金被归集于贷款银行的账户，在特定还本付息日企业可以直接用于贷款还本付息。相较于一般的公司贷款，其还款来源不特定，主要依赖公司的盈利能力，如果盈利能力一般，公司可能就无法获得银行融资，但是通过上述结构性设计，即使公司本身的盈利能力一般，但公司在单笔购货合同项下的可预期盈利状况不错，贷款银行也可以获得相对安全的还款保障，企业自然可以获得银行的专项融资，解决其资金需求。

（1）结构性融资的类型

通过上面的介绍我们可以看到，结构性融资本身是一种融资工具，其与行业关联度不大，与交易结构关联度也不大。概括来说，只要是可以通过结构设计创造出企业稳定现金流的安排，都可以做结构性融资。所以，结构性融资也没有种类划分。只是，在实践中，由于大宗商品天然的量大、价格明确，易于设计出结构性融资产品，所以，结构性融资多用于大宗商品领域，包括铜、煤、焦化产品、铝、钢铁等。

（2）结构性融资需要律师的工作

结构性融资中，律师提供的服务包括基础交易的结构性设计安排、交易担保的设计、账户安排设计、融资文本制作、协助银行放款、出具法律意见书等。

①如何设计出可以稳定产生现金流的结构安排是结构性融资中非常重要的一环，也可以说是结构性融资的基础。一个合同可以成为一个现金流结构安排，如大宗商品行业的长期购货合同，那么是否有其他文件也可以成为一项稳定现金流结构安排呢？比如，基础设施领域内的过路费或者过桥费的红头文件？甚至是一个信托收益权？面对不同的结构性融资需求，可能会滋生出不同的现金流结构安排，律师可以向银行提供专业的法律意见，以协助银行判断是否可以以此为基础完成结构性融资。

②基础性的交易结构设计完成后，如何在现有的结构安排中寻求提供给银行的担保或者其他增信措施，也需要律师专门提供法律建议。比如，合同项下的应收款可以提供应收款质押，那么红头文件项下的过路费是否可以作为应收款质押？应收款变现之后的现金应该做何种类型的担保安排？企业采购原材料生产的产品是否可以做浮动抵押？有一些购买方为了促成交易的完成，可能也会为银行提供增信措施，但可能由于法律法规或者内部政策的原因无法直接提供担保，是否有其他措施可以利用购买方的信用为贷款提供增信？如果担保或者其他增信措施涉及跨境安排，是否以及在何种情况下需要履行外管登记或者备案？

③为了确保银行可以拥有第一还款来源，实时监控企业的现金流状况，如何设计账户结构，也需要律师提供法律服务，尤其在一些涉及跨境结构性融资的安排中。比如，贷款银行是境外的，借款人是境内的，那么贷款构成外债，借款人的外债账户开在哪里？借款人的资金归集账户是否可以开立在贷款银行？如果借款人的资金归集账户开立在境内银行，境外贷款银行是否可以行使账户监管权利？是否可以就该账户内的资金行使划扣抵销权？开立在境内银行账户的资金是人民币款项，境外贷款银行在执行时是否可以直接

以账户内的人民币资金购汇？

④在结构性问题和账户问题都解决之后，如何将各方的安排落实于融资文本，亦需要律师提供高质量的文本法律服务。完美的结构设计最终都依赖于律师专业的文本书写。复杂的结构性问题可能需要多份融资文本来解决，比如贷款的发放以及对借款人的财务和经营要求等需要贷款协议落实，交货量、交货日期需要通过购货合同落实，而且需要与贷款协议的还本付息计划相匹配，账户安排需要账户监管协议落实，担保需要一系列担保文件落实，购买方对结构性融资安排的配合需要与购买方签订一系列确认文件。这些都需要律师运用专业的法律知识，组合运用各类法律文件，来达成结构性融资中交易各方的最终意图。

（3）结构性融资对律师的要求

根据我们的经验，从事结构性融资这一块业务的律师首先要具有敏锐的洞察力，可以帮助银行搭建基础性交易结构；其次，要熟悉各类行业的交易惯例（如大宗商品的买卖等）；再次，要有出色的项目管理能力（包括与交易各方及其律师的沟通协调能力）；最后，要有在实践中灵活运用法律的能力等。

［代表性案例1－2－5］ 我们代表星展银行为其与天山铝业有限公司的多笔大宗商品贸易融资提供法律服务。天山铝业位居中国民营铝业企业十强，每年铝锭贸易营收近两百亿元。星展银行为其提供的多笔铝锭贸易融资围绕其主要承购商——中国最大的独立大宗商品贸易商之一的托克贸易（Trafigura）进行结构设计，锁定承购合同项下出货量，在承购合同应收账款上设立质押及现金账户监管，锚定铝锭市场价格调整现金流覆盖指标，并要求托克贸易的境外母公司 Trafigura 为承购合同项下的支付义务提供公司保证，通过多种结构设计组合确保融资安全。

5. 项目融资

项目融资是银行围绕项目的建设和运营开展的融资。借款人以项目自身的盈利能力来偿还债务，并以自身的资产承担债务担保责任。债权人仅对项目本身的资产和盈利能力具有追索权，而对项目发起人没有追索权。在这种融资结构安排下，项目能否还贷仅仅取决于项目是否有可靠充足的财务效益。项目融资属于有限追索或无追索。贷款人可以对项目借款人及其项目资产进行追索。除此之外，无论项目出现任何问题，贷款人均不能追索到借款人除该项目资产、现金流量以及所承担义务之外的任何财产，对项目的发起人通常没有追索权或只有有限的追索权。通常情况下，项目融资针对的是新建项目，包括光伏发电项目、水电项目、公路桥梁项目等。

项目融资区别于其他类型融资的主要特征：一是融资期限长，二是资金需求量大且高杠杆，三是项目参与方众多导致影响项目建设和运营的风险因素较多。因此，项目融资在复杂程度上是超过一般融资的。项目融资还有一个重要特点就是对项目和融资的风险在各方参与者之间进行合理分配和分担，这些风险包括信用风险、建设风险、完工风险、生产风险、市场风险、资金风险、汇率风险、外汇风险、政治风险、法律风险、不可抗力风险、环境保护风险、国家风险等。各方参与者通过严格的法律合同可以依据各方的利益，合理分担责任和风险，从而保证项目融资的顺利实施。

在中国，项目融资还有一个特点，即法律法规对项目发起方的资本金投入有一个硬性要求，具体可以以国务院颁布的最新的固定资产投资项目资本金比例要求为准。根据该规定，各种不同类型的项目有不同的资本金比例要求，项目融资只有在项目发起方满足这些最低资本金要求后才可以提供。

(1) 项目融资的类型

项目融资和结构性融资类似，并没有一个特别的分类。一般来说，主要是依据项目类型来稍作区别，比如可以根据项目不同区分为基础设施类项目融资和商业类项目融资。公路、桥梁、地铁、铁路、机场、电力等属于基础设施类项目融资，这类项目建设周期长，产生利润的周期也长，有些项目甚至由于其公益性质运营会一直处于亏损状态，给项目融资的可融资性带来很大问题。房地产、数据中心、化工厂、炼油厂等属于商业类项目，项目的建设周期较短，盈利能力强，具有较强的可融资性。

基础设施项目融资的复杂程度远超一般类的商业项目融资，律师在提供基础设施类项目融资相关的法律服务时，对工作量和专业的要求非常高，这也是律师价值的体现。尤其是在一些建成项目短期内无法产生稳定现金流的项目，如何与银行一起搭建融资结构，实现其可融资性，是对律师的一个考验，也是律师专业性的体现。比如，在一些光伏发电项目中，发电企业收回的电力销售款项往往难以覆盖企业的还本付息需求，如何实现发电企业在建成项目后的流动性支持安排是一个需要研究和考虑的问题。再如，在一些地铁项目中，项目发起方建成地铁之后的票务收入可能也无法覆盖企业的还本付息需求，如何结合地铁企业的特点设计交易结构，以达到银行可以提供融资的基本要求，也是需要律师和银行共同考虑的问题。

（2）项目融资需要律师进行的工作

律师在项目融资中可以提供的服务包括：对项目的尽职调查，设计项目融资结构，起草项目融资法律文本，进行融资谈判，协助银行项目融资放款，出具法律意见书等。

①项目融资首先是建立在项目的基础上的。项目的合法合规性，以及银行所看重的项目的现金流来源和盈利性，都需要专业的律师进行专门的法律尽职调查来确定。比如，在中国，每一个项目的建设一般都需要办理立项批复或者备案，对环境有影响的还需要进行环境影响评估；能耗较大的需要作

能耗评估；涉及用地的还需要办理用地规划，涉及开工建设的还需要办理工程规划和施工许可；涉及安全生产的还需要办理安全生产评估等一系列法律法规所要求的项目建设需要完成的政府手续。这些政府手续的完成是项目可以建设并顺利完工的最基本保障，因此，银行有必要确认这些手续是否都合法法规地获得了，或者，如果暂时无法获得，在项目建设过程中也需要视项目进度而获得。再如，有些基础设施类项目，本身的盈利性很差，企业的还款来源除了项目运营收入外，还需要依赖当地政府所给予的补贴，那么对于补贴政策也需要专业的律师提供专项法律服务进行分析和论证。

②项目融资因为各方参与者众多导致项目的建设和运营风险呈现多样化，从而导致影响项目建成和正常运营的因素就非常多，如何设计项目融资结构，分散项目建设和运营的风险就非常有必要，这也是律师可以发挥作用的地方。比如，如果一个项目是在一个政治环境动荡的国家开展的，首先需要考虑的就是国别和政治风险，如何通过法律手段减少或者规避国别风险？再如，项目的建设涉及项目方资金投入的风险，如何通过法律手段确保项目方有足够的项目资金投入以确保项目顺利进行？项目的建设一半由承包商完成，如何通过法律手段确保承包商可以按时按量地完成项目的建设以减少或规避项目建设风险？项目的运营也可能会交由第三方独立的运营商，如何通过法律手段约束独立第三方正常运营项目？项目建成之后的产出需要销售出去，以产生项目收益，如何通过法律手段确保项目的产出有第三方可以购买，从而避免项目建成之后无法产生收益的风险？有的项目可能还涉及外汇贷款或者项目收益与贷款资金的币种不同，如何通过法律手段规避外汇风险？这些都是在设计项目融资结构时需要考虑的，将项目融资的风险挑选出来，并通过相应的法律手段予以化解，是律师在提供项目融资法律服务时非常重要的一环。

③项目融资文本的制作需要律师提供专业和高质量的法律服务。项目融

资文本一般包括贷款协议、保证协议、流动性支持协议、不动产抵押协议、动产抵押协议、股权质押协议、应收款质押协议、保险权益转让协议等。贷款协议将项目融资中提到的上述商业风险以及对风险的化解落实到文字上，而一系列担保文件则是为贷款协议项下的贷款提供担保支持，确保项目融资出现问题时银行可以进行适当的追索。

当然，项目融资中律师可以提供的法律服务不仅限于我们上述提到的几方面。我们仅是列出了律师可以提供的几个核心法律服务。其他诸如项目融资中的协调工作，项目融资文本的谈判和沟通，项目融资的签约和执行，项目融资的法律意见书等，囿于篇幅因素，我们不再一一赘述。

(3) 项目融资对律师的要求

根据我们的经验，从事项目融资业务的律师首要需要的就是对项目本身（包括行业政策法规以及惯例）的了解，此外，还需要熟练的项目管理能力（包括与交易各方及其律师的沟通协调能力）以及在实践中灵活运用法律的能力等。由于项目融资最早也是由国际投资者和国际金融机构带到中国的，其本身有非常多的国际惯例，熟悉项目融资的国际通用的结构、文件和惯例也是非常重要的。

[代表性案例1-2-6]　我们代表以中国工商银行为牵头安排行的银团为巴斯夫、亨斯迈和三家大型国内企业共同建设的三个大型石化项目的等值80亿元人民币的人民币和美元融资提供法律服务。这是中国规模最大的石化项目之一。该项授信在项目建设阶段由发起人提供公司担保，而在项目运营阶段转变为有限追索权的项目融资。我们的工作范围包括参与谈判、修改融资文件以及出具法律意见书。该项目融资是在中国法下进行的，我们借鉴国际惯例对融资结构、账户结构、项目风险分担都进行了开创性工作。

6. 银团融资

银团融资是由多家银行组成一个银团提供的融资，其有别于双边贷款融资和俱乐部贷款融资。银团融资只是一种融资形式，其本身并没有特殊含义。其实，我们上面提到的各类融资都可以以银团融资的形式开展，比如房地产银团融资，项目银团融资（其实大部分的项目融资是以银团形式开展的，因为银团融资可以提供远较双边贷款多的资金量，这一特点正好匹配项目融资的特点）等。考虑到竞合的问题，我们在本书中介绍的银团融资将不会涉及特殊类型的融资，仅指多家银行组成的银团向企业提供的无担保的信用类贷款。

银团融资的主要原因是可以由多家银行参与来分散贷款风险，但有时也是借款人为和更多银行建立关系、为将来融资打下基础或者提高项目影响力而特意组成银团来进行融资。由于是多家银行参与，因此能否协调好银团关系、分配好银团成员间的利益成为银团融资是否能够成功的关键。

从流程上看，银团贷款一般是由一家或者多家安排行牵头，与企业协商贷款条件，制作信息备忘录，签署银团融资委任书，再由安排行在银行间市场上分销其银团份额，最终完成银团组团，同时指任各类银团角色（如代理行等），并最终签署银团贷款协议的一个过程。

(1) 银团融资的类型

银团融资其实没有固定的种类划分，因为银团本身就只是一种融资形式而已。在实践中，根据币种的不同，可以分为人民币银团和美元银团；根据参团的银行类型不同，可以分为中资银行银团、外资银行银团和中外资银行的混合银团；根据参团银行所处法域不同，可以分为境内银团、境外银团和境内境外混合银团等。

银团区分的意义在于可以有效帮助交易各方识别银团的核心特征，从而了解到银团的核心内容和问题。比如人民币银团，其区别于美元和欧元银团，利率定价机制不同，贷款用途也有所区别。境内境外混合银团则可能会面临中国外汇管理法规中的外汇管制问题，导致银团内代理行资金归集和发放出现功能性障碍。中外资银行在一起合作的银行，由于中外资银行的文化差异，可能在法律文本上会产生诸多的分歧。在区分银团融资类别的情况下，律师可以根据不同类别的银团融资快速地协助银行解决银团融资的相关问题，并提供专业的法律建议。

（2）银团融资需要律师提供的服务

律师在银团融资中可以提供的服务主要是银团融资文本的制作和谈判、银团会议的组织和参与，出具法律意见书，还有就是对银团组团过程中出现的法律问题提供法律咨询意见等。

①银团融资在市场上算是相对比较成熟的一类融资品种，它有固定格式的文本，通行的融资惯例等，律师所要提供的服务主要是依据安排行与企业谈定的交易条件，将相关商业安排落实到交易文件中。银团融资由于其标准化程度高，交易条件相对比较简单，如何将简单的交易条件以完善的法律语言落实到银团贷款协议中，是对律师的一个考验。比如，在交易条件中的违约事件一栏中通常会有一个条款叫“未付款”，但是律师在落实到贷款协议时，不可能简单地复制一句“未付款”。什么叫未付款？未付款包括哪些内容？未付款是否可以容许有宽限期？这些都需要由专业的律师根据银团融资市场的惯例在协议文本中予以细化。另外，银团融资会由多家银行提供意见，有可能会出现各家银行对于同一条款有不同理解或者不同意见，那么如何协调各家银行的意见？以什么标准协调各家银行的意见？也都是需要专业的律师根据交易的具体情况和银团融资市场的惯例提供专业的法律服务的。

②银团融资中律师另外一个重要的工作就是谈判。银团融资中参与行众

多，在谈判中不可能由每家银行均参与谈判，通常银团融资中只会由安排行和律师代表整个银团与企业谈判。安排行也是参与行之一，或多或少在银团谈判中会有区别于其他参与行的利益从而导致其立场有失偏颇，而律师在银团融资中则是代表整个银团利益的，所以律师在银团谈判中的地位非常重要。如何在谈判中为银团争取利益？如何协调各个参与行之间的利益？如何解决银团内部可能出现的矛盾？如何协调沟通企业与银团之间存在的冲突？这些都是律师在谈判前后需要做的工作之一。

③银团签约完成后，银团内部的事宜，有时候也需要律师提供法律服务。比如，企业在银团贷款协议项下提出一项修改要求，这个修改要求是由多数贷款人决定的？还是由全体贷款人决定的？是否需要召开银团会议表决？还是可以以书面形式表决？如果是书面形式表决，何种形式可以认定为书面形式？如果确定修改，修改的文本是否需要全体贷款人签署还是只要求代理行签署？再如，有些银团在签署时只有部分参与行参与，但是在签约后一段时间，银团会开放一段时间，可以由新的贷款人参与加入，那么如何实现新增贷款人的加入？新增贷款人加入是否需要满足任何条件？这些在银团签约后的问题，由于其专业性，通常也需要律师提供专门的法律服务。

(3) 银团融资对律师的要求

根据我们的经验，从事银团融资这一块业务的律师首先需要的就是对银团融资格式文本非常熟悉，同时对于银团融资市场惯例也要非常熟悉，此外，还需要熟练的沟通和协调能力以及在实践中灵活运用法律的能力等。由于银团涉及多家银行，还涉及多家银行的风险控制部门、法务部门、支行分行和总行，这就要求律师不仅要具有较高的协调能力，还要熟悉各家银行的风格和要求，以便及时高效地完成工作。另外，在涉及中外银行组成的银团时，了解并掌握国内和国际银团文化的不同，协调好中外银行不同的做法和要求，这也是对律师的考验。

[代表性案例1－2－7] 我们代表中国建设银行为安排行的银团向特斯拉中国提供50亿人民币的融资项目提供法律服务。该项目时间紧，协调工作重，但在一周内成功完成谈判。作为银团的律师，我们成功地协调了安排行、各家参与行和借款人之间的关系，对银团的账户及结算等作出了适当的安排，使银团协议顺利签约。

7. 跨境融资

跨境融资是银行围绕企业的跨境资金需求所提供的一类融资，之所以称为跨境融资只是因为融资交易是跨法域发生的。跨境融资能够成为一项融资业务，其根本性原因在于中国的外汇管理制度。因为中国是一个外汇管制国家，所以跨境融资活动就需要满足特定的外汇管理要求，从而滋生了跨境融资业务。在一些无外汇管制的国家或者地区，比如，中国的香港特别行政区，跨境融资就不是一项专门的融资业务。但在律师业务实践中，由于跨境融资涉及特别的业务能力，又由于"一带一路"中国企业走出去的影响，出现了和传统跨境融资（主要集中在中国与香港特区、新加坡的跨境融资）不同的新跨境融资业务，会涉及世界各国各地的跨境融资，因此中国律师和各国律师需要通力合作完成这些跨境融资交易。

跨境融资的核心特征就是融资交易是跨法域的，要么是贷款本身跨法域，要么是担保跨法域，从而导致在跨境融资交易下可能会产生外汇资金跨法域流动或者存在潜在的外汇资金跨法域流动的可能。

（1）跨境融资的种类

按照目前中国外汇管理制度，跨境融资主要可以分为四类：

①境内银行向境外企业放款的对外放款融资；

②境外银行向境内企业放款的外债融资；

③境内银行向境内企业放款、境外企业提供担保的外保内贷融资；

④境外银行向境外企业放款、境内企业提供担保的内保外贷融资。

第①类和第②类中，如果涉及担保的话，都可以归类为其他形式跨境担保，无须履行特别的手续，但第③类和第④类，贷款本身并不需要受制于专门的外汇管理法规，但是担保手续需要满足外汇管理的一些专门规定。

（2）跨境融资需要律师提供的服务

跨境融资中律师提供的服务主要包括：跨境融资交易结构设计、外管登记咨询、法律文本制作、出具法律意见书、协调外国律师的法律工作等。

①中国的外汇管理制度是非常复杂的，而且地区与地区之间的实践可能会存在显著的差异，导致对律师的外汇专业法律服务需求非常大。在跨境融资中，一般都需要引入律师，就专项的跨境融资交易的结构设计提供法律意见，甚至需要律师主要设计整个跨境融资结构。比如，在境外银行向境内企业提供外债跨境融资的情况下，外债资金的用途是否可以用来归还企业间的关联借款？如果这个用途不可以，是否可以有其他的替代办法实现这一目的？如果外债融资需要由境内房地产提供抵押担保，是否可以将该境内房地产直接抵押给境外银行？如果无法直接抵押给境外银行，那么以何种替代方式来保护境外银行的利益？如果一个银团是境内和境外银行都参与，但是企业是境内的，那么作为资金归集和发放的银团代理行这一银团角色该如何设置？是选择境内银行还是境外银行？这些问题的解决，都离不开对外汇管理制度的理解和运用。

②外管登记咨询工作也是律师在跨境融资中可以提供的非常主要的一项服务。现在中国的外汇管理制度已经对跨境融资大幅度松绑，但是还有一项内容是处于事前管制的，即内保外贷融资。现如今，内保外贷的跨境融资，

如果提供担保的是境内企业，那么境内担保还是需要去外管局办理内保外贷登记的。而这个登记在实践中会遇到很多问题。比如，如果境外主债权不是一笔典型的贷款融资，那么是否可以做内保外贷登记？内保外贷登记时外管局要求提供的资料详尽程度到底如何把握？新成立的境外公司作为借款人是否就一定无法完成内保外贷登记？如何证明内保外贷登记项下要求的境外借款人有稳定的还款来源？这些问题，都是律师在跨境融资中可以提供法律服务的。除了内保外贷，外保内贷通常也会在实践中引起一些问题需要律师提供建议。比如，外保内贷要求担保的境内债务是金融机构发放的贷款或者有约束力的授信，而境内的银行提供双边授信时往往都是非承诺性授信，那么这个非承诺性授信是否可以作为主债务获得外保内贷呢？再如，外保内贷政策要求，在履约时，境内企业要有足够的外债额度可以进行外债登记，只有在完成外债登记后外汇资金才可以结汇用于偿还境内债务，那么在实践中和法规上，是否需要境内企业在接受外保内贷时就要满足足额外债额度的要求？如果无法满足这个要求，是否就会构成对外汇制度的违反？解决上述这些问题，同样需要经验丰富的跨境融资律师提供专业的法律建议。

③为内保外贷案件准备担保合同和出具法律意见书也是跨境融资中律师可以从事的主要工作之一。作为境外市场融资的惯例，银行融资都需要一份法律意见书。境外融资通常会聘请国外的律师事务所制作贷款协议，涉及中国法律管辖的担保文件通常会聘请中国律师准备，并就该担保文件出具法律意见书。随着中国外汇管理制度的改革，以及中国企业在海外投资的布局，这类跨境融资业务大量产生，也是如今跨境融资律师做得比较多的一块业务。

④在中国企业走出去的融资项目中，对涉及当地的项目或公司，都需要当地律师进行必要的尽职调查、出具法律意见书。由于目前这些融资仍然以中国的银行为主提供贷款，中国律师需要代表贷款人寻找当地律师，并指示

当地律师进行相关工作，出具法律意见书。

（3）跨境融资对律师的要求

根据我们的经验，从事跨境融资这一块业务的律师首先需要的就是对外汇管理制度的熟悉和掌握，此外，还需要可以熟练地与境外律师进行沟通和协调以及在实践中灵活运用法律的能力等。

［代表性案例 1-2-8］ 我们代表中国银行参与了向锦江集团海外公司提供20亿元等值人民币并购贷款的交易。该贷款是由中国银行上海自贸区分行作为放款主体，贷款用于锦江集团在海外收购酒店。我们代表中国银行设计交易结构，审阅和谈判融资文件，并出具法律意见书。该交易采用了当时最新的自贸区分行放款的贷款结构；同时，由于用款需要，提款币种为美元或人民币两种。因此，我们在交易中遇到并帮助解决了很多结构性问题，包括如何适当安排双币种放款问题，放款如何与海外并购相衔接和配合等。

➡ 衍生品业务

银行的衍生产品是一种金融合约，其价值取决于一种或多种基础资产或指数，合约的基本种类包括远期、期货、掉期（互换）和期权。衍生产品还包括具有远期、期货、掉期（互换）和期权中一种或多种特征的混合金融工具。银行衍生品业务按照交易目的可以分为套期保值类的衍生品交易和非套期保值类的衍生品交易。

目前，国内银行所提供的衍生品交易业务的主要目的还是配合企业相关业务的风险管理，包括即期和远期汇率掉期、币种即期和远期交易、利率掉期等。比如，如果国内企业向国内银行申请外汇贷款，考虑到国内企业的收入来源都是人民币，为了管理外币和人民币之间的汇率波动风险，国内企业通常会与贷款银行再做一笔对冲汇率风险的套期保值衍生品交易业务，俗称“锁汇交易”。

国际交易中，衍生品交易主要适用国际掉期与衍生工具协会（ISDA，International Swaps and Derivatives Association）制定的主协议，一般称为ISDA主协议，再配备一套其他标准文件，其中交易的具体细节则是通过补充协议的方式约定，全部文件构成全部的国际衍生品交易的全部法律文件。国内交易中，衍生品交易主要适用中国银行间市场交易商协会（NAFMII，National Association of Financial Market Institutional Investors）制定的主协议，一般称为 NAFMII 主协议，再配备一套交易定义文件的标准文件，而交易具体细节则是通过补充协议的方式约定，全部文件构成全部的国内衍生品交易的全部法律文件。

现在大部分的银行内部配备了专门的法务团队，对于大部分的衍生品交易业务，都由银行内部法务团队按照 ISDA 或者 NAFMII 制定的标准文件制作。律师在银行衍生品交易业务中提供的服务一般包括衍生品交易法律文件的制作和审阅，衍生品交易业务中的法律问题研究和咨询，出具法律意见书等。

总体来说，由于衍生品交易的高度统一性，而衍生品交易法律关系中的核心法律问题都是共性的，律师可以在这一块领域内提供的法律服务是有限的。

［代表性案例 1－2－9］ 我们代表加拿大丰业银行为其与银行间市场的金融机构交易对手方以及场外的其他交易对手方开展的各类金融衍生品交易提供法律服务，包括起草或审查 NAFMII 相关各交易文件并提供相关法律咨询建议等。

➡ 理财业务

商业银行的理财业务是指商业银行接受投资者委托，按照与投资者事先约定的投资策略、风险承担和收益分配方式，对受托的投资者财产进行投资和管理的金融服务。在本书中提及的理财业务，是商业银行自营的理财业务，即自己发行的理财产品，不包括代第三方销售的由第三方发行的理财产品。

商业银行的理财业务一般来说都是标准化产品，其发行产品相关的说明书和其他发行文件都是固定标准版本，每款产品之间的发行文件差异性较小。因此，律师在理财业务中可以提供的法律服务也是有限的，主要包括理财业务发行文件的标准版本制作，特殊理财业务中相关法律文件的审阅以及出具法律意见书。

值得注意的是，随着银行的高净值客户理财和财富管理需求增加，高端理财业务成为银行竞争的高地。最明显的就是国内各家银行积极开展的家族财富管理业务。家族财富管理业务在中国属于新兴事物，其业务模型来源于国外银行的财富管理业务，如家族信托等。在中国，如何开展家族财富管理业务？家族财富管理业务需要采用何种法律结构？家族财富管理业务采用何种法律文本？这些对于目前的高端理财业务都属于新兴问题，而且很多问题很难有确定答案。对于需要开展家族财富管理业务的银行来说，律师在这一块可以提供专业的法律服务，包括家族财富管理业务结构设计、标准文本制作、单一家族财富管理业务的定制化服务、出具法律意见书等。

此外，目前国内的监管部门正在积极推动商业银行理财子公司的设立。作为受监管的理财子公司，其设立和后续的经营同样需要专业的法律服务。律师可以协助商业银行设立理财子公司，包括与监管部门沟通、获得设立许可、起草设立文件（章程等），也可以协助商业银行理财子公司的后续运营，包括原商业银行理财业务到理财子公司业务的转移，标准文本的制作等。

[**代表性案例 1－2－10**] 我们代表上海农商银行为其理财资金通过各种渠道和方式投资底层标的资产的多项交易提供法律服务，包括起草和审阅与资金归集和委托相关的信托协议、有限合伙协议以及与投资相关的投资协议等。

信用卡业务

商业银行的信用卡业务，是指商业银行利用具有授信额度和透支功能的银行卡提供的银行服务，主要包括发卡业务和收单业务。商业银行在从事信用卡业务时主要是以信用卡卡片和 POS 为媒介实现交易的。鉴于其交易的特殊形式，一般很少需要律师为信用卡的交易业务提供法律服务。

律师在银行信用卡业务中可以提供的法律服务主要包括新型信用卡申领文件（包括信用卡章程、申领合约等）的制作，逾期信用卡的催收服务，信用卡诈骗纠纷解决服务等。其中，银行发行的信用卡种类是有限的，因此申领文件的制作业务不太具有可持续性，而逾期信用卡的催收服务和诈骗纠纷解决服务则主要涉及争议解决领域，律师可以提供的服务主要是催收、法律咨询以及诉讼。

还有，目前国内的监管部门正在积极推动商业银行设立专门的信用卡公司，这也与国外主流的做法一致，即信用卡业务由独立公司专门运作。作为受监管的信用卡子公司，其设立和后续的经营同样需要专业的法律服务。律师可以协助商业银行设立信用卡子公司，包括与监管部门沟通、获得设立许可、起草设立文件（章程等），也可以协助商业银行信用卡子公司的后续运营，包括原商业银行信用卡业务到信用卡子公司的转移工作、标准文本的制作等。

[**代表性案例 1－2－11**]　我们代表招商银行信用卡中心审阅、修改其与美国运通公司关于联名信用卡合作协议，提供中国法律意见。我们也代表渣打银行中国有限公司和汇丰银行中国有限公司为它们发行人民币信用卡草拟有关信用卡章程等一系列文件。

➡ 投行业务

在中国目前的法律框架下，除了证券公司之外，还没有专门的投资银行。有不少商业银行为向企业提供更多的金融服务，依托于其商业银行业务，成立了投资银行部门。商业银行的投资银行业务主要从事的是银行内部的大型复杂类交易，具体分类大致如下：

（1）证券承销与证券交易业务，如股票的公开发行与承销、债券的公开发行与承销、证券交易等；

（2）兼并收购业务，如杠杆收购、管理层收购；

（3）资产管理类业务，如基金管理和托管、委托理财、资产证券化、Reits、财富管理等；

（4）财务顾问类业务，如为企业并购重组或者融资提供顾问服务、企业上市支持计划等；

（5）杠杆融资类业务，如项目融资、并购融资等；

（6）大型融资类业务，如银团贷款等；

（7）资产重组类业务，如企业重组并购业务、不良资产处置业务等。

鉴于监管部门对于投行业务没有专项的法律规定，各家银行对投行业务的具体职责分配也都不尽相同，因此，每家银行的投行业务类型可能都有所出入。但是，各家银行对投行业务的定位基本是一致的，即处理银行内部的复杂类型交易。

如我们上面提到的各类特殊融资类业务一样，银行内的投行业务通常也会需要律师提供专业的法律服务，而且由于业务的特殊性和复杂程度，律师在该类业务中可以提供的法律服务内容是巨大的。比如，在投行部门发起的信贷资产证券化业务中，需要聘请律师提供信贷资产证券化的全套法律服务，而且每一单信贷资产证券化均需要律师提供专项法律服务。再如，在投行部门协助企业进行的兼并收购案件中，兼并收购本身需要专业律师提供法律服务，后续兼并收购中的融资业务也需要专业律师提供法律服务。因此，银行的投行业务对于律师而言，市场是巨大的。

［代表性案例 1－2－12］ 我们代表上海农商银行为其对公信贷资产证券化项目提供法律服务。我们的工作包括对信贷资产的尽职调查、起草法律文件、出具法律意见书。

◎ 围绕银行开展的业务

围绕银行开展的律师业务主要类型如下：

➡ 机构设立、变更类业务

银行作为受严格监管的一类机构，其设立和变更都需要履行严格的法律程序，包括获得主管部门的行政许可、满足主管部门的合规性要求以及完成工商登记部门的备案程序。

律师在银行的设立和变更过程中可以提供许多法律服务：

（1）在银行设立（包括分行设立、代表处设立）过程中提供全程的法律服务，包括前期与监管部门的沟通，申请文件的制作，银行设立文件的制作，银行设立过程中的法律咨询，出具法律意见书等；

（2）在银行关闭（包括分行关闭、代表处关闭）过程中提供全程的法律服务，包括提供有关法律咨询、准备关闭方案、制作申请文件、与监管部门沟通等；

（3）为银行的股份制改造、上市等提供法律服务，这些业务均需要专业律师提供专门的法律服务，包括尽职调查、法律文件制作、提供法律意见等；

（4）为银行的并购、引进战略投资者提供法律服务，包括起草相关协议、参与谈判、提供法律意见书，与监管部门沟通等。

［**代表性案例 1－2－13**］　我们代表香港上海汇丰银行为其中国分行改制设立中国子行提供全程法律服务。这是第一家外资银行改制成为中国法人制公司的成功范例，为行业提供了标准。

［**代表性案例 1－2－14**］　我们代表德国西德意志银行关闭其上海分行，成功解决了分行关闭中的劳动、诉讼、合同等法律问题，并向中国银监会出具了法律意见。

［**代表性案例 1－2－15**］　我们作为香港恒生银行的法律顾问，为其战略性投资兴业银行提供法律服务。兴业银行同时还将依托恒生银行的技术，设立一个独立的信用卡和无抵押个人消费信贷业务部门。由于恒生银行和国际金融公司、新加坡政府直接投资公司一起入股，他们三方投资者的投资文化和商业目标不同，相应地，他们的投资要求也完全不同，这使得实现各方商定的三方投资者投资待遇平等的原则变得极具挑战。我们的工作范围包括就交易结构提供意见、起草修改交易文件、参与谈判以及提供法律意见等。

➡ 运营和合规类业务

除了银行自身的设立和变更等业务外，银行的日常运营和合规业务也需要律师提供专项的法律服务。

就日常运营类的业务而言，比如，律师可以为股份制银行的股东大会的会议出具法律意见书，银行内部的公司治理相关事项也需要律师提供服务（章程的修改等），劳动类的问题也需要专门的劳动法律师提供专项法律服务。这类业务产生的根源，一方面是银行有这方面的法律服务需求，另一方面是监管部门对银行有特殊的监管要求。

就合规类业务而言，比如，银行面对监管机构专业的合规要求，可能会需要专门的合规类律师提供专项合规建议和咨询意见，帮助其内部合规正常运营，这些属于日常类的合规业务。对于外资银行而言，由于欧美等监管机构的全球监管要求，在境外适用的反洗钱、反贿赂、制裁或者反恐怖融资这些要求也会适用于在中国境内的外资银行，因此，这些外资银行也会需要律师提供专项的合规调查法律服务，如文件审阅等。

［代表性案例 1－2－16］ 我们代表恒生银行、上海银行等多家中外资银行处理日常运营和合规业务，并在需要时派驻律师在银行进行专项工作。

➡ 诉讼类业务

在银行金融法律市场中，银行的诉讼业务也是律师可以重点发挥作用的领域。银行的诉讼业务主要来源于与债务人的债务纠纷，通常会涉及不同阶段，如前期的诉前保全、出庭诉讼、诉讼后的执行，对于陷入困境的企业，还会有债务重整类业务，对于明显无法偿还债务的企业，还会涉及破产类业务。在这些领域内，律师都可以提供相对应的法律服务，而且由于所涉法律问题的专业性和复杂性，银行诉讼类业务的法律服务市场是巨大的。

［代表性案例 1－2－17］ 我们代表交通银行、汇丰银行等中外资银行在多起贷款、衍生产品、信用证等类型诉讼中提供法律服务。

场景三

非银行金融机构法律市场需求

在银行金融市场之外，还存在一类非银行类的金融机构。这类非银行金融机构在金融监管之下从事某些特定类型的金融业务。这类机构主要包括信托公司、财务公司、融资租赁公司、汽车金融公司、小额贷款公司、消费金融公司、保理公司等。这类非银行金融机构是整个金融市场重要的组成部分，但又区别于银行的全牌照功能，只能在特定金融领域发挥作用。

非银行金融机构所衍生的金融市场所需求的律师服务基本上也是分为两类：一类是其自身经营所产生的业务而需求的律师服务；另一类是围绕其机构本身所产生的业务而需求的律师服务。

此外，还有互联网金融公司这样的“另类金融机构”，他们虽然经常被认为是非银行金融机构，但他们并不是受中国银行保险监督管理委员会直接监管的金融机构，而是由多家政府部门负责监管。

◎ 非银行金融机构的法律市场

➡ 信托公司

1. 信托公司经营的信托业务

信托公司是一个特殊类别的非银行金融机构，主要从事信托业务。信托业务，是指信托公司以营业和收取报酬为目的，以受托人身份承诺信托和处理信托事务的经营行为。

在实践中，信托公司的信托业务大致可以分为两类，对金融律师的专业服务还是有比较大的需求的：

一类是接受他人委托管理他人财产，这一类业务简单来说就是资产管理业务，典型的如资产证券化过程中作为资产的受托方。

资产证券化，即我们上面提到的信贷资产证券化业务，是律师可以为银行客户提供法律服务业务之一，而信托公司的资产证券化业务则不仅限于信贷资产证券化，还可以包括其他类型的资产，比如旅游景点的门票作为基础资产的证券化业务、商业物业的租金收入为基础资产的证券化业务等。因此，从信托公司的角度来看，律师在资产证券化领域内可以提供的服务范围会比较大，相应的法律服务市场也比较广阔。律师在这一领域可以提供的服务主要包括法律尽职调查、资产证券化结构设计、资产证券化文本起草、相关法律问题咨询和建议、出具法律意见书等。

除了资产证券化业务之外，信托公司的主要业务还是发行信托计划，代为管理他人财产。而在实践中，由于信托法及其配套法规尚不是很明确，信托公司所受托的资产类型比较单一，主要集中在现金类资产。这种情况造就了信托公司所发行的信托计划大部分集中于资金信托计划，其中，“银信合作”（银行理财和信托公司信托计划的合作）是这类业务最典型的代表。律师在这一块可以提供的法律服务主要包括发行信托计划文件的起草、审阅和谈判，相关法律问题的咨询和建议，出具法律意见书等。

除了上述业务外，近年来随着高净值人群的增加，在银行大力开展财富管理业务之时，信托公司也在利用其制度优势开展家族财富管理业务。在类型上来说，这类业务比较新颖，所涉及的商业和法律问题与信托公司日常从事的信托业务也有所区别，更加回归信托公司原本的功能。因此，在概念上和法律上都需要与信托公司的传统业务作区分。在这个过程中，律师可以提供更多的法律服务，包括家族财富管理业务的结构设计以及法律论证、法律文本的起草（包括标准化文本和每一单不同类型的家族财富管理业务的定制化文本）、相关法律问题的咨询和建议、出具法律意见书等。

另一类是在管理他人财产中衍生出来的业务。信托公司接受他人委托管理信托财产，而管理的方式不同可能产生的业务类型就不同。比如，以一些艺术品作为信托财产所设立的信托，为了保管艺术品，可能需要与银行或者其他第三方机构签署保管协议，那么律师可以对保管协议的审阅和提供咨询服务。又如，以现金设立的信托计划，在设立信托计划之处就已经规定了信托计划所筹集资金的用途，通常是用于向第三方提供贷款，那么律师可以为信托公司向第三方提供贷款提供法律服务，包括贷款合同的起草、修改和谈判，相关担保文件的起草、修改和谈判，担保登记手续的完善，相关融资法律问题的咨询，出具法律意见书等。由此可见，根据信托公司所提供的管理服务类型的不同，律师可以在这类业务领域内提供不同的法律服务，但是这个对律师的要求会比较高，因为信托公司管理信托财产的方式可能会多种多样，对律师的专业需求也会是多样的。

2. 围绕信托公司开展的业务

围绕信托公司所开展的业务同围绕银行所开展的业务基本类似，核心的几项如下：

（1）信托公司本身是受监管的机构，所以其设立和变更均需要完成监管部门要求的审批或者登记。因此，有关其设立和变更，不仅需要律师提供设立类法律服务，还需要提供兼并收购类法律服务。此外，与监管部门的沟通通常也需要律师的参与。律师的工作内容大体包括交易结构的设计，交易文本的起草、修改和谈判，协助完成交易交割手续，出具法律意见书等。

（2）信托公司作为一个公司，其本身的运营和合规也需要满足相关的法律服务支持，因此，律师可以为信托公司的运营和合规业务提供法律服务。就运营类业务而言，信托公司一般会通过与律师事务所签订常年法律顾问服务协议的方式聘用律师，而合规类业务则可能视情况纳入常年法律顾问服务，也可能视事项本身的复杂程度，以专项法律服务的形式由律师专门提供服务。律师在运营和合规类业务中提供的法律服务主要是法律咨询和建议以及出具法律意见书。

（3）信托公司在经营业务过程中所产生的诉讼事项，也是律师可以向信托公司提供法律服务的巨大法律市场。其实，不仅是诉讼事项，与诉讼相关的事项均需要律师的参与，既包括诉讼策略分析和建议、诉前保全、出庭诉讼、判决执行，也包括参与债务人的债务重组、破产重整等。

［代表性案例1－3－1］ 我们代表中信信托公司就其境内合格投资者产品（QDII）及境外投资提供法律服务。

➡ 财务公司

财务公司，是指以加强企业集团资金集中管理和提高企业集团资金使用效率为目的，为企业集团成员单位提供财务管理服务的非银行金融机构。根据财务公司的功能，可以看出财务公司是为企业集团成员提供财务管理服务的，因此，其业务范围仅局限于企业集团内部，相对来说，财务公司的业务范围是比较窄的。目前的财务公司基本是大型国企设立的或者世界500强企业在中国设立的。

财务公司对企业集团成员单位提供的财务管理服务，核心内容包括现金管理、吸收存款、发放贷款、融资租赁、提供担保、委托贷款等。通常来说，这些业务在初始阶段（如新成立财务公司）需要律师的介入，搭建交易结构、涉及业务法律框架、协助准备标准文本、提供法律意见等。但是，一旦财务公司运作成熟之后，由于业务内容的重复性，基本就不太需要律师提供法律服务了，一般由其内部法律部门解决，除非是遇到专门的法律问题。总的来说，目前财务公司在日常经营方面对金融律师的专业需求不大。

此外，除了上述日常业务外，财务公司还可以在涉及集团内成员的重大财务安排时提供专门的服务。比如，在集团内成员需要金额巨大的贷款时，财务公司可以作为牵头行安排组织银团，向集团内的成员发放银团贷款。在这类重大项目中，财务公司的内部法律部门可能无法独立解决，需要聘请第三方律师提供专门的法律服务，包括交易结构的设计，法律文本的起草、谈判和修改，协助签约和放款，沟通协调银团内部事宜，出具法律意见书等。但目前这不是普遍状况。

律师可以为财务公司提供的另外一种类型的服务就是围绕财务公司开展的业务，这些业务既包括财务公司的设立、变更、关闭，也包括财务公司的日常运营和合规类业务以及财务公司可能涉及的诉讼类业务。一般来说，财务公司的诉讼类业务很少，因为财务公司所服务的对象集中于企业集团内部。可能会对律师有潜在服务需求的主要是财务公司牵头主导的企业集团内部的债务重组，包括尽职调查、债务重组结构设计、债务重组文件起草等。

[代表性案例 1－3－2] 我们代表上海汽车集团财务公司作为安排行为上海通用汽车公司进行200亿元人民币再融资。这也是上汽财务公司发挥其集团关联公司的优势，联合多家中资银行组成银团为上海通用提供了数次、长达20多年的融资，被视为行业的创举。

➡ 融资租赁公司

融资租赁公司在中国的法律环境下分为两类：一类是金融租赁公司，主要由各大商业银行为股东按照中国银行保险监督管理委员会颁发的《金融租赁公司管理办法》出资设立，专门经营融资租赁业务，如交银租赁、招银租赁等；另一类是普通的融资租赁公司，主要是由一般的企业按照商务部颁发的《融资租赁企业监督管理办法》出资设立，如远东租赁等大型融资租赁公司。值得注意的是，根据 2018 年 5 月 8 日发布的《商务部办公厅关于融资租赁公司、商业保理公司和典当行管理职责调整有关事宜的通知》，普通的融资租赁后续的业务经营和监管规则的制定权力已经划转至中国银行保险监督管理委员会。虽然已经进行了这一类划转，但是本书旨在讨论银行和非银行金融机构的法律市场及其业务，因此，本场景集中于金融租赁公司的阐述，不包括一般的融资租赁公司。

金融租赁公司是经中国银行保险监督管理委员会批准，以经营融资租赁业务为主的非银行金融机构。所以，金融租赁公司的本质也是经营融资租赁业务，与一般的融资租赁公司的主要区别就是准入条件更加严格，融资渠道来源更加广泛（可以在银行间市场拆借）等。

融资租赁业务根据租赁物的不同可以区分为飞机融资租赁、船舶融资租赁、其他类型融资租赁（如农用机械、工程机械等）。根据租赁物的不同，融资租赁的交易结构和侧重点均会有一些不同，而且在大型的融资租赁交易中，往往都需要专业的律师提供法律服务，包括融资租赁交易结构设计、法律文本起草、修改和谈判、融资租赁法律问题咨询以及出具法律意见书。尤其在飞机、船舶或者涉及对外工程承包领域内的工程机械或者其他租赁物的融资租赁业务，这类业务往往还涉及复杂的技术性问题（如飞机和船舶的交付条件认定、法律意见书等），复杂的外汇问题，中国和租赁物所在地的法域之间的跨法域法律问题等，律师所需要提供的法律服务具有非常强的专业性。总体而言，融资租赁行业具有很大的法律服务市场，律师可以提供的法律服务内容也非常多，但由于其业务的高度专业化，它需要金融律师进一步的专业化，才能提供有关融资租赁的法律服务。

除了融资租赁业务本身外，律师还可以为围绕金融租赁公司的业务提供法律服务，既包括金融租赁公司的设立、变更、退出，也包括金融租赁公司日常运营和合规类业务，同时还包括金融租赁公司的诉讼类业务（包括债务重组、破产重组等）。

［代表性案例 1－3－3］ 我们曾为招银融资租赁公司草拟不同产品的融资租赁标准合同。在招银融资租赁公司刚刚成立之时，我们受托帮助他们准备业务的标准文本。由于当时融资租赁市场处于初期，没有市场惯例可供参考，这对我们是很大的挑战。我们一方面详细了解公司的业务计划、运作模式，另一方面根据国际融资租赁的合同和惯例，根据中国法律做了本土化的创新。

➡ 汽车金融公司

汽车金融公司是指经中国银行保险监督管理委员会批准设立的，为中国境内的汽车购买者及销售者提供金融服务的非银行金融机构。所以，汽车金融公司的核心业务是为境内的汽车购买者和销售者提供金融服务，以促进中国汽车行业的发展。汽车购买者的主要人群是广大的购车人士，也包括单位和企业等需要购买车辆的法人主体，而销售者则主要是 4S 店或者汽车经销商这类企业法人主体。

根据汽车金融公司的业务类型可以看到，汽车金融公司为汽车购买者提供金融服务，而可能需要律师提供的法律服务相对来说会比较少，因为这类业务面对人群多，重复性高，和银行向个人提供的房屋按揭贷款类似，不太可能由律师介入为每笔交易逐一提供法律服务。律师在这类业务中可以提供的法律服务主要包括汽车金融公司贷款标准文本的起草、审阅和提供法律咨询。但是，汽车金融公司向汽车销售者提供的贷款则可以区别不同情况对待。如果贷款金额巨大或者项目结构复杂，通常汽车金融公司也会聘请律师提供专项的法律服务。如果汽车金融公司和汽车销售者经常合作，且贷款项目结构并不复杂，如主要是用于汽车销售者的临时资金周转等，这类贷款一般就由汽车金融公司的内部法务团队处理。所以目前汽车金融公司的日常经营对金融律师的专业服务需求有限。

除了上述日常业务，汽车金融公司为了解决其运营过程中的资金需求问题，通常也会设计一些专门的业务结构，以便其业务可以持续开展。比如，汽车金融公司和一些银行可以开展合作，在汽车金融公司发放贷款后，通过一些结构性安排，由银行承接这批贷款客户，从而使汽车金融公司可以获得资金继续开展其他的汽车贷款业务。汽车金融公司通过给客户贷款获得了融资中介费用，而银行则可以相对比较轻松地获得优质的贷款客户。随着监管和科技的发展，这类业务可能结构会有所变化，但是核心的商业安排是不会变化的，因此，这类业务也需要律师提供专项的法律服务，包括交易结构的设计和论证、法律文本的起草和审阅、出具法律意见书等。

除了提供汽车贷款业务本身外，律师还可以为围绕汽车金融公司的业务提供法律服务，既包括汽车金融公司的设立、变更、退出，也包括汽车金融公司的日常运营和合规类业务，还包括汽车金融公司的诉讼类业务（主要是债务催收等）。

[**代表性案例1-3-4**]　我们曾就上汽通用汽车金融公司的设立、运营以及标准化文本提供法律服务。由于美国通用汽车集团在境外长期从事汽车金融业务，它们希望也将此业务复制到中国。但中国的法律环境完全不同，因此我们结合美国通用汽车集团的标准文本和中国的法律实践，重新帮助上汽通用汽车金融公司确定了它的经销商和消费者信贷和抵押业务模式。

➡ 消费金融公司

消费金融公司，是指经中国银行保险监督管理委员会批准，不吸收公众存款，以小额、分散为原则，为中国境内居民个人提供以消费为目的的贷款的非银行金融机构。所以，消费金融公司的主要业务就是为境内的居民个人提供消费贷款，而且贷款金额必须是小额的。

消费金融公司的业务特征决定了律师可以为消费金融公司业务提供的法律服务是比较局限的，主要是消费金融公司的贷款标准文本制作、法律问题咨询和建议等。

但是，随着科技的发展以及消费金融公司的外部融资需求的增大，消费金融公司也会像其他的非银行金融机构一样，需要设计专门的结构性安排，以解决其快速扩张过程中的资金需求。而这一块结构性设计则需要律师参与，以确保结构的合法和可操作性。最典型的资金需求解决手段是资产证券化。在资产证券化业务中，律师发挥的作用是很大的，而且可以提供的法律服务内容也是非常多的。此外，消费金融公司与资金量富裕的银行金融机构合作也可以解决其资金需求问题，相关的结构设计和文本起草需要律师提供专项的法律服务。

除了上述消费金融公司本身经营的业务外，律师还可以为围绕消费金融公司的业务提供法律服务，既包括消费金融公司的设立、变更、退出，也包括消费金融公司日常运营和合规类业务，同时还包括消费金融公司的诉讼类业务（主要是债务催收等）。值得一提的是，中国的监管部门正在大力推动消费金融公司的设立，主要目的是增加消费金融市场的正规参与者数量，解决境内居民愈加强烈的消费需求，同时可以提供与其他互联网消费金融公司之间的竞争，使消费金融市场的发展愈加规范。因此，消费金融公司的收购和设立业务是近几年非常重要的业务之一。律师在其中提供的法律服务包括尽职调查、法律可行性分析、与政府部门的沟通、设立文件的起草和修改、工商备案、出具法律意见等。可以预见，消费金融法律业务将会是未来金融法律市场的一个新业务来源。

[代表性案例1-3-5]　我们曾代表西班牙BBVA银行和杭州银行合资设立消费金融公司。我们的工作包括起草有关协议、参与谈判、协调向政府申报及出具法律意见书。在此项目中，与银监部门建立良好沟通并根据实践中的政策要求修改有关文件是我们的重要工作。

➡ 小额贷款公司

小额贷款公司是由自然人、企业法人与其他社会组织投资设立，不吸收公众存款，经营小额贷款业务的有限责任公司或股份有限公司。小额贷款公司不同于其他非银行金融机构，其设立不需要经过中国银行保险监督管理委员会批准，而是由各地的金融办公室负责审批，但是行业监管权力集中于中国银行保险监督管理委员会。从小额贷款公司的定义可以看出，小额贷款公司所经营的业务也是小额贷款业务。区别于消费金融公司的是，小额贷款公司的小额贷款业务不局限于居民个人，而且小额贷款公司发放的“小额”只是相对于银行发放的贷款金额，实际上其金额比消费金融公司发放的“小额”消费贷款要大。

小额贷款公司的业务类型也决定了小额贷款公司需求的法律服务内容是有限的。正常经营的小额贷款公司，其需要律师提供的法律服务主要是日常业务标准文本的起草和审阅，疑难问题的法律咨询等。

除了传统的小额贷款公司的业务外，随着互联网技术的发展，网络小额贷款公司也已经发展得非常成熟了，最典型的代表就是阿里巴巴旗下的网络小额贷款公司。这个网络小额贷款公司是阿里巴巴提供互联网金融服务最核心的法律载体。但是，从律师的角度来看，无论是传统的小额贷款公司还是新兴的网络小额贷款公司，其所需求的法律服务基本是一样的，而且内容也是有限的，最主要的还是标准文本的起草和审阅、法律问题的咨询和建议。只是由于网络小额贷款公司所采用的互联网技术的新颖性，律师所需提供的法律服务可能相比于传统的小额贷款公司更加专业和复杂而已。

同样类似于其他非银行金融机构，小额贷款公司的资金来源是制约小额贷款公司发展的重大因素。如何解决小额贷款公司的资金来源，帮助设计法律结构，是律师可以为小额贷款公司提供的重要法律服务之一，包括与银行的合作以及其他可用的资金来源工具（如发行资产证券化）。因此，律师在这一领域内可以提供的法律服务内容是比较多的，相应地，法律服务市场也比较大，提供的法律服务也更具价值。

除了上述小额贷款公司本身经营的业务外，律师还可以为围绕小额贷款公司的业务提供法律服务，既包括小额贷款公司的设立、变更、退出，也包括小额贷款公司日常运营和合规类业务，同时还包括小额贷款公司的诉讼类业务（主要是债务催收、债务重组等）。

［**代表性案例 1 –3 –6**］　我们曾协助美国高盛在重庆设立小额贷款公司。我们在该项目中提供的法律服务包括：起草法律意见，分析在重庆设立小额贷款公司的法律可行性，在设立前期与重庆政府部门的沟通和协调，审阅和修改投资协议，起草小额贷款公司设立时的内部章程及其他申请文件。该项目的难点在于前期的法律论证以及中间与政府部门的沟通和协调。小额贷款公司的监管规定是非常匮乏的，如何理解和解释地方性规定以及论证实践可行性，对律师来说是一个挑战。而高盛作为一个国际性投行，其行事严谨度高，一些地方上的特殊性要求想要在高盛内部通过，则需要进行复杂的解释和论证。同时，我们也需要将高盛内部的意见向地方政府解释和沟通，双边的协调难度很大，对律师来说也是一项挑战。

➡ 保理公司

保理业务是以债权人转让其应收账款为前提，集应收账款催收、管理、坏账担保及融资于一体的综合性金融服务。目前在中国境内可以从事保理业务的机构包括银行和专门的商业保理公司。银行的保理业务属于其日常贸易融资的一部分，我们已经在场景二中介绍过，不再赘述。本场景旨在讨论专门的保理公司所做的保理业务。

保理公司是为企业提供贸易融资、销售分户账管理、客户资信调查与评估、应收账款管理与催收、信用风险担保等服务的专业化的商业公司。保理公司在中国出现之初并非处于中国银行保险监督管理委员会的监管体系之下。保理公司一开始的试点工作由商务部开展，商业保理的一些全国性的规范前期也是由商务部负责制定。各地的商业保理公司试点工作则是由各地的商务部门负责审批。后来随着 2018 年 5 月 8 日发布的《商务部办公厅关于融资租赁公司、商业保理公司和典当行管理职责调整有关事宜的通知》，商业保理公司的行业监管权力已经调整至中国银行保险监督管理委员会。同小额贷款公司一样，虽然行业监管权力集中于中国银行保险监督管理委员会，但负责保理公司准入的具体负责部门还是各地的金融监管办公室。

从保理公司的业务范围我们可以看到，保理公司可以从事的业务其实并不小。但实际情况是，大部分的保理公司提供的主要还是应收账款的买卖业务，即受让企业的应收账款，为其提供融资，并基于应收账款买卖这一业务，而附带提供了其他类型的服务，包括应收账款的催收服务等。总体而言，保理公司的业务对律师的法律服务需求并不大，主要是设立前期设计保理交易结构（明保理、暗保理等）、起草标准文本、提供法律咨询和建议等。

在国际上，保理也是非常成熟的一款融资产品。不同于现在中国境内的商业保理环境，一些大型跨国公司比较倾向于做保理融资的一个主要原因是保理融资可以成为其管理资产负债表的一种手段，即向保理公司转让的一笔应收账款，在真实出售的前提下，可以从其资产负债表中移除（俗称“出表”），从而改善其资产负债表情况。如何认定“真实出售”在国外的法律下，尤其是美国法律下，有非常完善的标准。但是，在中国法律下，“真实出售”的标准却不是特别明确，无论是从法律角度，还是从会计角度。因此，律师还可以向这些大型跨国公司在中国的保理业务出具“真实出售”的法律意见书，该法律意见书可以成为公司的会计师认定应收账款是否“出表”的依据之一。这类业务对律师的要求相对来说比较高，因为在中国法下“真实出售”的认定涉及合同法、企业破产法等一系列法律法规，还涉及保理协议中特定情形下的追索权的认定等。

除了上述保理公司本身经营的业务外，律师还可以围绕保理公司的业务为其提供法律服务，既包括保理公司的设立、变更、退出，也包括保理公司日常运营和合规类业务，同时还包括保理公司的诉讼类业务（主要是债务催收、债务重组等）。

［**代表性案例 1-3-7**］　我们协助 IBM 在天津设立中国第一家商业保理公司。我们在该项目中提供的法律服务包括保理公司设立可行性的论证、与政府的沟通和协调、保理公司审批流程的沟通、保理公司法律文本的制作、出具法律意见书等。这个项目最大的创新点是在我们律师的推动、天津市政府的支持以及 IBM 的内部努力之下，最终成功在天津设立了中国第一家外资保理公司。在设立之时，没有任何实际可以操作的法律法规可以参考，在法律论证上对律师来说是一个非常大的挑战。同时，由于没有可以参考的法规依据，与天津市政府的各部门协调和落实保理公司设立和运营的各项措施挑战也非常大。之后，我们还代表 GE 也在天津设立商业保理公司。

◎ 互联网金融的法律市场

上文中讨论的各类非银行金融机构都是现在隶属于中国银行保险监督管理委员会直接监管的，有的虽然不是直接监管，但中国银行保险监督管理委员会也是行使行业监管权力的（如小额贷款公司、保理公司）。但是，在传统分业监管框架之外，还有一类机构正随着互联网科技的发展而蓬勃发展，但是由于其发展所涉领域过多，其监管涉及不同的政府监管部门，很难在传统金融机构的分类框架中对其进行简单界定，这类机构就是从事“互联网金融”的公司。

“互联网金融”是一个笼统的概念。根据目前国内的法规，互联网金融主要覆盖网络小贷、P2P、股权众筹、第三方支付、互联网保险销售、互联网信托和基金销售等业务。互联网金融公司通常都会同时经营网络小贷业务和 P2P 业务，而这两种业务也是当前普惠金融领域最热门和前沿的，其他如第三方支付等经过近几年的发展基本属于成熟行业，而股权众筹业务则相对来说不活跃。网络小贷业务我们已经在“小额贷款公司”中专门阐述，此处不再赘述。

➡ P2P

P2P 业务模式项下的法律关系是一个居间行为，由网络借贷信息中介平台连接出借人和借款人，实现出借人和借款人之间的借贷。根据目前的政策，监管的重点仍然是侧重于 P2P 公司本身介入实际借贷关系的程度如何，比如限制 P2P 公司为借贷风险提供风险保护（禁止提供风险储备金、禁止提供担保等），以便 P2P 公司可以发挥其信息技术上的优势——主要用于撮合交易，而不是利用自身的平台资信给借贷提供增信。从 P2P 的业务模式本质来说，其本身是一个居间商，律师在 P2P 领域内可以提供的法律服务也是有限的，主要是标准文本的起草、专项法律问题的咨询和建议，以及相关诉讼争议解决业务。律师在 P2P 公司的设立过程中也可以提供设立相关的法律服务。不过，近年来随着 P2P 平台频频“爆雷”，这一领域已然成为一个需要监管重点关注和防范的“高危”领域，而随之而来的 P2P 平台清盘、投资者维权等也是近期该领域法律服务的一大重点。

➡ 第三方支付

第三方支付的核心功能就是以非金融机构的身份在收付款人之间作为中介机构提供特定的货币资金转移服务，包括网络支付、预付卡发行和受理、银行卡收单。所以，第三方支付机构的核心业务还是支付业务，而支付业务本身所需的法律文本都是标准化文本，律师可以提供的服务也是有限的。此外，围绕着第三方支付公司的设立和变更，律师也可以提供相应的专项法律服务。近年来，中国人民银行一直在严格控制第三方支付机构的牌照发放进度，近期开始谨慎放松新牌照的发放，后续市场空间有待持续观察。

但是，互联网金融领域内的创新其实离不开第三方支付机构的存在，比如在“消费贷”等创新金融产品中，其依托的电商平台，首先要做的就是支付安排，而这种网络支付通常都是由第三方支付公司提供。因此，在互联网金融领域内的创新项目中，律师可以为第三方支付公司与其他各类主体的合作提供专门的法律服务，包括交易结构的设计、法律文本的审阅和修改、出具专门的法律意见书等。律师在第三方支付公司与各类其他金融机构的合作过程中是可以提供很多法律服务的。

第三方支付其他法律服务包括：

（1）牌照收购业务：新牌照的发放控制很严，需通过并购或合资取得现有的牌照。电商平台或供应链金融和支付整合一体化的需求将持续，对存量牌照的利用整合可能会继续提供并购类业务机会。

（2）合规审查和法律意见：近几年重点整顿平台无证经营活动、客户备付金集中提存、断直连上网联、违规处罚等；根据跨境外汇或人民币结算政策日趋完善下的跨境资金结算的合规分析以及架构设计。

（3）支付行业对外资的开放也可能带来机遇。

（4）互联网金融全球化目标和跨境电商增长刺激下的支付行业境外投资并购业务。

总体来说，互联网金融是一个快速涌现、急剧迭代的新生物种，对传统金融业态造成了前所未有的冲击，并引发了很大的金融风险。当下中国金融监管的重心在于防范系统性金融风险，使金融更多地回归支持实体经济的本源，互联网金融也进入了一个新的发展阶段。接下来的演进路径很可能是将大数据、人工智能和区块链等最新科技成果与传统银行金融机构的体系相结合，通过科技来升级传统金融体系，以“金融＋科技”的方式推动整个金融生态的有序进化。律师的市场在这个新兴领域也会有更大的空间。

［**代表性案例 1 －3 －8**］　我们协助浦发银行与阿里巴巴合作开展“花呗”联营贷款合作项目。这个项目中涉及银行、网络小额贷款公司、第三方支付公司等各参与主体，而这些参与主体所需要签署的法律文件多达十几项，涉及众多法律问题，并不是标准化的文本可以解决的。我们的工作是负责起草有关的协议，提供法律意见。

ACTION

2

第二部

◇

破局：

金融律师的创新

一首G弦上的咏叹调

——上海通用汽车融资的故事

贯穿执业生涯的一场融资盛宴

一直以来，我都将上海通用汽车的项目融资当作我执业生涯的一个里程碑，不仅是因为这个融资项目在整个国内银团融资领域起到的示范作用，更重要的是因为这个项目后续的再融资是一场旷日持久的融资盛宴。

上海通用汽车在1997年开始其8.21亿美元的项目融资，为美国通用汽车在中国上海与上汽集团合资建厂寻求国际和国内银行业的融资支持。在21世纪之初完成建设之后开始其第一轮的再融资，直至2020年，上汽通用汽车已经完成了总计五轮的再融资。在这20多年的历程中，我作为银团的律师，自始至终为上海通用汽车的项目融资和再融资提供全程法律服务，可以说，这个融资项目基本上贯穿了我20多年的执业生涯。现在再回首这个项目，于我而言既有物是人非、时光飞逝之感，也有一丝宽慰之情，当时项目中的人有的因这个项目的成功而已成为中国银行金融界的中流砥柱，有的已经到了古稀之年而退出金融市场，甚至当初美国通用聘用的美国律师事务所已不复存在，而我为能参与并主导这个项目的六次融资过程而倍感荣幸。在2020年第五次再融资的银团和上海通用的会议上，我环顾左右，发现无论是十几家银行的项目负责人还是上海通用、美国通用、上汽集团的项目负责人都已然是新人，不禁感慨万千，同时也为这个项目给整个中国的银团融资市场开创的一系列先河而感到庆幸。

中国的汽车业还在飞速发展中，上海通用汽车也在砥砺前行，可以预见，这样的再融资必将随着上海通用汽车的业务发展继续进行。随着汽车业向新能源、无人驾驶方向发展，可以毫不夸张地说，2020 年的再融资并不是一个终点，甚至可能成为一个新的起点。既然当初的项目融资可以助力上海通用汽车在中国汽车市场的快速启动，那么一轮一轮的再融资也必将可以进一步地支持上海通用汽车在新的领域内突飞猛进。

作为一名银行金融领域的专业律师，我为我们的团队能够参与设计如此稳固的融资法律结构、不断创新地解决融资中的诸多法律问题并相应地落实制作融资文件、提供长期稳定的高质量法律服务等所起到的一系列作用而感到特别的满足。

波澜壮阔与细水长流

如果用一个词来形容上海通用汽车在 1997 年的项目融资，非“波澜壮阔”莫属。我仍记得在经历近一年的努力完成融资谈判后，在上海花园饭店举行的签约现场，所有需要签署的美元银团贷款协议、人民币银团贷款协议、担保文件、股东支持文件像一条长龙一样摆在 45 家银行行长面前，更像一幅画卷泼墨了一场历史的痕迹，令人久久无法忘怀。11 家外资银行，34 家中资银行，共同完成了由 45 家中外资银行组成的旷世纪银团贷款，代表着上海银团史上第一次真正意义上的中外资银行大规模合作的里程碑式融资交易。

如果用一个词再来形容上海通用汽车在2001年开始的150亿元人民币再融资，我想“细水长流”再合适不过。不再有惊心动魄，只剩下余音袅袅。得益于中国经济和银行业的大力发展，再融资已经不像项目融资那样会有那么多的外资银行参与，中资银行已经开始包揽了上海通用汽车所有再融资的额度。而我们再继续为再融资提供法律服务时，也无须面对激烈的中外资文化、法律差异的碰撞和谈判，剩下的就是对项目融资条款进行本土化的再审视。

现在想来，整个融资过程就像泡一壶茶。宋代蔡襄在《茶录》中说：“候汤最难，未熟则沫浮、过熟则茶沉。”项目融资就像候汤（指大火急沸将水煮开）一样，是这场融资盛宴的开局之作，在沸沸扬扬中将上海通用汽车这一盏茶彻底泡开，既没有未到时，也没有过时，而是正当时。而再融资就是慢慢冲泡的过程，在水温渐去中，细细品味茶香，余香持久不散。虽然已经没有机会再去品味这样一壶茶了，但我可以借着这个机会将这一壶茶是如何泡的介绍给大家，希望读者朋友们也可以在自己做律师的生涯中抓住机会多泡好茶。

1997—1998年项目融资

1997年是一个特殊的年份，那个时候整个亚洲甚至全球经济因为1997年亚洲金融危机仍然陷入巨大动荡之中。国际社会对于世界经济的前景，尤其是亚洲的经济发展前景极其不乐观，而在1998年时，整个亚洲金融危机还处于发展过程中，谁也无法预测这场发源于亚洲、波及全球的经济危机何时才可以结束。就是在这样的一个背景中，美国的通用汽车与上汽集团决定合资在中国上海建厂，目标定位于发展中国国内的汽车市场。由于尚处于经济危机当中，美国的通用汽车并没有想投入过多的资本在亚洲市场，而是寄希望于银行的项目融资来为合资建厂提供大部分的建设资金。

我记得当时一开始遇到的最大的问题就是愿意提供融资的银行太少。总的来说，外资银行对于亚洲经济从金融危机的恢复和发展其实是缺乏信心的，所以即使有美国通用和上汽集团的品牌背景，他们对于该笔项目融资在市场的销售结果也不是很看好，所以一开始愿意参与的外资银行是不多的。而在此之前，中国的项目融资（如我们团队在 20 世纪 90 年代初做的上海大场水厂、上海闸北电厂等项目融资案例）一直以来都是外资银行在安排并主导，当时中国银行业没有能力也没有资金为这样大额的项目建设提供大量的资金用于其建设，一般也都是以很小的份额参与其中，体现中国银行业的一丝存在感而已，既没有地位，也没有影响力。所以，在项目一开始之初，对于能否顺利地组成银团为合资建厂提供项目融资是存疑的。上海通用汽车不得不多次向多家银行组织路演，对其项目的建设、资金、技术、市场做详细说明，并对项目的各方面可能存在的风险作详细分析并提出了防范措施，通过向各家银行的路演来提高项目的可融资性。

另外，1997 年开始且 1998 年一直还在持续的亚洲金融危机对于中国的整体影响相对来说较小，而中国的经济在朱镕基任总理之后也开始大规模地调整并发展，所以在 1997—1998 年的时候，中国的银行业整体而言已经具有一定的实力。在这样的一个背景下，中资银行普遍看好中国的汽车市场，再加上通用汽车的国际品牌影响力、技术能力以及上汽集团的整体实力，中资银行一改往日谨小慎微的作风，开始大面积、大规模地参与到这笔上海通用汽车的融资过程中来，到最后整个上海地区的几乎所有大小中资银行都参与其中，在最终 8. 21 亿美元以及人民币贷款认购额度分配完毕之后，整个中资银行的认购额度远超外资银行，参与的中资银行数量达 34 家。

现在再回头看，当时选择参与融资的所有中外资银行无疑是非常明智的。随着亚洲金融危机在 1999 年结束，中国在 2001 年加入世界贸易组织，整个中国经济步入了飞速发展的时期，尤其是中国的汽车业，实现了从无到有，再到繁花簇锦的发展过程，成就了银行与公司的双赢局面。甚至，在 2008 年全球金融危机中美国通用汽车被破产接管也没有影响到上海通用汽车的发展和再融资，当然这是后话了。

▲ 人民币贷款和美元贷款之间的冲突：再造文本结构

一切的开始并没有那么美好。虽然中外资银行愿意共同为上海通用汽车提供项目融资，但是作为中外资银行的首次大规模合作，之前在其他项目融资中并未出现的问题却非常明显地突出了，甚至到了白热化的程度。

当时，美国通用汽车因为在美国本土与花旗银行一直保持融资关系，相对来说，他们之间的合作非常和睦。所以在项目融资之初，美国通用汽车也同样委托了花旗银行作为这次项目融资的安排行，来统筹协调整个项目融资的安排和分销事宜。而作为顶尖的国际银行，花旗银行对于其融资能力也有着相当大的信心，认为其完全能很好地主导并协调整个项目融资的事宜。然而，他们却在中国本土遇到了一个大难题——项目融资不仅需要美元贷款，还需要人民币贷款，而当时外资银行在中国因为政策原因无法经营人民币业务，在海外也没有人民币可以提供给上海通用汽车，所以其必须要协调安排中资银行来提供人民币贷款融资。这样其定位就比较尴尬了，作为一个没有能力提供人民币贷款融资的银行来说，如何让其安排协调这些提供人民币贷款的银行？与此同时，上海通用汽车作为美国通用汽车与上汽集团在国内的合资公司（股比各占一半），上汽集团却又想通过其旗下的财务公司来主导人民币贷款融资部分。这样，在融资角色安排上，花旗银行和美国通用汽车与上汽集团和上汽财务公司之间无形中形成了一种角力的关系。花旗银行希望可以完全主导融资过程，按照其与美国通用汽车协商好的条款统一安排美元和人民币融资，上汽集团却希望可以由上汽财务公司作为人民币贷款的安排行，单就人民币融资部分单独协商条件。

冲突在所难免，这中间不乏国内公司对于外方的不信任，也不乏外方对于国内融资技术的不信任。最重要的是，当时的上汽财务公司从来没有担任过银团贷款安排行的角色，其资金实力也非常有限，不仅是在国外银行的眼中，在国内银行的眼里，上汽财务公司也很难胜任这一个角色。可是，作为上汽集团的重大商业决定，这一安排已经没有更改的余地了。美国通用汽车和花旗银行也做了一定的妥协，各方最终同意的安排是花旗银行作为牵头协调安排行，花旗银行作为美元贷款安排行，而上汽财务公司作为人民币贷款安排行。虽然安排行的角色定位在一般的银行融资中并不会实质性地影响交易结构，但是其地位和作用还是非常重要的。安排行通常按照和借款人商定的基本融资条件，邀请贷款行参加，并在确定贷款份额、账户结构、贷款费用等商业利益方面有举足轻重的发言权。但是，这种一开始的角色安排却在中方和外方之间埋下了一颗地雷，同时也为整个融资过程带来了很多意想不到的问题。

首先面临的就是美元贷款融资和人民币贷款融资的条款设置问题。众所周知，美元贷款一直以来采用伦敦同业拆借利率加上一定的利差来确定利率，而作为配套的条款，其提款、利息期、还款、罚息、市场紊乱条款等也一并作为美元贷款的标准条款存在。但是，人民币贷款在当时却没有这些概念，其适用的利率为央行公布的利率，利息根据央行当时的规定也是固定日期付息，更不用提利息期的概念了，当然罚息也有一套固有的规则，同时，各家中资银行对于市场紊乱条款是什么都没有概念。其实，即使放到如今，将一笔美元和一笔人民币授信放到一个银团中共同安排，也会存在很多冲突，只是因为大家对于市场规则已经渐渐熟悉，冲突没那么大，也容易调和。但是在当时，这种冲突却为项目融资带来巨大的不确定性。

我记得当时花旗银行聘请的国外律所是高伟绅律师事务所，一家在英国非常有名的律师事务所，他们对于美元贷款融资市场的条款和惯例非常熟悉。而作为国外律师，其对于人民币贷款市场也是一筹莫展，该如何起草人民币贷款协议，他们不熟悉，也没有法律资格。所以最终协商由我们作为银团的中国律师代表中资银行起草人民币贷款融资的合同，而高伟绅律所的律师负责美元贷款融资部分。看似问题就这样解决了，但其实还面临一个更大的问题。外资银行提供美元贷款（其实到最后多家中资银行也参与了美元贷款部分），中资银行提供人民币贷款（注：人民币贷款其实分为两部分，一部分是用于项目建设的人民币贷款，另一部分是将来完成建设后公司为流动资金需求而备用的流动资金贷款，参与的银行也不尽相同，所以最终分为两个人民币贷款协议），这样外资银行和上海通用汽车之间的美元贷款条款势必会与中资银行和上海通用汽车之间的人民币贷款条款产生冲突，如何调和两者之间的冲突？

最终高伟绅律所的律师和我们协商为各家银行提了一个解决办法，即美元贷款协议由高伟绅律所的律师负责起草，适用英国法，人民币贷款协议由我们起草，适用中国法。两者之间的区别仅限于商业条件的区别，不涉及法律问题。对于共同适用于上海通用汽车的约束性条款（如财务承诺、信息承诺、陈述和保证、违约事件等）以及中外资银行之间的关系，由中外资银行与上海通用汽车之间单独签署一份《共同条款协议书》的方式解决，相当于如今的债权人间协议，从而用来绑定所有银行，以图同进同退，另外也可以用于解决所有银行之间关于上海通用汽车的相关事项表决问题。通过这样的方式，我们解决了中外资银行合作中的第一个难题。

在当时看来，这个解决方案可以说是开创性的安排了。在当时所做的其他项目融资中，从来没有过类似的安排。而这个安排作为智慧的结晶，也为市场带来了示范作用，在此后的多起类似融资中（如后来我们做的上海申通地铁 1600 亿元人民币的项目融资），市场也广泛采用了我们的做法。

▲ 中外资银行的文化冲突：融资费用与融资文化

其实，上面我们提到的人民币和美元贷款之间的冲突，也是一种中外资文化上的差异。美元贷款有其一套固有的市场规则，而人民币贷款也有一套固有的市场规则，两者结合相遇的时候，问题自现。只是，我们用一种隔断的方式，将人民币和美元贷款区别开来单独对待了。然而，有些问题，光用文本结构的再造并没有办法实质性地解决，比如中外资银行对于融资费用的认识差异以及中方和外方之间关于融资文化的认识差异。而我作为当时少数有外资经验的中国律师，为中外资银行之间的这种差异解决可谓费尽了心思。这里举两个事例方便大家参考。

第一个问题是由担保代理行的设置带来的。花旗银行一开始作为被通用委任作为总安排行的角色，其认为对整个融资，无论是人民币还是美元，其都有总协调作用，所以对于担保代理行的委任，具有排他的权利，而且作为共同融资，虽然是区分人民币和美元，但是担保结构上却要维持统一，所以委任一家担保代理行代为持有上海通用汽车的全部担保资产就足够了，而这个担保代理行，花旗银行理所当然地认为其应当有权委任。

然而，我们上面提到，在整个项目融资中，其实中资银行最终所占的贷款份额是要远大于外资银行的，作为具有主要地位的贷款人来说，中资银行理所当然地认为，担保代理行应由其委任，或者至少人民币贷款需要有专门的担保代理行。这个问题在一般外人看来，其实并不是多大的问题，无非是谁代表银团持有担保物而已，但这个背后除了中外双方角力该项目融资的话语权之外其实还隐藏了一个更大的问题。

写到这里，我们要再回顾一下当时中国银团贷款市场的法律法规，1998年央行已经颁布了一部专门规范银团贷款的部门规章——《银团贷款暂行办法》。而根据该暂行办法，银行提供银团贷款是不得向借款人收取安排费的。这个规定与外资银行的惯例则是南辕北辙。我们之前说到，外资银行在亚洲金融危机水深火热的时候为什么愿意给这样的一个项目融资提供贷款？这里面除了通用汽车和上汽集团的信誉之外，还有一部分原因则是因为通用汽车给予了外资银行很大的一笔安排费，而同样作为提供项目融资的中资银行，需要与外资银行一样承担贷款风险，但是却由于法规限制无法享受同样的收益，造成了中资银行严重的心理不平衡，从商业利益角度来看，这种不平衡是有其合理性的。我们现在来说，安排费等这些费用是银行的一种中间业务收入，对于现在的中资银行来说，是耳熟能详了，但是当时的中资银行并不知道这些，甚至监管层还阻止银行收取这些费用。因此，当时的中资银行提出一定要安排中资银行作为担保代理行的角色，一方面是不满外资银行一面倒的融资主导地位，毕竟中资银行才是提供融资的主要银行；另一方面也是想通过担保代理行的角色而收取担保代理费为其中间业务收入，增加其营收，而不是仅仅依赖利息收入。所以从这样一个担保代理行的问题引申出来了中外资银行之间关于融资费用的认识差异，也使中资银行首次认识到，除了利息收入之外，像安排费这种中间收入其实更直接也更重要。上汽通用项目融资的这场中外资银行的纷争实际上也推动了日后银监会制定《银团贷款业务指引》时对银团费用做出修改，允许银团收取安排费、承诺费等费用。

其实从律师的角度来看，作为共同提供融资的所有银行的担保，由一家银行担任担保代理行再合适不过，而且我们当时也并没有找到一个法律依据规定人民币贷款必须由中资银行作为担保代理行。然而，我们前面提到，因为上汽财务公司作为人民币贷款安排行一事，中方和外方之间已经产生嫌隙，而因为中外资银行之间贷款份额占比及风险承担与其收益不成比例一事，中方和外方之间产生了更大的分歧。我们作为银团的中国律师，虽然一方面是为整个银团提供法律服务，同时还主要是为中资银行提供人民币贷款的法律服务，所以在这一点上我们也是倾向由中资银行担任担保代理行；另一方面来讲，无论设置一个或者两个担保代理行，到最后只要担保收益汇总由所有银行按比例分配，由外资银行还是中资银行担任担保代理行对我们来说是不存在法律上的问题的。并且，当时的法律和法规对担保代理行的设置是没有任何明确规定的。反而在中资银行提出这个问题后，我们开始回顾考虑是否可以设置两个担保代理行来解决这个中外资银行争执的问题。我们的建议并不是完全基于法律上的规定，而是在实践中可能会产生问题。因为中国是一个外汇管制的国家，而上海通用汽车的主要资产在国内，担保物的执行所获收益也是在国内以人民币获得。那么外资银行作为无法经营人民币业务的银行，其获得人民币担保收益后是否可以分配给中资银行？是否需要购汇再汇给中资银行？这些都涉及外汇管理的实践问题。我们当时也查了外汇法规，并没有明确规定。到最后，我们将这个问题主动与中外资银行一起共同探讨。

为解决这个问题，最后我们又陪同两家安排行共同会见了当时上海外管局主管部门工作人员，花旗银行和上汽财务分别代表美元贷款人和人民币贷款人（实际上是代表中外资银行）各自陈述了设置一家担保代理行和两家担保代理行的理由和意见。外管局主管部门工作人员也询问了我们作为银团律师的意见和建议，我们把分析情况内容告知了外管局主管部门领导。这个问题还由上海外管局上报到了国家外汇管理局总局。最后，我们的分析和意见获得了外管局的认可。之后，按照中资银行的提议，美元贷款和人民币贷款分设两家担保代理行，再由《共同条款协议书》解决银行间分配问题。

可以想见，如果没有我们律师敏锐地察觉实践问题并及时地提出意见和解决问题的建议，而是任由银行之间讨论，无论结果如何，中间的法律问题和法律风险都不会得到揭示。而如果最终是外资银行单独担任担保代理行，这样的融资结构不出问题还好，一出问题，则会引发更多的问题。我们提出问题、解决问题，不仅帮助银行，还能保护自身。

第二个问题我归纳为融资文化的差异。在国内现在的融资环境下，业内对于美元贷款和人民币贷款之间的差异已经了如指掌，中间的区别点和相似点也能够很快地识别出来，中外资银行之间也能够就人民币贷款和美元贷款实现融洽的合作，甚至人民币贷款已经借鉴了很多美元贷款的做法，如利息期、市场紊乱条款、提款通知等。但是，在20年前我们做上海通用汽车项目融资案中，美元贷款和人民币贷款之间的差异特别明显，因为中外资银行之间没有在一起合作过大规模的美元和人民币贷款相结合的融资项目。我印象特别深的是在中方和外方之间就美元贷款和人民币贷款差异性的一场旷日持久的讨论，花旗银行的代表和上汽财务的代表互相之间就美元和人民币贷款的对接进行讨论，其中花旗银行的代表向上汽财务的代表就人民币贷款的基本商业条款提出了很多的疑问，虽然上汽财务的代表对国内人民币贷款业务非常精通，当时也被花旗银行代表问得无法回应。倒不是上汽财务的代表对于人民币贷款有不熟悉的地方，最主要的原因就是花旗银行以美元贷款的思维来套用人民币贷款，将两者之间的差异突出得特别明显。实际上，这也是国际融资惯例和国内融资惯例的碰撞和冲突。

我记得当时讨论最激烈的一个问题就是如何提款。就美元贷款而言，按照国际通行的惯例，借款人在满足贷款协议所设置的全部先决条件之后，就可以按照贷款协议的规定单方发出提款通知，银行则有义务按照提款通知的要求在规定的时间内提供贷款资金。当花旗银行的代表询问上汽财务的代表人民币贷款是否也同样适用该流程时，上汽财务的代表对于这套提款流程则不甚熟悉，因为人民币贷款自有其一套提款流程，其中提款过程中最主要的凭据就是借据。即在借款人和银行签署贷款协议后，如果借款人需要资金，则需要再由银行和借款人双方签署借据，对具体的提款金额再做安排。这中间有一个巨大的差异，美元贷款在签署贷款协议后，银行则在借款人满足先决条件并发出提款通知后即负有法律义务提供贷款资金，相当于银行在签署贷款协议时就给予了贷款承诺，这中间不再需要有银行给予任何同意或者签署任何文件，银行违约不提供贷款资金是需要负合同违约的责任的。而人民币贷款在签署贷款协议后，借款人在用款之前还需要与银行再签署一份借据，相当于即使借款人和银行之间已经签署了贷款协议，如果银行不同意签署借据，借款人同样无法获得资金，还无法追究银行的法律责任。这对于通用而言，无疑在项目融资中增添了一个巨大的不确定性，可以说，借款人和银行花了巨大的力气谈判贷款协议，最终即使签约了，银行也可以不签署借据而拒绝放款。通用对此表达了强烈的不满，因为在通用看来，他们和银行签署了贷款协议，只要其满足银行设置的放款条款，银行就必须放款，而中资银行关于借据的要求则将通用置于了非常被动的位置。最有趣的是，在通用质疑这样的操作时，有几家中资银行还声明，即使其签署了贷款协议，如果在通用提款时，他们的头寸安排不过来，他们也同样不会提供贷款的。这样的一系列关于提款中借据的争议，最终演变出了一场激烈的争论，甚至可以说是争吵。

而我们现在来反思因为人民币贷款借据这样一件小事引发的争论，可以看出来中外资银行之间关于融资文化的巨大差异。外资银行首重承诺，而承诺在签署贷款协议时即已经给予，而中资银行则没有这个概念，没有所谓的承诺与非承诺的区别，即使签署了贷款协议，头寸足够而能提供贷款时则提供，不能提供时借款人也不能追责银行。其实到如今，中资银行也一直没有摆脱借据这样的惯例。这中间的法律后果我们已经分析了，不利点主要在于借款人而非银行。然而，在中国的市场上，大家对于这样的操作似乎采取了默认，也没有借款人跳出来指责银行这样的安排在法律上有欠妥当。而在上海通用汽车项目融资的当时，经过各方激烈的争论，中资银行最终还是做出了让步，在贷款协议签署时明确给予了贷款承诺，提款也通过提款通知进行，但同时也并没有摒弃借据的惯例，只是变成了和提款通知一样的程序性文件，成为一项先决条件而已，可以说采取了中西合璧的方式来解决这个问题。借据实际上反映了国有银行在长期计划经济中所处的优势地位，在市场经济中面对平等市场主体的要求时一时不能适应的情况。像上海通用汽车的项目融资这样的国际化融资活动在一步一步推动中国国内银行的惯例和做法和国际市场接轨。

其实这样的问题，如果没有熟悉国际融资惯例和国内融资惯例的律师参与，是无法给出合理的法律建议的，而中外双方会因为这个问题陷入胶着当中，因为在他们看来，提款通知是美元融资惯例，借据也是人民币融资惯例，两者之间怎么可能会统一呢？但其实这种差异只是融资文化差异带来的表象问题，深层次的原因还是在于各方对于提款这一法律关系背后的法律逻辑的认识不一致。而我们作为律师，将提款所带来的问题进行深入剖析后，也能得到中资银行的认可。实际上我们不仅是在解决一个法律问题，更是在统一这样的文化差异，这也是做律师的价值所在。如今，我们所做的中外资银团当中，人民币贷款基本都是采用了美元提款的做法，设置一定的先决条件让借款人满足，最后通过提款通知实现放款，可以说这样统一市场化的做法与我们在上海通用汽车项目融资中对这一法律问题的分析和解决所带来的影响不可分割。从中也可以看到中资银行的融资文化不断开放并融入国际市场的过程。

▲ 中外资银行的合作：相互促进

前面我们谈了很多冲突，这也是此项目融资的一个非常明显的特征。原因也在上文已有介绍，有中外资文化之间的差异，也有人民币贷款和美元贷款之间的差异，这些差异导致在项目融资过程中确定融资结构、起草文本以及谈判进程都是步履维艰。但是，回过头来看，这个项目融资也间接促进了中外资银行之间的互相了解和借鉴学习，而作为中国律师，其实我们也跟随着当时国际先进的律师事务所一起学习英美法的知识和国际经验。一个明显的好处就是，在上海通用汽车项目融资之后，随着中国监管层向外资银行开放人民币业务，大量的外资银行有经验也有信心开始牵头做人民币银团案件，而中资银行也开始着手牵头做大型项目融资，在后来的国内融资市场中，这样的局面可谓百花齐放，真正打开了中国银团贷款市场的“任督二脉”。

上面我们已经介绍了一些基本的人民币和美元贷款之间的差异及法律问题，这为后来国内中外资银行各自竞相开展人民币和美元银团贷款夯实了基本的法律结构。但其实除了这些基础的法律问题之外，在上海通用汽车项目融资中，还涌现了许多值得国内银行业深入学习的国际先进经验，不仅对于银行，而且对于我们这些从事银行金融业务的专业律师来说，也是一个巨大的帮助。20 多年过去了，这些项目融资的国际经验不仅有助于我们帮助银行设计交易结构、甄别法律问题，甚至协助银行解决一些非法律问题时，也能把这些先进的国际经验运用到国内项目中。

项目融资中有很多银行需要关注的风险，包括项目的建设风险、汇率风险、政策风险、市场风险、资金风险、运营风险等。其中最主要的是项目的建设风险，因为如果项目无法按时完成建设，对于银行而言，其融资就没有还款来源了。而如果项目的建设完全依赖于业主，则银行的风险集中度又太高，因为业主本身并不能完全控制项目的建设，还有赖于承建商的配合等一系列外在因素。如何将这些风险在项目各方之间分摊，从而减少风险的暴露程度，成为银行融资时必须要审视的重点。就上海通用汽车项目融资而言，建设风险本身并不是特别大，因为由通用汽车和上汽集团作为股东方及承建方来完成，信誉有所保障。但通用汽车和上汽集团却也无法控制项目的灭失、征收等风险。因此，当时为解决这个风险，银团要求上海通用汽车为其建设工程进行投保，希望通过保险的手段来分摊这部分风险。这中间包括购买何种保险、保险的覆盖范围、保险条款的有效性、保险的到期和续展等一系列涉及保险的专业知识。因为银行需要这样的保险，而银行又不具有专门的保险经验来识别和指导上海通用汽车如何投保，最终在花旗银行的要求下，由花旗银行出面聘请了当时国际知名的保险经纪顾问（Marsh）为项目融资提供保险咨询服务。最终，在 Marsh 的帮助下，银行和上海通用汽车确定了完善的保险方案，并由上海通用汽车购买了相应的保险。体现在贷款协议中，则是我们花了巨大的篇幅来单独处理保险中的法律问题，将项目保险这一特殊点进行了完善的规定。对于保险的重视也使我意识到了项目融资和一般贷款之间的差异，因为 Marsh 提供的保险咨询完整地呈现了上海通用汽车项目中存在的诸多保险问题，而这些问题如果没有 Marsh 的加入，可能会留有不少漏洞。后来，在我参与的诸多重大的项目融资中，为了解决银行的保险风险，我还经常建议银行专门聘请保险顾问提供这方面的咨询意见，如在陆家嘴建设的、曾经为中国第一高楼的上海环球金融中心的银团贷款中，安排行中国建设银行即接受了我们的建议，也聘请 Marsh 作为银团的保险顾问，银团对于得到专业的保险顾问服务也非常满意，帮助他们解决了很多信贷审批上的问题。

除了保险问题之外，在上海通用汽车的项目融资中，令我印象深刻并且在此后的银行融资中经常关注的另外一个问题就是借款人的现金流财务数据（EBITDA，代表了公司经营状况的最直接的财务数据，是体现公司营收的重要指标）。在当时的融资条款中，花旗银行制定了复杂的财务承诺要求，而其中他们对于上海通用汽车 EBITDA 的关注程度超过了我的想象。因为我在以前帮助中资银行处理国内融资项目中，从来没见过中资银行会关注借款人的 EBITDA，他们看重的是借款人的资产负债比。而上海通用汽车项目融资中花旗银行对 EBITDA 的关注使我意识到，在银行融资中，可以获得稳定的还款来源是第一性要务，而还款来源来自哪里？就是公司的经营收入，而经营收入最主要的指标就是 EBITDA，体现的是公司的现金流，这是一个动态的指标，可以随时反映公司的还本付息能力。而中资银行过往关注的资产负债比是一项静态的指标，无法反映公司实际的经营状况，因为即使一家资产负债比非常好的公司，也可能会由于经营不善导致没有足够的现金流来偿还银行贷款。另外，注重资产负债比也会导致银行对于一些轻资产而盈利状况特别好的行业错失融资机会（如互联网领域）。所以，在此后的融资过程中，与银行讨论融资方案时，我也经常建议银行注意公司的经营现金流状况，而不是仅盯着公司的资产负债比情况，并在贷款文本中加入类似的财务承诺条款。经过多年的发展，目前 EBITDA 已是许多一流中资银行关注的重点。

▲ 殚精竭虑做桥梁：金融律师的作用

当然，上海通用汽车项目融资中的法律问题并不仅仅是我上面简要介绍的这些，中间的矛盾和冲突也不限于我所描述得那么简单。单单通过融资情况的基本介绍，即由45家中外资银行首次组成8.21亿美元银团贷款的银行数量，就可见一斑。而对于促成这样一笔交易的中外方律师，我们和高伟绅律所的律师可谓殚精竭虑。

现在回想起当时的情况，还会令我感慨不已。我记得当时项目融资进程非常紧张，白天我们在上汽与银行及公司谈判讨论文件，浩浩荡荡的银行和公司团队成员，挤满了一屋子的人，每次至少都有30多人。而这中间既有外国人，也有中国人，不同语言又为沟通设置了阻碍。到最后，我不仅作为银行的律师提供法律服务，还不得不临时客串中方的翻译，连接双方之间的沟通，令我筋疲力尽。而在白天激烈的谈判之后，我和我的团队成员在晚上回到办公室后还要连夜加班修改文件，为第二天的谈判作准备。当时，合同文本都是几百页，还没有电脑，我们只能用打字机将相关文件打印出来，再用尺子手工标记修改，最后安排秘书连夜传真到外方，而一页一页的传真使秘书经常传到凌晨。可以说，在整个项目融资的过程中，几乎没有一个完整的夜晚可以好好休息。最夸张的一次经历是，我和我的团队成员在一个星期内，吃喝住全部在办公室，没有回过家。每个人带一个睡袋，就睡在办公室里，异常辛苦。

现在再回首当时年轻时工作的情景，真为我们律师团队当时的敬业精神感到自豪。我们认真负责、高质量的工作得到了中外资银行的高度认可，也收获了上海通用的尊敬。

五次再融资：双重变奏

1997年到1998年的项目融资，在我回忆这段经历时，我感受到的是波澜壮阔、荡气回肠。这个项目也是令我至今非常骄傲的案例之一。而1998年上海通用汽车完成项目融资之后，上海通用汽车在国内合资建厂进展得异常顺利，最终在 2001 年建设期结束后，开始正式运营。随着国内汽车业的飞速发展以及 2001 年中国的“入世”，上海通用汽车就着手寻求对 1997 年项目融资的再融资了。我们上面没有提到，虽然中外资银行在文化和合作上存在一系列冲突，但那只是银行之间的冲突，其实 1997 年项目融资，对于借款人上海通用汽车而言，其融资条款苛刻得实在无法想象，而当时由于亚洲金融危机，上海通用汽车也不得不接受银行给出的融资条件。只是随着项目的完工以及运营的开始，繁荣的中国汽车业发展前景为上海通用汽车带来了无穷的想象。而再融资就可以以上海通用建设完成后的条件以及更好的市场前景为筹码获得更好的融资条件。

就是在这样的背景下，上海通用汽车开始了其至 2020 年止的五次再融资历程。每次银团贷款金额为 150 亿元到 200 亿元人民币不等。其实每次的再融资结构基本类似，2001 年的再融资稍微复杂，因为是第一次。需要重新审视 1997 年项目融资的各项条款。而且由于上海通用汽车的融资需求发生变化，不再需要美元贷款，所以从 2001 年开始，外资银行正式地退出了上海通用汽车的融资历程，此后的各次再融资都是在上汽财务和工商银行的主导下完成的。

我们之前说到，1997 年的项目融资有三笔贷款，一笔美元贷款用于项目建设，一笔人民币贷款用于项目建设，一笔人民币贷款用于公司的备用流动性需求安排。而 2001 年的再融资是将这三笔贷款全部偿还之后，全部改为人民币贷款。文本结构也一改从前的三分局面，统一为一份贷款协议，囊括了所有中资银行。结构上作了极大的简化处理。而此后的各次再融资也是在这个思路上根据上海通用汽车的发展经营状况，按照公司的寻求对融资条件作调整。具体的各次再融资细节因为再融资次数过多已经无从记起，但所有再融资给我的一个整体的印象是，公司和银行之间不再那么剑拔弩张，各方之间的合作像是细水长流一样缓缓而漫长，中间偶有波澜，却没有惊涛骇浪。

▲ 美国通用汽车破产

在通用汽车的五次再融资中，我印象最深刻的一个事件就是美国通用汽车破产。那时正处于 2009 年的一次再融资。全球刚刚经历了 2008 年金融危机，还没有从经济困境中走出来，整个世界经济弥漫着绝望的情绪，而在美国本土，美国通用汽车被破产接管。这个时候，上海通用汽车在 2009 年迎来了再一次融资。这个情形这让我想到了 1997 年做项目融资的时候，同样是金融危机，同样是需要融资，同样是大的经济环境恶劣。我当时还在感慨，过了十几年居然又来了一个轮回。

2009 年的这次再融资就在这样的大环境下开始了。当时对所有融资银行来说最关键的一个问题是美国通用汽车破产接管对上海通用汽车的影响是什么？因为美国通用汽车已经被破产接管了。虽然在法律关系上美国通用汽车和上海通用汽车是两家不同的法律主体，具有独立的法人资格，可以独立承担各自的责任。但是，不可回避的是，美国通用汽车在上海通用汽车持有一半的股权，上海通用汽车的业务和经营离不开美国通用汽车的支持。而美国通用汽车如果在上海通用汽车持有的股权发生变化的话，可能会带来上海通用汽车人员的变化、品牌的变化、技术的变化、经营的变化等，这些变化都可能会潜在影响到上海通用汽车的业务和运营。

如果融资银行决定要做再融资，势必在融资存续期间需要面对上述潜在变化可能导致的不利后果。如果融资银行决定不做再融资，那么上海通用汽车那么大的一笔融资缺口如何解决？企业如何继续发展？无论作哪种决定，对银行和上海通用汽车都是非常关键的。在这个问题上，银行的态度是保守的，而上海通用汽车其实在当时的中国汽车市场中的表现却非常出众，本身的业绩和业务都非常好，因此，企业的态度是积极的。在这种情况下，双方的分歧快速产生了。

后来，作为银团律师进场之后，我们发现问题不是出在银行做不做这笔再融资，而是出在了美国通用汽车的破产是否真正地会影响到上海通用汽车的业务和经营。如果出现了影响，影响的范围到底有多大？在这些问题没有弄清楚之前，单纯去讨论是否进行再融资，都缺乏实际意义。

因此，在融资洽谈会上，我们律师代表银团积极地向上海通用汽车提出要求了解美国通用汽车破产的更多详情。其实，在是否融资这一点上，银行和企业应该是在一条战线上的。企业需要融资，也想要融资，而银行在风险可控的情况下也想要提供融资。因此，在我们抛出这个问题后，上海通用汽车并没有非常抗拒我们的请求，而是积极与我们及银行沟通，将其了解到的美国通用汽车破产的诸多情况与银行做了分享。我们以为的对立情绪并未产生，看得出来，上海通用汽车也是本着解决问题的专业态度出发的。从我们了解到的最新情况看，美国通用汽车已经通过破产接管，分为两个实体，其中一个实体会继续破产程序，而另一个实体具有良好资产，已经合法剥离出来并可继续经营，这是新的美国通用汽车，它会继续持有上海通用汽车的股权。另外，上海通用汽车已经在中国本地运营多年，上海通用汽车向银行提供了更多的资料和说明，证明其内部运营和业务不会受美国通用汽车的破产接管影响。我们通过多轮的会议沟通了解到的这些情况相当于给了银行一颗“定心丸”。

在上述背景之下，银行最终还是决定愿意继续做再融资。为了确保银行的权利，在我们的坚持下，在银团贷款协议中，上海通用汽车有义务向银团汇报美国通用汽车的破产情况，以便各家银行了解更多的信息。

▲ 开放式银团机制

“开放式银团”是我给上海通用汽车中的一次再融资的银团结构起的名字。它也是我们在银团市场中的一个创新之举。所谓开放式银团就是银团成员和份额不局限于贷款合同签约时的成员和份额，而是随着企业融资需求的增加，可能会引入新的银行和贷款资金，整个银团是开放式的，而不是锁死的。但是，一旦新的银行加入，就成为银团的成员，其贷款份额也成为银团的一部分，其权利义务受制于银团贷款协议，并且根据银团约定统一进行银团投票决定的管理。开放式银团这种安排不同于其他银团中的银团加入机制安排，因为这些加入机制安排往往是因为公司提款进度急，而银行审批来不及，只能在后续审批出来后加入银团再向公司放款。加入机制确定性大，针对性强。而开放式银团则是不确定性大，没有特别的针对性。

开放式银团源于上海通用汽车的融资需求。上海通用汽车在一次再融资中提出，其确定的资金需求是 180 亿元左右，另外，随着市场变化，其可能还需要额外的 50 亿元左右，所以，希望银团可以提供累计 230 亿元左右的资金，并且写进银团贷款合同。但是，由于 50 亿元左右的资金需求不是特别确定，上海通用汽车从资金成本的角度考虑，不愿意为这笔可能需要也可能不需要的贷款额度支付承诺费。这样的安排显然对银行来说不公平，如果这 50 亿元贷款写入银团贷款合同，就意味着银行承诺了提供这笔资金，但却不能就该部分资金收取承诺费，这样银行就有资金安排的损失。所以，银行提议把这 50 亿元贷款写进银团贷款合同但是非承诺性贷款，也就是 50 亿元贷款银行可以提供也可以不提供，因为是非承诺性的贷款。但是，上海通用汽车不同意这个非承诺性安排，原因之一是在银团贷款合同中约定了这 50 亿元的非承诺贷款，银行放不放款就完全是银行的自由；二是上海通用汽车却无法向其他银行借取这部分资金。

在这种情况下，双方就产生了根本性的分歧。后来我们则创造性地提出了开放式银团的概念：

（1）既然现有的银行无法承诺50亿元，那么这50亿元就允许上海通用汽车在市场上向新的银行贷款；

（2）在上海通用汽车需要新的50亿元贷款时，为了保护现有银团的利益，上海通用汽车应当首先给予现有银团以优先权；

（3）如果现有银团不行使优先权，那么上海通用汽车可以在银团以外寻找愿意提供50亿元贷款的银行；

（4）为了解决银团贷款与他行贷款之间的竞争性关系，上海通用汽车必须同意将新的银行贷款纳入现有银团架构里来，即上海通用汽车寻找到的愿意提供50亿元贷款的其他银行必须要成为现有银团的一员，签署加入现有银团贷款合同，与现有银团共同进退，包括贷款的偿还安排、银团内的表决机制等。

通过以上四个方面的机制，开放式银团有效地解决了上海通用汽车的需求，给予了上海通用汽车充分的自由权利以实现将来有可能筹集50亿元的贷款需求，同时又通过该机制保护了现有银行的利益，确保现有银行的优先权以及解决了其他银行给上海通用汽车提供贷款后可能存在的潜在竞争关系。

▲ 利率替代机制

在银团融资市场，有一个非常重要而且也普遍的条件，即市场紊乱条款，简单来说，就是指在特定市场条件下，银行向企业提供贷款所产生的成本高于其向企业所收取的利息费用，从而导致的一种利率倒挂情况。

为什么会出现市场紊乱的情况呢？因为，银行向企业提供的贷款不可能全部是其自有资金，也可能是来自外部的拆借资金或者其他渠道来源的资金。而银行在获取这些资金时也是有成本的，如果其获取资金的成本大于其放贷所获得的收益，相当于银行在亏本经营，这个时候银行势必会需要与企业重新协商利息安排。

这个问题在上海通用汽车的历次再融资中都非常关键，也是比较突出的问题。这是由上海通用汽车再融资的特点以及人民币贷款的特点所导致的：

（1）上海通用汽车拥有非常强大和专业的财务团队，这个财务团队会根据市场情况来确定何时锁定银行的融资。大部分时候，上海通用汽车都会选择在资金市场宽松的时候（利率相对较低）与银行开展再融资谈判，这样他们可以从银行拿到比平时利率条件更好的贷款利率。

（2）历次再融资中使用的贷款基准利率都是人民银行发布的贷款基准利率，其变动幅度本身就比较小，利率变化可控。不像美元贷款的 Libor（伦敦银行间同业拆借利率），每天都处于变化当中。

在一个稳定的利率环境中，再选择一个银行资金富余的时点，上海通用汽车可以轻易地去锁定其将来的资金成本。这样，上海通用汽车仅需要签署贷款合同，支付一定比例的承诺费，就可以在未来几年使用资金时直接以约定的较低的利率向银行提款使用贷款。

通过上面的安排，其实我们可以看到，银行在签署贷款合同后就比较被动。因为是承诺性贷款，上海通用汽车需要提款时银行就必须放款，但是利率却是在市场环境比较宽松的情况下厘定的，如果放款时市场环境紧张，其为向上海通用汽车提供贷款所需的资金成本高企的话，银行本身的利益则很难保障。

在这种情况下，我们上面所提到的市场紊乱条款就显得更加重要了。本来按照上海通用汽车的谈判要求，他们的诉求是要删除整个市场紊乱条款的。

而正是由于上海通用汽车的融资诉求及融资模式，导致银行非但不能删除该条款，反而需要认真而切实可行地制定该条款，因为，在最终贷款落地时，这个条款真的可能会被用到。

那么，需要解决这个问题就要考虑两个核心方面：

（1）如何才可以确定银行的资金成本超过了贷款利率？再回到一个更大的问题，银行的资金成本如何确定？众所周知，美元贷款以 Libor 为基准通过加减点来确定贷款利率，Libor 通常来说就是确定银行资金成本的标准，而且美元市场成熟的操作，也为获取美元资金成本提供了便捷性和可确定性。但是，回到中国境内的人民币市场，并没有一套类似于美元市场的机制，因此，美元贷款所使用的资金成本确定方式无法使用。从银行资金来源角度来看，由于资金来源渠道太多也不统一，大银行和小银行也有差别，更加无法统计一个适合所有银行的资金成本计算方式。连银行自己都无法确定一个资金成本，如何可以在贷款合同中约定市场紊乱条件呢？如果不约定市场紊乱条件，那么银行真正遇到问题时怎么办？

（2）我们这个是银团，那么是要求所有银行的资金成本都超过贷款利率才构成市场紊乱事件？还是任何一家或者占贷款份额一定比例的银行的资金成本超过贷款利率就构成市场紊乱事件？可以启动市场紊乱机制的银行数量也是关键点之一，数量太少，对公司不利。

如何解决上述两个方面的问题，成为上海通用汽车和银行之间的大难题。

我记得为了解决这个问题，各方都绞尽脑汁。后来，我们作为律师思考这个问题的时候发现，以各家银行的资金成本作为参考标准，在中国境内的银团贷款安排下不现实，也没有可操作性。因为各家银行的资金成本一方面很难给出客观、透明的成本计算，另一方面即使给出来，差异也可能会很大，取平均值看似公平，其实对各方都不公平。之后，我们提议在公开市场中是否能找到一个贴近各家银行资金成本的指标，在银行为上海通用汽车提供贷款资金时，可以以该指标确定银行的资金成本，这样就可以直接转而以公开指标（可以经过一定的换算）为基准来判断是否发生市场紊乱情况。换言之，这种做法就是让银行提议一个指标，使用该指标则不会低于其资金成本，同时该指标又可以反映大部分银行的实际资金成本。

之后，经过我们与作为安排行的上汽财务和作为代理行的中国工商银行共同的努力和大量的研究工作，银团方提出以提款时的 6 个月 SHIBOR（上海银行同业拆放利率）作为参考标准来制定上述指标，而这个指标经过上海通用汽车的测算，也是符合其预期的，所以，各方对于市场紊乱条款最终达成了一致。这个安排是创新性的，因为抛弃了传统的资金成本高于贷款利率的做法，而是以一个各方公认的指标作为启动市场紊乱机制的出发点。这中间凝聚了银行、公司和律师的各方智慧，是在中国人民币银团市场中的一个创新点。

其实，通用再融资是一个细水长流的工作，除了我们上面提到的三个主要方面之外，历次再融资中都会有或多或少的新问题出现，只是限于篇幅问题，我们在本书中就不再逐一赘述。

金融律师的工作是一项细活，但商业交易瞬息万变，所以不会允许金融律师有过多的时间来慢工出细活，往往是非常紧急的状态下出具非常严谨的法律文件。所以，1997 年的项目融资才会让我们律师那么殚精竭虑、废寝忘食，而 2001 年之后历次的再融资又让我们针对法律文本的每个细小的变动都字斟句酌地进行研究和讨论。最终，我们团队用了 20 年的时间将上海通用汽车项目融资和再融资泡成了一壶醇香的茶。在上海通用汽车 1997 年的项目融资中，我们于波澜壮阔中踏浪前行，在 45 家中外资银行的需求下交出完美的答卷，在2001年之后的历次再融资中，我们于细水长流中默默陪伴，在上海通用汽车的步步紧逼中帮助银行守住法律的风险，体现了我们金融律师在商事交易中不可缺少的价值。

哥德堡变奏曲在中国

——Vopak（孚宝）项目的创新旋律

中国30多年的改革开放的过程既是中国融入全球化的过程，也是与国际市场包括国际金融市场对接的过程。国际金融市场一直以英美法体系为主导，这一方面是因为“二战”之后美元占主导地位，美国大型金融机构的国际性扩张；另一方面是因为主要的金融中心也位于英美法体系为主导的城市，因此，在国际融资交易中以英美法为准据法成为行业惯例，这也是为什么在国际律师圈中英国和美国为主导的国际律师事务所总是参与在最大、最有影响力的金融交易中。客观地说，英美法体系偏重保护债权人的制度，尤其是灵活的财产担保制度是国际金融机构一直以来所习惯倚重的风险控制机制。而源于罗马法的大陆法体系在金融交易安排中与英美法体系相比有诸多僵化和概念性约束，其中担保制度是尤其突出的部分。由于大陆法强调“物权法定”的原则，英美法体系中对银行和金融机构非常重要的制度，如账户抵押、债权担保、浮动抵押等担保制度，在大陆法体系中找不到相应的机制，也无法做出相应的安排。中国民法源于德国和日本民法，也就难免碰到同样的问题，尤其是在物的担保、信托、抵销等一系列在国际金融市场上常常使用的法律工具和法律机制方面。

虽然中国在改革开放的过程中已经不停地吸收了英美法律的很多机制，包括制定信托法，制定新的物权法下的浮动抵押和应收款质押等相关的规定，但是一项法律制度不仅仅是法条的规定，更是其背后的法律思维、和整个法律体系的衔接、司法系统的实践、法律人的共识，让这项法律制度使市场参与者都能够预期其法律后果，明确了解其法律风险，从而有其确定性，这样的法律制度方能称为制度，而不仅仅是法条规定。在这方面，我们还有很长的路要走，但重要的是，市场永远在前面推动法律的进步，而律师尤其是优秀的金融律师，在复杂的交易中出于控制风险的需要总是可以进行一定的创新和设计，从而推动这一进程。在过去 30 多年中国民商法的发展进程中，我们可以看到英美法律影响的痕迹，也可以看到一批批从事涉外业务的律师在各类复杂的交易中发挥重要的作用，并经常发挥着引导市场发展、引导法律发展的作用，从而体现出金融律师的独特价值。

在这方面，国际领先律师事务所的经验，尤其英美大所的经验往往给中国律师带来很多启发，可以让中国律师学习到很多国际金融中心的做法，并结合中国的法律环境作出适当的合同约定。我还记得在 20 世纪 80 年代末刚刚开始律师工作时，就有因为中国银行和国有企业的国际借款而需要向国际贷款人出具中国法律意见书而与国际律师打交道的经历。当时，不仅贷款协议的许多惯常条款需要从头学习、熟悉，而且中国法律意见书的格式也需要国际律师来指导，更不用说那些账户抵押协议、股权抵押协议等大部头文件了。中国改革开放的进程也是中国涉外律师成长的历程，对银行金融专业律师来说，更是向国际同行学习成长的历程。我在过去 30 年通过在大量国际金融项目和一大批英美律师、香港律师以及新加坡律师密切合作中受益匪浅。当然，时至今日，中国律师已经不只是跟随国际律师学习，做做项目的“二传手”，已经成长为可以独立负责大型涉外项目，甚至倒过来指导国际律师一起合作中国境外投融资项目。随着中国“一带一路”的开展，大批投融资项目需要境内外律师合作完成，很多一流的中国律师事务所开始和更多的国际律师合作，更多的外国律师事务所在中国开设分所，把中国企业视为重要客户。中国律师和国外律师比过去任何时候都需要紧密合作。

2001 年荷兰著名的皇家孚宝公司 Royal Vopak 在上海化工园区的项目进行的融资是我们团队和国际著名金融律师事务所——安理律师事务所成功合作的典范，也是双方一起根据国际金融法律制度和中国的实际法律环境而完成的一个创新项目。

项目提出的难题

上海孚宝港务有限公司由国际著名的荷兰皇家孚宝公司（Royal Vopak）与上海化学工业区发展有限公司以 50:50 的股比合资组建，地处世界一流化工园区——上海化学工业区。公司一期工程建设投资 21,000 万美元，建造并经营液体化学品码头（含有 5000 ~ 25,000 吨级泊位 2 个，1000 ~ 12,000 吨级泊位 1 个，1000 ~ 5000 吨级泊位 3 个）、罐区（50 个储罐，32.5 万立方米储容）、分装（12 条装桶线）、10,000 平方米的仓库及相关卡车、火车装卸和装桶的配套设施，为上海市化学工业区内赛科（SECCO）、拜耳（Bayer）、巴斯夫（BASF）、联恒（SLIC）、亨斯迈（Huntsman）、璐彩特（Lucite）、高桥石化（GaoQiao）、三井化工等大型化工企业及化工园区外的国内外企业提供全面的液体化工品仓储物流服务。同时公司的二期工程建设也在筹备中。随着上海化学工业区的发展，根据区内外客户的需求，公司会进一步增建固体、液体化学品码头、泊位、储罐、分装、仓库及相关配套设施。

因化工行业的特殊性，化工生产商的上下游企业常与专业物流仓储公司聚集在一个化工园区，形成紧密的生产和物流链条。Vopak 公司的主要业务是为上海化工园区的客户定购的液体化学品通过船舶卸到公司罐区，然后再根据要求送料给客户，或者将客户送到公司罐区的化学品根据客户的要求提供装船、装桶等服务。因公司作为园区内唯一的仓储物流公司，Vopak 物流仓储业务在园区中处于业务垄断地位。园区内 20 多家化学生产厂商都与其签订了长达 20 年期的物流仓储协议，且要求客户们不论是否使用了仓储服务，都必须按照 payment – schedule（一般按年 or 季度）进行付费。再者因公司的主营业务就是处理物流仓储的，业务比较单一同质化，且无其他的业务扩张需求，因此与客户签订的服务合约成为 Vopak 公司唯一能够产生持续稳定现金流的主要资产。

Vopak 作为一家跨国企业，其外资股东希望沿用国际市场惯常的融资惯例，即除必要的股东出资之外，希望能够靠银团贷款来进行项目融资，并且没有股东担保，仅有项目资产来作为银团的还款来源（limited recourse 有限追索项目融资方式），依赖项目公司本身良好的经营产生的现金流作为偿还债务的资金来源；同时仅以项目的资产，而不是项目公司的其他资产作为借入资金的抵押。

而在过去中国市场上大型外商投资项目的银行融资项目中，通常由外资银行银团提供融资。外资银行境外分行或通过中国境内分行，作为贷款的主办行或放贷机构，都被认为是选择适用外国法的连接点。当时主流的市场操作还是大型项目融资银团贷款选择英国法作为融资文件的管辖法律。

但在这个项目中，由交通银行牵头的中外资银行参与的银团中，中资银行的融资金额占主导地位，且借款人 Vopak 可提供的主要的担保资产在境内，而核心资产就是其和主要客户的合同项下的应收款权益。中资银行更关心能否根据中国法在资产上有效设定担保，并且在将来依据中国法能否快速有效地执行担保。在第一次银团会议上，我们和作为银团国际律师的安理合伙人同时意识到我们在这个项目中碰到的问题将很棘手，不太容易解决。

中国法下的担保局限

在这起案例中，若银团想要用 Vopak 公司的主要资产作为贷款融资的担保物，需要考虑担保财产如何出质更有利于担保权人有实质的控制权和处置权利，何种情况下可以对担保财产进行处置，并分配处置后的权益。按照过往以英美法为管辖法的情况下，担保方式的转让（assignment by way of security）更有利于银团贷款人，质押（pledge）是将质押物（collateral）的所有权（title）和受益权（beneficial interest）分离。出质人将质押物进行质押，由质押权人占有，但出质人仍然是质押物的所有权人（legal title），只有当违约事件发生后，质权人可依法享有质押物的收益（beneficial interest）。

彼时最重要的第一步是 Vopak 的合同应收账款权益能否作为质押担保物。如果不能，那么前述问题的考虑就都不成立。当时中国尚没有日后出台的《物权法》，只有《民法通则》和《担保法》。中国民法的主流观点是遵循物权法定原则，即物权的设定一定要有法律明确规定，不能由当事人依据合同约定设立，而《担保法》中并没有明确规定“合同权利”可以作为抵押的财产。所以，律师无法向银团银行出具 Vopak 的合同应收账款权益是否能作为担保物的明确法律意见书。没有律师向银团出具的法律意见书，各家银行的信贷审批部门是不可能批准这样的贷款的。

中外律师的创新：信托的出现

为此，我们与英国安理律师事务所的合伙人和团队花费了大量时间和精力来探讨可能的替代方案。恰逢2001年《信托法》正式颁布，这为本次融资提供了一个突破口。质押担保追求的最终目的是使质押物脱离质押人控制，并且银团对质押物享有优先权，在债务人出现问题甚至破产时能够让质押财产隔离破产，让债权人直接优先受偿，以保障债权人的权益。而信托的基本特点就是信托财产隔离破产，如果能够设立信托，就能达到质押担保类似的效果。但是，中国信托法才刚刚颁布而已，尚欠缺市场实践和司法实践，同时法律界对信托背后的理念、具体的制度、相关的机制运作等都没有深入地了解，更谈不上一致的认识。因为信托本是英美法下的产物，我国的信托法也有多处借鉴英美信托法的地方，所以我们向安理律所的律师们讨教，首先来理解信托下的种种协议安排和法律效果，同时结合中国法律和司法实践来探讨在中国法律环境下的种种可能性。因为作为律师，我们不仅仅要厘清法律的理论问题，而且必须扎根在市场中为客户的风险来提供合同的确定性。经过无数轮的讨论，我们和安理律所的律师确定了用信托来解决本项目中的核心资产担保问题这个方向，并且在接下来的数月中来共同具体讨论和创设这一中国创新结构。

在这里先介绍一下信托的特点：第一，因为信托财产必须与委托人的其他财产相区分，英美法系的转让（Assignment By Way of Security or Collateral Assignment），即要求委托人将债权财产全部转让（Absolute Assignment），把信托财产转移到受托人名下，但受益权在底层债权违约的情况下，可以由受益人享有，可达到类似于《担保法》转移质押物的效果，使财产的所有权和受益权分割。第二，能够作为信托的财产必须是可以合法流通的财产，未经法律法规禁止流通。并且信托财产已经成立后，财产的孳息，或者因信托财产的运用而取得的经营收益或代位物，都属于信托财产。也就是说，在实现合同应收账款的时候收入的现金也会成为信托财产的一部分。

这种机制安排要求所有权（占有权）与受益权分离，恰恰能与担保的效果一致，或类似中国担保法下的质押（转移质物占有）。

共同搭建信托结构

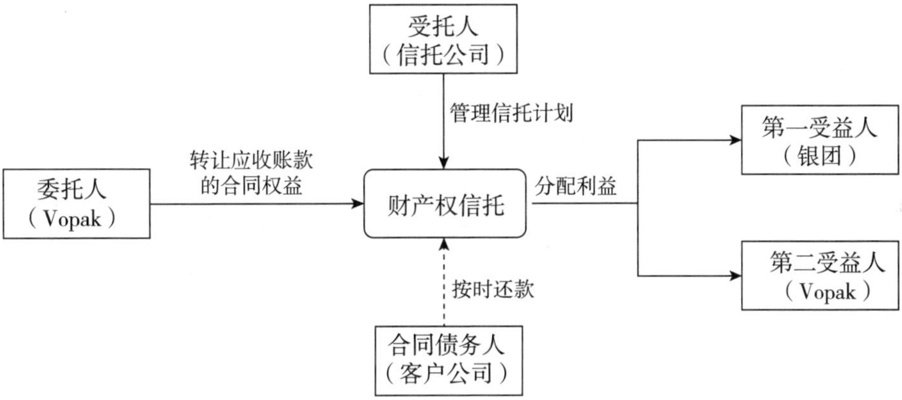

图 2-2-1　Vopak 项目初始信托结构图

根据我们和安理的安排，在信托计划中，各方角色及安排如下：

（1）Vopak 作为委托人转让应收账款合同权益给信托公司成立信托计划。

（2）合同权益为信托财产，由信托公司作为受托人对信托财产进行管理和利益分配。

（3）银行作为附条件第一受益人，Vopak 作为第二受益人。

（4）因合同权益转移给信托公司（受托人），债务人按约将款项支付到受托人的独立账户中，由信托公司按约分配财产。

委托人在信托文件中明确表示，在回款的现金达到一定数额的偿债储备后（如两期本金和利息）才能按期分配信托财产。同时，委托人 Vopak 与受益人银团共同设立分配财产的触发机制，明确以违约事件（Event of Default,

EOD）的发生作为分配财产的条件。若 Vopak 未按约定分期按时向银行还本付息，触发 EOD，信托公司按合同指令，优先向第一受益人银团分配未及时偿付的贷款和违约金金额。分配完后如有剩余财产，再给第二受益人 Vopak。如果 Vopak 每期按时向银团还本付息，未触发 EOD，则全部权益归属于第二受益人 Vopak，第一受益人银团不分配信托财产。

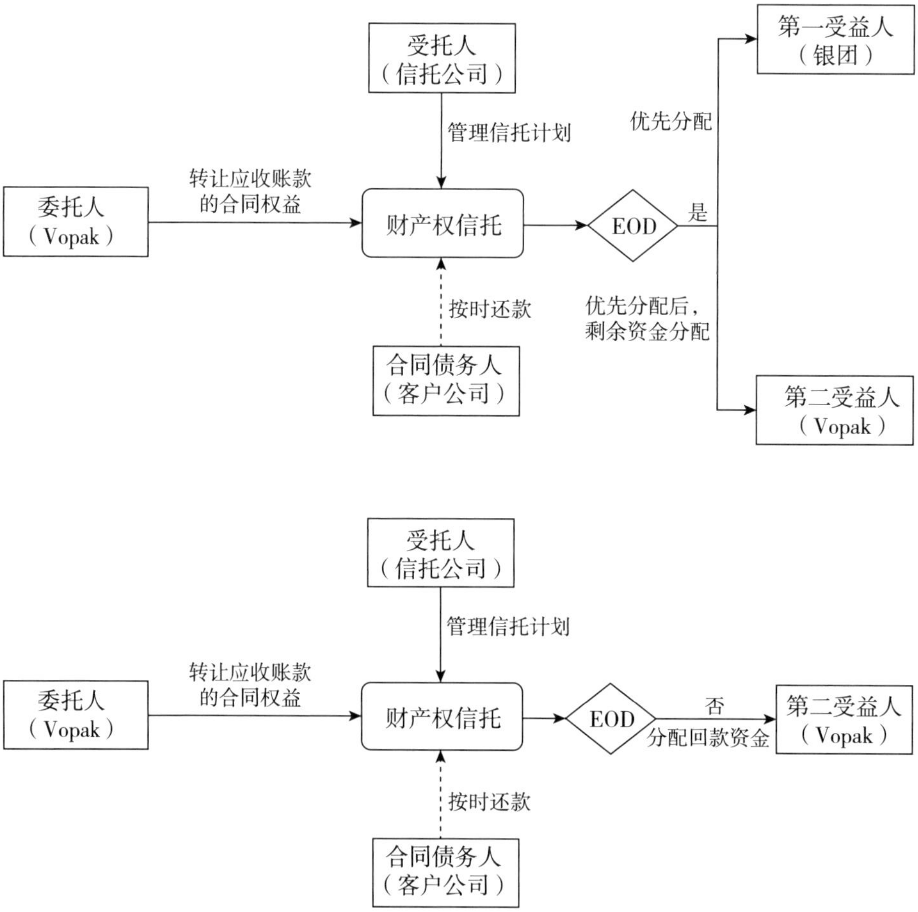

图 2－2－2　Vopak 项目完善后的信托结构图

信托结构的完善

因为信托成立的条件是将信托财产进行转移交付（合同权利转让）。Vopak 将合同应收账款权利转移给受托人，信托公司替代 Vopak 成为管理服务合同中的债权人。但合同具有相对性，只对合同当事人产生权利义务的约束。因此，我们还应根据《合同法》的规定进行转移权利，突破双务合同的相对性。

Vopak 与债务人园区客户签订的合同属于双务合同，Vopak 对园区客户享有按期收取管理服务费的权利，且应对园区客户履行物流仓储管理义务；园区客户有享受物流仓储管理服务的权利，同时负有支付管理服务费的义务。而 Vopak 仅需向信托公司转让合同中的应收账款权利，不转移其管理义务。根据《合同法》的规定，Vopak 转让合同权利的，应当通知债务人园区客户，园区客户收到通知后，合同债权即转移完毕。信托公司作为受让人接受转让成为新的合同债权人，有权享有原合同的债权权益。而 Vopak 的义务不发生转移，继续向园区客户履行物流仓储管理的义务。

合同权利发生转移后，管理服务合同由双务合同变成三方合同，信托公司成为仅享有应收账款权益的债权人，园区客户应按约向信托公司继续履行债务，若园区客户在收到通知后仍然向 Vopak（原债权人）支付合同价款，不视为履行其合同义务。信托公司有权要求客户继续履行债务，或要求 Vopak 返还不当得利。同时为防止原债权人 Vopak 与债务人园区客户绕开新债权人信托公司修改合同内容、提前终止或解除合同，损害信托公司的可得利益，信托公司、Vopak 和园区客户可签署三方合同，以明确限制 Vopak 和园区客户的合同修改、终止解除的权利。

我们和安理律所的律师的创新完全为中外银团所接受，顺利地完成了项目融资，并获得了英国著名杂志《欧洲货币》（Euromoney）2004 年的最佳物流项目融资奖。合同债权的担保在许多大陆法系国家都无法有效设立，当然也有些国家如日本进行了相关立法，将合同债权担保直接写进了法律，但仍然对传统的大陆法民法体系提出了不少挑战。值得高兴的是，2007 年颁布的《物权法》和中国人民银行《应收款质押登记办法》都为合同项下的应收款质押进行了规定，为金融市场提供了一个新的债权人保护机制。这也是中国改革开放以来大型融资项目，尤其是国际融资项目在中国落地过程中中国法律与以英美法为代表的国际金融惯例相碰撞、相融合的过程。在这个过程中，金融律师如何积极地学习英美法律、学习国际金融惯例，同时和中国现有的法律制度和司法实践相结合，开创性地解决问题，切实地推动法律前行，引导市场发展，对金融律师来说是挑战，也是创造价值的机会。

上海的新大陆交响曲

——花旗战略入股浦发银行的故事

律师的热土：中国金融业的开放

在我30年的律师执业生涯中，几乎经历了中国改革开放以来整个金融市场和金融法律环境所发生的重大变化和发展，其中主要的一个领域就是中国金融业的对外开放。中国金融业的对外开放一直以来都是循序渐进而且步履维艰，从20世纪80年代末90年代初引进外资银行在中国设立代表处和分行为始，到中国成功“入世”后大踏步向外资开放入股中资金融机构作为中转点，到后来允许外资银行分行本地法人化以及后续的一系列业务上的开放，以至于在近期进一步向外资放宽入股中资金融机构的股权比例限制作为当前阶段的收官。整个过程走过不少弯路，但目前看来最终效果仍然是显著的，中国整个银行业乃至金融业体制逐渐完善，中外资金融机构齐头并进，为中国的实体经济增长贡献了不可或缺的力量。

现在再来重新回顾中国金融业的发展，作为一名银行金融律师，其实是有一种自豪感的。金融业的开放固然离不开国家战略和立法的推动，但同时也离不开市场主体通过一个又一个交易不断地实践和进步，这样才能将宏观设计和国家目标落实到实处。而作为参与商业交易的律师，在这个过程中，通过对金融法律和政策的把握以及对金融机构的商业意图和交易流程的掌握，帮助交易顺利完成，可以算中国金融业发展中一个非常重要的参与主体。

我于20世纪80年代末开始执业，正处于中国金融改革开始前的准备阶段。到90年代初期，上海作为引进外资金融机构的桥头堡，我和我的团队真切地感受到了时代的变化。在这一阶段中有大量的国际一流银行看中中国经济发展的潜力，不但寻求独立在中国谋求发展，同时也寄希望与中国的金融伙伴们合作在中国金融市场里大展拳脚，一度成为21世纪初金融业的一场大盛会。恰逢其会，作为在上海执业的金融律师，我有幸参与了中国这个新崛起的全球经济力量发展历程中大部分里程碑式的交易，包括花旗入股浦发、汇丰入股交行、恒生入股兴业、高盛入股工行等一系列重大项目。

外资金融机构巨头先后进入中国市场，其实是多方因素共同促成的结果：一方面，21世纪初，与海外金融市场业务发展逐渐成熟且竞争日益剧烈不同，中国的金融市场业务刚刚起步、市场前景广阔、市场需求有待开发，中国市场正好契合外资金融机构巨头开拓国际市场、布局海外战略的需求；另一方面，中国加入WTO后需要按照既定的入世时间表履行开放市场的承诺，这在客观上也为外资金融机构进入中国市场提供了可能，同时中国本土金融机构学习境外先进管理经验、提升自身服务水平的需求也十分迫切，外资金融机构进入中国市场正好与本土金融机构的需求一拍即合。正是在这些国际、国内综合环境的促成下，诸如花旗、汇丰、恒生、高盛等境外金融巨头先后进入中国市场，而我们团队也有幸深入参与了一些具有里程碑意义的交易。

这其中的每一个故事如今想来仍然让人回味无穷，这里面有政府各部门的支持、交易各方的博弈、中资机构的竞争、中外律师的较量等。其中我所亲身经历并且印象非常深刻，同时也是21世纪开创整个中资金融引入国外一流银行先河的案例，就是2002年花旗银行入股浦发银行，当时我们作为浦发银行聘请的唯一律师团队全程参与了该交易。

这个案例的来龙去脉很长，我也不想在这复述一些细枝末节的东西。我想通过介绍这个案例，将我在这个案例里面作为一名律师学到的、体会到的一些感悟分享给大家。在这过程中反思作为一名律师该起到何种作用才可以帮助客户实现交易目的，同时也在这个时代的大洪流中留下自己的烙印，为整个法律市场的发展贡献出自己的力量。

银行的压力：借力律师

2002年是中国“入世”之后的第二年，当时整个世界的主要经济体都非常看好中国的发展前景，同时结合“入世”之后对世界开放的承诺，在那样的一个时代中，国际社会对中国会为世界经济发展所带来的贡献和机遇都抱有极大的期望。而2002年又是处于20世纪90年代末互联网经济泡沫之后的恢复期，中国向世界敞开大门相当于为世界经济注入了一支“强心剂”。就是在这样的一个时代背景当中，我们迎来了中外资金融机构的第一次“联姻”。

我仍然很清楚地记得，当时是浦发银行的高管带领浦发团队成员来到了我们的办公室，简单寒暄之后直奔主题——浦发银行想要引进外资银行作为股东，借鉴国际银行的先进经验，提升银行的管理技术、公司治理水平等。在这个项目中，浦发银行希望聘请我们作为其律师，全程代表浦发银行参与交易，包括谈判、磋商、文本制订和后期执行等。这样一个项目以及客户需求，对于我来说并不陌生。在我当时的头脑中，与公司之间的并购重组相比，银行引进外资股东无非是多了几道政府部门的手续而已。于是我简单地问了几个问题，弄清楚了潜在的交易对象，引资入股的时间安排，需要做的详细工作范围之后轻松接下了这个项目。

谁曾想在后续项目进行过程中，会发生那么多曲折离奇的故事，而项目各方又会那么地殚精竭虑和针锋相对，也不曾想就是这样一个项目会带来市场的连锁反应，成为21世纪初大量外资金融机构和大量中资金融机构之间互相交织缠绵的一段段佳话。当然，在2008年世界金融危机之后，外资金融机构逐渐开始撤出中国银行业，并不能认为当时中资金融机构引入外资是一种失败，因为从实际执行角度来看，这些外资金融机构的确为中资金融机构带来了先进的国际经验，可以说现中资金融机构的进步离不开国际金融机构的支持，至于更多的功过是非，那是后话，在此不予赘述。

在项目伊始，我也深深地感到浦发银行面临的巨大压力。市场上从来没有外资银行入股中资银行的任何先例，因此，花旗银行和浦发银行的整个合作没有任何先例可供参考和借鉴，浦发银行需要在相关经验空白的情况下“摸着石头过河”。同时，为树立起在上海乃至全国第一单外资战略入股中资银行交易的示范效应，上海市政府也极力督促浦发银行实现与花旗银行的合作，从而为市场带来可供参考的合作经验和合作模式。浦发银行高管正是在这样巨大的压力下找到我们，并希望律师可以创造性地提出见解，并促成浦发银行和花旗银行之间的合作。

一波三折之第一折：围城

▲ 浦发的困境与律师的难处

从现在的经济体量来看，浦发银行俨然已经成为一个不输于任何一家股份制银行的大型商业银行，且在整个中国银行业也拥有一定的地位。但是时间回到2002年，浦发银行还只是一个由上海市政府发起设立的籍籍无名的区域性银行，服务对象大多集中于沪上的企业，其管理水平和业务水平与当时的几大国有银行相比相对落后，竞争力也不如其他大型国有银行。再结合当时的大背景，21世纪之初，中国银行系统产生了巨额的坏账，整个国际社会对于中国银行业其实并不是很有信心的，甚至有市场传言说中国向世界开放金融银行业，可能会导致中国银行业的大面积破产。

浦发银行面对的花旗银行在国际金融业都可以算是顶尖的外资银行。自20世纪80年代花旗银行以代表处的形式进入中国市场后，花旗银行在中国的业务发展一直比较缓慢，截止到2001年，花旗银行仅在北京、上海、深圳、广州设立了4家分行，并且于2002年获批成为首家开设零售银行业务的国际性银行。但是花旗银行在国际金融业中却发展迅速，截止到2002年，花旗银行集团的资产总值高达7300亿美元，就当时而言，中国内地四大国有银行的资产总和都难以与其相比。

除了浦发银行与花旗银行在实力上的差异悬殊之外，我们在进一步接触浦发银行之后才发现，原来当时花旗银行可供选择的交易对象不止浦发银行一家，而是有另外一家大型的股份制商业银行在与浦发银行竞争，同时该商业银行在竞争力上其实并不输于浦发银行，这越发加剧了浦发银行引入花旗银行投资的困难。

就是在这样一个困局之中，我们和浦发银行迎来了与花旗银行的第一次交锋。而这一次交锋直接让我们目瞪口呆，甚至感觉不到项目有进行下去的必要。花旗银行向浦发银行提出咄咄逼人的条件：入股可以，条件有两个，一个是控股权，另一个是独立的信用卡业务。而第一个条件对于一家以国有资本设立的银行而言，无异于天方夜谭。当时没有任何一个人敢站出来说，可以让外资银行控股一家中资银行。

在第一次接触之后，浦发银行管理人员已经陷入了一种焦虑的状态，而我们作为浦发银行的律师，也觉得花旗银行有些过于强势。我们本来想与浦发银行进一步交流一下浦发银行本身真正的意图如何，因为我们相信这个要求应该不是花旗银行在律师介入之后才第一次提出来的，浦发银行真正的想法到底是什么？可惜的是，我们与客户之间的交流并未如想象中的那么顺利，而我们明显可以感觉到浦发银行对我们的定位其实并不是全面性的合作，而仅仅是提供基础的法律服务，对于涉及宏观局面的问题，并不愿意过多地与我们探讨和交流。这个时候，我们作为客户的律师陷入两难的境地，一方面希望帮助客户顺利推进项目，另一方面客户对我们的信息披露并不完整。

▲ 借力律师　巧妙破局

在浦发银行出现上述困境并且我们也遇到与客户沟通的困难后，作为律师，其实我们是很难受的。一方面，我们很希望能够与客户顺利沟通，大家齐心协力攻克难关；另一方面，我们很难从客户处获得完整的项目信息，难以有效地给客户提供合适的法律意见和帮助。为此，我们思考过以何种方式继续在项目中提供法律服务，是完全按照客户的指示勤勉地完成交代的任务？还是作为客户的伙伴给客户全面的支持和力量以协助客户破解当前的困境？这个决定将成为我们以后在整个项目中的基础定位，因为，一旦在遇到第一个困局的时候按照既定的思路走下去，无论是客户自己解决了问题，还是这个问题未解决，我们作为浦发银行的律师将再难发挥更大的作用了。

考虑到这个情况，虽然我们知道很困难，但是我们并未放弃，仍尝试与客户进一步沟通以期齐心协力解决当前的难题。后来，在我们的不断努力之下，浦发银行的管理人员也逐渐从焦虑的状态中稳定下来，且同时面对花旗银行最后强势的逼迫，浦发银行最终还是和我们走到了一起，共同分析研判当时的具体情况，以期在不突破底线的情况下破解困境。当时有一个情况我印象特别深，时间是2002年的圣诞节前夕，花旗银行高管代表在一次越洋电话会议中明确向浦发银行代表以及我们律师团队表示，如果花旗银行在浦发银行中的投资无法获得控股权，那么花旗银行将即刻终止交易谈判。当时的情况可以说是千钧一发。下面描述一下当时是我们是如何和银行一起破局的故事。

第一个故事：知己知彼

首先我们一一列明了浦发银行和花旗银行的需求。花旗银行的需求我们总结是：对浦发银行的控制权以及由花旗银行和浦发银行合资经营的独立于浦发银行体系之外的信用卡业务。浦发银行的需求我们总结是：引入花旗银行作为股东但不想失去控制权，同时还想深入获得花旗银行的先进国际经验，希望花旗银行对浦发银行深入投资以提升浦发银行在整个银行业的水平。

这里我们要重点提一下花旗银行所看中的信用卡业务，这个也是最终花旗银行入股浦发银行的很大的一个诱因。众所周知，一直以来无论是国际银行还是本土银行，信用卡业务对它们来说都是很大的一块“蛋糕”，原因在于：其一，信用卡业务是银行业务的重要收入来源。与靠存贷利差来赚取收入的传统银行业务不同，信用卡业务可以为银行带来存款利差、消费回佣、异地取现手续费、透支利息收入等多项收入。虽然在运营初期，银行需要在各网点或特约商户安装POS机、ATM机，以及为了创造良好的用卡环境需要进行大量的广告宣传、人员培训和资金投入，但是信用卡又是极高回报率的金融产品，特别是随着发卡量和特约商户的递增，其边际成本显著递减，而每年带来的收益却十分可观。其二，与信用卡业务高额的回报相比，2000年左右，我国的信用卡市场竞争还比较小，信用卡刚开始成为各商业银行的竞争热点，且信用卡的特约商户较少，行业主要集中在酒店、宾馆、商场等部门，用卡环境不尽完善，发卡机构和特约商户之间也没有建立一套完善的用卡结算促销体系。与此相比，国外的信用卡市场，特别是个人信用卡市场却经历了比较成熟的发展，不管是前期的信用促销、发卡办卡、消费场景、结算促销等都有着比较成熟的经验。面对广阔的中国信用卡市场，外资银行肯定是垂涎不已。其三，与其他国家相比，中国有着显著的人口优势，这也是花旗银行锁定中国信用卡市场的关键所在。根据2000年第五次全国人口普查公布的数据，中国的全国人口达到12.95亿，平均每年增加1279万人，年平均增长率为1.07%，且中国的城镇人口仅占总人口的36.09%，中国的城镇化水平相对较低。以上这些数字意味着中国的信用卡市场有着广阔的消费群体，且随着未来城镇化水平的提高，中国的信用卡市场前景十分乐观。

信用卡市场这么好，为什么花旗银行不自己单独经营，反而是寄期望于与浦发银行的合资？原因很简单也让外资银行很无奈，就是中国当时的政策不允许外资银行设立独立的信用卡公司经营信用卡业务，当时也没有政策允许外资银行分行可以法人化而兼营信用卡业务。外资银行只有借助于和中资银行的合作才可以布局和介入中国的信用卡行业。这是花旗银行作为一家外资银行的一个痛点，当时也是浦发银行可以利用的一个很大的优势。

此外，我们也一直在思考花旗银行为何要取得浦发银行的控制权？与浦发银行的另外一个竞争对手相比，花旗银行能否同样获得控制权？我们后来分析，同样作为一家大型的国有股份制银行，花旗银行想从浦发银行的竞争对手手中获得控制权的可能性微乎其微，甚至可能连谈判的余地都没有。而花旗银行想要获得中资银行的控制权是不是必须的？我们后来分析花旗银行的意图也并不一定是如此。当时中国已经允许外资银行在中国设立分行，按照政策的发展预估，成立法人制外资银行也只是时间问题，花旗银行完全可以在时机成熟之后借助在国内的独资法人制银行经营国内的银行业务，这一预估在后来也成为现实，中国政府果然在几年之后允许外资银行国内分行转制成法人银行运营。因此，花旗银行想要获得浦发银行的控制权可能也仅是其最完美的交易结果，如若实现不了，项目可能也不会因此而结束，相应地，在花旗银行入股中资银行的背后，我们分析可能也是因为作为花旗银行在国内的竞争对手，花旗银行也许是想趁此机会，多参与中资银行的运营，试图了解更多中资银行的运营模式和商业信息，从而为其在未来中国银行业市场的经营打开一扇窗户，对竞争对手做一个摸底。

本着这样对中国法律政策的把握以及对交易的认知，我们帮助浦发银行决定了下一步的策略。

第二个故事：不动如山

既然了解并探究到了花旗银行可能的意图，而浦发银行对于花旗银行想要获得控制权的想法无法接受，浦发银行在控制权之争上采取的策略就是不动如山，即严守控制权的底线不放弃。当然，在商业谈判中，一切都要据理力争，简单地答复花旗银行说浦发银行无法给予控制权是不合适的。作为律师，我们这个时候站出来替浦发银行想了很多应对的手段。

第一个是政策限制。由于中国刚刚加入世贸组织不久，当时金融监管的法律法规对外资金融机构在中资金融机构的持股比例有着严格的限制：单个境外金融机构在单家中资金融机构的持股比例不得超过 20%，所有境外机构在同一家中资金融机构的合计持股比例不得超过 25%。这一限制直接制约了花旗银行控股浦发银行的愿望的实现。按照当时国家对商业银行股权变更的监管政策，外资入股中资商业银行需要取得中国人民银行的批准。如果是外资银行初次入股一家中资商业银行，人民银行可能对初期持股比例有限制，按照当时的实践，一般以不超过 5% 为宜。因此，从政策和实践角度出发，浦发银行可以给予花旗银行的股份比例最多是 5%。这是浦发银行对花旗银行的第一个反击手段。

第二个是浦发银行已经上市的既成事实。虽然浦发银行可以给予花旗银行最多5%的股份，但是控制权并不一定体现在股份比例上，还可以通过股东协议对企业的经营管理权作出约定安排。而我们当时利用浦发银行已经上市的既成事实，反击花旗银行在协议中约定对浦发银行实施实际控制的要求，因为按照中国法律的规定，上市公司为公众股东的利益，需要实现同股同权，即拥有多少股份就拥有多少权利，不存在拥有少部分股权却拥有大量控制权的情况，虽然这种安排在当今的国外上市公司中并不鲜见，但是对于当时的中国上市公司而言，这一法律限制是无法被突破的。这也是我们给予浦发银行对花旗银行的第二个反击手段。

第三个是政府的支持。浦发银行是由上海市政府财政局以及上海市的众多国资股东出资发起设立的，可以说浦发银行是真正意义上的总部设立在上海的上海国资系统嫡系银行。从成为上海乃至全国第一单外资战略入股交易的示范效应来看，当时的上海市政府更倾向于由浦发银行来做第一个吃“洋螃蟹”的人。虽然上海市政府对这一单引资入股并没有最终的决定权，但是在商事交易中，政府的支持力度一直以来都是交易各方需要考量的一个重要因素，而上海市政府对浦发银行的支持，在交易一开始都是非常明了的，这一因素也加大了花旗银行对浦发银行投资的可能性。同时，这也是浦发银行对花旗银行的第三个反击手段。

第四个是市场的反应。浦发银行引入花旗银行投资，是当时市场上第一单中资银行引入外资银行投资交易，从商界到政界对于这单交易都保持着极大的关注，因为该交易最终的结果会带来市场的连锁反应，是成还是不成？是中资占优还是外资占优？是“引狼入室”，还是合作共赢？这些问题的答案对于整个中国金融业而言都是非常重要的，因为其会决定未来几年甚至十几年中资银行和外资银行交易的基本格调。作为交易中的律师，一方面我们承受着交易的压力，另一方面我们也想要通过这样一个交易给市场树立一个可以复制的榜样。引资不成，对我们客户来说是一个灾难，对于整个中资金融机构的发展来说，更是一个挥之不去的阴霾。引资成功但是“引狼入室”，对于当时的交易来说，虽然是顺利交割，但是对于未来客户的安排，以及市场的示范效应都不是绝佳的案例，只会给整个市场带来扭曲的交易结果，反而无法进一步促进市场的发展。庆幸的是，我们和浦发银行在这一点上也达成了共识，这也是坚定我们和浦发银行坚决反对花旗银行控股浦发银行的一个重要因素。

第三个故事：引蛇出洞

上述的几个反击手段对浦发银行而言只是这场交锋里的防御措施，最多只能抵御花旗银行的进攻而使这场交易陷入一种胶着的状态。其最重要的还是获得花旗银行的投资入股，因此，为了使花旗银行这种胶着状态中作出对浦发银行投资的决定，浦发银行采取了舍小保大的策略，将与花旗银行合作开展独立的信用卡业务作为筹码，抛给了花旗银行。上面我们提到了，花旗银行在这场交易中，获得对浦发银行的控制权仅仅是其最理想的交易结果，其最看重的仍然是在中国市场中开展信用卡业务，这样不仅可以积累大量的个人消费记录，还可以为其后期在中国独立开展信用卡业务探路，因此，浦发银行向花旗银行承诺可以合资独立开展信用卡业务，对于花旗银行而言，也不失为在既定目标上的一个大进步。当然，对于如何独立开展信用卡业务，在当时法律环境下还是有很多需要克服的困难的，这一问题后来我们也为交易各方提供了当时来看比较切合实际的解决办法，此为后话，下文将再详细描述。

第四个故事：定鼎之战

就是在这样条理清晰的逐步分析和推进之下，浦发银行和花旗银行最终对于投资入股一事达成了最终的意向，即花旗银行入股浦发银行5%的股份，在前期暂时放弃对浦发银行的控制权，但是花旗银行也仍然未放弃后续对浦发银行的进一步投资和控股的想法，提出了如果将来政策允许，花旗银行应该有权利进一步获得浦发银行股权，包括对于浦发银行股东既有股权的收购权利以及浦发银行在后续增资扩股过程中的优先注资权利，以期最终实现对浦发银行股份的进一步持有。而作为对价，花旗银行和浦发银行应合资开展独立的信用卡业务，风险共担，利润共享。

这样一个结果对于当时的交易各方来说，是非常重要的，因为这样一个结果说明交易各方仍然是达成了一致意见的。在2002年那个寒冷的冬日里，花旗银行勉强可以过个好的圣诞，而我们也终于可以安心过个好的春节了。虽然我们知道，事后的进一步交易可能并不会那么顺利。

一波三折之第二折：文字锁

上面我们提到，花旗银行虽然接受了前期入股5%的要求，但是其并没有最终放弃对浦发银行的控股权想法，只是囿于我们提出的各种反击手段（且多为政策限制），在当时的阶段无法实现而已，因此，萦绕在浦发银行和我们心头的达摩克利斯之剑并未斩下，但也并未离去。事实上，在满足一定条件之后，花旗银行仍然是有权利进一步增持浦发银行股份的。这样的一个安排，是对未来情况的一种预测，也是对未来情况发展变化的一个事先约定。如何实现这样一个安排，对于交易双方主体来说，是一个互相博弈的谈判过程，而对于交易双方主体的律师来说都是一种考验。

在各方达成投资合作意向之后，花旗银行聘请的律师为国际顶尖的英国律师事务所年利达律师团队，领衔的是被国际法律评级机构评为世界前20名著名并购律师的合伙人，给浦发银行和我们在春节之后送了一份大礼——三份股权协议，分别是《股份购买协议》、《购股权协议》和《认股权协议》。这三份协议合计页数竟有数百页之长，而且全部为英文，含有大量的国外股权买卖中所常用的专业术语。浦发银行和我们在接到这样的协议草稿之后一度是感到非常难受的，一方面是当时中国与国外的此类大型交易几乎没有，长此以往习惯了国内的交易模式，对于股权买卖类型的交易，理解的仅仅局限于单纯的买卖关系，而并未设想买卖之后的后续执行以及法律法规变动情况对交易后续带来的影响；另一方面是含有大量专业术语并且环环相扣的法律文本，在中国的市场上此前几乎没有，对于这样一些国外顶级律师设计的合同文本，如何摸清其文本用意，是否存在各种陷阱和意想不到的签约后果，作为本土律师，在当时我们并不敢说很有把握。

但是，作为专业的金融律师，我们并不能在面对困难的时候却步不前。同时，面对着这样的国际顶级律师起草的合同文本，对于其解读和在中国法下的适用性，一方面给了我们中国律师一个学习机会，另一方面也是考验我们专业技能的“试金石”。如何寻找出法律文本中的交易主要条件，如何排除对我们客户在文本中设计的陷阱，在当时来说，可以说是一项非常有技术难度的事情。

我们首先和浦发银行敲定了基本的思路，由我们和浦发银行的人员共同解读文本，再由我们将文本中核心条款进行总结和分析，最后再供各方对法律文本进行沟通谈判。我记得很清楚，为了分析这几个文本，在当时非常着急的交易进度下，我和我的团队成员几乎是通宵达旦地工作，废寝忘食地总结和分析。最后将这几份文本进行了概括性的总结，这些总结在如今看来，都是一些稀松平常并且是并购交易中惯用的条款。但是，对于当时的交易来说，我们这些工作对于客户是非常重要的，也是我们金融律师可以为客户带来价值的最重要的体现。因为，可以预料到，在没有律师的帮助下，客户在面对这些法律文本的时候是何等地无助和茫然。而我们利用专业的知识，条理清晰地向客户呈现了合同文本中的交易以及法律后果，提炼了不利于客户的条款，排除了中国法下无法实施的条款，精简为对交易各方具有可执行性的法律文本，就是对客户最大的保障。限于篇幅缘故，我将当时的几个主要文件中的主要核心意思罗列如下，方便大家了解当时交易的一些细节，以便对交易有更深一步的认识。

▲《股份购买协议》

这份针对浦发银行5%股份的股份购买协议由上海国有资产经营有限公司和上海久事公司作为转让人，花旗集团下属一家投资性公司花旗银行海外投资公司作为投资人，以及浦发银行作为公司一起签署。在这份协议中，花旗银行律师为花旗银行受让浦发银行股份的权利以及进行股权交割的步骤设置了一系列的机制。

（1）预付款。除了约定了首次转让的股权比例、转让价格以及股权转让需要满足的先决条件，花旗还提出对股权转让价款采取预付款加尾款的方式进行。合同约定花旗银行应将购买价的25%作为预付款支付至由转让人以共同或各自名义在花旗银行上海分行开立的监管账户，且花旗银行对该等监管账户以及其中存放的预付款应享有监管权。被监管的预付款只有在《股份购买协议》中约定的股权转让完成之后才能从监管账户中向转让人进行解付。倘若股权转让未能在规定时间内完成，花旗银行有权收回该笔预付款。这样一个约定旨在保护花旗银行的股权对价款的控制权。

（2）对转让股份的锁定。除了对预付款的监管，花旗银行还要求合同各方同意对目标股份在股权转让完成之前进行锁定，并由合同各方共同向中国证券登记结算有限责任公司上海分公司申请办理该股份的锁定程序。根据该等锁定安排，股票登记公司应制止和防止登记与全部或部分目标股份有关的任何转让、处置、设立权益负担。

（3）花旗银行的售股权。针对5%的首期股份，我们之前提出的理由是政策限制，而这一限制在花旗的律师看来，也是对花旗银行的潜在不利影响。因此，即便双方的本意是尽力完成交易，但也需要对可能发生的不利情况留一手退路。花旗银行律师随之老道地提出了如果中国的法律、法规或指令发生变化，而该等变化将阻碍或限制花旗银行继续持有其全部或任何部分的浦发银行股份，或影响其作为该部分股份持有者行使其享有的权利，则花旗银行有权要求转让人及公司自行或促使第三方按照协议的规定以事先商定的价格向花旗银行回购该部分股份。

▲《购股权协议》和《认股权协议》

上文提到，花旗银行的胃口不止于初始的5%股权。在谈定了《股份购买协议》之后，各方又对《购股权协议》和《认股权协议》进行了大量沟通和谈判。文本结构上，《购股权协议》是花旗银行、浦发银行和上述两家转让方股东签署的，目的在于将来花旗银行能够再从两家转让方手上继续收购合计7%的浦发银行股份。《认股权协议》是花旗银行和浦发银行签署的，约定将来花旗银行有权要求浦发银行直接向其增发一定比例的股份，以使花旗银行在完成首期股权转让、购股权以及认股权后，其总计持有的浦发银行股份达到浦发银行全部已发行有表决权股本的24.9%。

（1）购/认股权价格。既然是针对将来的股权，在协议签署之时，如何对股权价格进行约定是双方谈判的焦点。考虑到浦发银行是上市公司，浦发银行提出过以将来行使购股权时浦发银行股票特定时期内在二级市场的交易均价来确定购股价格。但花旗银行认为该方案带来的不确定性太高，担心将来浦发银行股票表现如果比较好，自己要花更多的钱才能拿到后面这些股权。经过双方反复谈判，最终确定了由以下两个数值中较低者的1.45倍作为每股购股权价格的分母：行权日之前最近一个完整财务年度经审计的合并财务报表中所显示的浦发集团的净资产值，或人民币200亿元。分子则是届时浦发银行已发行股份总数。

（2）对浦发集团结构发生变化时的应对。锁定了浦发银行的购股权价格，万一到时候浦发银行内部结构发生变化，又该如何应对呢？为此，花旗银行进一步提出如果浦发银行股份发生转让至新控股公司及浦发银行和其他方发生合并的情况，花旗银行的购股权应该继续适用到新控股公司或合并后存续的新公司之上，并为此设计了一系列确认针对新控股公司或新公司的购股权的价格和行权安排。

（3）对购股权股份的锁定。和首期股份类似，花旗银行继续要求合同各方同意对购股权股份在股权转让完成之前进行锁定，并由合同各方共同向中国证券登记结算有限责任公司上海分公司申请办理该股份的锁定程序。

（4）反摊薄、反稀释。为防止浦发银行在向花旗银行发行股份后又向其他投资人发行股份，导致花旗银行的实际持股比例被稀释，花旗银行在《认股权协议》中规定浦发银行如在协议签署日至双方约定的初始投资期届满前发行新的A股，应授予花旗银行股份权利，允许花旗银行以反摊薄价向浦发银行认购反摊薄股份。

上面我仅仅是列出了三份协议中的核心条款，这只是几百页纸的合同中的“冰山一角”。我想借此表达的是，商事交易并不是我们想象中的那么简单，各方在谈判桌上的纵横捭阖、据理力争，最终都需要靠各方律师落实到文本上。有些甚至未在谈判桌上体现的内容，对于交易非常关键的补缺部分，也都是需要律师靠大量的交易经验在合同文本制作时予以补充的。可以说没有商业律师，大型商事交易是根本无法完成的，而商业律师如何在这样的交易中为客户提供价值，起到作用，也不仅仅是简单地提几个意见，跟着客户的指示完成任务而已，更重要的是自己要有对法律文本的认知，对交易细节的把握，对交易意图的贯彻，还要有根据常年的交易经验为客户查缺补漏的意识。而对于我们中国律师而言，万不能故步自封，当然也不用自惭形秽。我们处于中国飞速发展进程中，所有的事物都在更新换代，浦发银行想要引入花旗银行，学习其先进的管理经验，提升自身的发展。我们律师也一样，借助这样一个机会，学习国外律师的先进文本制作经验，提升自身的水平。我们这样做，不仅有利于自我提升，对整个中国的法律市场也是有很大的促进作用的。就像这个交易，在完成艰苦的谈判之后，我们形成了成熟的文本，此后类似的交易，这类文本或者在文本谈判中提到的问题和解决方案，对于后续的交易都有很大的帮助作用。这样，我们律师的作用不仅在于当前，更在于之后。

一波三折之第三折：浦发的制衡

从上面的分析来看，浦发银行引入花旗银行，在大政方针上是契合各方交易意图的，但是就像我们所说，达摩克利斯之剑始终悬在浦发银行的头顶未曾落下，如果将来情况有变，浦发银行是否会将控制权让渡给花旗银行？这始终是一个悬而未决的问题。这个问题在当时来说，可以说是无解了，最后的协议是双方为交易能够继续所做出的各方让步的最终结果。但总体而言，对于花旗银行而言，其最终结果其实并没有损失多少利益，而对浦发银行来说，其为了这个结果所付出的代价比一开始花旗银行要求的要小，但是就其本身所做出的让步，也不可谓不大。

就是在这样一种情况下，再让花旗银行让渡股权上的权利是不可能了，那如何在引入花旗银行之后保护浦发银行的利益？这是当时我们为浦发银行谋求的另一个议题。因为我们可以预见，花旗银行入股浦发银行之后，对于浦发银行的客户资源、风控技术、定价标准、业务模式等一系列核心商业竞争力都将了如指掌。如果花旗银行在投资浦发银行之后再另外寻找一家中资银行投资，而花旗银行对该另外一家倾注更多心血，从而与浦发银行竞争，即浦发银行该如何在竞争中保护自己的利益？如果花旗银行在将来控股了浦发银行，将这些核心竞争力导入另外一家其投资的银行，而掏空了浦发银行并放弃经营浦发银行，又该如何防止这种情况发生？

就在这些问题悬而未决的时候，我们和浦发银行讨论之后，向花旗银行提出了反制的手段——排他性条款。即要求花旗银行在中国仅可以投资入股浦发银行一家银行，而不得投资另外一家中资银行从而与浦发银行相竞争。这样可以防止花旗银行用关联优势在内资银行的竞争中帮助另外一家其投资的银行，也可以防止花旗银行将来在控股浦发银行之后掏空浦发银行另起炉灶。

当然，这样一个条款，我们现在看来很简单，无非是要求花旗银行不得另行投资其他中资银行而已。但是，在我们律师研究了花旗银行律师提供的排他性条款之后，我们发现了一个关键性的问题，花旗银行律师的排他性条款仅限于此次投资入股的这家机构（当时投资浦发银行的并不是花旗银行总部，而是花旗银行总部在海外设立的控股公司），花旗银行的解释是，其所有投资行为都会通过这家控股公司进行，所以只要这家控股公司作出了排他性承诺，就不会再发生其投资其他中资银行的情况。而我们在研究之后向浦发银行提出，这样的一个单一承诺显然无法实现我们和浦发银行最终想要达成的目的。于是，我们再次向花旗银行提出，我们需要一个纵向上至花旗银行总部下至花旗银行总部所控制的直接控股公司，横向以花旗银行所有有关联关系并能控制的关联公司的全方位型排他性承诺。在这样一个全面型的排他性承诺的保护下，浦发银行才可以防止花旗银行利用其全球网络实现对中国其他中资金融机构的投资。

花旗银行对于这一建议最初是拒绝的，但最终在浦发银行的坚持之下，花旗银行还是接受了这样的条件，并在双方的《战略合作协议》中落实了这样的条款，即花旗银行不得且应确保花旗银行及其子公司不会直接或间接地购入除浦发银行以外的任何境内银行的任何股权或任何股本经营权。

破茧成蝶：信用卡业务合作模式的创新

▲ 独立的信用卡中心

从上面的介绍可以看出，浦发银行引入花旗银行的投资可谓一波三折，这中间有花旗银行的强势和妥协，浦发银行的坚持与让步，同时也有花旗银行的步步紧逼，也有浦发银行的小心反制。最终在战略入股层面，交易各方达到了最初的交易目的，且不论现在如何，在当时而言，可谓惊心动魄而又皆大欢喜。

但是，也是如我上面提到的，花旗银行其实是在被中国内地信用卡业务的吸引下间接促成了对浦发银行的战略投资的，花旗银行的最终目的其实是想通过投资入股浦发银行，与浦发银行一起合作开展独立的信用卡业务。在战略投资商定之后，各方进入信用卡业务运营的谈判当中。在这一块的谈判中，其实也有很多波折，主要是因为浦发银行前期为了吸引花旗银行战略投资，给予了相当大的优惠承诺，而事后因为浦发银行在信用卡业务这块的谈判代表发生变化，同时因为信用卡业务的独特性，很多事前给予花旗银行的承诺面临很多不确定性。商业方面的内容我们限于篇幅不再赘述，我这里想要简要介绍一下我们当时给交易双方设计的新型信用卡业务合作模式。

众所周知，即使到现在，中国银行业还未实现单独的信用卡公司独立运营信用卡业务，一直以来都是以单独的信用卡事业部的形式在银行系统内部经营信用卡业务。虽然我现在（2019 年）也代表几家中资银行在和银保监会沟通申请将信用卡业务独立出来设立由银行控股的单独信用卡公司，但目前政策层面还是没有松动的。那么就可以想象，当时设立独资信用卡公司根本是一件无法想象的事情。但是，花旗银行想要和浦发银行合资独立经营信用卡业务，而浦发银行也并不介意单独和花旗银行就信用卡业务进行合作，在商业大原则不违背的情况下，如何通过法律形式实现这一目的？当时是非常考验我们双方律师的。

为此，我和我的团队与花旗银行的律师进行了长时间的沟通，而因为这个问题主要涉及中国法的问题，国外律师的意见参考性并不大，因此，我们需要根据当时的政策环境和法律环境对各方的合作模式提出建议并在取得各方一致同意后论证其可行性。最终为了在不违反监管规定的前提下实现和花旗银行共同开展信用卡业务的目的，我们展开了十分大胆的设想：是否可以在浦发银行内部将信用卡业务所需要的资产、人员、技术、信息数据、合同等要素从浦发集团内部划分出来设立一个独立的业务部门？花旗银行一方面对浦发银行进行股权层面的战略投资，另一方面则直接参与这个业务部门的日常运营，在浦发银行的土壤中，种出一棵双方共同浇灌且独立成长的“苹果树”。

根据上述设想，花旗银行提出在其战略入股浦发银行后的一段时间内，浦发银行应成立独立信用卡中心，作为一个自主经营、独立核算的部门。独立信用卡中心应独立于浦发银行的业务运作，并且在允许的时候申请自身的营业执照。针对独立之后的信用卡中心的业务运营，应当按照双方一致同意的经营计划来进行。信用卡中心在浦发银行内部独立核算之后，下一步需要考虑的问题就是开展业务的资金如何筹集。双方商议提出，花旗银行应根据初步经营计划中约定的金额向浦发银行提供一笔贷款，由浦发银行连同自己的出资一起以公司内部资金调配的方式提供给信用卡中心。

▲ 谁的孩子谁来管？

考虑到信用卡中心仍然是浦发银行内部的一个业务部门，即便其在财务、资产、人员等各方面做到了独立核算，但在法律地位上还不是一个独立的法人实体。花旗银行作为浦发银行的小股东，无法以其股东身份直接实现对信用卡中心至少50%的股东权益。双方接下来考虑的问题，便是如何在信用卡中心日常运营过程中实现共同管理。

既然独立法人公司的管理层可以通过董事会来运作，那么一个独立的业务部门内，是不是也可以设置职能类似于董事会一样的管理层呢？双方一拍即合：独立信用卡中心的经营必须服从根据《信用卡业务协议》设立的管理委员会的监督和决定。但是当开始讨论如何分配管理委员会的任命权，被委派的各委员的具体职能时，双方又展开了一场激烈的辩论赛。最后，考虑到花旗银行在股东层面没有直接的管理权，浦发银行同意让花旗银行在管理委员会的构成上占据了优势地位。《信用卡业务协议》中最终对管理委员会的构成和职权也作了进一步的约定。

▲ 收益怎么分？

谈定了管理，那么信用卡中心的利益双方又如何分配呢？既然花旗银行不能直接从信用卡中心拿到50%的分红权益，双方便将信用卡中心的收益设计成合作费的形式，由独立信用卡中心于每个会计期间结束后分别向双方支付。双方在每个会计期间的合作费应当由信用卡中心任命的独立审计师进行审计并经管理委员会确认。为此，独立信用卡中心应在每个会计期间内，将双方事先确定的合作费金额，在年度财务报表中足额预提该会计期间的合作费。有关的合作费金额应为双方在最近一个会计期间的信用卡业务利润中所占的参与权益（50%对50%）。

如信用卡业务发生亏损，花旗银行仍有权获得合作费，但其金额应仅限于浦发银行能够在该年度的税收抵免或税收责任减免金额中针对该部分亏损计算的花旗银行所占的参与权益。浦发银行在发生信用卡业务亏损的情况下，则无权获得合作费。

▲ 如何独立开展业务？

大的原则双方都认可，即浦发银行应尽可能在合理的范围内将不属于信用卡业务的任何业务或经营活动与信用卡业务截然分开。但实际上怎么操作，还得落实到文本中一项项地来确认。在双方业务部门的协助下，双方律师对信用卡业务究竟如何同浦发银行内部其他业务进行区分进行了精细的设计。

（1）雇员和管理。浦发银行应将为信用卡业务目的聘请的所有浦发银行雇员与其内部其他雇员加以区分。信用卡业务的雇员应有不同的工作汇报体系和职业发展体系。双方应促使从事信用卡业务工作的己方雇员均不得涉及除信用卡业务以外的该方的任何其他业务。

（2）系统。浦发银行应确保信用卡业务的所有操作系统均是逻辑上独立的，并且是与除信用卡业务以外的浦发银行每一其他业务的操作系统逻辑上分开的。

（3）资料。信用卡业务产生的所有资料，包括但不限于信贷记录和客户资料，均应被视为独立信用卡中心的财产。该等资料应由独立信用卡中心秘密保存，不应与双方任何其他业务分享，也不可用于信用卡业务以外的任何其他目的。

（4）合同。除非中国法律或监管机关要求或经管理委员会同意，否则任何一方均不得代表独立信用卡中心与第三方订立任何会为（i）信用卡业务和（ii）该一方经营的任何其他业务两者设定权利或义务的合同（共同合同）。双方均应确保，独立信用卡中心与浦发银行任何其他部分之间达成的一切安排在可行的情况下均以独立信用卡中心与浦发银行约定的条款和形式记载，如同独立信用卡中心为独立于浦发银行的法人。浦发银行应当遵守，且双方应尽一切商业上合理的努力确保独立信用卡中心遵守各自于浦发银行签署的每份备忘录下的义务，如同备忘录是互相独立的法人之间所签订的并对浦发银行和独立信用卡中心有法律约束力的合同。如果花旗银行与独立信用卡中心签订任何合同，该合同应以正常商业条件和平等独立条款为基础，而且花旗银行应向管理委员会提供一份该合同的副本。

（5）商号。除非双方另以书面形式约定，任何一方均不得将信用卡业务或另一方的任何商号或标识用于该方所经营的、除信用卡业务以外的任何业务。

（6）将来的移交。在中国法律一旦允许且取得审批机关所有必要的批准后的任何时候，双方可以约定将独立信用卡中心变更为浦发银行直接或间接全资拥有的一个具有独立法人地位的子公司，并将信用卡业务移交给该子公司。

▲ 实现信用卡中心和浦发银行企业业务的风险隔离——信托安排

财务核算、人员独立、资产分割、系统区分等这些技术上的手段都好解决，但当时对于双方来说，还有一个最大的法律问题无法绕开，即信用卡中心再如何独立，其始终不是一个独立的法人实体，如果将来发生浦发银行的债权人纠纷，需要以信用卡中心的资产作为执行债权的标的对象，这部分资产是没有对抗其他债权人的效力的。为解决该问题，双方律师再一次发挥想象力：既然当时中国已经颁布了《信托法》，允许商业机构为受益人利益设立商事信托，那么信用卡中心最核心的资产，即针对用卡人的应收账款的收益，能否也拿来设立一个以浦发银行和花旗银行为共同受益人的商事信托呢？

双方随之在《信用卡业务协议》中约定，浦发银行应为独立信用卡中心的特定资产（信用卡应收账款、信用卡收入及信托账户）设定以浦发银行和花旗银行为受益人的信托，以确保根据并受限于信托合同的条款和条件，该等资产仅能用于独立信用卡中心的用途。

▲ 应对将来政策放开后的变化——合营公司的组建

双方进一步同意，在中国法律一旦允许时，双方应将独立信用卡中心立即变更成为一家由双方组建和拥有的具有独立法人地位的合营公司，并将信用卡业务移交给该公司。合营公司应采用中外合资经营企业的组织形式。每一方应各持有合营公司50%的股权，而相应地在合营公司享有的管理和经济权益应分别等于50%。一旦合营公司的组建变为可行，浦发银行应移交独立信用卡中心全部资产和负债及信用卡业务。一经设立，合营公司享有独家权利，可以根据平等独立的协议接触花旗银行和浦发银行的客户资料，并在中国对其进行信用卡产品的交叉销售活动。

中资银行引入外资银行战略投资是中国金融业非常轰动的一段历史，这段历史藏着无数人的汗水和辛劳，也有着大量银行工作人员和律师的付出和日夜劳作，再回首当时的这段历程，我心里是无限感慨的。既有对当时开放政策之下的交易双方之间小心博弈的欣赏和感怀，也有对我们律师在其中辛苦工作的感念。

借着这个机会再来反思这样的一场商事盛会，金融律师在其中所起到的作用以及给予客户的价值是不可或缺且非常重要的。首先，在交易之初各方剑拔弩张之时，如何探究各方的商业意图，在夹缝中寻找合理有据的谈判要点，寻找各方可能达成交易的关键点，给予客户适当的建议，从交易的宏观局面做到把控，是这场交易里我们律师起到的关键作用之一。其次，在与国外律师的较量中，如何面对不熟悉的复杂文本，通过专业知识分析和解读，以最终可以适用于中国的法律政策和客户的商业需求，是为这场交易最终定局的另一个至关重要的作用。再次，在面对国外顶尖银行和顶级律师双重压力之下，帮助客户顶住压力并在适当的时候提出保护客户利益的手段，是我们对客户给予信任的最好回报。最后，在各方商业原则一致的情况下，法律政策限制的前提下，设计出一套符合各方交易意图的法律结构以解决各方的交易困境，则体现出了我们律师精湛的技术水平，不但为客户解决交易里的具体问题，还将这一创新模式带给整个市场，给予了后续交易非常良好的示范效应。所以作为一名金融律师，不仅需要了解客户的意图，还需要根据客户的需求以及交易对手的情况，制定交易策略，反哺客户，帮助客户实现交易目的，同时，还需要积极地利用已有的知识创新性地解决问题，最终实现交易目的，并且为市场带来新的交易模式。

花旗银行战略入股浦发银行作为中外资银行在新世纪的第一次联姻成功地掀起了中外资银行合作的浪潮，在花旗银行入股浦发银行之后，汇丰银行、恒生银行、高盛银行、瑞士信贷、德意志银行等国外金融机构巨头也先后谋求与中资银行合作的机会、大步踏入中国市场，并在很大程度上也借鉴了我们提出的法律结构。在这样一次中外资银行战略合作的大潮中，我们深刻感受到团队创造性的工作对整个市场带来的有益参考和帮助，从“摸着石头过河”的首次尝试到市场主体的广泛接受，在这整个过程中，我们看到的是一批批的金融律师为客户利益据理力争，并通过一次次的交易在中国金融市场开放的大潮中反复求索。

欢乐颂大合唱

——集团公司现金流管理的创新

困难即机遇：集团公司现金流管理提出的挑战

从21世纪初开始，中国市场经济发展进入了一个黄金时代，在大量世界500强公司到中国设立一批又一批投资管理公司、地区管理总部的同时，中国国有和私有的集团公司也如雨后春笋般地成长起来，在境内市场短短十几年的发展中，部分中外企业形成了体系化、规模化、集中统一的集团公司管理模式。

在这样的集团公司管理模式下，一个大型集团由多个地区化、专业化的具有独立法人资质的子公司构成，对外以集团公司商誉统一经营的同时，在具体的业务方面则由各子公司作为主体进行独立营收或负债。这种模式避免了复杂冗长的集团审批、运作程序，极大地提高了集团公司业务效率，但各子公司营收负债独立的属性也给集团资金的统一运用带来了极大的挑战，集团如何低成本并高效地统筹运用资金成为各集团公司迫切需要解决的共同问题。也就是说，一个集团公司下属的每个子公司在每天经营的现金流动中，有大量的经营收入和经营支出，有的子公司有盈余、有的子公司有短缺。在没有集中现金流管理的情况下，有资金盈余的子公司只能把资金存在银行收取极少的活期利息；而有资金短缺的子公司只能向银行贷款，支付较高的贷款利息。这样，对集团公司而言，下属子公司的现金流是没有统一管理的，在财务上也造成了不合理的支出和损失。

同时，在这个经济高速发展的黄金时代，大量银行和金融机构也应运而生，一个大型公司集团对任何一家银行来说都是非常重要的客户资源，在有大量市场选择对象的情况下，无法提供不可替代金融服务的金融机构面临着可能随时失去客户的风险。但是，直到21世纪初，还没有一家中资或外资银行能够为集团公司解决这一共性问题。除了极少数的中资集团公司获批成立了集团的财务公司，可以通过自己的财务公司解决自身集团现金流管理的问题，但是，财务公司的金融牌照极其有限，很难获得。另外，还没有任何一家外资集团公司获得这样的财务公司金融牌照，也没有相关的政策法规规定。因此，哪家银行能够设计出为集团公司进行现金流管理的产品，且合规合法，从而能为集团公司，无论是外资的还是中资的，提供超前的金融服务，谁就能抓住客户、赢得市场的认可，在市场竞争中取得领先的地位，获得更好的发展。

因此，一个同时关乎银行和集团公司发展的问题在21世纪初的市场中就被跨国公司首先提了出来：银行如何帮助集团公司高效统筹运用资金、进行现金流管理?

站在巨人的肩膀上——境外集团公司现金流管理模式的借鉴

作为金融市场的从业律师，我们在2003年被世界顶级跨国银行邀请就解决该问题进行了探讨。

在研究该问题时，我们把这个问题分拆成了两个方面：第一个方面是各子公司在集团统一领导下朝着共同的经营目标分工协作的经营模式，与公司法下各子公司主体资格独立、公司资产不得混同的矛盾；第二个方面是部分子公司在资金发生临时短缺时却无法自由获得该集团内其他子公司富余资金的矛盾。这两个矛盾体现出的根本问题在于：在现有业务模式下，同一个集团内的富余资金无法批量高效调剂获得有效利用。举例而言，某一时间段，集团内部分子公司可能会出现资金盈余，而这些盈余资金往往很难得到有效利用，资金回报率相较于将该等资金用于生产经营而言非常低（往往只能闲置在账户中赚取微薄的存款利息），而部分子公司则可能面临资金短缺的窘境影响生产盈利或被迫以高成本获取资金——集团难以及时高效地在法律允许的框架下批量调配资金。因此，我们认为解决这个为银行和公司所苦恼的问题的钥匙，在于创设一个能够批量解决独立公司间资金流动问题的现金流管理体系产品。

在西方市场上，已经存在相对成熟的集团现金流管理体制。这些现金流管理体制往往以一家集团子公司/母公司或一个集团公司账户为轴心，统一、定期归集集团内部部分子公司的富余资金，将该等富余资金流向部分需要资金的集团子公司使用，以达到提高资金使用率的目的。这些机制的核心关键词在于归集和集中利用。

作为金融律师，我们敏锐地觉察到了这一尚未传入国内的现金流管理制度并对其进行了深入研究。虽然经研究这些境外的现金流管理制度在中国法律环境下很难照搬使用，但其对我们解决问题起到了很重要的参考作用，让我们设计新型结构有了模板参考。在过去多年与国际一流律师合作的过程中，我深深知道寻找、学习国际经验并在中国法律下创造性地运用好是解决问题的有效方式。之所以说在中国法律下创造性地运用好，是因为国际主要金融市场都是基于英美法而发展起来的，包括伦敦、纽约、中国香港等，而英美法在账户、抵销权、担保等方面与大陆法有非常大的差别，再加上中国在金融法制上的建设距离市场需要有非常大的差距，这就要求中国律师能够根据中国法律和司法实践的框架在合约的范围内参照国际惯例进行创造性的运用。

随着中国全球化的进一步发展，作为一个金融律师，拥有国际视野是一件非常重要且必要的事情。从整个历史进程来看，国际市场特别是西方市场的发展是远远领先中国市场的。但世界市场机制的领先也为中国市场提供了很多范例，这些范例对中国市场有着极大的借鉴意义。而将这些先进的范例、机制、模板纳入中国法框架内进行本土化，从而推动我们市场的发展，进而推动整个中国商业法律、商业规则的进步，则是我们金融律师价值的集中体现，也是作为中国领先的金融律师义不容辞的责任。

洞悉本质——以委托贷款为基础的现金流管理

即便有境外集团公司现金流管理的范例供我们参考，但每个国家、每个法域的司法实践情况不同，境外的这些结构直接搬到境内来用明显是不具备可操作性的。作为金融律师，我们很难改变现有的法律，我们能做的只能是在现有的法律体系下设置一个全新的、适合中国法律体系且具有可操作性的新现金流管理机制，就如同一个技巧精湛的厨师，利用手中有限的材料凭借自己的高超技巧做出丰盛的佳肴珍馐。

“最简单的往往是最有效的”“解决复杂问题的第一步是简化问题”，这是我多年来的专业经验，也是经常基于这样的理念和团队进行讨论的。我们必须在复杂的交易和问题中找到关键点以及问题背后的本质。抛开复杂、交叉的资金流向结构，现金流管理最根本的两个问题即是：在中国法下，一是企业如何归集资金，即企业以什么方式、什么目的为集团内其他企业提供资金使用，也就是“出”的问题；二是企业如何吸收、使用资金，即企业以什么方式利用集团的资金，也就是“进”的问题。解决了这两个问题，设置一个全新的中国现金流管理的第一步就算是迈了出去。

▲ 如何让资金盈余的集团公司合法高效地“出钱”

21 世纪初，一个独立法人向第三方主体提供资金的途径主要有以下三种：支付交易对价、股息和红利、委托贷款和其他基于合同或法律义务的支付/补偿/赔偿义务。

很显然，实践中我们无法采用需要基础合同或交易的方式在集团内部安排资金流动，也无法用股息、红利的方式进行自由的资金流转。在当时的法律环境下，我们可供选择的、能够相对自由的（使用资金的金额、期限自由等）“出钱”方式只有委托贷款一种途径。这里必须交代的一个法律背景是，不同于西方大多数国家的法律，在中国法律下，公司不能提供贷款，因为贷款被视为金融业务，需要金融牌照，因此，公司之间的资金拆借只能通过银行的委托贷款来进行。委托贷款作为中国特有的一种金融产品在市场中实际运用并不多，关于委托贷款的法律规定也不多，仅限于中国人民银行的通知和最高人民法院的司法解释。所以，涉及委托贷款的权利义务以及种种风险只有依靠律师用协议来创造性地发挥了。

▲ 如何让资金短缺的集团公司合法高效地“用钱”

在当时的法律环境下，一个独立法人获得资金使用的途径主要有以下三种：银行贷款、委托贷款和获得股权投资。

就银行贷款而言，对集团公司来说，需要资金的子公司需承担相对高额的利息，而资金富余的公司却只能把富余资金存入银行，之间的利息差很难为集团公司所接受；对银行来说，也需要承担贷款风险。就股权投资而言，其所有权变更的属性明显并非集团公司的本意，银行也无法从中获得任何的裨益。而委托贷款这个架构则可以以现金流富余的子公司资金补充集团内现金流暂缺子公司的现金流，所以委托贷款就成为现金流管理的通道。

经过前面的分析，解决前述问题的突破口就显现在我们团队面前：设置一套以多公司委托贷款为法律基础的现金流管理体制。

基于该思路，我们为银行设计了如下现金流管理交易的雏形：

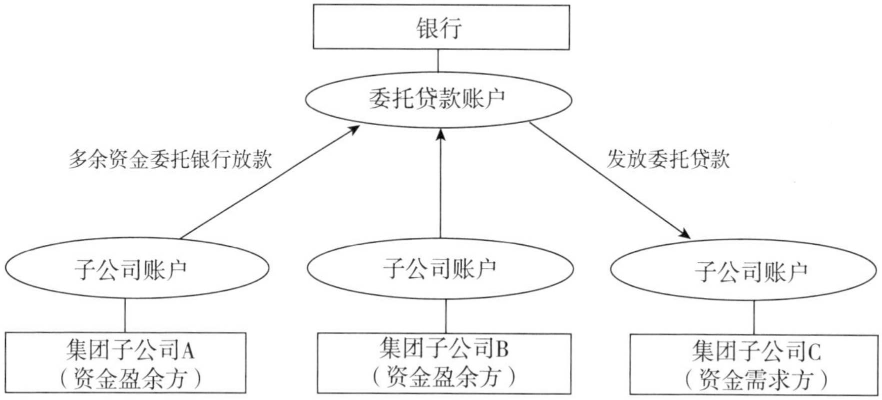

图 2－4－1　现金流管理结构图

如图 2－4－1 所示，我们计划在集团和银行间设置一个双层结构，一层为各集团的子公司及其开立在银行的基本户，二层为银行及委托贷款的放款账户。集团各公司与银行签署相应的账户监管协议和总的委托贷款协议。协议约定固定工作日的固定时间为结算时间，在结算时间，如一家子公司现金流超出事先约定的阈值，则该等超出部分的资金则上浮到第二层，以委托贷款形式发放给需要现金流的子公司（我们在此将超出部分金额简称为溢出资金）。与此同时，如一家子公司现金流未达到事先约定的运营必需资金的下限，该等资金短缺数据同样会上浮至二层进行数据处理（我们在此将该等短缺部分金额简称为短缺资金）。银行将根据与集团事先签署的合同约定就溢出资金和短缺资金进行匹配，并自行根据约定将一个或多个溢出方的溢出资金以委托贷款形式发放给一个或多个资金短缺方。这样便完成了一次现金流的匹配。因为是集团内借款，利率、违约事件等数据均按照集团标准统一，银行从中收取相关费用。而比该笔费用更重要的是，银行在提供前述服务的时候，已经无形中与集团公司捆绑在一起，在最大限度上保护了自己未来的利益。

通过对所面临的问题的简化及分析，我们成功地设置出了中国市场上集团公司现金流管理的雏形，将这个问题的解决向前推进了一大步。这一结构也受到了客户的认可和大力褒扬。我还清楚地记得，当我在电话会议中把这个结构介绍给银行高管时，对方极其兴奋！因为我们都很清楚，这不仅是市场上首创的结构和产品，将为银行带来巨大利益，并且通过这个产品这家银行将“通吃”竞争对手的集团公司客户！

所以，按照我们的设计，它的意义在于：

（1）它是市场上首创的并且是唯一的集团现金流管理结构和产品；

（2）它为银行赚取巨大的、不休止的费用：一个集团公司所有子公司每天经营的现金流都将通过一笔笔委托贷款集中起来，又通过一笔笔的委托贷款发放下去，而每一笔款项银行都要收取委托贷款费用；

（3）它把竞争对手的客户直接“端走”，而竞争对手毫无还手之力：一家集团公司通常有几十家子公司，散布在各地各家银行，但透过委托贷款的现金流管理，所有子公司的资金将全部流向我们的银行客户，所有子公司将成为我们银行客户的客户；

（4）在外资银行人民币资金紧张的市场条件下，它一举为我们的银行客户积累了大量人民币资金，大大加强了它的市场竞争力。

这种成功的喜悦和开拓出一片新领域的畅谈，让我们团队人心振奋，每个人心中都充满了幸福——又一次，我们金融律师担任了行业的开辟者！

明确的突破口和复杂的背后工作

我们找到了明确的解决问题的突破口，并设计了现金流管理模式的雏形，整个项目向前迈进了一大步，但也只是迈进了第一步。如何使该现金流管理模式在中国现行的法律法规以及政策环境下具有高效可行性，才是我们的最终目标。我们自己、我们的客户以及中国的市场都不需要没有现实可操作性的商业结构，合法合理并具有现实可操作性，才是金融律师设计一个新的结构的终极目标，也是客户的最终需要。

我们需要做的，是在这个雏形的基础上，进一步探究、优化这一结构的成本、效率，并探索这一新型商业制度在中国法律法规以及政策环境下的可操作性，以确保这一新体制的可行性。而这些问题的研究和确认，将比设计结构雏形更加复杂和困难，需要我们付出更多的汗水和努力，也正是这些细微之处，方能体现一个金融律师的核心价值。

▲ 以委托贷款为基础的机制可能面临的问题及律师的布局考虑

在前述思路下，我们设置了如下的资金管理基本操作框架：以商业银行作为跳板，由集团各公司与商业银行达成统一的现金流管理安排，以委托贷款形式将现金流富余的子公司的资金转移到现金流紧缺的子公司中。

尽管我们找到了明确的基本框架，但我们注意到里面涉及的法律问题及政策问题绝不简单。对于一个大型商业银行来说，从无到有创设这样一个体制，开辟这个新的业务领域的意义会非常重大，我们作为银行的金融律师需要为银行考虑到这里面可能涉及的所有的法律关系及相关问题及风险点。同时，我们也想到银行聘请我们设置该账户监管模式的最终目的：解决中国集团公司客户迫切需求，以此加强和集团公司客户的联系。如上所述，委托贷款在当时的中国法律中仅限于中国人民银行的一个通知，许多相关的关系和风险并没有详细规定。

"考虑客户的需要，贴近客户的心"，我在团队会议上对所有团队成员说。因此，我们在进行布局考虑的时候，不但要考虑银行的风险，更要考虑银行的客户的利益（成本），帮银行抓住银行的客户的心，才能让我们更好地和银行联为一体，达成各方的共赢。

顺着整个思路和以上的指导思想，我们团队在设置交易结构的同时向银行初步提出了几个特别的要点：

• 风险承担：委托贷款关系中银行的地位，即作为第三方受托人的银行，第一，是否需要在一个集团内部公司间的委托贷款交易中履行审慎义务及需要履行怎样的审慎义务；第二，其是否可能为委托人和借款人之间的债权债务关系承担第三方风险，如在诉讼中被列为被告或第三人。

• 监管问题：是否存在银行业监管问题，提醒银行就其中可能涉及监管红线的问题单独拎出来与监管机关进行点对点沟通，化整为零逐步确认合规性问题。是否存在监管问题，如何规避监管问题是整个现金流管理结构能否进行下去的关键。

• 税务成本：如何尽可能地减免税费，这是整个结构中最重要的问题。按照当时中国印花税管理体制，以融资交易合同为单位的印花税缴纳体制会严重影响集团公司采纳以委托贷款为核心的现金流管理机制。

• 运营成本：设置自动化的账户划款机制。同时需考虑基础交易成本和后续诉讼成本。基础交易成本包括如何简化交易文本，后续诉讼发生时银行及银行律师的参与度。我们在进行结构建议时建议银行尽可能标准化业务结构操作模式，使银行内部形成业务的可复制性，以便客户向更多的集团公司推广业务，也便于银行工作人员后期独立操作该等模式，将该模式做成行业的标准。

• 需要在银行和客户之间建立除财富管理之外的其他纽带（如全球管理文化），以便更紧密地联系客户。

• 特殊情形下的风险规避机制：某子公司出现重大违约事件时（如账户冻结）的应对机制，以免因其中一家子公司的特殊情形导致集团公司承担连带的不利后果。

• 需要放眼全球来看待这项业务，其覆盖范围不能仅仅局限于中国本土，还应当包括整个世界经济体，实现客户资产的全球配置，做好跨境现金流管理的预案。

以上是我们在项目伊始整理的问题清单及确定的贯穿整个项目的指导思想，如大家所见，这其中许多并非法律上的考虑和意见，然而，这却是我们律师价值最重要的体现。

“专业律师的角色绝不是单方面保护自己客户的利益而不断地提要求、提风险，如果因为专业律师的原因导致交易条件变得使对方不能接受，那这个专业律师的角色是失败的”，我告诉团队，“专业律师应该发现问题，更应该为交易各方解决问题，专业律师的角色应该是交易的促成者”。

在商业交易中，律师不仅仅需要解决问题，更重要的是理解客户的需求，配合客户来布局整个项目及该项目的未来发展和可复制性，帮客户抓住它的客户，帮客户拓展更多的客户。尤其对本案例这种行业市场上前所未有的创新尝试，则更需要着眼于行业，怀着一颗创作行业规范先例的心去体现我们的价值，由我们专业律师来开创行业的新起点。我们在处理这些交易时的指导思想始终是：我们做的不仅仅是具体的业务，我们做的是行业，这是一个金融律师的价值所在。

▲ 现实的难点问题与解决思路

我们将上述关于研究方向的想法向银行提出之后得到了银行的认同。因此，我们就上述方向进行了初步的研究和探索，并向银行提出了一系列目前需要解决和了解的现实背景、状况和相应的解决思路，其中选取几个列于本文供大家参考：

（1）该结构需要解决的问题

该机构需要解决的问题首当其冲是税务问题。由于集团客户的子公司往往位于不同城市，其面对的税收政策可能也不同，解决该等现金流管理中涉及的税务问题尤其重要。可以说一个合理的税负是本现金流管理制度能够运行的基础。尽管现金流管理中税收承担方主要是集团公司，但金融律师的价值一方面在于帮助客户防范风险，另一方面在于帮助客户抓住它的客户。税负，作为集团客户直接面临的支出，必然受到其高度重视，我们要把握客户的需要，并提前做好准备工作以促成交易。

以印花税为例，前述思路设置下的现金流管理的本质是多笔公司间委托贷款的集合。根据我国印花税管理的相关规定，借款合同需由借贷双方按照融资额的万分之零点五缴纳印花税，一般来说，该等印花税的缴纳是以交易数（或授信合同数）来计算的，一次授信缴纳一笔印花税。而我们的交易中，不同借贷双方或借方组合/贷方组合之间频繁发生多笔委托贷款，如果以一笔委托贷款为一个独立授信来缴纳印花税，将给集团公司带来极大的税项负担——这显然与我们现金流管理的效率性原则是相冲突的。

面对该等税务问题，一方面，我们从深入体会我国印花税征收的本质来看，即以一笔独立的交易为单位征收；另一方面，我们从我们交易的本质出发，我们的交易并非一笔笔独立的委托贷款交易，而是集团客户下的委托贷款交易，其授信额和授信合同应以集团公司之间签署的总的贷款协议为准计收。明确了这一观点，我们开始协调银行及集团客户与其主管税务机关进行沟通，从前述交易本质角度向税务机关澄清我们需要缴纳的印花税问题，从而与税务机关达成共识。

（2）委托贷款项下银行责任承担的问题

21世纪初，整个委托贷款市场环境并不是很好。部分银行不只在委托贷款中担任受托行的职责，甚至会直接介入委托贷款交易实质的接洽过程。这就导致如委托贷款发生违约事件，银行可能需要承担相应的责任。在这种大环境下，司法实践中作为受托人的银行往往需承担一定的向借款人追责的义务。在这种情况下将会产生一系列费用，如律师的选择、律师费用的支付等。这显然不符合本案例中我们的客户设置现金流管理体制的本意。为此，我们对委托贷款的法律基础、司法解释、司法实践情况花了很多心思，作了很多深入的研究，结合我们拟设置的结构的特殊性——集团多方委托贷款，我们得出结论，从司法实践来看，法院往往认为集团内多方委托贷款不应按照一般委托贷款处理，仅履行受托人职责的银行不应就委托贷款的还款义务承担责任。至此，我们认为基于委托贷款的现金流管理体系对银行来说是可以接受的。

（3）多层账户设置的问题——风险“防火墙”

解决了对银行及银行客户的可行性问题，我们开始思考该等结构的实操性问题，而实操性问题中最关键的问题就是集团公司间风险防范的问题。根据图2-4-1现金流管理结构雏形项下的两层结构下，有资金盈余的主体的溢出资金会自动上浮到可放贷账户中，并自动匹配有资金需求的子公司完成放款。在这种简单的模式下，如果该有资金需求的子公司或其账户本身被查封、冻结或受制于其他司法程序，则集团富余资金很可能有去无回，从而影响集团资金的归集和使用，这显然也不是客户希望看到的。就这种情况，我们花了很多心思在双层账户结构的设置上，我们希望能通过完善的账户设置来规避这一风险，既能达到资金高效归集运用，又可以防止某些突发情况出现。

（4）委托贷款借贷关系的梳理

由于该产品拟面对的客户大都是一些多子公司的集团企业，且该产品拟以天为单位进行集团内资金的借贷流动，如不加以规范，产品运营过程中很可能产生复杂的交叉债权债务关系。如何理顺这些债权债务关系是我们在产品设置中必须要解决的技术性问题。其中很重要的一点是必须避免不必要的交叉债务，尽可能避免同一家子公司在同一时间点同时作为借款人和贷款人的情况——这可能会对公司财务及可能有的诉讼带来很大的不利影响。因此，我们就此在梳理委托贷款借贷关系中下了一番功夫，恰当地运用债权合并、抵销等法律手段以达成清晰交易结构的目的。

（5）文本、谈判细节

前述交易目的的达成，均离不开一个明晰的文本架构，这也是我们金融律师的专业性和价值的集中体现之处。由于该等文本在中国市场上毫无先例可循，该等文本的设置完全是一个从无到有的创造过程。没有先例可循也让我们在设置合同双方权利义务时费了一番功夫。我们作为银行的律师，保护银行的利益和促进交易进程都是我们的职责，我们设计的文本如果过于严苛不利于银行利益，不但会增加银行的谈判难度，还有可能破坏银行和客户间的关系，而过于松散的文本则不利于银行风险的防范。越是这种情况，越能体现一个优秀金融律师的价值。我们始终牢记一点，我们是交易促成者而不是阻挠者！我们一方面从法律的角度进一步简化、清晰化交易结构，另一方面从一个市场普适的角度寻求双方达成合作的契合点，以此调整我们的本文，达成双方的双赢。我们专业律师作为一个相对独立的第三方，通过对文本及谈判细节的把控，成功起到了交易润滑剂的作用，在寻求双方合作的交点，促进交易的完成中体现了自身的价值。

（6）可操作性、可复制性及银行工作人员的培训

我们的服务旨在设置一个可供银行客户长久运营的产品，其便于可操作性及可复制性是该产品的重要指标。只有该现金流管理产品达成可复制、可应用于大多数集团企业的时候，这个产品对客户来说才是成功的。这对一个市场上之前不存在，需要从无到有设计的新型产品来说是有一定难度的。因此，我们在交易中一直注重这一点，尽可能使结构简单，文本架构清晰，重点突出，条款可操作性强。我们曾多次与银行各前台人员沟通该现金流管理产品的法律本质及运作原理，在设计该产品的同时即在向银行前台人员普及相关知识，以便于该产品的运营。事实上，在我们设计该现金流运营产品至今，该银行负责该部分业务的客户经理几经变换，但业务的运营丝毫没有受到影响。

在上述问题的沟通过程中，我们逐渐地和银行由一开始单纯的合作关系，变成了同一个“战壕”里为解决问题而共同奋斗的战友，再进而变成为共同开辟这一新的产业而一起探索的合伙人。这一现金流管理的产品，也成为我们和银行一起努力去共同创造、孕育和保护的成果。还有什么关系，比一起奋斗的伙伴更为牢固呢?

▲ 产品的初步成型

随着时间的推移，在我们相继解决上述一系列问题的同时，一个全新的、

中国市场上未曾出现的基于委托贷款的现金流管理的产品也逐渐地成型了。该现金流管理体制和我们初步预想的结构基本一致，以一个基于集团委托贷款为核心概念的两层账户管理结构为基本架构，辅以数个有可能遇到的特别问题准备的法律问题备忘录，以一个成品的方式呈现在我们的客户面前。

不同于一个大型工程类项目，这个产品更多的是一个框架合同下无数小问题的集合，这些问题在未来实践中可能涉及业务的方方面面和各式各色的法律问题，而届时直接面对这个问题的将是银行及集团客户的前台人员。如果每个类似问题都需要作为个案由银行或集团客户要求我们金融律师参与解决，这对银行及集团客户来说都会产生很大的时间和经济成本，而这显然不符合我们团队“贴近客户的心”的指导思想和理念。

因此，我们在完成产品的时候，除了产品的合法和可行性，产品的可复制性也是我们重要的考虑对象。

一方面，我们要在文本上做好预案，设想尽可能多的未来可能性并作出相应的文本处理，便于银行和集团客户未来操作。尽量避免出现遇到一个小问题就不得不找律师处理的情况，尽管这可能给律师带来更多的经济收益，但这对客户、对我们和客户的长期关系来看是不利的。与此同时，我们将产品文本结构做成了开放式结构，若日后中国法律环境发生变化或市场更加成熟，这种开放式结构也可以使产品吸纳更多新的文本成为其一部分。事实上，在我们初步产品成型后的15年间，该产品的结构也随着市场以及中国委贷制度的发展得到进一步的进步和完善。

另一方面，我们要提高该现金流管理机制的文本亲和力，尽可能使其便于理解和操作，至少应使不具备专业法律能力的银行前台人员理解和操作。同时我们准备了一套对银行前台人员的培训机制，以便于银行在业务开始前及业务过程中培训其从业人员迅速掌握并利用该现金流管理产品，推进该产品的使用。我们的目标是，在交出该产品后，银行可以高效地在内部普及这一产品的操作，确保银行前台人员可以迅速掌握并运行该机制。同时，在我们培训银行从业人员的同时，我们和银行以及各银行工作人员之间的联系更加紧密了，我们真真正正做到了银行在现金流管理领域的“合伙人”，建立了双方牢不可破的联系和纽带。

在完成这一产品的整个过程中，之前各类融资中所积累的法律及商业经验给了我们很大的帮助，在这些经验的基础上，我们靠着我们的专业性孕育出了这一划时代的产品。这个产品项下文本的一字一句，都无不体现着我们作为专业律师的价值。

一个新的行业模式的诞生——现金流管理机制

在我们为某跨国商业银行完成现金流管理产品的设计后，该银行迅速推出了相关业务并获得了其客户的好评。

新的现金流管理机制的出现，使我们客户的角色从单一的金融服务者变成了作为其客户的集团公司财务运营不可剥离的一部分，客户关系变得更为紧密，也使其在吸引并抓住其他大型客户时提供了强力的筹码。事实上，后期该银行的现金流管理操作也已经脱离了外部律师点对点的跟进，完全可以自行依据设置的机制和系统进行批量操作，成为该领域一直处于领先地位的金融机构。另外，从作为银行客户的集团公司角度来看，集团公司解决了其集团内部资金统筹运营的一大问题，极大地提高了集团成本的营运效率，使其在未来的市场竞争中拥有更加美好的前景。这是一个双赢的结局，也是我们作为金融律师的骄傲。

该现金流管理机制设置完成后在市场上产生了巨大的效应，后续又有多家商业银行找到我们希望能够在其内部复制该等机制并服务于其客户。我们在取得原客户同意并在不违反保密原则的基础上为后续希望引进现金流管理制度的银行提供了类似的法律服务，这些银行在引入现金流管理制度后迅速在其客户群体中推广了这一现金流管理的方式，至此，一个新的金融行业模式——集团公司现金流管理机制，在我们金融律师的引领下诞生了！在这种大势下，中国人民银行后续也发布了一系列的规定，认可并规范了集团资金集中运营的相关操作标准。我们可以自豪地说，我们走在了央行的前面。

随着这一行业模式的诞生，现金流管理体制越发成熟，业务模式越发标准化，深入集团公司各类运营，同时也扩展到跨境外汇现金流领域，在各金融业同事及律师同事的共同努力下，这一模式逐渐形成了一项各大型商业银行必备的业务之一。

透过这样一个案例，我们可以看到，金融律师不但可以在幕后做交易的护航员，也可以通过把握市场利用资金的专业优势带动行业发展，做行业的“领头羊”，对整个行业、整个市场产生巨大的价值。

我们如今生活在这个节奏紧凑的世界里，很容易会忘记我们一开始做事的初衷，变成为解决问题而解决问题的机器，这很容易让我们迷失自我，也让我们自身的价值无法真正地体现出来。每每回顾过去做的案子，都会有所感触，记住自己作为一个金融律师一开始所要遵循的信念，以这样的信念去行动、去追寻，才能体现自己作为一个金融律师所被需要的价值。

正如我们在这个交易一开始所遵循的理念，我们做律师不仅是在做一个交易，而是在做一个行业。律师和客户的关系也不仅仅是服务提供者和服务购买者的关系，而应该是一起努力前进的同伴。律师的工作始于法律但不局限于法律，当律师的服务超越了法律看到了整个市场整个行业，看到了客户的内心和客户最深处的需求，金融律师的价值才能真正地体现。

为秉承“和客户成为同伴”的理念，我们在本案例中一直遵守下述原则：

- 我们是交易的促成者，我们不但要发现问题，更要解决问题。
- 比抓住自己客户更重要的是帮助客户抓住客户的客户。
- 我们做好文件工作，但我们的工作绝不局限在文件本身。我们既要写出严谨的法律文件，更要写出令双方都接受的法律文件，在写文件的过程中找到银行和银行的客户的共同利益，将双方的利益放在一起达到各方的共赢，促进交易，而非只看到自己客户的利益。
- 全面考虑项目的各个方面，争取做好一切可以完成的未来突发事件的预案，无论是客户还是客户的客户都可以沿着我们的工作顺利完成交易的后续工作。
- 使自己的工作对客户具有学习作用，使客户的从业人员能够在与我们的合作中提高自己，帮助客户进步，也促进自身的进步。
- 贴近客户的需求，使自己成为别人第一时间想到的律师，使自己成为客户离不开的律师。

秉承着这些理念，我们获得了客户的好评，体现了自己不可替代的价值。而当每个金融律师呈现出自己的价值时，当我们和客户并肩作战成为共同解决问题的伙伴和战友时，也就真正抓住了客户的心。

马勒第二交响曲《复活》响起

——上海广场项目的难题与破解

隐藏在中国商场背后的外资基金

我们在新闻中经常能看到，中国某某城市的某某地块又拍出了一个历史新高价，某某“地王”又诞生了，人们也经常在讨论，北上广深等一线城市的高房价令人咋舌，惊呼这些一线城市的生活成本异常高，生活在这些城市的人们过着“蜗居”式的生活，远没有在小城市里生活逍遥自在。人们也常常深思，为什么中国这十几年来房价竟然上涨得如此之快？同时也不乏相关的新闻电视连篇累牍的报道和分析，劝导或者引诱有资金实力的人们赶紧买房置业，或者资金不充裕的人们逃离这些一线城市，回到小地方享受生活。在这里想通过分享我们做过的一个有关房地产融资的案例，给大家展示一下隐藏在这些房地产发展背后的故事，同时也用此案例介绍一下金融律师在房地产发展过程中起到的作用。

上面我们提到，中国这些一线城市的房价相对于现在的居民收入水平来说，高得有点离谱，但是我想说的是，人们日常讨论中的房价其实仅限于商品房，即广大普通百姓可以居住生活用的房子，而不包括办公楼、商场之类的商业楼宇。主要原因是这些房子大部分是用于出租给公司和商场的，并不会零售，出售的话往往也是整栋出售，买卖双方也都是一些大型的房地产开发商或者基金之类的对投资有需求的企业。因此，这些办公楼和商场并不在人们日常房价的讨论范围里。

可是，如果回过头来看，我们有没有想过，我们平时逛的商场或者上班时的办公室，这些建筑的价格几何？与我们平时住的房子相比价格是高还是低？如果深入探讨，想必是一个很有趣的话题。其实，中国的商业房地产发展远远没有商品房发展那么快，它的价值波动也没有商品房那么大。商业房地产特色之一是与金融挂钩得非常密切，因此，它具有很大的金融属性，这也是金融与房地产一直以来相互促进发展的重要原因。

从国际范围来看，中国的房地产市场发展属于相对较晚的。21 世纪之初，中国“入世”，向世界承诺放开国门，外国投资者最先看中中国的是特定制造业，紧接着是金融业，最后才是房地产业。中国房价的发迹起始于 21 世纪之初，最先是从商品房价格的上涨开始的，而到了 2005 年左右，中国的商业性房地产开始吸引世界的眼球。这里不是说外国普通百姓相中了中国的商业房地产，我之前说过，商业房地产有很大的金融属性，这样的一个金融属性会吸引很多有投资需求的企业或者基金，他们愿意买入并持有中国的商业房地产，静等其升值出售。尤其是在 21 世纪之初及以前，中国的商业房地产鲜有国外资本涉入，而当时中国内地的资本还不成气候，中国的商业房地产成为一个价格洼地。就是在这个背景之下，国际上一批非常有名的基金发现了这个价格洼地，想要开始涉足中国商业房地产。而在这最先开始的一批外国基金对中国商业房地产投资的大潮中，上海大部分有名的适合投资的商场和办公楼几乎被外国基金买到手中了，我们这个案例中的上海广场就是其中之一。

我们如今的业务中，这种类型的房地产融资业务还一直在持续，但是我选择分析上海广场这个案件，是因为这是我们经手的国内第一单外资基金联手外国银行杠杆收购中国商业房地产的里程碑式案件。作为第一个“吃螃蟹”的金融律师，可以说我们在这个项目中遇到了大量复杂的交易结构性问题，同时也创造性地解决了这类问题，为此后不断开展的外资基金利用杠杆融资收购中国商业房地产项目奠定了基本的融资结构和框架，成为外国基金和国际性银行投资中国商业房地产的一个典型范本结构，被一直沿用至今。

如何买下一座商场?

2018 年在上海房地产市场上有个房地产业讨论得沸沸扬扬的事情——在陆家嘴已经烂尾了近 11 年的黄金置地大厦重新揭开了面纱，开始进入大众的视野。怎么回事呢？原来有一名印度尼西亚的富商 1999 年年底购入了如今黄金置地大厦的土地，2009 年建成完工后一直没有交付使用，而是一直空置在那里，既没有卖出也没有租出，就是空置放在那里。具体是何缘由而导致空置众说纷纭，但是这栋大厦从土地出让到如今重新面世我们可以一窥中国商业物业的价值发展历程。据悉，当初印度尼西亚富商买入这块土地的总价是 3 亿元人民币，而到 2018 年，现在的黄金置地大厦的总评估价值已经达到 70 亿元人民币，刨除大厦本身的建设成本，这中间的房地产价值升值也至少有 60 亿元人民币。而现在，黄金置地大厦开始重新面世，这中间到底是继续经营还是已经转卖给他人，我们不得而知。

我们可以做一个设想，假使黄金置地大厦是转卖给了第三方，那么该如何买卖这座大厦呢？假设第三方是一个境外的基金（事实上自 21 世纪初开始，在中国境内购买商业物业的大部分投资人都是境外的基金），这个境外基金最直接的购买方式无非是直接从卖方手中受让黄金置地大厦的房地产权。可是这种看似简单的结构可行吗？实际上，用这种方式购买中国商业物业的案例几乎不存在，原因何在？中国整个房地产政策对外商投资的限制，具体可以追溯到外资房地产市场闻名已久的171号文[1]，该文是由当时中国的建设部牵头、其他五个部委联合制定的旨在规范外商投资中国房地产市场的里程碑式的规章，时至今日仍然是外商投资中国房地产行业不可逾越的一座大山。根据该规章及其后建设部对该规章不断出台的补充规定，外商投资企业和境外机构（包括境外基金）不得在国内购买非自用不动产。这条规定就彻底堵死了境外基金直接购买中国商业物业的可能性，因为境外基金购买商业房地产的主要目的肯定不是自用，而是通过出租给租户赚取房租，同时利用房地产本身的升值来攫取利润。

另外，中国严格的土地税收政策也使得境外基金直接购买中国商业物业的可能性变得不可能。迄今为止，中国房地产行业让人头疼的税收政策莫过于土地增值税。土地增值税，根据其名称即可以了解到，是土地在转让后就其增值部分所征收的税费，税率最高可达增值部分的40%。前面我们已经提到，黄金置地大厦在近10年的期间增值达到了67亿元人民币左右，按照目前国内的土地增值税率40%计算，如果通过直接转卖黄金置地大厦的所有权，需要缴纳的土地增值税则有26亿元人民币之多，任何一个有想法的买方和卖方应该都不会考虑税费如此昂贵的交易方式。而这种情况在中国商业房地产飞黄腾达的十几年间，每次直接转让房地产所有权时都必然会涉及。因此，境外基金通过直接购买商业房地产所有权的方式购买黄金置地大厦成为一件不可能的事情。

既然通过直接购买商业房地产所有权的方式投资中国房地产市场成为不

[1] 《建设部、商务部、国家发展和改革委员会等关于规范房地产市场外资准入和管理的意见》。

可能，那如何才能实现这一目标呢？这个问题在我们2005年参与的上海广场的收购融资案例中，成为第一个无法绕过的难题。当时在整个房地产市场中，还未曾有一个如此重大的外商投资中国房地产市场的案例。需要说明的是，当时在上海广场收购案中，建设部牵头的171号文还没有公布实施，因此，法规上对境外基金收购的限制还不存在，但是令人望而生畏的高额土地增值税同样成为阻却境外基金购买上海广场的一道天堑。

我依稀记得当时境外基金还打算联合境内一家银行在中国境内成立一个基金管理公司来完成这个收购项目，最终也因为上面提到的种种限制无疾而终，可以看到当时交易各方是花费了很大精力来考虑这个问题的。在各方焦头烂额之际，通过对中国房地产行业税务法规的分析和税务实践的了解，境外基金聘请的中国税务律师最终给出了一条解决之道——由境外基金购买上海广场持有人的股权间接购买上海广场。这一措施解决了直接转让房地产所有权而产生的高额土地增值税，但仍然避免不了中国股权转让所得税，可是股权转让所得税相比于土地增值税而言，已经少了很多，可为交易各方节省极大的税收成本。各方基于税务方面的考虑也接纳了这一方案。

虽然在这里只有寥寥几句话摘要出了最终的结论，实际上整个论证过程是漫长且复杂的，而且因为没有先例可循，交易各方也是背负了极大的不确定性风险的。虽然这一方案是境外基金聘请的中国税务律师提出的，但因为涉及并购交易的基本结构，我们在上海广场案件中作为融资方的律师，也必须审慎对待这个问题，以确保银行提供给境外基金的融资是基于一个合法有效的并购结构的。众所周知，银行一直以来都是非常谨慎的运营实体，面对一个从来没有见过的交易结构，面对一个从来没有接触过的市场（在上海广场案中提供融资的银行来自欧洲的一家大型投资银行），如何让银行可以安心地接纳这个方案，成为当时我们融资方律师必须解决的一个难题。

之所以说对银行以及作为银行律师的我们来说是难题是因为：（1）我们是金融领域的律师，非税务专家，面对税务律师提出的法律及交易结构，我们需要就此给银行以背书，以确认交易结构的可行，这个对我们来说是一个很大的挑战，不仅仅是因为我们不熟悉这一领域，还因为我们此前从未操作过类似的案例；（2）银行是一家国外的金融机构，思维模式和运作模式都与国内同行存在极大的不同，对中国的法律环境和法律法规都知晓甚少，即使在我们律师对交易结构有背书的情况下，银行自身可能还需要做出很大的努力才可以继续推行此项交易。由此可见，虽然结论已经作出，但是如何执行这个结论，也是非常困难的。

此时，作为一名金融律师其重要性就会凸显出来。在管控法律风险的前提下，作为金融律师我们不能在交易中有所退缩，而应当是直面问题，解决问题。首先，我们需要作详细的法律研究以及借力我们在整个行业的资源弄清楚我们到底面临怎样一个法律问题（即使在其他律师已经给出结论的前提下，这一步骤也仍然不可或缺），只有弄清楚了法律问题，我们才能清楚法律风险，这既是对律师的保护，也是对客户的负责。其次，在详细的法律论证之后，我们需要作出大胆的结论，这个大胆不是让我们胡言乱语、罔顾事实，而是在作出结论时要大胆，不要畏缩，不要逃避，要有信心。最后，基于结论，我们要给予客户以信心，积极参与客户内部的讨论。因为在外部律师的参与下，很多客户内部的担忧，律师都可以直接给予解答，第三方专业人员的参与会给予客户内部相关部门人员的信心，从而继续推动交易进行。事实上，在上海广场融资案中，我们就是发挥了这样一个作用，作详细的论证，作出大胆的结论，深度参与客户内部的讨论，最终让银行接受了基础交易结构的设计。基础交易结构的缩略图如图 2－5－1 所示：

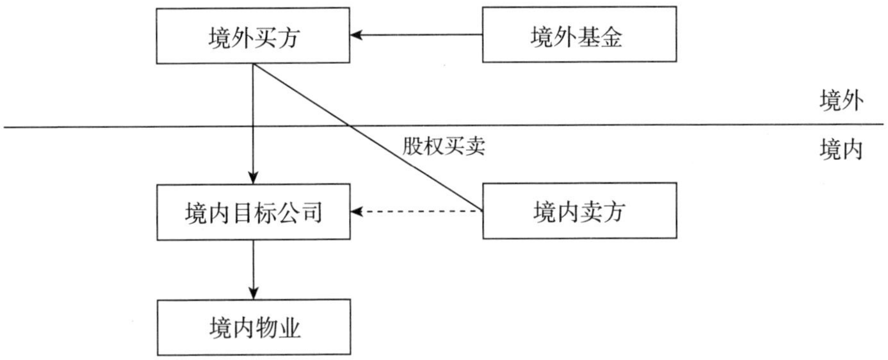

图 2－5－1　境外基金对中国房地产收购基础交易结构图

彷徨无措的开局

上面我们已经提到如何购买一座中国的商场，这个安排是整个交易的基石，但远非全部。当时上海广场项目的核心安排是境外基金买下境内上海广场这个项目，然后通过融资安排，最终在海外市场实现中国商业不动产的 CMBS（商业房地产抵押贷款支持证券）。CMBS 在中国市场至今还比较陌生，归根结底是因为这一交易产品在中国目前的市场中如何大量复制还面临着重重困难，包括商业房地产本身存在的法规政策限制，还有中国贷款二级市场的不发达等众多原因。然而，CMBS 在欧美等资本市场发达的国家，在 20 世纪就已经是一款非常成熟的房地产市场的融资产品。

CMBS 的全称是商业房地产抵押贷款支持证券，是一种不动产证券化的融资方式，将一座或者多座商业不动产抵押进行融资贷款，再将该笔贷款打包，透过证券化的过程，以债券的方式将打包贷款在公开市场向投资者发行，最终实现多数投资者通过这一证券化后的债券投资于房地产本身。这一交易在多个维度均惠及了交易各方，房地产商通过这一交易实现了融资，银行通过贷款获得了贷款资产和利息，并且通过证券化过程获得交易溢价，而投资者通过市场标准产品的购买实现了对基础房地产市场的投资。

通过 CMBS 的介绍可以看出，CMBS 中最重要的一个环节就是银行的融资，起到承上启下的作用。银行一方面给予房地产商融资，以完成贷款的发放和房地产商的筹资，另一方面是银行在完成贷款后打包贷款证券化再在公开市场发行产品。我们上面提到，一开始我们的客户——境外银行打算通过其在中国的分支机构完成中国版本的 CMBS，然而，当时中国并不存在一个成熟的公开市场可供发行贷款证券化产品，也缺乏完善的法律法规环境可供实施这一交易，因此，在缺乏可靠下游市场的情况下，国外银行无法通过其境内分行完成 CMBS 的发行。因为中国房地产交易中法律法规的限制，境外的基金也无法顺利在境内直接收购国内物业，只能绕道通过股权收购模式间接收购国内物业。因此，上海广场的 CMBS 项目最终只能在境外完成。

当时最初设想的交易结构是这样的：（1）境外基金通过股权收购方式购买上海广场项目业主的股权，实现间接控制上海广场项目；（2）境外基金在并购时一方面使用其自有资金，另一方面需要使用银行融资资金来支付交易并购对价，所以我们的客户——境外银行会向境外基金提供一项并购贷款，用以完成交易；（3）境外银行在向境外基金提供并购贷款完成融资后，境外基金继续持有上海广场，静等中国商业房地产的升值，最后以卖出实现盈利，而境外银行在完成贷款发放后，获取境内房地产的抵押，将抵押贷款打包在美国市场证券化以债券方式卖给投资者实现退出。基本的交易结构如图 2 –5 –2所示：

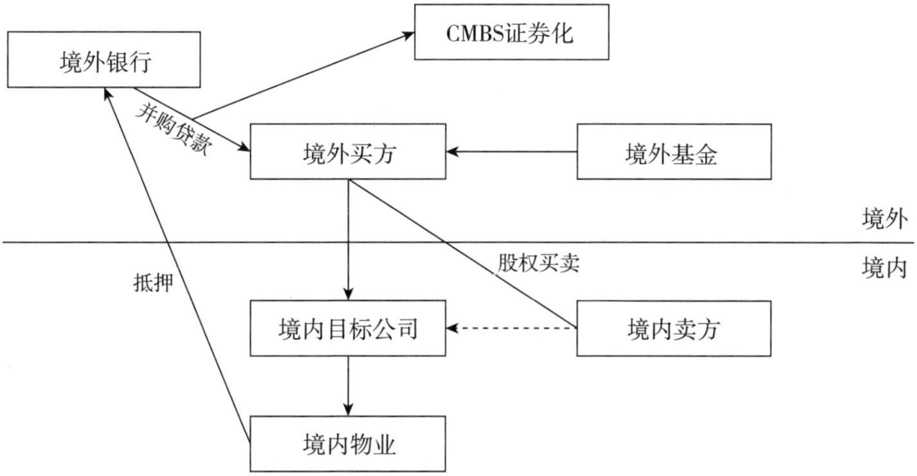

图 2－5－2 境外 CMBS 和融资交易初始交易图

至此为止，在解决境外基金购买境内物业难题的情况下，上述 CMBS 融资结构看似已经完美无瑕并可以付诸实施了。实际上，这一方案的出台才是一切痛苦开始的源头，我仍然记得在我们接获国外律师给我们的融资方案后，经历了一个星期左右没日没夜的沟通和解释，和银行以及国外律师一起基本将中国有关外管政策及房地产政策解释了解了个通透。这里面有两个核心问题，都涉及 CMBS 中的核心——房地产抵押，我们提炼要点如下：

（1）外汇限制。上海广场这一收购案例在 2005 年开始，那个时候中国外汇管理政策还非常严格，严格到我们如今想来几乎不可思议。21 世纪之初，虽然中国打开国门，加入 WTO，源源不断的国际贸易如火如荼地开展，引入了大量的外资，并吸引了大量的外汇储备，但在 2005 年时，这一状况还远未达到可观的地步。那时，中国加入 WTO 才没几年，国内外汇一直处于紧缺的状态，中国的外汇政策几乎是“一刀切”地阻止中国本土外汇的流出。而从图 2－5－2 所示的交易结构中，我们可以看到一个很明显的安排，即境内物业直接抵押担保境外贷款。设想一种情况，如果境外贷款无法偿还会发生什么？到时候境内物业会被处置，而处置也只会卖给国内买家，所得受偿价款是人民币，而境外贷款是外币，为了清偿境外外币贷款，则势必就会发生人民币兑换外币的情况，在外汇储备紧缺的情况下，中国外管局会任由人民币自由兑换外币吗？如果只有一两单这样的交易还可以理解，但是一旦这种交易得以复制，成为市场竞相模仿的案例，那最终通过这种方式流出的外汇储备会有多少，简直无法想象。对于一个本来外汇储备就少得可怜的国家来说，在那种情况下，要允许这种担保安排几乎不可能。这一点也从当时中国外汇管理的法规中得以印证。当时中国对外担保的法规还是 1996 年颁布的《境内机构对外担保管理办法》，而当时所有的对外担保都必须经过外汇局的审批。事实上，作为一家私营企业，想要获得外汇局对外担保的审批，几乎是不可能的事情，更不用说这家私营企业最终的股东还是一家境外基金。因此，CMBS 中核心的房地产抵押环节，在上述结构中就是不可能完成的安排。

（2）房地产抵押登记政策限制。作为从业多年的金融律师，我对金融行业有关法规最直观的感受就是，法规基本都比较全面，但是所有与法规有关的实践（包括政策和政府部门的内部口径）都非常不确定。而不确定的实践中尤其以外汇管理和房地产管理为最。就外汇管理而言，在 2005 年的政策环境下，基本不可能让一家境外基金控制的国内企业为境外贷款提供对外担保。就房地产管理而言，也就是在前几年国内开始大面积的整顿，随着《不动产登记暂行条例》和《不动产登记暂行条例实施细则》等法规的出台，才开始逐渐有所好转。追溯到 2005 年，那时的房地产管理仍然是非常混乱的，而且地方实践性很强。我们之前也提到，上海广场是第一个“吃螃蟹”的项目，自然面临着很多第一次。其实不用说 2005 年，即使放到如今的房地产管理政策下，是否可以将国内的房地产抵押给境外银行都存在很大的不确定性，甚至在某些二、三线城市，基本也是不可能完成的事情。倒不是说法律法规有明确的限制，而是缘于地方房地产登记部门的不熟悉和不配合。考虑到现实的情况，更不用说在 2005 年当时国外律师设计的抵押结构了。我们当时还特地与上海地区的房地产登记部门做过单独的沟通，得到的结论仍然是否定的，即无法将上海广场直接抵押给境外银行担保境外贷款。这一实践性的政策限制，为之前美好的融资交易结构设计蒙上了又一层阴影。虽然作为国内开放程度很高的城市，如北京、上海、广州等地，在近些年已经陆续可以完成这种结构的房地产抵押登记了，但在 2005 年，这些都不现实。

在我们提出上述问题后，基本上国外律师所设计的交易结构，同时也是境外 CMBS 典型的交易结构在中国的市场就无法通行了，也就是面临着要么修改，要么不做的境地。当时，包括境外基金、境外银行和国外律所都陷入彷徨无措的境地，交易不得为继的忧愁笼罩了几乎所有人。

一个中国商业房地产故事

▲ 向国际投资者讲一个故事

事实上，在当时交易各方几乎已经决定放弃上海广场的收购和融资项目了，最主要的原因就是上面提到的触及 CMBS 交易核心的房地产抵押无法在当时的中国法律环境下完成。再一次，如我上面所提到的，金融律师的价值体现了。我一直强调的是，金融律师不同于任何其他类型的律师，金融律师的首要责任是管控风险，但并不是抱着风险防范的原则不放，任由交易因风险原因而搁浅。我们要找出风险可控的手段并在已经提示给客户的基础上，帮助客户设计切实可行的交易结构，以解决交易面临的问题。

虽然我们提出了上面的问题，而且每一个问题从法规的角度来看似乎都是无解的，那是否意味着不能破局呢？我们能不能设计出一套不同于国外律师设计的交易结构来完成客户的需求呢？其实，在思考这些问题的时候，我们当时考虑的不仅是我们客户在这个项目中的需求，我们其实放大了视野，扩展到整个中国房地产行业以及整个境外房地产基金行业的需求。试想，如果最终交易的各方走通了这个渠道，完成了第一单中国房地产在境外的CMBS业务，那对于整个行业来说，面临的不就是整个中国商业房地产的巨大蓝海吗？而且还是处于价值洼地的蓝海。这样一个开创时代的项目，对于商业律师来说，就不仅仅是解决客户问题的价值了，还对整个行业起到决定性作用。

基于这样的思考，在当时各方愁云惨淡中，我还是拨打了我们客户的电话。至少，我们还需要了解一些更多的内容才能开展下一步的工作和分析。我们首先向客户询问的就是，CMBS在国外到底是什么？怎样才可以在国外成功发行CMBS？是否房地产抵押必须直接担保境外贷款才可以发行CMBS？我们当时的想法就是，一些事情看似无解，只是可能由于交易各方仍然处于信息不对称中，客户了解的，我们律师不了解，我们了解的，客户不一定了解。这样的沟通最危险，也最致命。

事实证明，最后我们是对的。客户向我们解释说，CMBS中的房地产抵押不是一定要房地产抵押直接担保境外贷款，只要达到投资者认可发行人所发行的证券化的贷款产品可以投资的程度即可。换言之，投资者对于贷款风险的认可是CMBS发行成功的关键之一。顺着这个思路，我们提出了一个想法供客户判断是否足以满足其在境外发行CMBS的需求——既然无法直接将房地产抵押担保境外贷款，是否可以通过间接担保，或者说通过一种方式排除任何其他债权人对基础房地产的涉入，从而保障境外银行在贷款项下的基础物业不会落入其他债权人之手，而只会在项目公司的名下运营，产生收入，归还贷款？对于境外银行来说，这种方式可以保障基础物业不会被抵押或者处置给其他第三方，确保了境外银行最根本的利益。其实 CMBS 也就是境外银行作为发行人向投资者讲一个有关房地产的故事而已，这个故事有一个模板，但不是一成不变的。只要故事讲得好，投资者也会埋单。而不同于在美国本土市场的 CMBS 的故事，在中国市场的 CMBS 的故事，可能需要做一些调整，看投资人最终是否满意了。

顺着我们的思路，一个故事逐渐成形：在中国有一时尚的商业大厦，而那时的中国楼市是一片蓝海，具有巨大的升值潜力，中国的消费市场也处于极大的发展过程中，这栋商业大厦不仅可以在未来几年大幅度升值，也可以在中国巨大的消费市场中获益。现在一家银行打算基于这栋商业大厦发放一笔贷款，通过这笔贷款，银行可以基于一个稳定升值的房地产收取其中的利息收益，而银行会在发放贷款后打包售卖该笔贷款给投资人，投资人可以基于中国房地产市场升值空间的无风险环境获得稳定的收益，只是有一个小小的瑕疵，该栋商业大厦没办法直接抵押该笔贷款，但可以通过其他方式来保障这栋大厦不会抵押给别人，也不会被其他人随意执行，这种情况下，投资人投还是不投？

这个故事内容显然还会更丰富，讲得可能还会更婉转，但最终我们的客户，这家境外银行成功地向世界上的投资者讲了这样一个故事，而聆听者也的确心动了。只要这样的故事卖得出去，接下来的问题就是如何落实故事里的细节了，也就是让这个结构的每个方面从法律角度都妥善得到安排。最终，我们和客户完成了第一个环节，向前面迈出了一小步，也是非常关键的一步。

▲ 故事的框架：法律功夫

故事讲完后，肯定还有人会质疑故事的内容，如何落实故事的起承转合就是必然的环节。这个故事里最大的漏洞，或者最让人质疑的环节就是，境外银行如何保障上海广场这栋大厦不会被抵押给别人或者被别人随意处置呢？我们当时设想，怎样才可以最有效保障银行对上海广场的控制权？必然是抵押登记无疑。但是抵押登记又无法直接登记给境外银行，是否可以有变通的方式将上海广场抵押给境外银行在境内的代理人呢？这样可以在形式上规避掉境内房地产不得抵押给境外债权人的限制，但是无法解决外汇管制的问题，因为如果以代理人形式来完成抵押登记，实质的主债权仍然还是境外的贷款，在本质上是违反外汇法规的，在法律上存在风险。

那么，下一步需要做的就是将主债权划入中国境内的主债权。通过以上交易结构可以看出，变更融资路径是不现实的，一方面境内 CMBS 无法实现，另一方面是境外基金需求融资，而不是境内的物业需求融资。这个时候我们想到，如果持有上海广场的境内公司可以创设一笔融资需求，由境外银行的境内关联银行（如该境外银行的境内分行）给予贷款，可以要求境内公司将上海广场抵押给境外银行的境内分行，这样通过境外银行的境内分行持有上海广场抵押权，一方面排除了其他债权人对上海广场的优先受偿权，另一方面排除了境内公司自主处置上海广场的可能性，而境外银行的境内分行由于与境外银行存在关联关系，互相之间可以就上海广场的存续情况实时进行汇报。在这样的安排下，上海广场就可以直接抵押给境外银行的境内分行。

但是，在这样的一个结构中，我们仍然需要看清楚，境外银行的境内分行和境外银行本身即使存在关联关系，但他们之间并无直接的合同关联关系，在本质上，境内和境外仍然属于两笔互相独立的贷款，面临着以下的不确定性和缺点：（1）境内债权如果被提前清偿，则抵押权可能会被要求解除；（2）境内公司如果破产，得到优先受偿的只有境内银行，而不是境外银行，境外银行在本质上仍然是从属于境内公司的其他所有债权人的；（3）境外银行直接可以获得的有价值担保基本等于没有。存在这样缺点的结构仍然是不太完美的。紧接着我们又和客户设想，是否可以通过一份合同，将境内和境外两笔贷款串联在一起，在一定程度上确保境内银行除了发放境内贷款之外，还在一定程度上承担对于抵押物的看护人职责，主要设计如下：（1）限制境内贷款先于境外贷款被清偿，以确保在境外贷款被偿还前，境内的房地产抵押始终存续；（2）限制境内贷款相关文件的修改，避免因境内贷款文件的修改造成境内和境外银行之间的相关约定失效；（3）限制境内银行在发生违约事件时强制执行抵押担保，因为境内贷款设计出来就是为了持有抵押物，其金额相比于境外贷款而言势必非常小，不值得因为境内贷款的违约而执行抵押物造成境外贷款项下的基础资产消失，当然这里的限制并不是阻止境内银行执行担保，而是要求在境内公司发生违约时，境内银行给予境外银行一定的期间可以补救境内公司的违约；（4）如果违约无法补救时，境内银行在境外银行的配合和指导下，共同完成担保物的执行，并将所获得的收益放入项目账户中，用于按比例偿还境内和境外贷款。

▲ 故事的结局：妙手生花

基于上述的安排，我们基本形成了以下的交易结构：（1）境外银行给予境外基金一笔并购贷款，由境外基金购买持有上海广场的境内目标公司的股权；（2）境外基金利用该笔资金购买股权，成为境内目标公司的股东；（3）境内银行给予境内目标公司一笔融资，用于其修缮和改造上海广场的某些部分，并由境内目标公司将上海广场整体抵押给境内银行；（4）境内银行和境外银行之间签署一份债权人间协议，将双方之间以及银行与公司之间有关两笔贷款的安排及抵押安排纳入一份合同中规制，以提升境外银行在整个交易过程中的地位，同时也间接给 CMBS 的投资者一定的信心，可以控制住境内的物业。基本结构图如图 2－5－3 所示：

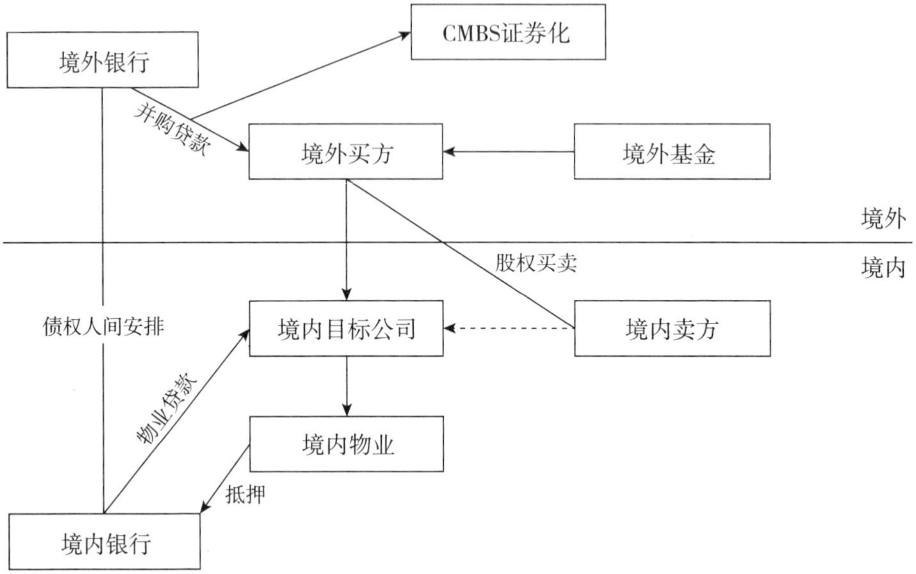

图 2-5-3　境外 CMBS 和融资交易最终结构图

与之前国外律师给出的方案相比，我们在原有方案的基础上作了不少调整和修改，妙手生花一样将原来必然无法实施的一项方案给挽救回来，成为一个可以运作的方案。而且最重要的是，不仅仅是在这个项目中解决了这个问题，这样一个结构实际上是可以运用到所有其他类似 CMBS 项目中的。不出意外，在随后的十几年间，甚至直至今日，这种结构仍然活跃在我们日常的跨境融资中，成为一种经久不衰的融资方式。

现在回想起来我和团队在那些日日夜夜里真是殚精竭虑、煞费苦心。我记得这个项目当时的时间安排非常紧张，客户只给了我们 14 天的时间，而我们所有的工作，包括我们上面所作的分析和结构设计，都是按时完成的。可想而知，当时是在一个相当激烈和紧张的环境中完成了一件非常了不起的开创性的项目！如果没有金融律师参与其中，这样的结构和业务是不可能做起来的。所以，金融律师有时候相比于出庭律师，更加处在一种无声的硝烟中，其惨烈程度远非外人可想，其智慧的光芒也是让人怦然心动，同时这也正体现出了金融律师为推动整个行业所做的努力及价值。

故事的细节：灵动之气

如果说我们帮客户设计的交易结构是我们送给客户的一朵红花，那么在这朵红花上我们其实还点缀了许许多多的绿叶。这样才能呈现出一个更加完整的融资结构。我们上面所说就像是一朵红花，颜色有了，骨干有了，灵魂也有了，但缺少了灵动之气，无法令人彻底地喜爱上。我们后来在给红花配上了诸多的绿叶后，才算真正完成了一件艺术品。就像一个故事，缺乏了生动细致的细节，故事就不够优美了，不够引人入胜了。这些细节主要是对整个融资至关重要的一些环节的梳理和关系的厘清，一些法律风险的进一步澄清和解决，具体如下：

（1）通过完整的尽职调查摸清物业的基础情况。因为境外银行对于所要融资的物业没有直观的感受，具体情况也不了解，所以我们律师对于物业的基础情况进行尽职调查起到了很好的辅助作用。尽职调查主要涵盖以下几个方面：产权归属（如房产证、土地出让合同、土地出让金缴纳凭证、契税等）；历史问题审查（主要审查物业在建造过程中是否符合立项、环评、四证、竣工验收等一系列历史问题）；租约审查（如果说物业本身是融资的基石，那么这些租约就是融资的血液，因为没有租约就没有现金流，银行的贷款就没有还款的来源，一切成为无本之源，所以租约审查至关重要，主要包含租赁期间、租金、物业转让限制、租户优先购买权等）；债务审查（主要审查境内目标公司是否还存在任何其他融资或者潜在债务，这一点也很重要，因为我们之前说到，境外贷款是整体从属于境内目标公司的境内负债的，境内目标公司如果还有其他潜在负债，即使境内银行已经获得抵押权，境外银行在法律上的受偿顺序也仍然劣后于境内其他债务人，所以必须要查清境内目标公司的债务情况）。

（2）通过完善的贷款条件约束公司的行为。这里其实主要分成两方面内容：一方面是通过贷款价值比（通常又叫作 Loan to Value），即贷款余额和物业价值的比例控制贷款风险，在贷款价值比超过某一数值后，银行有权要么执行贷款担保，要求清偿，要么要求公司提供额外的担保物或者提前偿还部分贷款，来将贷款价值比稳定在银行满意的范围内，其核心目的仍然是确保公司有足够价值的资产维持贷款的存续；另一方面是现金流分配和账户设置，简言之，账户设置分为境内和境外两部分，由租约产生的现金进入境内的收款账户，按照一定顺序分配和留存之后，进入分红账户中，分配到境外借款人收款账户，再按照一定顺序分配和留存后，由并购方自由使用。

（3）通过周密的担保防范贷款的风险。我们在上文仅仅是提到了房地产抵押，实际上，围绕境内和境外两笔贷款还存在其他大量有价值的担保可以获取，比如，就境内而言，包括以下担保或者类似担保安排：

①股权质押。作为境外银行唯一有实质性意义的担保，同时也是符合中国法律法规的中国法下唯一可行的担保，境外基金持有的境内目标公司的股权质押给境外银行，以担保境外贷款，是非常有必要的安排。效果有两点：一是可以防止境外基金通过售卖股权将项目转卖他人；二是可以通过股权质押的行使间接控制境内物业的所有权及其处置收益。

②应收账款质押。租约作为整个融资非常重要的一部分，可以通过两种方式来完成对该部分资产的约束，其中最重要的一种方式就是对租约项下应收账款的质押。但是由于外汇管制的限制，租约项下的应收款是无法质押给境外银行的，只能质押给境内银行。

③保险权益转让。现在大家从不重视保险，开始越来越重视保险。实际上，保险作为一款金融产品，从其存世起，在商业交易中就起到了至关重要的作用，而保险本身在发生极端情况下，也是非常有价值的。因此，为防止意外情况发生（如地震等导致物业消失的情况）而造成银行的损失，将银行列为被保险人，并同时将保险项下其他权利转让给银行，也是一种非常有价值的类担保安排。

④公司间贷款从属安排。从属不是一种担保，在中国法下也没有一个独特的概念。概言之，从属就是指一种法律行为劣后于另外一种法律行为。在我们这个融资案件中，因为将来有可能境外基金会为了境内目标公司的运营提供一些股东贷款类的流动性安排，银行就要求在清偿完毕银行贷款之前，这笔股东贷款不得先行被偿还。原因在于如果允许这种情况发生的话，股东可以不断通过股东贷款本金加利息偿还的方式，优先从物业中获取回收款项，从而影响银行贷款的安全。

以上这些细节只是整个交易中比较重要的几点，还有很多很细小也很有意思的设计，囿于篇幅原因我们就不再一一赘述。因为这样的一个结构目前在融资市场中还很活跃，如果各位读者有兴趣，不妨将这个结构作为一个开源的代码，不断向里面加入各自的想法，提升结构的有效性，也不失为一种有趣的律师体验。

回顾整个案情，可谓跌宕起伏。先是境外基金购买境内商业不动产的法律限制，再是融资结构的限制，最后是各方努力共同完成一个完美的方案设计。该项目获得亚洲法律杂志 ALB（Asian Legal Business）评选的 2005 年最佳项目。在随后的十几年中这一方案不断在不同的交易中重复使用，完成了一轮又一轮中国商业房地产的投资。作为一名金融律师，在这样一个项目中价值得到了极大的体现。首先是协助客户了解和接纳中国市场，并最终确定基础交易结构；其次是在客户遇到风险和困难时没有退缩，而是在仔细求证后和客户作大胆的假设并印证结论，完美解决客户的困境；最后在融资结构落地之后，再配以细节，将整个融资进行到底，完美收官，体现了金融律师应有的敏锐的洞察力，不断求索的探究欲，勤耕不辍的毅力。总结下来就是：迎难而上、不避不缩、细心询问、仔细求证、大胆结论、深入讨论、勤耕不辍。

大金融时代的《命运》交响曲

——申通地铁融资项目的挑战与价值

随着互联网络和科技的发展，交通工具越来越多元化和便利化。现在，当你想要在上海市区内寻找短途代步工具时，随处都可以找到共享单车；当你想要偷懒时，也随时可以打开手机上的滴滴软件，呼叫一辆专车。然而，这些互联网高科技产物无法取代的一项交通工具就是地铁，地铁已经成为人们出行必不可少的交通工具。与城市中其他交通工具相比，地铁除了能避免城市地面拥挤和充分利用空间外，还有运量大、速度快、节约能源、减少污染等优点。地铁在许多城市交通中已担负起主要的乘客运输任务。

莫斯科地铁是世界上最繁忙的地铁之一，800 万莫斯科市民平均每天每人要乘一次地铁，地铁担负了该市客运总量的44%。东京地铁的营运里程和客运量与莫斯科地铁十分接近。巴黎地铁的日客运量已经超过 1000 万人次。纽约的地铁营运线路总长居世界首位，日客运总量已达到 2000 万人次，占该市各种交通工具运量的 60%。中国香港地区的地铁总长虽然只有 43.2 公里，但它的日客运量高达 220 万人次，最高时达到 280 万人次，如按地铁总长折算，完全可以与上述这些城市地铁相媲美。难以想象，如果没有地铁，这些城市的交通状况将会怎样；如果没有地铁，这些城市也就不可能成为交通发达的现代化大都市。那么作为国际化大都市的上海呢？

贯通上海的东西南北——申通地铁项目背景

30 年前，上海的“乘车难”可以载入《吉尼斯世界纪录大全》。20 世纪八九十年代，随着上海经济社会的快速发展，地面公共交通运输已经无法承载城市交通运行的压力。市内交通在没有高架公路和地铁相辅的情况下，载客负荷全压在地面的公交车辆上，高峰时，申城公交车每平方米要挤下 26 只脚。“解决乘车难”是那时上海市民最强烈的呼吁。上海的地铁建设，就是在这样强烈的呼声下最初被写入上海市交通规划的。

早在 1953 年，上海就想要建地铁，当时外国专家在经过实地勘测后发现上海的地质非常松软，不适合建设地铁。但上海从未放弃过这个梦想，一直在不断努力寻找方案。此后，在经过一系列的反复研究、论证和实验后，终于在 1990 年，国务院正式批准上海地铁的建设。1992 年 6 月 12 日，上海申通地铁有限责任公司正式成立。1993 年 5 月 28 日，上海地铁 1 号线（南段）开通试运行，这标志着上海市民从此有了真正意义的地铁，上海市民的梦想得以实现。

截至 2018 年年底，上海现有运营线路 17 条（含磁浮线），线路总长度为 705 公里（含磁浮 29 公里），车站 395 座（含磁浮 2 座车站），运营线网规模位居世界地铁城市前列。2017 年，全年路网共运送乘客 37.06 亿人次，日均客流 1015.32 万人次，地铁网络已经成为上海城市交通的骨干网络。仅仅用了 30 年的时间，上海地铁从无到有，从被外国专家断言“这里的软土层不能造地铁”，到现在线路规模已是世界第一。这样的飞速发展背后，地铁的建造者、营运者，为之付出了难以想象的努力。此外，根据上海市轨道交通建设规划，到 2020 年年底，上海市轨道交通运营规模将超过 830 公里；上海市的地铁建设还在高速发展着。

然而，在初期阶段，上海地铁的发展相对缓慢。在上海市政府制定“十五”交通规划时发现，虽然当时上海城市交通基础设施条件明显改善，供应能力不断增强，但是，上海城市交通仍然处在偿还历史欠债和努力满足社会经济发展现实要求的阶段，公共交通设施能力不足，良性发展的长效机制尚未形成，结构性矛盾依然突出。最主要的是，轨道交通尚未成网，在公共交通中的分担率与国际大都市水平还有较大差距。在此情况下，当时上海市政府下定决心一定要快速发展轨道交通，而我们想要给大家分享的申通地铁融资项目，涉及上海 13 条地铁线路的建设和融资，融资金额达到 1600 亿元，也是在这个大背景下启动的。

当时作为申通地铁融资项目的最主要的借款人是上海申通地铁股份有限公司（以下简称申通地铁公司）。其前身为上海凌桥自来水股份有限公司，成立于 1992 年 6 月 12 日，同月向社会公开发行股票，1994 年 2 月 24 日在上海证券交易所公开上市交易。2001 年，在市政府及有关部门的关心、指导和帮助下，根据上海市政府有关会议精神，为促进上海轨道交通投资经营的发展，上海申通集团有限公司入主上海凌桥自来水股份有限公司（以下简称凌桥股份），经 2001 年 6 月 29 日股东大会表决通过，公司更名上海申通地铁股份有限公司（以下简称申通地铁，股票代码 600834）。主要从事地铁经营及相关综合开发、轨道交通投资、附设分支机构等，成为我国境内第一家从事轨道交通投资经营的上市公司。

申通地铁银团贷款项目是申通地铁公司作为最主要的借款人发起的。当时上海市内几乎所有的中资银行都参与了该银团贷款项目，银团贷款金额也是迄今最大的银团之一——1600 亿元人民币。银团的牵头安排行由当时上海中资银行内银团项目贷款经验最丰富的中国工商银行上海分行（以下简称工商银行）来担任，上海这座国际金融城市的绝大多数中资银行全部加入到该银团中。

申通地铁银团贷款项目需要项目融资的一共是 13 条地铁线路的建设。根据当时的资金测算，除了申通地铁自有投入的资金外，13 条地铁线路的建设需要银行贷款共计人民币 1600 亿元。根据当时的规划，每条线路会设立一家独立的项目子公司专门负责建设和运营，而针对每条线路的银行贷款会以独立的项目贷款方式发放，即每个该等项目子公司就自己建设和运营的地铁线路的建设与银行签署单独的贷款协议。

虽然当时很多地铁线路的项目还未获批，相应的项目子公司也还未设立，但是申通地铁公司要求各家银行在项目伊始就承诺提供所有的人民币 1600 亿元银行贷款。这么复杂的银团结构，对银行提出了很多问题和挑战。比如，对于当时还未设立的项目子公司而言，银行如何承诺贷款、如何签署贷款协议？从承诺贷款到发放贷款，其间可能有几年的时间，这段时间内，银行承诺贷款储备资金的资金成本由谁来承担？如果每条地铁线路对应独立的银团贷款，那么就银行参与的方式而言，是所有银行每家按额度比例参与每条线路的银团贷款，还是不同银行参与不同线路的项目贷款？然而，当时在项目启动阶段，前述问题还未正式讨论时，申通地铁公司就又扔出一个重磅炸弹——地铁项目盈利难题。

如此巨大的贷款金额、如此复杂的融资结构、如此棘手的商业难题……我们团队就是在这样一个背景下，又一次被银团委以重任，担任整个银团的律师，为申通地铁银团贷款项目提供法律服务。

世界性难题——地铁线路盈利问题

2006年春节前夕，我们作为银团的律师，在衡山路上的申通地铁公司参加了申通地铁银团贷款项目的项目启动会。申通地铁公司参加会议的主要是公司的副总裁和财务部总经理，银团参加会议的是作为牵头安排行的工商银行的副行长和第二营业部的领导及骨干。记得当时会议开始不久，申通地铁公司先对整个项目背景做了一个简单的介绍。当各方还未就各类商业和法律问题展开具体讨论时，申通地铁公司便抛出了项目盈利这个重大问题。

地铁项目有个世界性的共同难题——如何盈利？从全球范围来看，地铁亏损都是常态。比如，国内地铁运营里程最长的北京，2007年至2013年，北京市政府共计补贴地铁运营公司各类财政资金221亿元，主要用于弥补线路基本运营亏损、设备设施更新改造支出。而全世界范围内能够盈利的地铁项目屈指可数，中国香港地铁是其中之一，而且其一年的盈利额有百亿元。但申通地铁能否像中国香港地铁一样盈利，这存在很大不确定性；并且根据当时申通地铁公司自身的测算，根据当时的票价计算所得的地铁票务收入，除了1号线以外的其他线路基本就是面临亏损多或少的问题，想要达到盈利是不可能的！

众所周知，在一个典型的项目融资中，银行首要关心的就是项目现金流和账户问题。而根据申通地铁公司自身的财务测算，需要融资的各条地铁线路（1号线除外）都无法保证靠票务收入产生盈利。项目不能盈利，也就没有还本付息的来源，现金流问题就更无从谈起了。以工商银行为首的银团显然在此前和申通地铁公司接触的过程中并不知晓该问题，各家银行内部也没有就申通地铁的盈利和现金流问题进行过财务测算。在启动会上，当银行听到这个问题时，立刻陷入了沉默和思考。在商言商，银行必须要从商业项目贷款的角度去审查该申通地铁银团贷款项目。所以，各家银行非常清楚地知晓，如果申通地铁无法盈利，就意味着贷款没有还本付息的来源，那么从商业上讲，无论该项目带有多浓厚的市政色彩，也无论上海市政府如何看重和支持该项目，这样的商业银行贷款项目不可能做成。

当时，在各家银行还沉浸在这个意外的震惊中时，我的思维已飞快地转动起来。确实，这是一个商业问题，不应该由一名律师来发表意见。但如果这个问题不解决，这么有意义的一个银团贷款项目可能就此止步了。我飞快地思索着过去10多年内我处理过的类似项目贷款，看看有没有可以参考的信息。但坦白说，要对一个无法盈利的项目发放商业银行贷款，在我的律师生涯中还是第一次遇到，过去的项目经验似乎没有能直接派上用处的。

项目启动会在这样一个重大商业问题被提出后，很快就草草收场了，各家银行均表示需要回去再做内部研究和申请。而我也有些担心申通地铁银团贷款项目就像这次启动会一样，很快就草草收场。会议结束回到律师事务所后，我继续翻阅着以前的项目档案和一些国际金融杂志，期望能找到一些有用的信息；然而，依然一无所获。最后，静下心来想一想，这是一个纯商业问题，很难通过法律手段来解决；追根溯源，可能还得从商业角度去解决。抱着尝试的心态，我决定学习了解一下地铁项目的运作，看看能否有所突破。所以，我组织我们团队的律师对世界上的主要地铁项目进行了研究。

虽然地铁运营是一个商业问题而非法律问题，但研究和学习能力是一名合格律师的基本素质，所以我们团队的律师发挥各自所长，从各种渠道挖掘当时世界上其他国家和地区的地铁运营模式和盈利情况。差不多一周左右的时间，我们的研究就有了初步结果。从初步研究结果看，我们惊讶地发现，地铁盈利是一个世界性的难题。美国、英国、法国等发达国家的地铁都是亏损的，长期以来一直靠财政支出和政府补贴在运营。哪怕时至今日，从单条线路看，目前中国的地铁线路除北京地铁 4 号线、北京地铁机场线、上海地铁 1 号线等个别线路外，几乎全部亏损；从路网整体看，所有城市的轨道交通网络也都是亏损的。我们大致总结了一下地铁亏损的原因，主要就是地铁建造和运营成本相对其他公共交通工具而言要高昂很多，而作为一项公共交通设施，考虑到普通民众的经济承受能力，其票价的定价又不宜过高，所以仅依靠票务收入无法满足地铁项目的建造和运营成本，各国政府均通过财政支出和政府补贴来运营地铁线路。

但是，我们同时发现，香港地铁是非常罕见的盈利线路，而且其利润还非常丰厚，可以达到一年数十亿元甚至上百亿元。香港地铁为何会盈利呢？我们发现主要还是其经营模式与当时世界上其他国家地铁的运营模式是不一样的——香港地铁的运营是“地铁＋物业”的多元化经营模式。香港地铁经营者不单是建设地铁，通常还把沿线地产开发捆绑在一起，使其产生更大的经济效益。通常，在建每一条新建地铁线路之前，香港地铁公司都充分评估其地面商业开发价值，并与特区政府签订项目协议，一并进行地产开发设计。待特区政府批准后，地铁公司便找来地产商共同开发车站及其上层立体空间，根据不同的条件，兴建大型的住宅及商业项目，开展物业租赁、广告、电讯服务及国际顾问等多种市场业务，地铁内和其上盖的大多数商铺、写字楼都只租不卖，以细水长流地获取稳定收益。香港地铁依靠后期的物业相关收入，形成了具有典型特色的“地铁＋物业”发展模式。“地铁＋物业”发展模式的主要内容是：香港政府将地铁沿线土地开发权按较低的价格折成股份入股香港地铁公司，成为香港地铁公司大股东。香港地铁公司通过地铁沿线的土地开发实现沿线土地巨额增值收益，这部分增值收益弥补地铁运营亏损和投资新线建设，实现地铁物业开发、运营、建设的良性循环和滚动发展。

基于上述的研究结果，我们觉得如果申通地铁也能仿照香港地铁的运营模式，即“地铁 + 物业”的多元化模式来运营，那么盈利问题应该可以得到解决。但我心里也非常清楚，申通地铁不可能完全照搬香港地铁的运营模式。所以，找到与申通地铁相关的其他盈利点，可能就会成为解决问题的关键。有了这个初步的想法后，我们团队当时很兴奋，因为，作为律师，利用自己的研究能力，帮着解决商业问题，这是非常自豪的。

申通地铁公司希望能够在春节前拿到各家银行的贷款承诺，所以很快又召开了第二次会议。会议上，各家银行表示愿意全力支持申通地铁银团贷款项目，但就盈利这个问题，还需要更多的时间做内部沟通和申请。然而，在第二次会议上我并没有纠缠在这个盈利问题本身，而是不断地和申通地铁的财务和其他负责人交谈整个申通地铁将来的运营规划。交谈过程中，我很快发现了一个潜在的突破点——当时申通地铁公司的财务副总经理提到，对于申通地铁未来的运营，除了会对每条线路设立单独的项目子公司建造和运营该条地铁线路外，申通集团还在考虑设立一家资产管理公司。之所以会考虑设立这样一家资产管理公司，其原因是申通集团觉得，未来在地铁站里可能可以建造一些广告牌用于出租，这样的话，除了票务收入外，申通集团还可以有一部分的广告收入。此外，当时 1 号线已经在运营，而 1 号线的某些站点（如人民广场站）里有不少小的商铺在出租，这些商铺当时应该是由申通地铁公司在管理。虽然当时地铁站里商铺出租很少、资产管理公司的设立也压根没有经过集团内部的正式讨论研究，但我很敏锐地觉得这将成为一个很好的突破口，所以立刻向申通地铁公司和银行提出，这个资产管理公司其实可以做更多的事情。如果申通地铁公司设立这样一个资产管理公司，建设、运营各条线路的站点和线路内的其他盈利项目，并且将这些项目的收入纳入各条地铁线路的收入统一管理，通盘考虑营收，说不定申通地铁也能像香港地铁那样产生盈利。

这个设想对当时陷入地铁无法盈利这一困境的银行和申通地铁公司来说，无疑是一个很大的亮点。很快，申通地铁内部就该事项作了一个讨论，发掘出了不少除票务以外的其他盈利点，如商铺、广告、通信等，也有部分上盖土地和建筑物的建设运营。申通地铁公司立刻作出一个初步决定，即以后所有与地铁相关的非票务资产的建设、运营和管理都会集中到这个资产管理公司，而资产管理公司的盈利也将纳入地铁线路的盈利。虽然，在这么短的时间内，申通地铁公司很难做一个财务预测来测算这个资产管理公司未来每年的盈利额，但这无疑是一块很大的营收补充，甚至可能超过票务收入部分。基于此，各家银行立即修改了对申通地铁银团贷款项目的盈利预测，把申通地铁的盈利模式更新为：票务收入 + 非票务收入 + 财政补贴。这样一个更新的盈利模式帮助好几家银行在短期内就获得了行内的信贷审批。到此，一个困扰银行和申通地铁公司的世界性难题，在我们团队又一次的开创性建议中，初步得到了解决。申通地铁银团贷款项目也开始进一步推进了。

线与线的博弈——大小银团结构

当地铁盈利这个重大商业问题初步解决后，申通地铁银团贷款项目就进入融资结构设计这个框架性问题上了。上文曾提及，当时银行和申通地铁公司的初步想法是针对每条地铁线路的建设和运营单独设立一家项目子公司，而这家项目子公司就作为该条线路的银行贷款的借款人。这样安排主要是为了配合申通地铁公司按地铁线路分别核算成本和营收的基本管理思路。这样一个融资方式各家银行已经基本同意。当时，我在了解这个融资安排后，根据自己多年的项目融资经验，立刻提出了几个需要思考的问题：

第一，需要融资的13条地铁线路所需的融资总额为人民币1600亿元。如果每条线路有自己单独的银行贷款，那么这1600亿元的贷款应该是按各地铁线路的建设进度分批发放的。但是，申通地铁公司要求各家银行在当时就要承诺全部的贷款额度，签好相关贷款协议，并做好资金准备工作。银行需要承诺和准备如此巨额的贷款资金，其资金成本是很高的；而该等资金成本按照国际银团贷款的市场惯例是需要由借款人承担的，即借款人按贷款的金额和备用时间支付承诺费。这一点申通地铁公司从来没有考虑过。而这么大金额的财务费用，对于能否盈利还成问题的项目而言，无疑是雪上加霜。

第二，每条线路的银行贷款是由各家银行按比例参与贷款，还是不同银行参与不同线路的银行贷款？当时银行内部也没有商量过，但从各家银行的资金情况和审批条件看，有些银行无法承诺长达几年的贷款，所以只能参与建设时间靠前的地铁线路的贷款；此外，每条线路的基本情况不同，绝大多数银行在没有看到具体的地铁线路情况前，没有办法最终确定是否可以获得审批投入贷款。因此，当时各家银行认为，不同的银行参与不同线路的银行融资的模式可能更可行一些。但是，银行融资这一商业行为是具有趋利性的。不同地铁线路的盈利肯定不同，所有银行届时肯定都会选择盈利能力强的地铁线路（如1号线），而规避盈利能力差的地铁线路。这可能会在银行内部和各条地铁线路间形成竞争，使融资项目无法正常推进。

▲ 大小相佐、前后相承

对于第一个问题，其实在我们团队此前的项目融资经验中，我们遇到过不少类似的结构和问题，因此，我们团队很快提出了几个构想供银行和申通地铁公司考虑：

在很多项目融资交易中，因为项目币种需求不同、项目分期建设、项目有不同生产线等因素，一个项目融资交易针对不同的币种、不同的建设期或不同的生产线，会存在几个对应的小银团，同时这几个小银团合在一起又构成一个大的银团。

在有一些项目融资交易中，由于涉及多个项目公司或多个担保方，而某些项目公司在银团初期并未设立，需要随着项目的进程在设立后再加入银团作为借款人或担保方。

前述两类项目融资交易，一个在空间上有着大银团套小银团的安排，另一个在时间上有主体先后加入银团的安排。申通地铁银团贷款项目可以考虑结合前两类项目融资交易在空间和时间安排上的特点，考虑采取大银团套小银团、大银团先行而小银团后续加入的方式。这个设想对于当时银团业务和项目融资还并不发达的中国银行市场而言，无疑是一个非常新的结构。作为牵头安排行的工商银行一时无法理解该融资结构的要点和内容，但凭着对我们律师团队的信任，工商银行原则上愿意采纳我提出的融资结构，并请我们律师进一步细化交易结构后向各家银行征求意见。

在得到工商银行首肯后，我们团队凭着非常丰富的国际项目银团融资经验和开创性的思维模式，在短短一周多时间内就做出了该融资结构的具体方案和内容，概括如下：

参与申通地铁项目融资的所有银行与申通集团总公司及已经设立的项目公司先签署一个总银团协议。在该总银团协议中，各家银行承诺在今后几年时间内，为了当时已经确定的13条地铁线路的建设，向申通集团及其相关项目子公司提供总额约为人民币1600亿元的银行贷款。

在每条地铁线路相应的项目子公司设立后，作为牵头安排行的工商银行会针对该条地铁线路和该等项目子公司安排一个小的银团贷款协议。因为届时相关地铁线路和项目子公司的具体情况都已经非常确定和清楚，因此小的银团贷款协议中能够把针对该地铁线路的银团贷款金额、利率以及其他具体融资条件全部规定清楚。

虽然在总银团协议中各家银行同意提供人民币1600亿元的贷款，但各家银行的份额是不确定的，具体作为借款人的很多项目子公司也没有设立，因此银行无法做到完全准确的承诺。所以，这个总银团贷款协议对人民币1600亿元的总贷款额度提供的是“准承诺性”的保障。但最终承诺相关贷款金额和落实具体贷款条件的是针对每条地铁线路及其相应项目子公司的小银团贷款协议。

该等安排虽然与申通地铁要求的各家银行在项目伊始就完全承诺人民币1600亿元贷款的要求有一定出入，但在该等安排下，由于各家银行事先没有承诺具体额度，也不用事先备用贷款资金，申通地铁节省了大额的资金成本。与此同时，为了保障今后针对每条地铁线路的小银团贷款项目的顺利组团，以工商银行为代表的几家资金实力较强的大银行在总银团贷款协议里承诺，在今后小银团贷款项目组团时，如贷款金额出现缺口，这些银行将尽最大努力通过各种途径（包括但不限于自身承诺贷款金额的方式）寻求贷款资金补足该等缺口。这样一来，申通地铁公司对该等融资安排就非常满意了。

此外，总银团贷款协议里对于其他融资条件只作了一个原则性规定，而把具体的一些商业条款和控制性条款都留给小银团贷款协议处理。当然，在制作总银团贷款协议的同时，我们也提议先将小银团贷款协议做一个格式模板作为附件附在总银团贷款协议后，这样可以使小银团贷款协议之后的准备和制作能在原先既定的框架范围内。这样的安排既控制住了小银团贷款协议的大方向和框架，又留给小银团贷款协议各方自行协商和调整的空间，有收有放、恰到好处。

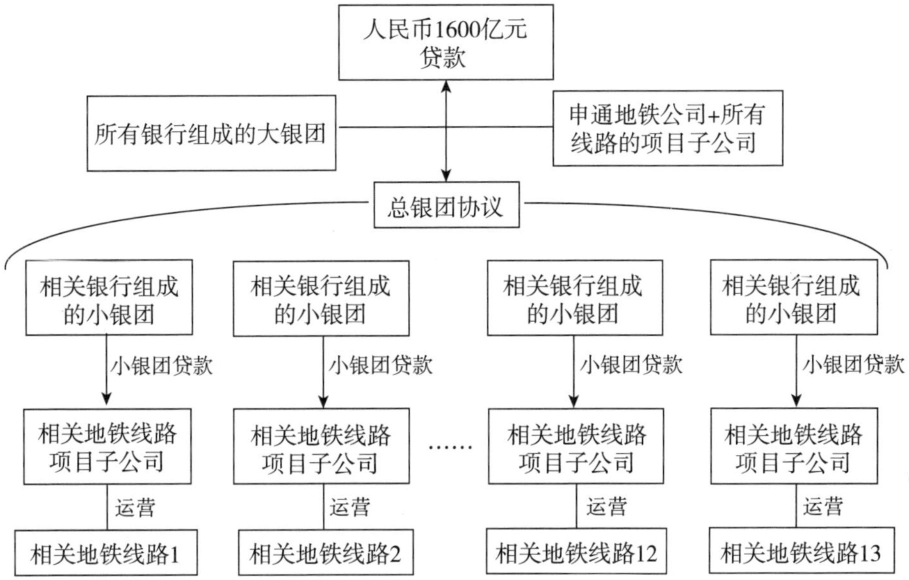

图 2 -6 -1 申通地铁银团融资结构图

图 2 -6 -1 显示的银团贷款交易结构可以真正做到大小相佐、前后相承，完美地解决了上文提到的第一个结构性问题。在向各家银行详细介绍了这个银团贷款交易结构后，各家银行对此方案非常认同，赞不绝口。

▲ 同舟共济、齐心协力

记得第二个问题出现时，工商银行和申通地铁公司正在讨论每条地铁线路的设计。申通地铁公司谈到，很多地铁线路的设计不是以盈利为第一考量的。因为地铁是一项公共交通工具，解决交通拥挤问题，配合市政大规划才是地铁线路设计的首要考量因素。当时谈到拟建设的 13 条地铁线路的路径不同，客流量和预期收益也截然不同，负责不同线路的项目子公司的回款也自然会产生极大的差异。印象比较深刻的是当谈到 12 号线的时候（规划路线后期经过延长和修改），申通地铁公司明确表示 12 号线的票务收入初期会非常少，尚不确定能否足够偿付届时银行贷款的本息，如果届时12号线的票务和非票务收入不够偿付银行贷款本息，则申通地铁公司会用届时的财政补贴来偿还银行贷款本息。

工商银行立即察觉到了问题的严重性，其作为牵头安排行为12号线筹组小银团的时候肯定会被各家银行问及12号线地铁的营收和现金流问题。一旦发现12号线的票务和非票务收入可能无法足额偿付银行贷款本息，那么没有银行会愿意加入该小银团。对于这个问题，我当时提出申通地铁公司和银团必须把整个申通地铁13条线的融资项目当作一个整体来处理，而不能按照每条线路割裂开来看。这个整体处理主要是从项目的盈利能力和现金流角度出发的，与此前提及的大银团套小银团有合有分的做法并不矛盾。基于此，综合申通地铁13条地铁线路的盈利能力、统筹申通地铁13条地铁线路的票务和非票务收入，成为申通地铁银团贷款的现金流安排的基本框架。

如何达成这个现金流基本框架，在当时着实还让各家银行和我们律师思索了很久。大家提出了不少方案，但不是商业上有缺陷就是法律上不可行。不过很快，我从此前一个交易中获得灵感，提出可以参考该交易的资金安排构架。

此前的这个项目是我们团队在2004年的时候为汇丰银行设计的集团公司内部现金流管理框架。众所周知，借贷行为，尤其是公司间的借贷行为，在中国法律下一直是一个高度受监管的行为。只有持有特定金融牌照的实体，如银行，才可以从事借贷业务。没有金融牌照的公司是无法经营借贷业务、直接把资金借贷给另一家公司的。但是，随着中国经济的发展，集团公司的数量越来越多，其规模也越来越大。在一个集团内部，各家公司现金流情况不一样，有的现金流富裕，有的则现金流短缺。传统市场上，现金流短缺的公司肯定会考虑向银行贷款；但在一个集团内部，如果其他兄弟公司有富裕的现金流，那么现金流短缺的公司就没有必要向银行进行贷款，而是先考虑通过在集团内部向其他现金流富裕的兄弟公司借钱。由于集团内部兄弟公司间的借贷肯定是无息或低息的，这样一来，可以省下一大笔的利息支出，而集团公司的财务报表一般都是合并看的，所以这种集团内部借贷的做法可以为整个集团省下很大的财务费用。

但如前所述，无金融牌照的公司之间的直接借贷，在中国法律下是不被允许的。该等公司间的借贷必须通过有金融牌照的银行作为桥梁，即委托贷款。委托贷款是指一家公司将自有资金交给一家银行，委托该银行将该笔资金借贷给另一家公司。当时，很多集团公司内部是没有财务公司的，但其内部资金调配的需要非常迫切。基于此，汇丰银行考虑为该等集团公司设计一个内部现金流调动和管理的模型，而我们团队当时开创性地以委托贷款的法律关系为基础，为汇丰银行设计出了集团公司内部现金流管理的模型。这个资金管理模型在当时中国金融市场上是前所未有的设计，推出以后不久便使汇丰银行资金管理的业务呈几何倍数的增长；直至今日，该等现金流管理业务仍然是汇丰银行在中国市场上的拳头产品之一。

所以，当时我提出可以将这个现金流管理项目的现金流模型引入申通地铁银团贷款项目。经反复讨论，这个安排最终设计为：

（1）所有地铁线路项目子公司每天的票务收入通过委托贷款的方式借贷给申通地铁公司；

（2）申通资产管理公司每天将各条地铁线路的非票务收入通过委托贷款的方式借贷给申通地铁公司；

（3）除了前述第（1）点和第（2）点资金上划到申通地铁公司外，每条线路对应的项目子公司和申通资产管理公司每周都要做一个财务测算报告递交申通地铁公司，预测下一周该公司的运营支出，银行贷款的还本付息支出，以及其他相关支出；

（4）申通地铁公司作为申通地铁所有线路的票务和非票务收入的管理者，每天在收到前述第（1）点和第（2）点项下的资金后，会做一个计算和审核，并根据上述第（3）点项下每家公司提交的财务测算向相关的公司（如有上划借款余额）偿还贷款或（如无上划借款余额）发放下划贷款。

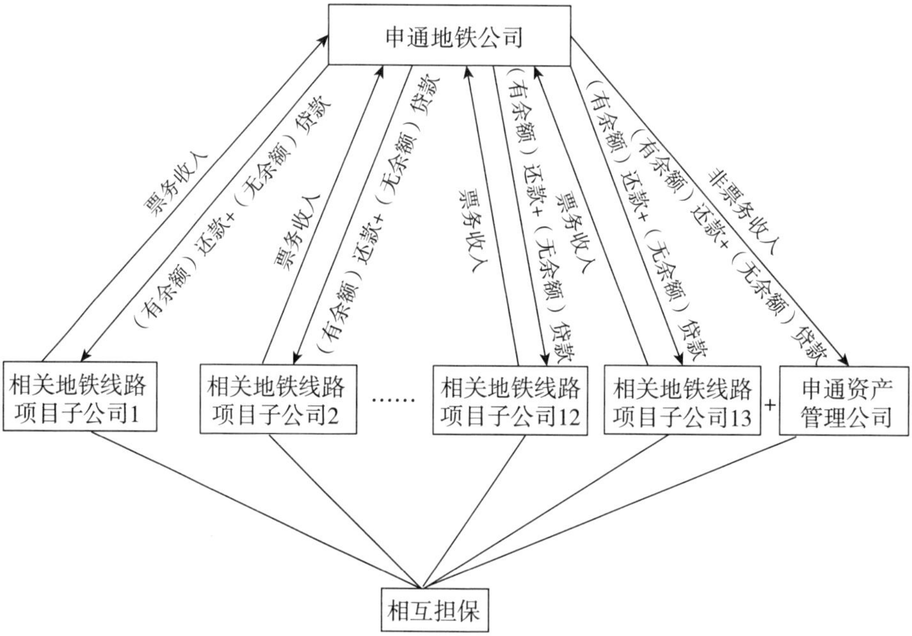

图2-6-2　申通地铁票务和非票务收入资金管理结构图

通过上述资金管理的安排，申通地铁把各条线路项目子公司和资产管理公司的现金流全部打通了，并在通盘的基础上安排所有现金流，例如，今天1号线的票务收入通过该等资金管理模型可以用作明天12号线银行贷款的还本付息。在这种资金管理模型下，申通地铁建造了一个资金池，把所有现金流都导入池内统一管理；虽然，申通集团内部各家相关公司间会产生债权债务关系，但这个安排使盈利能力相对较低的地铁线路的银行贷款的还本付息有了现金流的保障，从根本上解决了盈利能力较低的地铁线路的银团筹组困难的问题。作为这个资金管理模式下的受托银行的工商银行还喜出望外地发现，这个资金管理模型还帮助其增加了巨额的存款业务，可谓一举两得。

除了上述资金管理模型外，我们还根据以往的项目融资经验提出了各地铁线路项目子公司互相保证的担保措施，即除了申通地铁总公司为所有小银团贷款协议项下的债务提供一个总的保证责任外，每个地铁线路的项目子公司互相为其他所有地铁线路项目子公司在各自小银团贷款协议项下的债务提供保证责任。而由于项目伊始，已经设立的地铁线路项目子公司很少，所以，与银团贷款的安排一样，互相担保的模式中也设计了后续加入的安排，即随着后期新地铁线路项目子公司的设立，该等新公司在加入大银团贷款协议、签署小银团贷款协议的同时，必须同时签署相关协议加入互相担保的安排。在这种互相担保的模式下，任何一家项目子公司在小银团贷款协议项下的债务出了问题，银行可以追索到其他所有项目子公司和申通地铁总公司。如果说资金管理模型可以实现收益共享，那么互相担保的模式可以达到风险共担的效果，真正达到了头尾兼顾、全方位统筹的效果。

深入攻坚——项目处理中律师的价值

除了交易结构性问题和重大问题外，申通地铁融资项目给人留下深刻印象的，还有整个项目的沟通和谈判过程。

如前所述，申通地铁银团贷款项目可以说是一个准市政项目，地铁轨道交通对当时上海的城市发展而言是至关重要的。申通地铁公司派出的主要谈判人是公司副总和财务副主管，公司副总此前是上海市一个区的副区长，在申通地铁公司设立初期，他从副区长的职位上转调申通地铁公司担任副总，肩负起上海地铁轨道交通的建设事业。当时作为牵头安排行的工商银行，派出了上海市分行的一位副行长来负责和主谈银团贷款项目，而作为项目主办银行的黄浦区分行也派出了行长和部门主管组成项目团队参与谈判。从人员的安排来看，申通地铁项目银团融资的项目规格是非常高的。

在申通地铁银团贷款项目启动会上，申通地铁公司副总裁明确表态：地铁线路的建设已经成为上海市交通规划中的重中之重，是上海这座城市进一步国际化过程中必不可少的一个环节。所以，上海市政府非常重视申通地铁项目，已经将各条地铁线路的建设列入上海市政府“十一五”规划中；无论申通地铁银团贷款项目遇到什么困难，申通地铁公司和各银行都必须尽力解决和克服，这是一个势在必行的项目，也是一个必须完成的任务。这样的表态下，银团的各家银行很清晰地认识到申通地铁银团贷款不仅有其商业性的一面，更带着一份市政工程的色彩；如果项目有任何困难，各家银行是必须顶着困难上的。工商银行的副行长带头表示，作为牵头安排行一定竭尽全力完成该贷款项目。

然而，申通地铁银团贷款项目并非一帆风顺；该贷款项目困难重重。申通地铁公司是专为上海地铁项目设立的国有企业，当时刚成立不久，公司缺乏相关融资经验，面对一个又一个难题，苦于没有解决方案，最后只能把压力传导给银行。商业化的银团贷款业务当时在中国处于刚起步不久的阶段，中国绝大部分银行还处于计划经济时代的思维模式中，对商业银团贷款的知识储备不够、经验不足、缺乏国际性视野。面对前文提及的每个难题，银行也是一筹莫展；同时，面对申通地铁公司传递过来的极大压力，银行已经准备妥协了，即不考虑商业上的得失，而是准备把申通地铁贷款项目当作一个“政治任务”来简单化处理了。

作为银团律师，我们当时内心是非常矛盾的。一方面，面对申通地铁传递过来的巨大压力，我们很清楚这个压力不仅仅来自申通地铁公司本身，同时它还代表着上海市政府对地铁项目的重视和关心，也代表着1500万上海市民出行的便利。如果项目不成功，这会给上海这座国际大都市的形象带来负面影响。另一方面，作为中国最领先的金融律师团队，我们不愿意很草率地将申通地铁项目仅当作一个配合市政建设的“政治任务”来处理。对上海这座城市而言，这么有意义的一个商业项目，如果仅用传统的政治思维模式来应付，如何体现上海这座城市的国际金融中心的地位？所以面对上述种种问题，我们并没有乱了方寸，反而我们感觉到了很强的动力。我们觉得在这么有价值的一个商业银团贷款项目中，遇到这么多有挑战的问题，正是体现整个银行团队和律师团队价值的时刻。唯有用睿智解决这些问题，才是真正的出路。多年的经验告诉我，项目做成是各方最大的共同利益。所以，在整个项目谈判过程中，我们没有一味地去考虑怎么单方面地保护银行、帮银行争取最大化的利益；相反地，对于申通地铁公司提出的问题，我们很诚心地站在公司的角度去考虑这些问题，以各方共赢为出发点提出解决方案。因此，我们的这种善意很快就被申通地铁公司感受到了，整个谈判的氛围从一开始的项目各方互有猜忌、互有担心、互有防备，逐渐发展到各方一有自己的问题都愿意公开坦诚地拿到桌面上和大家一起讨论，讨论的过程中也能互相为对方考虑并寻求共赢的解决方案。

所以，我们一方面加强与银团和申通地铁的沟通，另一方面也通过融资的关键问题给申通地铁高层指出，项目必须切实地解决包括现金流归集的设计和落地、完整地体现大小银行在不同子项目的利益，而不是申通地铁相信的可以各个击破银行的不同要求。所以设计一套严谨的融资结构，并通过一套专业的合同文本让这套融资结构落地可实施是唯一可行的道路。经过反复的沟通和一轮轮的谈判过程，申通地铁接受了我们建议的专业做法，这在当时，在大型国企的融资项目中还是不常见的，所以我非常感慨，项目各方还是愿意做一个高水平的融资项目的。所幸的是，上海在过去几十年的改革开放过程中培养了一大批具有国际视野且非常务实的干部，包括国企管理人员，他们非常开放、愿意学习国际先进经验，重视专业能力，积极配合。这也是申通地铁项目融资能够高水平成功完成的重要因素。

首先，律师需要沉稳应对重重困难，另辟蹊径提出创新的解决方案。如前所述，我们在此项目中遇到了很多新的、旧的问题，有些还是世界性难题。在这些难题前，仅依靠重复历史经验是无法给出解决方案的。一名好的律师必须能够很深入地了解客户和项目的需求，敏锐地抓住核心问题和矛盾，跳出已有的思维模式和框架，用远阔的视野和发散性的思维去看待和思考问题，唯有如此才能富产创新方案。

其次，作为银团的律师，我们处理申通地铁银团贷款项目时并没有把银团和申通地铁公司作为对立的双方来对待；我们当时的初衷就是要把申通地铁公司和银团拉到一起，大家齐心协力把项目做成功。在我几十年的律师生涯里，任何一个成功的交易，都不是在交易各方对立的情况下做成的。作为金融律师，要把项目做成功，最关键的一步就是要挖掘出交易各方的共同利益，引导交易各方把目光聚集到共同发展上，这样才能顺利推进项目。

最后，作为金融律师，我们并没有一味地死守法律问题。一个好的金融律师首先必须对于项目的商业运作有一个基本了解。不了解项目商业运作的律师是无法融入项目中的，肯定无法及时、准确地了解到项目各方的想法和诉求，也无法对项目量体裁衣地给出法律意见和建议。在这个项目中，我们并没有只守住自己的法律问题，还发挥主观能动性，学习和了解商业问题，并在商业问题上给出了开创性的意见和建议。所以，一个好的律师千万不能局限自己。

这是海顿的《创世纪》

——中国首家外资保理公司的故事

天津金融大潮

现今中国的金融业百花齐放，银行、保险、基金、信托等主流金融机构配以其他非主流型的金融机构，如小额贷款公司、典当公司、保理公司、消费金融公司、汽车金融公司、财务公司，甚至P2P公司等，形成了中国金融业的宏观布局。然而，再往前十年看，除了主流的银行业，中国的金融业远没有如今这么发达和繁盛。尤其对于一些在中国金融史上未曾出现的、舶来于海外的金融机构类型，在前十几年，更是没有人可以想象得到。我们这里要介绍的案例就是开创中国金融历史先河的保理公司的设立。借助于我们的客户，一家大型的科技类跨国公司在中国需求日盛的时机下，其全球融资管理部门为了应对中国境内供应商的需求，专门为解决供应商资金融通设立了归属于该跨国公司内部的非典型金融机构——一家保理公司。

现在回顾这个案例，我认为是中国市场自有一股大势来推动这样的一个开创性的案例，而我们作为客户的律师，对这种大势其实起到了决定性的推动作用。当然，如果没有我们，在其后的几年也会有其他的律师来参与其中，而幸运的是，这样的一个开创性的事件是发生在我和我的团队手上，而且我们不仅仅是借势，更是在这股大势之下起到了推波助澜的作用。作为律师而言，至今想来，除了激动，还有自豪。

从我执业以来，基本都是围绕位于上海的金融机构来处理项目，我不仅对上海金融业的发展非常熟悉，因为我也是成长于此，所以也熟悉这里的大街小巷以及他们后续的日新月异的变化。上海是一个典型的国际化城市包括海派文化和发展迅速的金融业。如今，上海已然成为一座国际性金融中心。对于外地的项目，我一向去的不多，至今想来，去的最多的城市，除了北京，可能就是天津了。当初为了办理全国首家保理公司在天津设立的案子，我在两年多的时间里来来回回天津十多次，对这座城市的人情和文化感触颇多。

天津在中国的历史上一直是一个有特色的城市。每每到达天津，我总是喜欢去看看那些与上海相似却又不神似的遗留建筑物，那些保留的建筑中来回穿梭着老天津留下来的特有中国文化，总令人感觉和任何一个我去过的城市都不一样，也不失为一种奇特的文化体验。也恰恰是在这样一个城市，我和我的客户们一起孕育了中国历史上第一家真正意义上的保理公司。正如我之前所说，冥冥中自有一股大势在推动整个开创性的案例，而我认为也正是在天津这样一个城市，这样一个开创性的案例才可以真正得以落实。天津因其历史原因，对于西式文化并不陌生，天津人还保有一股中国北方人特有的果敢和大气，而又恰逢国家在建设中国第二个金融中心时对天津抱有的极大期许，种种因素促成了这股大势的形成，并最终由我和我的客户在天津完成了这股大势的第一次推动。2006 年当时的天津刚刚有打算建设成中国北方的国际金融中心，它的雄心体现在它上报国务院批准的《天津市滨海新区综合改革实验总体方案》中，体现在它力图在金融创新和金融改革上领先一步的决心上。如今再看天津，已然是一副波澜壮阔的局面了。滨海新区内大小金融机构林立，生机勃勃，与我们十几年初见时发生了翻天覆地的变化。我们庆幸有机会参与到天津金融业的发展当中，而天津的金融业发展对整个中国的金融业发展也是不可或缺的，尤其是在保理公司这一非典型金融机构的发展上独树一帜。并且，经过天津在保理公司上领先一步的创新，后来保理公司在上海和其他城市广泛设立起来，成为金融机构中靓丽的一道风景线。后来，我也经历过一些其他类似城市的金融发展史，比如重庆市之于小额贷款公司，上海市之于外国私募基金，都与天津的这种金融发展模式类似。

风起于青萍之末

人们常说，大风起于青萍之末。我们的这个故事在一开始也显得平平无奇，是从一通电话开启的。我仍记得那时是 2007 年冬天，全球金融危机还没来，时任 IBM 中国区的法务总监给我电话，口头咨询我一个法律意见，而且还是一个 second opinion（第二意见）。第二意见是什么呢？就是指某些事项已经得到过其他律师事务所律师的意见，但由于客户自己不放心，想要再向其他这方面的比较专业的律师求证的一个意见，从而可以使该项事项在法律上得到更强的印证。

客户当时的问题很简单，就是问我们 IBM 集团想要做应收账款转让业务，其集团内部和其供应商所拥有的因供货产生的未能及时支付的应收账款作为转让标的，转让给 IBM 的融资部门，从而解决其集团内部和上游供应商的资金短缺，实现快速收账和资金回笼，以便有资金可以更快地投入其他货物的供应中来。这个业务是否可以由 IBM 在上海设立的融资租赁公司来做？当时客户介绍，他们这个事项已经咨询过其他律师事务所，其他律师事务所说这个应收账款转让的业务就是中国合同法下的债权转让，合同法已经明确债权转让可以做，所以IBM集团的融资租赁公司可以做，没问题，不需要许可或者批准。而问题到我这里来的时候，我没有急着回答客户，而是基于我多年的金融行业法律经验反问了客户几个问题：（1）IBM的应收账款转让业务是一次性的还是重复性的、多次需求的？（2）IBM从这个应收账款转让业务中是否收取利润，或者是如果没有直接收取利润，是不是平价受让这个应收账款？我当时的出发点是，看一个企业能否做一类业务，不能仅看业务本身，还要看这个企业做这个业务是偶发性的还是经常性的，这涉及是否经营性的问题。因为中国公司法对于公司运营采取的授权制，原则上一个公司在注册经营时都需要注册营业范围，且不能超越经营范围行事。所以说，即使这个业务本身在法律上站得住脚，可以做，但是如果这个企业是经常性去做，那就构成了这个企业的日常经营业务，需要纳入经营范围内。举个例子，一个制造业企业经常融资举债，包括银行贷款、发债等，这个能算是制造业企业的经常性业务吗？显然不是。这个制造业企业可能在一年之内也就向银行借几次钱，做几笔贸易融资之类的业务，这个业务显然是合法的，也是可行的，而且制造业企业不是日常都在做这个业务，所以是不需要纳入它的经营范围内的。相反，这个制造业企业现在在做轮胎的制造，突然有一天它要开展汽车座椅的制造，这个需要扩展经营范围吗？显然是要的。因为它的经营范围内只有轮胎制造，没有汽车座椅制造，而一旦开展汽车座椅制造，显然是要布局生产流水线，日常生产经营，而不是一年就做一两个汽车座椅。

由此可见，在看待企业能否做一个业务时不能片面，而需要考虑到中国公司法下的特殊授权经营制度。再者，一个企业做一项业务，是否从中盈利也很重要。如果是一项盈利业务，即使它不是日常经营的，可能一年就做几次，但是由于其盈利性质，也可能会构成企业的一项经营行为，从而需要许可才可以做。而我们客户提的这个应收账款转让业务，如果不盈利经营的话，从逻辑上是说不通的，因为他们不仅有集团内部的应收账款要受让，还有集团外部的应收账款要受让，而受让的应收账款在受让时是无法变现的，但是客户却需要在受让时向转让人支付受让款。如果是平价受让，客户无法得利，久而久之，这个客户随着资金的消耗再加上风险的累积，是无法支撑下去继续经营的，所以盈利是其发展的必然逻辑。而该项业务是否盈利又决定了客户开展这项业务是否需要许可。况且，这个业务涉及金融业务，金融业务在中国不同于一般的公司业务，需要特别的审批和许可，融资租赁公司作为一家金融机构，其金融许可证并没有明确载明应收款融资业务。所以，综合来看，在回答客户貌似简单的问题之前，需要结合整个中国的金融法律制度，探究客户业务背后所隐藏的真实意图，一方面是不至于给出错误的意见，另一方面也是帮助客户解决潜在的风险。

随着我们问题的提出，客户的法务总监说要回去再内部确认一下。而过几天内部确认的结果颇令人大跌眼镜，对我们两个问题的回答都是肯定答案，即 IBM 的这项业务既需要重复去做，也会产生盈利。当时客户就犯难了。从其他律所拿来的意见是可以做，而且内部马上也要开始做了，结果到我们这里又出现了种种法律风险，预示着这个业务没法做。到底该怎么办？听谁的？其实这种情况题很普遍，不仅在我们案子中，在其他案子，甚至如今的法律服务中，也是经常存在的。如何解决？其实也很简单，不是看客户和谁关系好，而要看真正的法律分析，由法律来解决法律引起的问题。因为问题是我们提起来的，我们就需要向客户说明我们为什么是这种观点，法律的风险到底是什么。后来，我们就将我们上述对 IBM 应收账款转让业务的思考内部总结写成了一份备忘录发给客户，并辅助以口头的解释，阐述我们是如何看待这一业务的。最终，我们的解释令客户信服。然而，提示法律风险很容易，无非是法律的规定结合实践的操作，真正难的是如何解决客户的需求。作为一名金融律师，我反复地强调，我们不仅要做好基本的法律本职工作，还要提供给客户附加的价值。在 IBM 这个案子中，我们不能只是提出问题和风险，而是要回答如何去解决 IBM 应收账款转让业务的需求，如何让 IBM 可以合法合规的开展这个业务。

暗流涌动

我们上面已经介绍，最终我们通过帮助客户 IBM 设立了保理公司解决了这个问题。但是实际上，看起来很简单的处理方式，在 2007 年当时的法律环境及时代背景下，其实是一段颇为艰辛的求真之旅。现在可能很少人能真正体会 2007 年中国的金融环境，举几个例子方便读者了解当时的情况。众所周知，现在互联网金融很发达，阿里的花呗、借呗这样的金融产品已经与普通民众的生活息息相关，花呗和借呗运营背后最重要的一个环节是依赖于小额贷款公司这一特殊的金融机构，2007 年，中国关于小额贷款公司的政策都还没有，一片空白。再如，现在保理公司大家已经耳熟能详，除了天津，上海也有大量的保理公司设立。关于保理公司真正全国性的法规实施实际上在 2012 年才真正颁布，那个时候全国开始试点商业保理业务，而我们在 2007 年已经开始在天津探寻设立保理公司的可能。诸如此类的案例不胜枚举，无不说明当时中国的金融环境其实是非常滞后的，金融创新也非常缓慢，远没有今天这么繁荣的景象。如果读者对这些还不熟悉的话，大家可以从科技的发展中来想象一下，2007 年还是诺基亚手机“一统天下”的时代，而如今可能很多年轻人只知道苹果、华为、三星手机，根本不知道诺基亚手机是什么东西。由此可见，有些在我们如今看来很好解决的事情，放在十几年前可能就是几乎无法完成的事情。这个也包括我们 IBM 这个案例，如果不是当时天津市的大胆先行先试的工作态度以及我们客户前瞻性的决策，我们 IBM 保理公司的案子在当时一样会胎死腹中。下面我们就详细讲一下当时的一些经过以及我们律师在其中起到的作用。

为了解决客户的需求，让其合法合规地开展应收账款转让业务，我和我的团队组成了工作小组，开始全面接触客户，以期更全面地了解客户的业务本身及其需求，并探寻解决办法。实际上我们最终总结下来，如果要解决客户的需求，只需要也最重要的就是解决客户应收账款转让业务的资质问题，即什么样类型的企业可以经营应收账款转让业务。这个问题在 2007 年当时还没有确定的答案，银行除外，因为牌照齐全类的银行本身就可以做各类金融业务。但既然应收账款转让属于金融类业务，我们就从金融机构本身着手去想解决办法。于是，我们当时总结了以下可能的解决办法来探寻出路。

▲ IBM 集团内部已有的实体是否可以兼容应收账款转让业务?

为此，客户向我们解释了 IBM 集团内部在中国区的实体情况，并根据行业类别进行划分。而我们比较下来，与该应收账款转让业务相关的可能有三家公司，一家是融资租赁公司，另一家是投资性公司，还有一家是地区总部。后来我们根据法律法规的检索，将这三家公司的经营范围作了一个比较，具体如表 2－7－1 所示：

表 2－7－1 融资租赁公司、投资性公司、地区总部经营范围对比表

公司类别	经营范围	相关法规依据（注：这部分法规是 2007 年当时生效的法规，部分法规现在已经失效或者发生了变化）
融资租赁公司	1. 经银监会审批的金融租赁公司 经中国银行业监督管理委员会批准，金融租赁公司可经营下列部分或全部本外币业务：（1）融资租赁业务；（2）吸收股东 1 年期（含）以上定期存款；（3）接受承租人的租赁保证金；（4）向商业银行转让应收租赁款项；（5）经批准发行金融债券；（6）同业拆借；（7）向金融机构借款；（8）境外外汇借款；（9）租赁物品残值变卖及处理业务；（10）经济咨询；（11）中国银行业监督管理委员会批准的其他业务。 2. 经商务部审批的金融租赁公司 外商投资融资租赁公司可以经营下列业务：（1）融资租赁业务；（2）租赁业务；（3）向国内外购买租赁财产；（4）租赁财产的残值处理及维修；（5）租赁交易咨询和担保；（6）经审批部门批准的其他业务。 3. 不得从事的业务 融资租赁试点企业应严格遵守国家有关法律法规，不得从事下列业务：（1）吸收存款或变相存款；（2）向承租人提供租赁项下的流动资金贷款和其他贷款；（3）有价证券投资、金融机构股权投资；（4）同业拆借业务；（5）未经中国银行业监督管理委员会批准的其他金融业务。	中国银行业监督管理委员会《金融租赁公司管理办法》（2007 年） 商务部《外商投资租赁业管理办法》（2005 年） 《商务部、国家税务总局关于从事融资租赁业务有关问题的通知》（2004 年）
投资性公司	投资性公司经商务部批准设立后，可以依其在中国从事经营活动的实际需要，经营下列业务： （1）在国家允许外商投资的领域依法进行投资； （2）受其所投资企业的书面委托（经董事会一致通过），向其所投资企业提供下列服务：a. 协助或代理其所投资的企业从国内外采购该企业自用的机器设备、办公设备和生产所需的原材料、元器件、零部件和在国内外销售其所投资企业生产的产品，并提供售后服务；b. 在外汇管理部门的同意和监督下，在其所投资企业之间平衡外汇；	《商务部关于外商投资举办投资性公司的规定》（2004 年）

续表

公司类别	经 营 范 围	相关法规依据（注：这部分法规是2007年当时生效的法规，部分法规现在已经失效或者发生了变化）
	（3）为其所投资企业提供产品生产、销售和市场开发过程中的技术支持、员工培训、企业内部人事管理等服务； （4）协助其所投资企业寻求贷款及提供担保； （5）在中国境内设立科研开发中心或部门，从事新产品及高新技术的研究开发，转让其研究开发成果，并提供相应的技术服务； （6）为其投资者提供咨询服务，为其关联公司提供与其投资有关的市场信息、投资政策等咨询服务； （7）承接其母公司和关联公司的服务外包业务。另外，在满足一定条件后，还可以提供一些与其所投资公司的产品有关的服务，但不包括融资服务。	
地区总部	《外商投资举办投资性公司的规定》 被认定为地区总部的投资性公司，可依其在中国从事经营活动的实际需要，经营下列业务：（1）投资性公司可以从事的业务；（2）进口并在国内销售（不含零售）跨国公司及其控股的关联公司的产品；（3）进口为所投资企业、跨国公司的产品提供维修服务所需的原辅材料及零、配件；（4）承接境内外企业的服务外包业务；（5）据有关规定，从事物流配送服务；（6）经中国银行业监督管理委员会批准，设立财务公司，向投资性公司及其所投资企业提供相关财务服务；（7）经商务部批准，从事境外工程承包业务和境外投资，设立融资租赁公司并提供相关服务；（8）委托境内其他企业生产/加工其产品或其母公司产品并在国内外销售；（9）经批准的其他业务。 《上海市鼓励外国跨国公司设立地区总部的暂行规定》 在本市设立的地区总部按照法律、法规、规章，可以从事下列经营、管理和服务活动：（1）投资经营决策；（2）市场营销服务；（3）资金运作与财务管理；（4）技术支持和研究开发；（5）信息服务；（6）员工培训与管理；（7）法律、法规、规章规定的其他经营、管理和服务活动。	《商务部关于外商投资举办投资性公司的规定》（2004年） 《上海市鼓励外国跨国公司设立地区总部的暂行规定》（2002年） 《关于鼓励跨国公司在京设立地区总部的若干规定》（1999年）

从综合比较的结果来看，无论是融资租赁公司、投资性公司还是地区总部，都或多或少涉及与资金管理及金融相关的经营范围，但这些经营范围内是否包含应收账款转让业务都没有明确的法律法规规定。考虑到这一点不确定性，我们当时又安排相关人员咨询了主管部门，得到的答复是否定的，即这三类企业都无法直接参与应收账款转让业务的经营。

▲ 可否借助 IBM 外部机构的参与完成应收账款转让业务的经营？

既然内部无法解决应收账款转让业务的需求，我们当时就建议客户将眼光放到外部机构上面。上面我们已经提到，银行作为金融业务的集大成者，当然可以从事应收账款转让业务，这个是银行的天然优势。我们当时在想，客户是否可以借助于银行的这一资质完成其应收账款转让业务呢？其基本的操作模式是：（1）我们的客户将其集团内部和外部供应商名单给到银行，并附随需要转让的应收账款清单和资料；（2）由银行挑选和受让这些应收账款，应向内部和外部供应商支付资金；（3）银行在赚取应收账款受让费用的同时，我们客户也从中取得服务费收入。这样既实现了客户的盈利计划，也完成了应收账款转让业务的重复经营，可谓一举两得。然而，等我们将这个方案提交给客户时，得到的反馈并不积极，最后这一方案实际上被否定了。客户的考虑我们不得而知，但我们事后总结可能有几点原因值得思考。一方面是竞争关系考虑。IBM 集团内部也有融资部门，他们是独立经营且有利润要求的公司，如果将应收账款转让业务主体部分外包给银行，他们的经营利润就无法保障。另一方面，除了融资部门外，业务部门可能也有考虑，因为银行属于第三方，完全不可控。银行会挑选哪些供应商，购买哪几笔应收账款都属于银行自主决定事项。一旦客户的某些供应商或者某些应收账款没有被挑选，对于客户的业务运作也将产生重大影响。这也可能是客户最终拒绝该方案的原因之一。由此，我觉得，金融律师提出的建议，不仅要具备法律上的可行性，还要考虑客户的需求和背后的逻辑，这一建议也同时需要具有商业上的可行性。这样我们金融律师提出的建议才是一条好建议。

▲ 内外交困下的破冰之举：设立新的金融机构来经营应收账款转让业务

在与客户反复沟通协商后，实际上我们探寻客户需求的解决之道陷入了暂时的僵局。在重重压力之下，我和我的团队为这个问题绞尽脑汁。后来，我们想，既然内部没有，外部不行，那么是否可以创设一个新的实体来承载所有应收账款转让业务？20 多年的律师经验告诉我，一件事情，从一到二，水到渠成，一般的好律师都可以这样为一件既成的事情添砖加瓦，但是一件事情，从无到有，则是开创性般的举措，通常需要律师具备创新精神和大胆的假设。这也是为什么如今的互联网发展繁花锦簇，但真正意义上的寡头屈指可数的原因。真正在中国创设一个没有存在过的企业很难，但在已有模板的企业基础上，再设立类似的企业再去开枝散叶却很容易。我很庆幸我和我的团队在执业几十年里也仍然葆有这样的一种精神，使我们在遇到困局时可以给出更加高屋建瓴的法律建议。但这样的建议，需要我们充分了解客户的需求。试想，如果客户仅仅是想做一时半会的应收账款转让业务，虽然也需要资质，但他们会愿意去新设一个实体，再去申请资质办业务吗？答案是：不会的！因为这样的付出与得到的回报不会成比例。但是，在我们这个案子中，客户真正的需求是长久经营应收账款转让业务，完善其内部融资和供应产业链，是其全球发展中不可或缺的一个环节，而在中国正恰恰缺少了这个环节。那么从这个角度来看这个问题的时候，是否豁然开朗了？即我们不要局限于业务的本身，而是要考虑这项业务在这个公司发展过程中处于的地位和重要程度，如果这项业务很重要，但公司又缺乏这一环节，那么我们律师去推动客户完善这一环节，顺便解决掉这个业务的资质问题，完全就是顺理成章的事情。这样作为金融律师，我们提供的不仅仅就是一个法律建议的价值了，而是对这家公司全球布局的一个重大商业价值，不可估量！

在作了充分的分析后，我和我的团队认为这个建议很好，同时也可能是客户自身都没想到的一个环节。我们在作了详细的论证和具体的建议措施后，向客户提出了这个方案。我们给的方案包括以下几个具体的建议：（1）由 IBM 设立一家贷款公司；（2）由 IBM 设立一家中国区集团财务公司；（3）由 IBM 设立或者并购一家银行；（4）由 IBM 设立一家独立运营的商业保理公司。在和客户讨论的过程中，这几个方案都有提及，但最终我们选择了一个看似最简单，但也是最不可能也最不现实的方案——设立商业保理公司。

为什么说这个方案看似简单呢？因为相比于贷款公司、财务公司或者并购/设立银行，他们的程序都非常复杂，而且股东资质要求也非常高。为什么最不现实也最不可能呢？因为当时中国除了银行在做保理业务外，没有任何一家机构做过保理业务，中国政府也没有出台过任何明文的法律法规指导如何设立一家商业保理公司。我们之前说到，从无到有最难。我们设立商业保理公司就是最好的例子。选择设立商业保理公司有众多原因：一是，商业保理公司在国外是非常成熟的一类专门经营应收账款转让业务的公司，而且还存在保理商协会这一国际性组织，其规则运用已经深入应收账款转让业务的方方面面，可以说保理公司就是为应收账款转让业务量身定做的公司类型，设立这样一个公司对我们客户来说最符合心意。要做就做到最好，也是我和我们的客户作出这一决定的重要原因。二是，2008 年，全球进入金融危机，金融业因为脱离实体经济太远造成的全球经济动荡给全世界的市场参与者带来沉痛的教训，有关经营资金业务的银行等机构，受到了严格的监管和限制，而为了走出金融危机的旋涡，实体经济的发展才最为重要。保理公司所经营的应收账款转让业务，作为支持供应商经济发展的最直接金融机构，理应得到大力的支持。这个符合当时中国的整个金融政策要求。我们开头说道，冥冥之中中国市场自有一股大势驱动着这件事情往前发展，而我们作为律师，洞见了这股大势，推动着我们的客户完成了这个开创性的案例。IBM 中国法律总监在和我们开会时，了解了我们这个方案后，非常兴奋，感觉这个方案可行，可以朝这个方向努力，因此，他在客户内部积极推动此事。不久，IBM 亚太地区的法律总监专程飞到上海与我们会谈，了解成立保理公司方案的各种细节。同样，她也非常高兴，认为可以完全按照这个方案执行。她回去后很快推动 IBM 内部同意按照我们提出的方案朝前工作。在既定了方案之后，我们律师在接下来的整个安排中就起到了巨大的推动作用，完成了这个保理公司设立的创新性事件。那我们是如何做到的呢？

路漫漫

我们在暗流涌动中洞见了一股大势，而乘风破浪、乘势而上的过程却异常艰辛，仿佛我和我的客户们是驾着一叶扁舟在大海里寻找灯塔。这一路的历程波澜起伏，所幸不负众望。我们总结以下几个重要的节点：

▲ 在政策上寻找空间

前面提到，2008 年正是金融危机的爆发时点，那个时候全世界经济发展的信心遭到重创，市场参与者一片愁容。而现实是，经济作为国家命脉之一，仍然要继续发展。那时国家出台了一系列的重大经济举措，而我们也顺着这个经济政策形势，在比较了上海浦东新区、深圳经济特区以及其他地方经济特区政策后，发现了我们设立保理公司的一丝曙光，那就是《国务院关于天津滨海新区综合配套改革试验总体方案的批复》（国函〔2008〕26号）。在这个法规中，我们注意到国家打算在天津地区试点金融领域的重大改革，并支持进行金融改革和金融创新，其中还提到了保理公司这一业务创新点。虽然只有提及保理公司这几个字并无其他具体政策，这无异于给我们的方案注入了一支“强心剂”，找到了我们此后整个项目开展的政策基石。正是基于这个法规精神，我们从无到有设立了保理公司。

▲ 在实务中寻找对接

有了政策的理论依据，我们开始帮客户联系天津滨海新区的政府关系。因为客户之前在天津没有经营过业务，所以他们的公关关系并未及于天津市。而我们作为一家全国性的律师事务所，关系网络遍及国内各个重要发达城市。因此，由我们事务所牵头，联系到了天津空港加工区投资促进局副局长和天津保税区、空港加工区管委会副主任，表达了我们客户在天津滨海新区设立保理公司的意愿。而此时，天津人民富于改革创新的精神也起到了关键作用，管委会主任和投资促进局局长对我们代表客户提出的设立保理公司的意愿非常感兴趣，并派专人与我们对接，以期促成此事。在我们对接的过程中，为了更好地落实我们的计划，天津市主管金融的副市长还亲自接见了IBM的高管人员，充分了解企业的需求，并主动积极地帮忙落实推进。富于改革创新的精神在天津市政府领导的身上体现得淋漓尽致。

▲ 在前进中寻求保护

有了政策的支持和天津市政府的口头承诺，我们各方本可以大踏步地向前推进，开始着手设立保理公司了。然而，这个时候，我们伸手拽了一下我们的客户，提醒他们，即使在前进中，也需要注意保护自我的法律风险。因为最终运营的实体仍然是我们的客户，即使公司能够成立，如果其运营出现不合规，这个公司设立起来后对我们客户来说也可能是一个灾难。我们律师需要在热火高涨时保持冷静，方能达到长治久安。我们分析，天津市固然鼓励我们客户在他们那里创新设立保理公司，这一方面是他们富于改革创新精神，另一方面也是他们的政绩所需，但天津市政府到底能在多大程度上给予支持？他们是否有资格授予IBM经营应收账款转让业务的资质？金融资质和金融业务的监管都属于中央政府，天津市能否向中央政府部门申请拿到必要的批准或豁免？这些都是存在疑问的地方。为了保护我们的客户，我们提醒客户，至少在与天津市政府沟通过程中坚守一些必要的诉求，最核心的就是要求有资格给我们客户授予应收账款转让业务资质的部门给出具专门的许可。

▲ 在曲折中慢慢前行

有了我们的提醒，在后续与天津市政府的沟通中，我们的客户最大的诉求是在设立保理公司的同时要求取得由银监会颁发的金融许可证。众所周知，中国的政府监管是比较复杂的。天津市政府作为地方政府，有发展当地经济的本职工作，而作为银监会，其主要职责是监督银行业金融机构的发展和银行金融业的稳定运行，所以地方政府与银监会之间在职能上是存在一定的张力的。一方面地方政府想要引进投资，另一方面银监会需要控制金融业的风险。在我们客户提出由银监会颁发金融许可证的要求后，我们在天津当地的项目进程遇到了困难。设立保理公司对于当地政府来说是有政策性支持的，需要进行创新实验，但是保理公司设立后从事金融业务，这个金融业务的监管部门是谁？政策没有明确。作为当时金融行业监管的大管家银监会，无疑是最有资格对此发表权威评论的，而且银监会也掌握了颁发金融许可证的大权。可是，对于银监会来说，他们是严格按照法律授予的权力运行的，国务院给予天津的特殊政策支持并未提及可以由银监会对保理公司颁发金融许可证，而且在银监会的职权范围内，他们也仅对八类金融机构进行监管，并未明确被要求对保理公司进行业务监管。这里面银监会不积极的原因有两点：一是法律并未明确赋予其监管权力，其颁发金融许可证于法不合；二是在中国的特殊政治环境下，银监会也怠于将新型发展的金融业务纳入他们的监管职权内，因为一旦新型金融业务发生风险，首先被问责的政府部门必然是其监管部门。因此，在两种因素的促使之下，即使我们的客户通过天津市政府出面与银监会沟通，银监会以无法律依据为由无法给予我们客户拟设立的保理公司颁发金融许可证。这种情况下该如何将项目继续下去呢？

在得到天津市政府有关银监会对于金融许可证一事的答复后，我们和客户进行了商议。客户的核心诉求是运营应收账款转让业务不会被认为违反中国法律而受到处罚，或者其业务连续性受到政策影响而中断。围绕着这个诉求，最直接的办法就是由银监会颁发金融许可证，一劳永逸地解决这个问题。然而，在银监会无法颁发金融许可证的情况下，如果我们的客户仍然开展应收账款转让业务，怎样才可以将这个无证运营的风险降到最低呢？后来，我们想到了一个解决办法。还是由天津市政府出面，与银监会沟通，探寻银监会对我们客户设立保理公司从事应收账款转让业务的根本态度是什么？是反对还是不反对？如果银监会的态度是明确反对的，我们这个项目就根本不可能进行下去了。如果是不反对，只是囿于其职权范围，无法向我们客户设立的保理公司颁发金融许可证，那么说明银监会至少对于我们的这个项目是不会采取监管措施的，也就意味着保理公司设立后从事应收账款转让业务不会受到不合规的影响。最终，在天津市政府的帮助下，得到银监会的正式答复是不反对，他们持无异议的态度，也不会去监管保理公司的业务。

在排除了银监会监管的法律风险的情况下，我和我们客户顿感轻松。但凡通晓中国法律政治环境的人士应该了解，在实践中中央政府部门很少直接否定地方政府正式的批文。在天津市政府出面与银监会达成无异议的合意之后，只要天津市政府同意我们客户设立保理公司并同意从事应收账款转让业务，实际上银监会事后再否认保理公司业务合规性有问题的可能性几乎就没有了，除非全国性的法律发生重大的变动。在这种情况下，为了确保我们客户业务的合规性，我们又和天津市政府继续对接，而且换了另外一种诉求，即要求天津市政府出文，明确批准我们客户在天津市设立保理公司并从事应收账款转让业务，而且将其与银监会沟通获得的无异议的态度也写入批文中，作为对银监会业务监管的一种背书。天津市政府后来在一系列的风险评估后，全盘接受了我们的建议，并按照我们客户所希望见到的内容以天津市政府的名义正式出文批准我们设立了中国真正意义上的第一家外资保理公司。

▲ 穿过一次次风浪

实际上在整个案子中，与天津市政府的所有基础工作的沟通基本全是我们律师做的。在申请设立保理公司的过程中，IBM 还希望提前了解将来保理公司开展业务所可能面对的问题，包括具体的工商注册问题、享受的税收待遇、外汇问题、金融监管问题等。我们清楚地了解，保理公司作为新型的一类公司，天津市各部门一定没有现成的政策。为更好、更有效地解决这些问题，我们通过天津空港加工区投资促进局副局长向天津市分管市长汇报，组织了工商局、税务局、金融办、人民银行、外管局等一系列部门参加的会议。在会议上，我们代表客户 IBM 向各部门解释了 IBM 设立保理公司的需要、以后准备开展的业务，并实际上向各部门提出了要求，对需要的待遇以及需要明确的政策要点明确提了出来，帮助各部门了解保理业务的性质和结构，也同时扫清了很多不明确的障碍。会议进行得非常顺利，我们对天津各部门在把天津建设成金融中心的雄心规划中所呈现出来的热情、认真负责以及灵活性印象深刻，这也是中国改革开放成功的重要之处。实际上，IBM 中国保理公司作为第一家外资保理公司的设立也同时帮助天津市明确了很多政策问题，也推动了后来一系列外资保理公司在天津设立，也推动天津为此在 2007 年专门出台了保理业务试点管理办法，成为天津金融创新的一大亮点。之后，上海等地也纷纷出台保理业务试点办法，鼓励保理公司的设立以及保理业务的开展，而这样地方保理业务的发展直接促成了商务部在 2012 年国家层面对保理公司的设立和保理业务的开展出台了正式的保理管理办法，让保理公司和保理业务正式有了法规依据。这样，IBM 中国保理公司成为中国改革开放进程中一个“摸着石头过河”、循序渐进的最佳范例。

▲ 在风浪中抵岸

在获得天津市政府的同意之后，还需要通过我们律师说服 IBM 内部的决策层，因为最终的投资决定还是来自 IBM 的全球决策层。就在我们一次次与天津市政府磋商有关项目的安排时，我们开始通过 IBM 的法律部向 IBM 的高层进行汇报。这里面的难度其实是相当大的。上面我们提到了具有中国特色的法律政治环境，导致我们客户设立的保理公司无法获得金融许可证，无法获得金融许可证却又可以从事应收账款转让这一金融业务的风险在我们这个项目中风险又很小。这样的一个逻辑和结果如何向一群完全不懂中国法律的非法律人士讲解，至关重要。稍有不慎，可能就会被客户的高层认为我们中国律师不严谨，风险提示不够明确，进而导致我们之前与天津市政府所做的努力全部白费。同时，作为专业律师，我们也不能回避法律上的风险，哪怕只是理论上的风险，我们都有责任向客户揭示。只是说，既揭示法律风险，又能够分析到这些风险在实践中是可控的，以及为什么是可控的，那么这就要看律师的水平了，这可能就是律师间的差别了。

其实，为了开展这个项目，IBM 内部也是花费了巨大的资源和精力的。只是作为一家国际性的跨国公司，自有其一套完整的制度和决策，我们和客户的执行人员只是需要履行这些制度而已。为了更好地向 IBM 的高层汇报，鉴于法律人之间的共同语言，也体现 IBM 高层对于这个项目的重视程度，IBM 总部派遣了他们的全球法律总监，来到上海与我们当面沟通。对于这次会议，我们作了充分的准备，通过面对面的交流，我们将整个项目的来龙去脉以及其中的不确定性全盘向该法律总监讲解，而没有任何的隐瞒或者误导。正是我们的专业精神以及我们的付出，获得了 IBM 全球法律总监的认可和信任。这场会面之后，我们还向客户提交了一份详尽分析的法律备忘录，将这个项目无法获得金融牌照的法律风险以及在实践中这种风险的程度还有控制措施，以书面方式提交给 IBM 的高层，供其用以决策。这份法律备忘录是非常考验律师功底的，因为你不能回避法律风险，但又必须给客户以法律信心，做到分析到位。IBM 的法律总监回国后，带着我们和她之间的所有沟通细节，又细致地向 IBM 的高层作了汇报。最终，在各方共同努力的促成下，IBM 在中国设立保理公司的项目顺利获得 IBM 董事会的批准，而 IBM 保理公司作为全国首家真正意义上的保理公司，也在历时两年的来回沟通和协调中，顺利落地实施，于 2009 年 10 月在天津成立。从 IBM 全球法律总监这个哈佛高才生且举止优雅的老太太那里，我们得知这个项目也是第一次在 IBM 内部完全由法律部推动，而非业务部门推动，并且成功完成的项目。

寥寥几行字，诉不尽其中的荡气回肠。IBM 设立中国首家保理公司一案一直以来都是我们团队非常引以为豪的项目，每每回想起来都有一股巨大的成就感。这种成就感来源于我们律师作为项目的推动者，完完全全推动一个项目从无到有，一个行业从无到有的努力。不仅为客户，更是为我们中国的金融业发展起到了巨大的作用。而这个中间，律师所要具备的视野和格局至关重要。没有高屋建瓴的全球视野，我们想不到保理公司这个属于国外法律环境下的“舶来品”。没有大胆创新的格局，我们想不到会脱离问题的本身去思考解决办法。没有宏观的洞察力，我们想不到要利用国家金融创新的政策来推动项目的实施。因此，做一名有价值的金融律师，具备这样的大视野和格局是非常重要的。而光顾着大局也不行，也需要在细处着手。律师的本职工作就是管理法律风险，在大局已定的情况下，也不能放松对细处法律风险的把控。后来在项目中我们恰到好处地提醒客户有关金融许可证的合规问题正是体现了这个精神。如果没有这处提醒，在获得天津市政府的口头允诺后即匆匆忙忙地开展项目，向 IBM 高层汇报时，只会显得我们律师对于法律风险的把控非常不够，而且不专业。只有在我们将所有大大小小的法律风险都想到并给出相应的合理法律建议后，即使项目仍然存在一些法律风险，这个时候这些法律风险存在的意义也正是彰显我们律师存在的意义。因为不可避免的就是不可避免的，没有无风险的买卖。客户只有在了解到风险，并愿意承担这个风险的前提下，才可以真正地开展业务。正应了那句：我心有猛虎，细嗅蔷薇。

和肖邦的钢琴曲一样优美悠长

——亚洲开发银行在中国的投融资故事

“……从穹顶裹挟着巨大势能而来，然后把那片土地从底部托起……”

回首过往30年的执业生涯，为那么多银行金融机构在中国的业务提供法律服务，这些客户面貌各异，共同拼接成了金融市场多姿多彩的巨幅画卷。其中有一类客户，在众多金融机构中显得与众不同。这种不同体现在他们所关注的领域、他们的目标和愿景、他们所能动用的资源以及他们为达成愿景所能采取的方式，那就是国际开发性金融机构。每次和他们合作，总能促使我们对更宽广的世界予以更多的关注，并让我们对如何更系统、更具建设性地解决长期问题获得更多启示。

如果追溯到源头，开发性金融机构被认为是一种“公共产品”，用来解决金融领域的“市场失灵”问题。20年前，一些对这类机构不以为然的人还认为，为建设项目提供资金的功能完全能够而且可以非常有效地由一般商业银行来承担，而且这些市场化运作的金融机构也更有能力识别和规避风险。然而，当亚洲金融危机来临的时候，几乎所有的商业银行都从长期项目融资中抽走了资金，极大地延缓了修复危机创伤所需的时间。只有开发性金融机构在危机时在继续支撑市场。

事实上开发性金融组织的历史更加悠久，甚至能追溯到一个半世纪以前。不过他们真正变得引人注目是在“二战”以后——那场远比亚洲金融危机惨烈无数倍的人类大灾难。战后那些受到创伤的国家和发展中国家都需要一个有效的金融工具加速长期投资从而取得快速经济增长并创造就业机会，但在这些国家的金融体制中，商业性金融机构都难以涉足投资数额大、期限长、具有高度不确定性但却是国家需要优先发展的领域，尤其是那些作为整个社会发展基石和起点的基础设施领域。于是政府必须伸出“有形之手”，将开发性金融机构作为金融领域的公共产品。

开发性金融机构的核心是发挥政府信用，在市场力量无力或不愿意介入的领域，把政府信用通过金融市场进行转化，获得集聚和撬动更多资源的能力，通过建设制度和市场的方式完成信用缺失主体的信用修复和增强，帮助弱小产业逐步壮大、落后地区持续发展，并进而实现长期政策目标。因此可以把它理解为政治和商业的一种混合体。当这种混合体跨越国界，当政府信用跨越国界成为多个国家的联合信用时，就产生了国际多边开发性金融机构。

国际多边开发性金融机构的政治目标和宗旨无一例外就是发展与减贫，为落后国家和地区的经济和社会发展提供资金支持和专业咨询。如果按照其覆盖的地域范围，可以将其简要分为全球性开发银行（如世界银行）、跨区域开发银行（如亚洲开发银行）和次跨区域开发银行（如安第斯开发银行）。我国此前牵头成立的亚洲基础设施投资银行、金砖国家新开发银行就属于跨区域开发银行。

这些多边开发性金融机构的出现，给处于困难的发展中国家走出贫困提供了有力的金融支持。正如上文所介绍的，此类组织的核心理念之一即在于背靠各成员国的主权信用，将富国的资源转换为对穷国的投资和支持，从而促进全球更均衡和更加可持续的发展。这个制度设计对人类整体和长远的福祉有着不可估量的意义。从对具体发展项目的引导和资助开始，向解决人类和社会发展与治理等更广泛的问题迈进，将政府、私营部门、机构等各利益相关方纳入进来，构建全面发展框架，利用国际社会资源对落后国家地区的扶助和协同发展与公民社会自发形成、自下而上的社会改良运动相得益彰，从而深刻改变落后国家和地区的发展面貌。

有一个词能够很好地概括上面所描述的愿景和理念：“包容性增长（inclusive growth）。”如果只能用一句话解释这个定义，那就是“公平合理地分享经济增长”。这一概念是亚洲开发银行（以下简称亚行）于2007年首次提出的。一经提出，就迅速获得了广泛的认同和响应，如今已经成为社会发展和治理最基本的价值观共识。

亚行成立于1966年，总部位于菲律宾首都马尼拉。作为一家区域性开发机构，亚行的宗旨明确定位为通过发展援助帮助亚太地区发展中成员消除贫困，促进亚太地区的经济和社会发展。亚行对发展中成员的援助主要采取四种形式：贷款、股本投资、技术援助、联合融资和担保，以此支持其成员在基础设施、能源、环保、教育和卫生等领域的发展。其终极目标简洁有力：“没有贫困的亚太地区。”

中国于1986年加入亚行，亚行也是自这一年起开始在中国开展业务。这正是中国经济和社会刚开启深刻转变的年代。在此后的30年，中国和亚行在广袤的领域进行了大量的合作，一起见证了这场激荡了30年且至今方兴未艾的社会伟大转型的历史进程。

这30多年来，中国取得了举世瞩目的成就，经济长期保持高速增长，在2003年就已经达到了中上等国家水平，2010年首次赶超日本成为世界第二，如今中国经济的体量已经几乎可以和美国比肩。但这30多年来，一些结构性、中长期的制约因素始终如影随形，对中国经济社会发展构成持续的挑战。

首先是贫困。尽管过去30年中国已经成功使数亿人摆脱贫困，但中国依然存在庞大的贫困人口。中国的农村和城市之间、沿海地区和内地偏远地区之间依然存在巨大的贫富断裂带和鸿沟。生产力低下的小农经济、落后的农村基础设施、低下的教育和技术水平，始终是难以摆脱的制约性因素。

其次是环境。中国片面强调经济增长的后果之一是污染和环境恶化。中国面临着多种环境挑战，包括大范围的水污染、水资源短缺、日益严重的沙漠化、土地退化、空气污染和气候变化等。中国各级政府在应对复杂的环境事务时面临着诸多困难和挑战，包括资金缺乏、资源和责任的不对等、环保部门话语权有限、受到既得利益者干扰等。

资金问题也是这30年来长期困扰中国发展的一个因素。中国经济发展需要巨量的资金投入。尽管中国居民的高储蓄率和金融部门的飞速发展为经济增长注入了源源不断的资金，但仍然无法满足巨大的融资需求，无法在整体上建立非常畅通高效的融资渠道。尤其是在基础设施领域，长期、价格较为低廉并具有增值性的资金对于中国政府和私营部门依然具有巨大的吸引力。

中国政府十分了解国际金融组织的优势所在，也十分重视充分利用国际金融组织的援助和资源。自1986年以来，亚行向中国批准了超过350亿美元的主权贷款，私营部门业务则达到了将近50亿美元的规模。亚行对华业务对中国的发展起到了多方面的促进作用。在对华业务开展初期，亚行的贷款缓解了中国的外汇紧张状况，促进了公共部门尤其是基础设施方面的投资。亚行的技术援助则协助开发和改进了亚行提供融资的公共部门项目。亚行的贷款和技术援助帮助中国缓解了基础设施不足对其发展的制约，为可持续发展提供了牢固的基础。

直到今天，中国的经济和社会转型依然还在艰难行进的途中。以创新为驱动、强调可持续和包容式的增长，已经成为全社会的共识。然而，即使已越过无数激流险滩，前方依然是雄关漫道。这是一场史无前例的伟大的社会革新进程，如果站在未来的终点向前回望这段历史，其波澜壮阔和艰难险阻也同样远超今天人类的想象。如果将这段历史用上亿倍的速度快进，也许我们看到的是一整片广袤的土地从沉沦和荒芜中向上抬升的惊心动魄的画面，而无数的力量，或巨大，或微小，以各种不同的方式参与其中，参与历史。

多边开发性金融组织，就是这无数力量汇集而成的洪流的一部分。它从穹顶裹挟着巨大势能而来，然后和无数其他的力量一起，从底部将这片土地奋力托起。

亚行与中国基础设施

“对于亚行而言，让更多的中国民众能够通过亚行项目改善自己所在地区的环境，改善自己的生活，这是一件有意义的事情。”

2016 年在纪念中国—亚行合作 30 周年“中国经济转型：迈向可持续发展的未来”论坛上，亚行行长中尾武彦和财政部国际财金合作司司长陈诗新一起追忆过往，回顾了过去 30 年亚行和中国合作的点点滴滴。其中一个项目让我印象尤其深刻。在那个项目中，亚行在山东省济南市夏津县的一个水污染治理项目中，建设了一个小的湿地公园，石板路、流水，以及依地势而形成的高低错落的水域，仿佛一幅国画，让当地人收获了一份近在眼前的东方诗意。同时，中水经过湿地公园的沉淀，再排入海河，水质也得到了进一步的改善。

“对于亚行而言，让更多的中国民众能够通过亚行项目改善自己所在地区的环境，改善自己的生活，这是一件有意义的事情。”中尾武彦动情地说。

这让我想起了2009年我和亚行合作的两个环保项目。其中一个是在东北松花江流域的污水处理项目。我记得当时有一次我和项目公司的刘总聊天，话题慢慢展开了，从交易的商业安排到这个污水处理项目本身的技术细节，再到他个人的职业选择。他说和亚行做的这个项目其实利润并不厚，但这个事情对当地老百姓的生活确实是个好事，为自己的家乡做一些事，一些比自身利益更大的事，这才是真正有意义的事情，真正让人满足。他动情地说，这是他兜兜转转很多年后才终于想明白的。当时和亚行合作的另一个项目是云南的一个小水电项目。那个项目公司的林总则似乎连抒情感怀的时间都没有，终日奔波于散落在各处偏远山区的电站之间。

亚行一直长期关注着亚洲国家的环境问题。亚行指出，如果亚洲国家不实施环境友好型的可持续增长战略而是继续保持目前的经济增长战略，那么，它们目前的发展将是不可持续的。因此，亚行一直将清洁能源等有利于环境的项目作为其主要的支持对象，并将推动亚洲环境友好型可持续增长作为其主要任务。

亚行在2008年针对中国的国别报告中着重指出，导致中国环境问题的一个主要原因是煤炭的大量使用。中国已是世界排名第二的能源消耗大国，对煤炭的依赖程度在世界十个最大的能源消耗国中排名第一。煤炭作为发电能源效率低下，如果采用替代能源发电，中国经济的能源消耗指标就可以降下来。此外，燃煤火力发电排放悬浮物、二氧化碳和温室气体，也是造成空气污染的一个主要原因。要改善中国的环境，应当大力提高能源使用效率，向更加清洁的非碳能源过渡。

在众多清洁能源选项中，小水电有其难以替代的特殊作用。目前，未开发的水能资源大部分集中在农村贫困地区，运营小水电站能够更好地融入农村生产生活，实现精准扶贫。除发电外，小水电在防洪、灌溉、供水等领域综合效益也十分可观。从节能本身的目的来看，小水电也不遑多让。从能源回报率看，水电是风电的8～10倍、太阳能的50倍、火电的60倍以上，而小水电减排PM2.5的效益也是风力、太阳能的1.5倍以上。

2009年亚行的私营部门连同世界银行下属的国际金融公司对位于云南的一家小水电公司三川能源进行了投资。三川能源的创始人林总在20世纪90年代初靠亲友借凑的1.5万元资金在浙江丽水市景宁县抵押承包经营了一家濒临倒闭的小水电站，开始了艰苦的创业历程。到2006年，公司已经具备相当规模，不仅引入了新加坡清洁能源基金成为一家合资企业，也获得了国际金融公司3500万欧元的国际项目贷款，成为中国第一家获得国际金融机构贷款的水电企业，自此打开了通往国际资本市场的大门。

亚行和国际金融公司2009年投资三川能源采用了股权投资和项目贷款融资并举的方式。股权投资方面，亚行和国际金融公司分别投资6540万美元和3270万美元，持有三川能源的部分股份。此外，亚行和国际金融公司也分别向三川能源提供了3500万美元12年期和2320万美元15年期贷款。亚行的投资资金将主要用于三川能源位于云南盐津、浙江丽水、湖南炎陵等地的小水电项目以及三川能源后续不时开发的新的电站项目。

几乎是和三川能源项目的同一时间，亚行又将几乎相同的投资模式复制在黑龙江同方水务的污水处理项目上。

除可替代清洁能源外，水资源是中国面临的另一个环保难题。中国是一个干旱缺水严重的国家，水资源总量虽多，但人均少，且地区分布极度不均匀。减轻水体污染程度、改善生态环境、解决城市缺水问题的有效途径之一就是污水回用。

在和亚行合作这个污水处理项目的过程中，项目公司的同事给我科普了一下污水处理后的回用路径。处理后的污水几乎可以用于除生活饮用水之外的各类用途，包括农业用水、环境用水（如绿化隔离带和园林灌溉用水）、工业用水、市政杂用水（建筑施工、喷洒炉面、洗车、洗厕）等，从而能够开辟第二水源，减少城市新鲜水的取用量和污水排放量，有效节约和利用了有限宝贵的淡水资源。污水回用还有一些额外的好处。如用于农业用水时，污水中的氮磷钾等成分也能为土壤提供肥力，除节约水源外还能进一步减少化肥使用量，而土壤的自净能力反过来也可使污水得到进一步净化，从而实现一系列的良性循环。此外，城市污水经二级处理后也可以回灌于地下，既可以阻止因过量开采地下水造成的地面沉降，也能进一步利用土壤自净功能提高回水水质，这又是一个正向反馈循环的良性机制。

亚行和同方水务合作的这个污水处理项目辐射松花江流域。这个流域水质污染状况一直以来都比较严重。根据 2006 年的松花江流域水质报告，水污染严重区域集中在城市河段，且干流水质总体呈污染加重的态势。黑龙江省政府和亚行公营部门多年来在环保领域一直保持着深入合作。2009 年亚行、新加坡公共事务对外合作局、黑龙江省政府以及同方股份在松花江流域水污染防治领域达成全面战略合作协议。亚行私营部门作为亚行为消除贫困及促进社会与经济发展提供非主权融资的窗口，加入这次的战略合作中。同方股份有限公司是清华大学控股的高科技公司，是中国境内科技环保领域的领军企业，其通过部分下属企业，已在松花江流域开发了多个供水以及污水处理项目。

根据战略合作框架，亚行私营部门以股权投资和提供贷款的方式向同方股份下属公司同方哈尔滨水务有限公司分批注资总计 1.47 亿美元，用于现有供水及污水处理项目的营运以及新项目的建设、收购。2010 年，作为战略合作的一部分，亚行投资 6240 万美元获得了同方水务的部分股权，并向同方水务发放2.5亿元人民币的9年期贷款。

三川能源小水电和同方水务污水处理这两个项目一前一后，集中在2009年和2010年间落地交割。亚行的投资项目经理浦总和三川能源项目总经理林总也成了朋友，在项目交割后双方又马不停蹄携手投资了同方水务。在同方水务项目会议上，各路英豪齐聚一堂，虽已过10年光阴，仍仿若昨日。

项目之关键：特许经营

“和当地政府的密切合作，这是撬动资源杠杆的第一块基石。”

开发金融组织在各地所开展的具体项目，和当地政府的关系处理都是首先要解决的问题。任何基础设施项目在落地过程中都无法绕开当地政府。就公营项目而言，地方政府本身就是项目的管理和执行方，其重要性自不必言。即使是私营项目，政府对项目的监管政策和支持力度也是项目能否顺利实施的最重要的影响因素，而当项目涉及公用事业特许经营和政府付费时，更是如此。

以污水处理项目为例。首先，项目公司应当通过公开招标程序从地方政府那里取得特许经营权。其次，项目建设涉及立项、土地、环境影响评价、规划、施工等一系列环节，每一环节均必须履行政府职能部门的特定程序。此外，污水处理费用也由地方政府进行支付。可见，一个污水处理项目从起始招标到施工建设再到后续运营，地方政府的因素几乎无处不在。

然而，在很长一段时间里，政府部门并不总是高效和精确的，尤其在边远和经济落后的地区，项目的落地实施几乎注定无法与写在纸面上的法规所设定的边界和程序完全贴合，总是会留下各种瑕疵、漏洞、人为因素及其他不确定性。同方水务项目启动后，我们深入各污水处理项目的层面进行法律尽职调查，发现各类问题接踵而来。

首先，在各项目所在地，特许经营协议并非和当地政府直接签署。例如，在哈尔滨的项目，项目公司是和哈尔滨市政府授权的哈尔滨供排水集团签署BOT 协议，哈尔滨市政府并非合同当事方。这种操作在实践中并不少见，但毕竟对于当地政府是否有义务遵守特许协议留下了法律隐患。

其次，一些项目的特许经营权取得，当地政府通过一种沟通磋商的机制在各潜在投资人之间达成共识，将特许经营权授予了同方水务。通过这种磋商机制而非公开招投标进行特许经营权的授予，是否存在程序上的瑕疵，在法律上也有进一步商榷的空间。

哈尔滨项目的土地取得也遇到了法律障碍。尽管在特许协议中哈尔滨供排水集团承诺将其已经取得的划拨土地转让给项目公司，但双方对土地出让金补缴义务的承担主体存在认识上的差异，对特许协议中相关条款的解释存在争议，当地土地出让管理制度也有进一步完善的空间，各种因素直接影响了土地价款的支付，因此土地使用权证迟迟无法完成办理。土地权利的缺失又直接影响到地上建筑设施的所有权认定。

项目的规划建设环节各类报建手续的办理也存在不同程度的迟延。迟延原因各异，大多属于项目具体情况和当地办事流程在衔接上发生的冲突和不匹配。根据特许经营协议，报建手续未能及时完成将可能构成政府收回特许经营权的触发事由。

此外，一些已运营项目的污水处理费未能根据特许经营协议的要求定期调整，而且也存在不同程度的拖欠。这让人怀疑当地政府是否能够如约支付其他在建项目后续的污水处理费用，这些项目的现金流是否能够得到保障。

类似的问题在我们过去对中国各地基础设施项目进行尽职调查的过程中

并不少见，这一点亚行的投资项目经理浦总很清楚。对中国本土情况的熟悉和了解使他在亚行和当地项目之间成为至关重要的沟通纽带。

我们团队和他将尽职调查发现的各类问题梳理了一遍，我们都对情况有了大致相同的判断。放在具体的当地环境和项目背景下，这些法律问题的风险权重是不一样的，可解决性也不相同，但有一点可以肯定，完全消除所有法律瑕疵是不现实的。基于各类问题的现实风险权重和可解决性进行筛选甄别，识别出真正重要的问题及其背后真正的影响因素，才是解决问题的关键所在。

在这个项目中黑龙江省政府的支持是关键。通过寻求省政府层面的支持，进而推进各项目所在地地方政府的配合，取得地方政府的相关确认和承诺，从而使上述各遗留问题风险得到缓释和最终解决。

地方政府的确认和承诺需要重点关注以下几个方面：

首先，围绕特许经营权的出让程序，确认各特许经营权出让招标程序合法，不会因出让程序等原因收回特许经营权。

其次，对于各项目因历史原因未及时办理土地使用权证、建设规划、竣工等证明的，应当寻求各相应地方政府的协调支持，加快同方集团办理相关手续，并确认不会因相关手续未能及时完成办理而终止特许经营合同。

再次，需要将各污水处理项目的污水处理费纳入各地财政支付，不足部分寻求从省财政中支出，由此解决政府付费问题。

最后，需要地方政府明确有关项目的土地使用权和建筑物、设备所有权归项目公司所有，并可用于抵押、质押以担保亚行及其他海外投资方提供的贷款。

在寻求地方政府支持方面，多边开发性组织具有得天独厚的优势。政府支持有助于消除项目在政策、法律方面的不确定性，进而撬动更多的私人资本参与，而更多资本的参与则会进一步改善项目主体的信用状况，带来更多的积极因素。于是各个积极因子互相作用，就像互相咬合的飞轮，越转越快，逐步带动整个区域和社会各相关方的境况改善。多边开发性组织的主权信用换来地方政府信用，成为启动飞轮效应的第一推动力量。

利益共同体：话语权之平衡

“我们和你们利益捆绑，所以我们需要相应的话语权和风险补偿。”

在三川能源和同方水务这两个项目中，亚行除了提供长期贷款外，也进行了股权投资。这是与传统商业银行迥然不同的融资模式。

传统商业银行的资金通常无法进行权益性投资，因为他们不愿也无法承担更大的风险。除发放贷款、收取固定回报的利息外，他们不对企业经营状况好坏负责。但这套规则的衍生结果可能并不像其初衷那样安全和美好。既然金融业对客户赚不赚钱并不负责，所以就可能变成一个漠视底层标的风险、纯粹销售导向的产业。金融衍生品日益复杂，各种债权、期限和风险进行拆分组合，裂变到谁也看不懂的地步，出钱的人和用钱的人在这个复杂体制下完全脱节，最后风险积累直到爆裂。

开发性金融则是另一种理念。不仅仅是资金层面的扶持，还有和这个项目和产业相关的管理、技术、文化等各种“知识”，在项目整个发展周期中一路加持。这是亚行和一般商业银行的区别，也是亚行不可替代的本质原因。既然亚行和项目深度绑定在一起，因此亚行需要更多地参与项目的经营管理，也必须要获得更多补偿风险的权利安排和利润回报。此时就必须直面处理复杂而具体的利益关系，既包括和各利益相关方之间的话语权分配，也包括退出机制的安排。

在三川能源项目中，亚行取得了三川能源的部分股份，国际金融公司也投资了一小部分股份。在他们投资三川能源之前不久，FE Clean Energy，一家专注于清洁能源领域的私募股权投资机构已经投资并持有了三川能源的部分股份。因此，在亚行和国际金融公司入股之后，三川能源的股权结构如下：公司创始人和他的合伙人通过境内两家公司合计持有三川能源 49.9% 的股份，FE Clean Energy、亚行和国际金融公司三家境外机构则持有了剩下的 50.1%。

股东背景各不相同，进场时间有早有晚，各自的立场和诉求也不尽相同。亚行仅持股一小部分的比例，如果需要在公司中获得一定的话语权，就必须和其他境外投资人协调立场、共同进退。

于是我们首先建议亚行在股东权利义务的设置上将股东分为两大类：中方股东（公司创始人及其合伙人和管理团队所控制的境内股东）和新投资者（包括 FE Clean Energy、亚行和国际金融公司）。亚行和其他新投资者协调各自立场和诉求，形成统一阵营，再和中方股东协商确定具体的安排。原则上每一类股东享有大致相近的权利义务，同时在两类股东之间以及同类股东内部形成有效的平衡。

在公司管理的权力分配方面，关键问题是董事会席位的分配、董事会召集程序以及表决权的设置。新投资者在艰苦谈判后和中方股东达成了一致，新投资方在公司管理事务中的话语权主要体现在以下几个方面：

首先，每一新投资方均至少委派一名董事进驻董事会（其中，亚行和国际金融公司各一名，FE Clean Energy 两名），各新投资方委派董事人数之和占到董事会七个席位中的四席，超过了中方股东委派的董事人数。

其次，董事会会议法定人数不少于五名，且至少有三名是新投资者委派之董事，这样就确保了如果亚行和国际金融公司委派之董事未能参加董事会议，则会议召集无效。

最后，除少数需要全部7名董事一致同意方可通过的特别重大事项（如合并分立、解散、改变核心业务等）外，其他事项至少需要4名董事同意方可通过，这就确保了新投资者委派董事中至少需要一名投赞成票方能通过任何决议。

更为复杂和艰难的是退出机制的安排。由于亚行和国际金融公司要求在退出时取得拖售权或由中方股东承担股权回购义务，中方股东对此极为敏感。各方数轮角力，依然相持不下，谈判陷入僵局。

在这种情况下需要从简单的零和博弈中跳出来。重新审视摆在桌上的方案，除了非此即彼的选项外，是否还有将选项进一步拆解细化的空间。在谙熟各方诉求和顾虑的基础上，用精微的方式重新调整原有方案的细节，于是新的空间就从原本粗糙简单的结构中呈现出来，将各方从原来的僵局中予以解脱。

最后各方达成一致的退出安排如下：

1. 初次拖售权

在特定条件成就时，任何新投资者有权要求其他股东与自己一起根据特定条款条件共同向第三方意向买家出售公司股权。和中方股东谈判的着力点包括以下细节：（1）行权触发条件，如几年内公司未能上市；（2）有权行使拖售权的新投资者的合计持股比例需达到何种水平；（3）第三方给出的购买要约的条件，包括拟购买的股权比例应达到何种水平，购买价格水平等；（4）被要求强制出售股权的股东是否应进行拖售顺位上的区分。就上述第（4）点，在中方股东的坚持下，新投资者最终同意：任何新投资者如要行使拖售权，应当首先向其他新投资者行使，如果第三方拟购买的股权比例比所有新投资者所持股份的总和还要多，则再强制要求中方股东出售前述不足部分的股权。

2. 回购请求权

当比上述拖售权触发条件更严格的条件成就时，任何新投资者（此时无持股比例下限的要求）有权要求任何中方投资者按照约定价格回购该新投资者所持股份。该等价格水平略低于上述拖售权情形下第三方购买股权的价格水平。

3. 二次拖售权

如果中方股东未能根据约定履行上述回购义务，则行使上述回购请求权的股东可以选择第二次行使拖售权，行权对象依然是首先面向其他新投资者、然后是中方投资者，但与第一次拖售权相比，第三方购买股权的价格水平相应调低了，而且如果各新投资者出售股权未能达到约定的回报率（比第一次拖售权约定的最低回报率略低），则中方股东有义务将差价补偿给相关新投资者。

上述退出机制的安排看似复杂缠绕，其实包含了各方细致的考虑，是艰苦磋商后互相妥协的结果，尤其体现了新投资者对中方股东立场的体谅。对于中方股东来说，在上述新投资者退出机制下他们至少获得了几层缓冲：（1）在可能被拖售时其他新投资者将作为第一层缓冲，从而避免了自身所持股权在第一时间面临被强制售出的风险；（2）回购义务的触发条件更严格，而且回购价格水平相对更低；（3）即使自身一时无力履行回购义务，新投资者也可以通过再次行使拖售权，将压力再次分摊至其他新投资者，而自己只需要补偿拖售完成后未能达到预期收益的差价，资金压力远小于支付全额回购价款的情形。于是，各投资方之间复杂的利益计算就通过条款之间精巧的互相牵扯和嵌套达成了平衡。

金融之内：企业的社会责任

“移民处置方案应翻译为当地原住民能够理解的语言、应在诸如乡镇公所等便于受影响人士了解查阅的地方公示方案且公示时间不得短于具体实施前四个月的期间……”

“包容性增长”的理念要求企业承担更多的社会责任，超越以利润为唯一目标的传统观念，强调在生产过程中以人为本，在对股东负责的同时，还要承担对员工、消费者、社区及环境等多方面的责任。多边开发金融组织在推动企业社会责任方面一直走在前列。例如，多边开发银行是发展绿色金融的规则制定者和践行者，国际项目融资中著名的“赤道原则”也是在世界银行主导下为处理环境和社会问题制定的投资准则。各多边开发银行均在不同程度上制定了其各自的环境和社会保障政策，通过对客户规定严格贷款条件，加强对被开发地区的自然与人文环境和人权的保护。

环境与社会保障政策实施的目标在于通过严格贷款条件为环境和人权保驾护航。在过去多年间，因为缺乏严格的环境约束机制，许多工程项目和规划给当地带来不可估量的环境破坏并造成居民流离失所的窘境，如土地使用方式和居住方式的变化、水资源质量数量下降、森林和土地退化、非自愿移民、原住民文化及其完整性受到威胁等。如果决策部门在作出决策和规划时能更多考虑所实施项目对当地环境造成的不良影响，并积极采取措施处理难题和窘境，这样不仅可以减轻生态破坏，也可避免经济损失乃至缓解社会矛盾。正确处理环境与生态问题不能仅仅寄希望于事后处理，而应提前建立完善的预防机制，从项目建设活动的源头去预防环境生态问题。亚行等国际多边开发组织所制定的环境与社会政策正是通过预防手段，提前规定一系列应对措施和强制要求，为项目实施所进行的经济建设活动减轻政治、经济与环境压力。

亚行的保障政策框架包括三项业务政策——环境、原住民和非自愿移民。保障政策要求：（1）在项目初期确认和评估可能产生的负面影响；（2）制订和实施计划，以避免、减少或补偿该等负面影响；（3）在项目准备和实施过程中及时向受影响人群发布信息，征求其意见。保障政策的一个基本原则是，执行政策条款是项目借款人的责任。借款人需要进行社会和环境评价，与受影响的人群和社区协商，准备和实施保障计划并提交监测报告。亚行的任务是向借款人解释政策要求，帮助其在项目准备和实施过程中满足这些要求，进行尽职调查和审查，审查和监督项目执行情况。

以三川能源小水电项目为例，亚行的上述保障政策被要求系统完整地包含在项目投资及融资文件中，三川能源为此在合约中作出了一系列的承诺，包括：

（1）设立专门的环境和社会保障部门并配备合格的专业人员。

（2）每年向亚行提交年度管理报告。亚行还要求将该等报告的标准模板附在协议后以确保三川能源能够以符合亚行标准的方式制作和提交该等报告。

（3）安排相关人员接受适当的环保事务培训。

（4）项目选址避开生态或社会文化方面敏感的区域，如自然保护区、文明遗产区域、人口稠密区域等。

（5）建立环境及社会保障事务的甄别和评估制度，对是否存在潜在环境影响、是否涉及土地征收和拆迁安置、是否影响原住民权益等事项按照亚行所设定的标准进行详细甄别评估。

（6）若项目对环境具有潜在不利影响，须根据亚行对环境影响等级的不同界定，分别向亚行履行相应的核查审批程序。

（7）若项目存在土地征收、拆迁安置或原住民权益问题，须制定处置救济方案并提交亚行审查和批准。亚行对该等方案的格式和详细程度也提出了严格细致的要求。例如，如果项目涉及超过200人的安置，则该等项目将被定性为“重大”并需要相应准备详版报告，反之则只需要准备简版报告。

（8）处置方案在制作和实施过程中应当和受影响的人士保持充分沟通，确保在没有达成自由、事先和知情情况下的同意前不会实施原住民的“移民”。亚行对该等沟通的方式也提出了事无巨细的要求，包括应翻译为当地原住民能够理解的语言、应在诸如乡镇公所等便于受影响人士了解查阅的地方公示方案、公示时间不得短于具体实施前四个月的期间等。

（9）应当建立令亚行满意的受影响人士投诉机制。

（10）应当留出履行上述环境及保障事务的充分预算。

从上述这一系列完善详尽并在具体交易中被严格执行的保障政策可以明显看到像亚行这类多边合作开发组织区别于一般商业银行的特点——商业和公益属性的共生共存。多边合作开发组织的业务活动和各地区的经济社会发展进程逐渐改变了公共和私营部门、民间组织和社区的定位和责任，更加注重社会和环境的可持续发展，并对信息透明度和公民参与度提出了更高的要求。亚行的首要宗旨始终没有变，即减少亚太地区的贫困，在这一宗旨下亚行通过自己的活动致力于推动共享式增长、环境可持续增长和地区一体化。

共生共长：短期效益与长期利益

“等这笔贷款还完，你我都要退休了吧？”

大型基础设施项目周期长，需要长久的资金匹配。较之一般的商业银行，多边开发组织在这方面的优势明显。以三川能源项目为例，亚行和国际金融公司所提供的贷款期限为12年，这已经令国内大多数商业银行无法企及。而此类多边开发银行的平均贷款期限甚至达到了20年或更长。

这在很大程度上得益于多边开发组织稳定畅通的融资渠道。除各成员国的认缴资本外，在国际资本市场上的贷款和发债筹资是多边开发银行的主要资金来源。其超主权的信用特征和事实上（非法定）的优先债权人地位使其往往能够获得超出其任何成员国的主权信用评级，从而得以按照极低的成本长期稳定地获得资金。

期限长意味着要承担更多的变数。亚行和国际金融公司开始介入三川能源融资项目时，这家公司的小水电建设刚开始起步，有限的电站项目零星地分布在几处狭小的区域。在得到亚行和国际金融公司的资金、技术和管理的加持后，三川能源获得了长足迅猛的发展，开发项目的小红旗迅速插遍全国各地。业务的扩张带来的是新的融资需求。三川能源开始和一批又一批新的银行接触，而股权投资机构也对这家公司表示出了极大的兴趣。随着新的资金提供方的加入，他们和亚行、国际金融公司这些“天使轮”即介入且一直不离不弃的债权人之间的关系如何协调就摆到了桌面。

三川能源的股权架构是一家控股主体通过几层持股关系控制分布在各地的众多项目公司。亚行和国际金融公司的贷款是在控股公司的层面发放，然后由该控股公司通过公司间贷款的方式发放至具体项目公司层面。担保方面，亚行和国际金融公司仅要求借款人在其持有的当时最核心的四家项目公司的股权上设立质押，并未在项目公司的具体资产上设置担保。

这样的贷款和担保结构具有一种内在的不稳定性：（1）借款人并不是具体的项目公司，因此贷款人距离真正的底层资产较远，一旦公司股权架构发生变动，这个距离有可能会被进一步拉大从而令贷款人处于更加被动的地位；（2）股权质押对项目公司资产的控制力较弱，贷款人作为质权人的地位并不比项目公司股东更优，相对于项目公司债权人而言处于结构性“劣后”的位置，一旦项目公司具体资产受制于其债权人的担保或被债权人采取保全措施，贷款人的质押股权价值将被侵蚀殆尽。

作为必要的限制措施，我们在贷款协议中对借款人的后续业务活动进行了以下关键限制：（1）消极担保，借款人不得擅自在其核心项目公司资产上为任何第三方设定任何担保；（2）借款人不得擅自实质性变更其集团股权结构。但我们知道，鉴于三川能源雄心勃勃的业务扩张计划以及远景上市蓝图，在往后十几年的贷款存续期间，他们必将来到需要和亚行重新协商对上述限制给予豁免的阶段，而亚行则必然需要在贷款的安全和三川能源业务良性发展二者之间进行权衡取舍，毕竟，亚行也是三川能源的重要股东之一，其所持股权也在等待着最好的退出时机。

此外，还有很重要的一点，多边开发组织和其他商业银行之间，也并非简单的竞争关系。在项目早期阶段介入，对其进行加持，在项目逐渐成熟的过程中撬动更多商业资本的加盟，并在项目完全成熟时退出，将后续的商业机会留给后来者。多边开发组织在这整个过程中扮演的角色更加开放和包容，他们和后续跟进的商业银行之间的关系也更加良性和温和。

于是三川能源相继又和多家商业银行在具体项目的开发建设上达成了融

资安排，并从亚行和国际金融公司处得到了必要的豁免从而得以将部分项目资产作为担保的手段。除了债务杠杆外，三川能源还引入了长期股权资金——平安寿险。如果说其他银行只是在三川能源整个资产“篮子”里切下一部分装进了自己的优先权口袋里，平安寿险的投资则在某种程度上实质性改变了三川能源集团的股权架构。

平安寿险本来的意图是以优先股股东身份在三川能源（亚行贷款的借款人）的层面投资，但囿于该公司作为中外合资经营企业的性质，优先股的制度安排缺乏足够的法律支撑。因此各方不得不设计了一个新的入股方案，在原控股公司和下面的各项目公司之间插入一个新的二级控股公司，作为平安寿险投资优先股的标的公司。该等新的二级持股公司作为一般的内资公司可以选择灵活的分红安排，从而实现平安寿险优先分红的商业诉求。与此同时，在原一级控股公司拟启动上市程序之前，平安寿险有权选择将其持有的二级持股公司的股权转换为一级控股公司的股权，从而获得上市退出的机会。

但这个安排从整体公司架构而言带来了下列问题：（1）插入二级持股公司要求所有项目公司的股权转为该新公司持有，涉及一系列的股权变更程序，其中也包括了原先已经质押给亚行、国际金融公司的股权的变更，这需要首先注销原质押登记方能实施转股变更登记，从而产生“脱抵空窗期”的风险；（2）平安寿险作为二级持股公司的优先股东，将在一定程度上优先于作为一级控股公司债权人的亚行、国际金融公司，如项目公司的分红在流回一级控股公司之前将优先用于支付平安寿险的股息，这将进一步恶化亚行、国际金融公司在整个交易大结构中的地位。

就上述第二点，我们帮亚行详细分析了在各种不同情形下亚行的实际受偿地位，这里需要考虑的因素除上述平安寿险的优先股所处位置外，还包括了一级控股公司将亚行的贷款资金转贷给具体项目公司的公司间借贷关系以及亚行所直接持有的项目公司的股权质押。从整体交易结构上看，这些借贷和担保关系又迂回地绕过了平安寿险的优先股，直达底层项目公司，从而在一定程度上缓解了亚行和国际金融公司结构性劣后地位的处境。

在各方的共同努力下，最终大家搭建了一个令各方都满意的平衡结构，从而使三川能源能够继续向前。在这个过程中亚行委派到三川能源担任董事的项目经理在协调各方关系、推进交易方面扮演了重要的角色。在亚行对三川能源进行股权和债权投资后，亚行一直密切地跟进三川能源后续的业务发展，为其提供了很多助力。这确实是一个利益深度融合和绑定的共生关系。

自项目交割至今，一晃 10 年过去了。三川能源的林总依然忙碌，他的公司正在为上市做最后的冲刺，而亚行的项目经理浦总一直在三川能源的董事会里和他并肩战斗。不过亚行在 2018 年将其在三川能源的股权转手，可以算是功成身退。

“在全球化合作面临退潮的当下，我们更需要凝聚积极力量，共渡险滩。”

2018 年年初，“一带一路”的倡议构想在全世界一呼百应，新生的亚投行如明星般冉冉升起，而在更早的时候，国开行已经在非洲和拉美广袤的土地上攻城略地，颠覆着西方世界本以为颠扑不破的金融规则。中国的媒体经常报道中国资本是如何以自己的方式改变着“一带一路”落后的国家和地区，如何通过修建每一条公路、每一座电站、每一间工厂，将这片地区原本松散的人群以新的方式聚合在一起，用新的方式连接协作，从而将这个国家一点一点地从传统的社会进化成现代社会的。

然而，接下来的这一年，随着中美贸易战的打响，形势似乎又急转直下，国运突然间又到了岔道口。无数人焦虑迷惘，不知路在何方。

2019年1月，世界银行行长金墉在任期未满时提前离职，事发突然。曾于世界银行任职16年的某专业人士有感而发，在一篇文章中问道：我们需要一个什么样的世界银行？眼下盛行的单边主义、民粹主义、以邻为壑，是在为一个更大的全球性危机埋下种子吗？当前世界格局动荡之际，类似世界银行、IMF、亚行这样的多边机构，对于维护全球化和全球合作具有怎样的意义？它们又应当如何自我革新、担负更大的使命？在全球化合作面临退潮的当下，如何凝聚积极力量，共渡险滩？

我这一代律师成长于中国改革开放的30年，也是全球化迅猛发展的30年。中国受益于全球化，我们这代律师尤其涉外律师也同样受益于全球化。现在中国通过“一带一路”把中国的经验带到“一带一路”的国家和地区，带动这些国家和地区一起发展，这是中国深度参与全球化的过程，也是以这种方式回报全球化对中国发展的贡献。在这个过程中，中国面对无数的挑战和困难，尤其是目前在世界不同地方兴起的民粹主义的挑战。全球化意味着我们必须回到一个基本的命题，那就是人类的福祉，而不仅仅是一个国家的利益、一个地区的利益，而要回应这个基本命题，就需要更高的智慧，这是目前整个世界对中国的呼唤。对亚洲开发银行来说是如此，对亚投行来说是如此，对金融律师来说也是如此。金融律师如何在全球化新挑战下创造新的价值，通过和客户、客户的客户一起努力，为全球化的进程、为人类的福祉创造更大的价值，或许这是一个专业律师需要不断追求并不断超越的方向。

聆听《鳟鱼》五重奏

——法国巴黎银行融资项目的角力与平衡

商业天然具有扩张的内在属性。如果没有遇到壁垒，它会在追逐效率和利润最大化的驱动下，不停歇地将越来越多的要素和资源纳入自己的系统中，跨越狭小的本地市场，甚至跨越国境。这一进程塑造了今天全球化的基本面貌，商品、资本、信息和劳动力在全球范围内流动、结合、配置，将全球联结为一个整体。商业的全球扩展必然伴随着融资行为的跨境流动。金融更加具有水的属性，总是寻找每一条通道每一处缝隙，流向效率更高、利润更高的地方。这个过程同时也是一个冲突、碰撞、撕扯、角力的过程，于阻塞中寻找路径，在较量中寻求平衡，如此循环往复、螺旋上升，一路进化迭代到今天的形态。

在过去30年的执业生涯中，我率领团队为银行融资领域的许多跨境交易提供了法律服务，见证了自改革开放以来中国逐步打通银行资本跨境流动通道、与全球银行金融及市场对接连通的全过程。

在改革开放初期，首先需要解决的是国内建设所需的外汇资金短缺的问题，因此迫切需要将境外的外汇资金与国内的经济需求进行对接。起初，将境外银行资金引入境内的具体方式主要为境内机构直接借取外债。此后国内企业在全球调配金融资源的空间逐渐扩大，除借取外债之外，他们也可通过在境外设立的融资平台，以境内主体的信用或资产作为担保，直接在境外获得银行融资，再通过各种方式将资金调回境内使用。

随着中国国力的增强，“走出去”成为进一步深化改革开放的战略选择。国内企业开始越来越多地利用境外资金为其海外投资活动提供融资。于是，通过在境外设立的融资平台，以境内主体的信用或资产作为担保，又成为境内企业利用境外资金进行海外投资的通路。在这个过程中，国内金融机构也越来越多地参与到其国内客户的境外投融资活动中，开始直接为境外商业活动提供信贷资金。至此，资金从外到内，或从内到外，跨境融资的通道日渐拓宽，跨境融资活动方兴未艾。

跨境融资交易牵涉处于不同法律管辖区的多个交易主体，法律制度、交易文化和交易习惯各不相同，这往往极大地增加了交易的复杂性：不同法律制度之间的差异有可能为交易结构的搭建设置障碍，各方文化和交易习惯的不同也可能影响共识的形成甚至造成剧烈的冲突。这对为跨境融资交易提供法律服务的律师提出了很高的要求。他们需要具备国际视野，既要熟悉中国的法律，也要理解国际市场通行的交易规则和惯例；他们需要具有创造力，能够在错综复杂的局面中设计出解决每一个具体问题的方案；他们还需要拥有很好的沟通协调能力，能够理解处于不同背景、不同文化的每一方的具体需求，并最大限度地在差异中找到共同点，建立共识。

2013 年，我们团队代表法国巴黎银行为东樱花苑收购提供融资的项目就是一个非常典型的跨境融资案例。让我们一起来重温一下当年这个交易，看看律师在一个复杂的跨境融资交易中应该扮演怎样的角色、创造怎样的价值。

交易背景概述

东樱花苑原来的主人是日本东京建物株式会社，项目定位是面向日本驻沪人士的高级公寓。记得我们当年到那里参加谈判，在大堂看到许多日本女人静静地等待小孩放学，仿佛置身于京都某个典雅的社区。2013 年，这个物业被一家来自美国的另类投资基金 Angelo Gordon 所相中。Angelo Gordon 找到了我们的客户法国巴黎银行，寻求对这笔收购提供融资支持。这就是这笔交易最主要的三个当事方：收购方 Angelo Gordon，出售方日本东京建物株式会社以及融资提供方法国巴黎银行。

但交易所涉及的具体当事方远不止于此。Angelo Gordon 虽然是一家美国基金，却是通过在英属维京群岛和中国香港等地设立的特殊目的公司来具体实施收购。东京建物株式会社也是通过其在中国的全资子公司持有东樱花苑的物业产权。此外，该中国子公司身上还背负着若干由在中国的日资银行为其提供的银行贷款，并在东樱花苑上设置了物业抵押用于担保该等银行贷款，这些现有贷款人也需要参与到这笔交易中，寻求在此次物业收购交易中以某种方式实现退出。

因此，这个项目涉及三笔相互关联的交易——Angelo Gordon（及其下设子公司）与日本东京建物株式会社（及其下设子公司）之间的物业收购交易、Angelo Gordon（及其下设子公司）与法国巴黎银行（及其所组建的银团）之间的收购融资交易以及日本东京建物株式会社境内子公司和现有境内银行之间的原贷款交易，涉及包括美国、日本、中国、中国香港、英属维京群岛等在内的多个法律管辖区的多个交易主体。

在这个交易中，我们为法国巴黎银行所代表的境外银团提供中国法律服务，英国著名律师事务所高伟绅的香港和东京办公室分别为境外银团提供香港和日本法律服务，Angelo Gordon 也聘请了美国著名的贝克麦坚时律师事务所作为其法律顾问。

现在，各路人马都已到齐，一场跨境收购和融资的大戏就要拉开帷幕了。

交易静态结构图：控制力和平衡感

让我们一起来近距离观察一下这笔收购交易的结构草图，如图 2－9－1 所示。

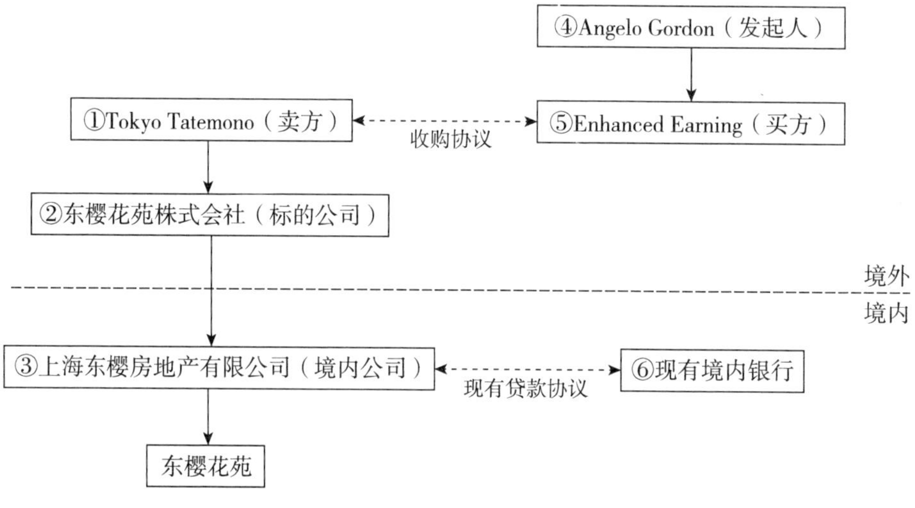

图 2－9－1　东樱花苑收购交易结构图

在这个初步拟定的交易结构图中，有几个重要的约束性因素：

1. 卖方用于盛放境内物业的“篮子”在境外，收购和融资也要在境外进行；

2. Angelo Gordon 通过下设子公司进行收购，并只愿意在无追索的条件下进行融资。这意味着法国巴黎银行和它所组建的银团只能依赖于底层物业的变现价值和营运现金流，Angelo Gordon 仅在极为有限的情形下提供一定程度的过渡保证；

3. 持有底层物业的境内企业目前在几家日资银行处存在尚未还清的现有贷款，并已在物业上设置了抵押；

4. 根据当时的外管法规，由国内企业持有的境内物业无法直接为境外银行融资提供抵押担保。

于是这个结构本来的缺陷就浮出水面，这也是此类跨境融资交易经常无法回避的结构性问题：

收购标的的底层资产尽管位于中国境内，最终控制人却是境外实体，而收购双方出于交割便利、节约税收成本以及融资便利等考虑，需要在境外进行收购交割并在境外实施融资安排。这是此类交易的首要结构问题——收购及融资交易与底层资产分别处于境外和境内。

境外银团距离底层物业过于遥远，这将带来一个结构性从属问题。具体而言，中国国内的债权人则近水楼台。物业的变现价款要先用于清偿国内公司的全部境内债权，剩余资金才能通过清算的通道汇出境外用于境外银团的清偿。境外债权人无法对境内物业实施有效控制，并在清偿顺位上处于劣后位置。

上述结构性从属问题本可以通过直接在境内物业上为境外银团设立抵押担保的方式解决，但当时中国法律对跨境担保的外汇管制阻碍了这一方案的实施。根据当时的外汇法规，境内企业不可以在其境内资产上为境外银行融资（贷款人和借款人均在境外）提供担保。这是跨境融资交易所特有的一项法规政策制约，而这个限制对于境外银团来说几乎是一个致命的问题。

很显然，这不是一个均衡的结构。境外银团无法在这样的约束条件下进行 Angelo Gordon 所需要的融资。我们需要设计一个新的结构，在这个结构下各个部位的受力应当均衡，能够支撑整个结构，从而作为交易的基础。这个新结构的出发点是解决境外银团最关切的清偿劣后以及对境内物业的控制问题，同时又要兼顾其他各方的利益，要最大限度地寻求各方利益的交汇点，寻求共识。

第一步应该是清退现有境内贷款人，拆除物业上的现有抵押。尽管我们代表的境外银团无法直接享有物业担保，但至少需要确保物业上不存在其他竞争性债权人，这是在现有约束条件下着手改善现状所能采取的第一个动作。由于当时外汇管制的因素，偿还现有境内贷款只能使用新的境内银行贷款进行置换，于是我们和法国巴黎银行沟通，让其境内关联银行再安排一笔新的境内贷款去偿还原贷款。这个安排同时也对收购双方有利。对于卖方东京建物株式会社而言，他们将在收购完成后套现离场，清偿他们当初借取的银行贷款，至于新的银行是谁，他们已然离场，自然无须关心。对于 Angelo Gordon 而言，他们在收购后需要管理境内公司，处理境内公司的银行债务，和他们并不熟悉的日资银行相比，他们当然更乐于和法国巴黎银行打交道。因此，这一步动作很快得到了各方的认可，于是一笔和境外贷款平行的境内贷款被成功添加到了交易结构图中。

法国巴黎银行很快看到了这个动作带来的额外好处：境内关联银行在置换了原有贷款后，将取得境内物业的抵押，这进一步增强了对境内资产的控制力和话语权。一方面，境内公司将无法擅自处分物业，任何处置都必须经过抵押权人的同意；另一方面，这个境内抵押权人不是别人，恰恰是法国巴黎银行的境内关联银行当然更放心。

但境外银团仍然有一些顾虑——尽管境内关联银行相对于其他第三方而言更令人放心，但毕竟还是各自独立核算的实体，而且境外银团还有其他参加行，和境内银行的利益并不是完全一致，是否可以在现有结构的基础上做进一步的改良呢？我们和银团各方又开始了新一轮沟通和探讨。和最初完全失衡的结构图相比，现在的问题已经被限制在境外银团和境内银团之间，和收购双方已经没有直接关联了，只需要将利益的天平调整到境内外银行之间某个适当的位置，新的结构就可大功告成。但这个均衡点应该放在哪里呢？很显然，在这个结构中，境外银团贷款是整个交易的重心所在，手握境内物业抵押这一“利器”的境内银行理应让天平再向境外倾斜一点，方可实现整体结构的均衡。

于是我们又提出一个改良方案：在境外银团和境内关联银行之间签署一份债权人间协议，建立一个境内外债权人之间的协商联动机制。这个机制可以约定，境内银行在执行抵押权、处置境内资产时，应当先和境外银团进行协商，各方从境内外整体交易的立场出发协商确定执行和处置方案。我们的思路是既然境内外银团由于法律的原因无法登记为平等的抵押权人，那么我们就通过合同来约定，让境外银团和境内银团可以约定抵押权的实现和受偿。这是借鉴了我们团队多年前所首创的结构，即在多家债权人无法登记为同一顺位抵押权人时，我们通过债权人间协议来解决。

在本次交易中，境内外债权人之间的关联关系使他们存在共同的利益基础建立和维系这一协商联动机制，而境外银团通过这一合同安排则可以进一步增强对境内物业的控制力和话语权。我们让境外银团明白，这个债权人间协议的机制是在当时跨境担保受限的客观制约条件下他们所能到达的最好位置，否则这个交易就无法再进行下去了。

于是，经过和各方的艰难沟通，融资交易结构图的最终修改如图 2－9－2 所示：

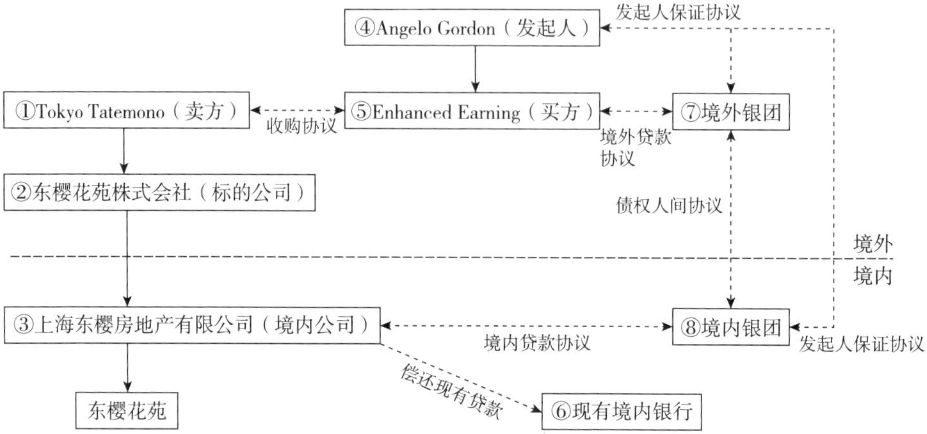

图2-9-2　东樱花苑收购和融资交易最终结构图

通过这样的结构，境外银团的劣后地位在很大程度上得到了校正和再平衡：境内现有银行被清退了，不再有优先于境外银团的竞争者；受制于新的抵押，境内公司也无法擅自处置物业，被牢牢地锁死；通过债权人间协议，境外银团又进一步锁住了境内关联银行，获得了境内物业处置的话语权。这是一个在现有约束条件下所能搭建的最好的结构，是一个可以继续前进的结构，可以在这个框架上添砖加瓦起高楼了。

交易动态路线图：一个互相咬合的嵌套机制

虽然我们有了总体结构图，但这只是静态的东西。真实的交易永远是动态的过程，律师永远需要考虑到交易的动态履行及其风险。看看这个图中的各个角色：买方，卖方，标的公司和它的境内公司，境外银团，境内银团，还有境内等待退出的现有债权银行，以及他们将要实施的一系列交易：境外融资，收购，境内融资，对现有贷款的清偿。你需要想象这个交易场域中的每一方如何行动，如何互动，如何在互动中将那个静态的框架落到实处，最终将他们各自的利益妥善安放。

法国巴黎银行负责该笔交易的董事一直在关注两个问题：如果我们境外的贷款发放后，Angelo Gordon 和日本人的收购未能顺利交割怎么办？如果我们境外贷款发放后，境内那家公司没有提取境内的贷款怎么办？这两个问题相互关联：如果境外的收购未能顺利交割，境内公司就没有理由提取境内的贷款，境内现有债权人就依然没有被清退，我们想要的抵押也无法设立，而此时境外几亿美元的贷款已经放下去了，风险敞口已经形成了。如果这种情况发生，将会出现一个最坏的局面——法国巴黎银行发放了一笔无担保并且劣后于境内债权人的“裸”贷款，一旦收购资金被挪用或借款人由于其他问题发生资金链问题，远在境外的银团将注定鞭长莫及，此前精心设计的结构将瞬间崩塌。

日本人植根于基因深处的谨慎则让东京建物株式会社的理事对境内那笔新的贷款满腹狐疑：如果在收购尘埃落定之前一定要让境内的公司签署这份晦涩难懂的新贷款协议，那提款的动作只能发生在境外收购交割以后，我们不可能在没有顺利卖掉物业的同时还无缘无故背负一笔新的债务。

Angelo Gordon 投资总监的眼睛则紧盯着他们要为这个融资提供的过渡期保证：他可以提供担保，包括境内的贷款，但如果境内贷款发放时收购却没有交割，他将处于一个尴尬境地，既没有买到资产，又要为和他无关联的债务提供担保。

既然各方的利益诉求最终都汇集在一点，那就让它们在同一时间发生。收购的交割、境外贷款的发放、境内贷款的发放，境内现有贷款的清偿，既然互为条件，那就同时发生，让所有人在同一天各取所需，皆大欢喜。技术上能够做到吗？理论上可行。收购境外交割的安排虽然给融资担保结构出了大难题，但却为交割提供了极大的便利，当日放款、当日交割，技术上没有问题。在此基础上进一步仔细梳理收购协议、境外贷款文件和境内贷款文件，确保收购交割和贷款发放的先决条件能够互相匹配并同步到位，然后推演各项交易交割操作的细节，确保每个环节完美衔接万无一失。在这些数百页的交易文本的字里行间，在沿着这些条款文字设定的路径一路推演的过程中，我们精心建造了一个互相咬合的嵌套机制，利用这个机制将每一方的利益和诉求牢牢地锁定在我们精心建构的法律大厦里。

当我们以为我们所精心设计的同日交割路线图已经无懈可击时，又一个意料之外的问题浮出水面。此次融资，境外银团授信币种为美元，境内银团为人民币，而境外收购交易对价和境内有待偿还的现有贷款均为日元，因此贷款发放的资金需要先兑换为日元才能实现其用途。从银行操作层面来看，从贷款资金发放、办理货币兑换到将兑换后的款项划付至目标账户需要一定的手续时间，无法在同一天完成。此外，境内的现有贷款银行也提出，他们从还款资金到账到出具贷款结清确认也需要超过一个工作日的时间，这进一步拉长了放款交割的整体时限。

这意味着，由于技术性因素，从境内外银团发放贷款到境外卖方收到收购款项和境内银行结清现有贷款，需要至少两到三个工作日，原先设定的拟在当天同步完成的放款交割机制必须进行调整。

在一些人看来，两到三天的技术性时滞似乎不是一个很严重的问题。但对于这个交易中承受巨大压力的各方而言，这个问题必须严肃对待，尤其是当严谨精确的国际顶级商业银行和同样严谨精确甚至有过之而无不及的传统日本企业坐在谈判桌两边时，更是不得有毫厘之失。

技术性时滞是一个客观存在，我们必须将其设定为无法改变的前置约束条件。解决问题的思路在于将其他可以调整的环节作更精细的处理，实施一定程度的“错位分解”，从而缓解上述时滞给各方带来的负面影响。

为方便理解，可以将境外贷款和境内贷款的放款交割流程细分步骤如表2-9-1所示：

表2-9-1 东樱花苑境内和境外融资放款流程对比表

步骤	境外贷款	境内贷款
第一步	贷款发放（美元）	贷款发放（人民币）
第二步	兑换为日元并存入监管户	兑换为日元并存入监管账户
第三步	（无）	向现有贷款人划付资金
第四步	支付收购对价	现有贷款人出具结清证明

在上述流程中，境外贷款的发放从第二步到第四步存在时滞，无法在同日完成；境内贷款的发放从第二步到第三步、从第三步到第四步存在时滞，无法在同日完成。经过步骤的错位分解后，解决思路如下：

首先，境内外银团同步完成第一步和第二步。这两个步骤完成后，贷款虽然现行发放，但所兑换的日元仍存放在境内外借款人在代理行处开立的日元账户中，继续处于银团代理行的监管和控制下。此时各方风险依然可控，贷款资金依然在银团的体系架构内，而距离最终的交割已近了一步。

其次，境内银团先走第三步，即向现有贷款人指定账户划付还款资金，境外银团保持不动。由于境内放款第三步和第四步之间也存在时滞，因此需要先行启动。与此同时，收购协议中需要明确，收购交割日应当定为各方合理预期的境内现有银行能够完成第四步结清现有贷款手续的日期。

最后，在交割当天，境内外银团同时完成第四步，即境内现有银行出具现有贷款结清证明，境外银团将之前存放在监管账户中的日元资金划付至卖方指定账户以完成收购交割。

客观地讲，上述分解动作并没有完全消除技术时滞，但在当下的约束条件下最大限度地缓解了该等不确定性：银行在贷款发放后交割完成前的那段时滞期间，贷款资金依然处在银行的有效监管之下，防范了银行风险；境内外贷款发放尽管在中间步骤存在错位，但最大限度确保了在交割日两边流程能够同时抵达终点。

交易内在冲突之一：法律文本和交易习惯的冲突

跨境融资交易横跨不同的法域、不同的市场，经常会发生不同交易文化和习惯、不同交易文本风格之间的冲突。例如，国际融资市场所通行的融资协议文本包含了大量英美法体系下的术语、概念以及判例精神，而这些往往是国内的交易方所不熟悉的，当一个跨境融资交易需要在境内和境外各方之间共用同一套协议文本时，冲突就在所难免。在我们此前处理的一个类似结构的跨境融资交易中，境外银团成员主要是熟悉国际融资市场惯例的外资银行，而境内银团成员则以中资银行为主，各方对他们要共同签署的债权人间协议的文本产生了实质性分歧，不得不请律师向相关方逐条解释协议的每一项条款，在付出巨大的沟通成本后才使各方勉强在同一套协议文本上签字。

同样的情况也发生在这个项目中。对交易文本提出质疑的是东京建物株式会社的理事。他看着眼前厚达100多页的境内贷款协议文本，满腹狐疑。

“就算你们可以将收购交割和境内放款安排在同一天，可我们毕竟在之前更早的时间就需要先签署境内贷款协议。从签约到提款，这中间是否会有施加于借款人的其他义务和责任？我们是否会因为签署这份协议而承担任何其他风险？”

“你们的协议太复杂了，我们实在没有兴趣和经验去逐条审阅这么复杂的贷款协议，而且在收购完成后这份协议和我们不再有关系。在现在这个时点，我们需要的是一份简洁明了的文件，越简单越好，不要给我们带来任何无谓的风险。”

在一个涉及多方的复杂交易中，距离核心部位较远但相对强势的一方要求以一种简单粗暴的方式处理对其他方来说可能至关重要的问题，并因此形成对整个交易的阻力，这样的情况并不罕见。而 Angelo Gordon 显然已经在此前和日本人的收购交易谈判中吃尽苦头，丧失了继续和顽固僵硬的对手做任何纠缠的耐心。于是他们放弃了向东京建物株式会社作任何解释，直接向法国巴黎银行抛出一个提议：收购交割前先准备一份简单的贷款协议满足日本人的要求，交割完成后再补签一份正式的协议。

我们当然理解 Angelo Gordon 的立场和策略，如果一个柿子太硬，那就挑相对软一点的捏。事实上法国巴黎银行确实已经开始认真考虑这个提议，毕竟他们也需要尽快完成这个交易。然而，为了加快交易进程而过于轻率地容忍风险，这在任何时候都是需要警惕的。我们向客户法国巴黎银行仔细分析了这个问题，东京建物株式会社的这一要求本身并不合理，也有悖交易惯例，而草率地接受 Angelo Gordon 的提议则需要考虑收购完成后 Angelo Gordon 未能签署正式贷款协议的风险。仅仅因为某一方的强势和顽固，就绕开真正需要澄清和解决的问题，转而采用一种看似轻巧却将风险留给客户的方案，这是不合适的。我们首先要做的，是将那份看似冗长复杂、实则精准完善而且我们对其已经熟悉无比的协议，进行一番梳理（这并不会花费我们太多的时间），将那些从协议签署后到实际放款前借款人需要履行的义务和可能承担的责任，摘录下来，清晰地呈献给各方，让大家对这个问题都能了然于胸，进而心平气和，然后在他们就风险和责任的分配达成一致后，再将他们形成的合意清晰地反映在完善后的文本中。

当然，针对对方依然拒绝接受签署复杂协议的可能性，我们也为客户想好了应对之策。比如，让 Angelo Gordon 在境外的融资文件中承诺他们会确保境内公司在收购完成后按照事先约定的格式签署境内协议，或者让他们授权的人士将相关协议事先签好，等收购完成、该等人士接管了境内公司的管理控制权后再追认签署的效力等。

经过我们耐心而细致的解释后，东京建物株式会社对这份协议有了更清晰的理解，他们终于放下心来，同意签署经过我们梳理和调整的协议。他们会这么做，是因为我们的工作让他们对自身的风险地位和处境有了更清晰的理解，同时也对此类协议的结构和条款有了更好的认识，而他们并不需要为这项增值服务付费！

我们只是秉承了我们作为金融律师的一个基本信念：让交易的每一方（包括但不限于你的客户）都能很好地理解你所起草的交易文件，让他们彼此信任，让他们都能在项目交割后带着微笑离开。

交易内在冲突之二：交易条款的确定性和不确定性

正当项目排除重重障碍，顺利推进、交割在望时，从 Angelo Gordon 处突然传来一个消息：东京建物株式会社坚持要求在收购协议中添加一个条款：自交割之日起两年内，Angelo Gordon 必须确保境内公司维持物业目前的定位（为日本在沪人士提供的高级涉外公寓）和管理运营方式，不得将物业处置给任何第三方。

如果从单纯的物业转让的角度看，这个条款也许有其合理之处，毕竟东京建物株式会社经营这个物业品牌多年，因此希望在其转手后一定时间内接手方能够继续保留这个品牌在市场的口碑和影响力。然而，这个收购交易一旦和银行融资安排绑在一起，冲突似乎在所难免：在收购完成后物业是要立即抵押给银行的，如果发生贷款违约，银行当然需要对抵押物业进行处置，而处置就很可能转让或拍卖给第三方。

这个冲突已经触碰到了银行参与这个交易的核心利益。这个项目从设计总体交易结构开始，就围绕着境内物业的担保和控制，这是整个交易大厦的基础之一。Angelo Gordon 两手一摊：我们已经尽力了，可是那些日本人无法被说服……

假定东京建物株式会社最终不肯作任何让步，各方不得不在现有条款基础上签署收购协议，那么我们应该如何评估银行可能承担的风险？先看看是否存在退路，再决定我们是否必须进击，以及如何进击吧。

第一，合同中所述的“处置”（disposition），根据合同准据法日本法，是否应解释为包括为本次交易融资的目的将物业抵押给银行？

第二，如果在交割完成后将物业抵押给境内银行确实构成对收购协议的违反，那么 Angelo Gordon 需要承担怎样的法律责任？收购协议项下已经履行完毕的义务是否会受到影响？

第三，法国巴黎银行和它的银团在明知 Angelo Gordon 在收购协议项下作出该等承诺的情形下仍要求 Angelo Gordon 将境内物业抵押给银团，这是否构成对东京建物株式会社在收购协议项下合同权益的侵犯？是否需要向东京建物株式会社承担侵权责任？

第四，即使法国巴黎银行和它的银团在上述情形下根据适用法律无须向东京建物株式会社承担法律责任，法国巴黎银行是否需要考虑其声誉风险（reputational risk）？

第五，如果境内物业以违反收购协议项下承诺的方式为境内银团设置了抵押，在执行抵押程序时，东京建物株式会社可否以第三方利益相关人的身份提出执行异议或以其他法律所允许的方式影响抵押执行程序？

这个交易中作为银团日本法律顾问的高伟绅东京办公室先就第一个问题

给出了他们的意见：日本法对这个问题没有十分清晰的规定，但“处置”被解释为包括抵押权的设立和执行，这一点在日本法下存在很大的可能性。

Angelo Gordon 的美国律师贝克麦坚时指出：根据收购协议，Angelo Gordon 违反该项义务的责任仅在于赔偿，而且赔偿责任有上限限额，因此整体违约后果是可控的。

高伟绅律师立即回应道：无论 Angelo Gordon 在收购协议项下的责任是否存在上限，都不能因此认为法国巴黎银行在构成合同侵权的情形下也适用于同样的责任限额。

法国巴黎银行也跟进指出，即使不考虑所有可能的法律风险，他们也必须考虑声誉风险，在明知将导致对方在另一个协议发生违约的情形下还和该方签署融资协议，这不符合一家国际顶级商业银行的交易原则。

此时，Angelo Gordon 的投资总监终于忍无可忍：“Guys, I just want to say one thing here. Let’s try to be REASONABLE on this. We all put our reputation on the front to do our business. Angelo Gordon is in front of BNPP, and if Angelo Gordon doesn’t think through this, not only our reputation and our equity are all at risk! Hope you all can understand.（要说声誉，我们把我们全部的声誉也押上了，而且我们站在你们银行前头！如果出事儿，我们输掉的不光是声誉，还有我们的本钱!）”他进一步说道，如果银行认为目前的交易结构其无法承担“声誉”风险，那么就撤掉目前境内物业上拟设的担保，另起炉灶再搞一套吧！

于是大家都沉默了。我们经过这么长时间努力跋涉才来到这里，现在又要重新开始吗？我们和银团的境外律师都得到了银行的指示：重新分析和梳理目前的担保结构，看是否可以设计出一套不违反收购协议的结构。时间紧迫，银行希望我们能尽快给出替代方案供大家讨论。

然而，这不应该是我们的方向。东京建物株式会社的这个要求并不是他们的核心利益所在，而物业的抵押却是我们的核心利益。一栋大厦即将落成，此时如果一定要对其进行改造，当然只能从受力最小的部位着手，断无拆除承重墙的道理。

任何僵局，本质上都是关系的僵局。任何关系的僵局，都可以通过建构全新的关系来化解。而任何全新的关系，都开始于最初的善意和信任。一项交易之所以把这么多人会集在一起，是因为大家有着本质上相同的利益和目标，这是所有表面上的争执和分歧背后的东西。我们相信，如果能够将这个交易中每一方真实和完整的需求真诚地呈现出来，每一个有诚意的人都会得到相同的答案。始于信任，回到信任。这是我们多年的跨境交易的经验，真正的信任可以超越国别、意识形态、宗教等文化差异。基于此，我们开始发挥律师在文本之外的协调作用。

我们告诉 Angelo Gordon，东京建物株式会社对他们运营多年的东樱花苑怀有很深的感情，这是他们坚持在收购协议中放入禁止处置条款最根本的原因。因此，最重要的是让东京建物株式会社清晰地感受到 Angelo Gordon 的诚意，法国巴黎银行的诚意，以及他们对这个交易的信心。这个信心的关键点就在于，Angelo Gordon 接手后一定可以成功运营这个物业，而法国巴黎银行也同样相信 Angelo Gordon 能够成功运营这个物业。这才是这个交易的真正基石所在。

我们拉着法国巴黎银行与东京建物株式会社进行了最后一轮的沟通。这一次，局面终于发生了逆转。东京建物株式会社同意签署收购协议的补充协议，将抵押行为排除在受限制的处置行为之外。他们真切感受到了各方的诚意，因为各方确定无疑的信心，也最终确立了他们的信心。这份理解，这份信心，是这个交易中所有各方共同努力的结果。

一个好的跨境交易律师应当具备怎样的品质？在一个大的跨境交易中，他所面临的复杂性也许超出了这个交易中的每一个人所能掌控的范围，各种因素互相交织，新的问题不断涌现。一个好的跨境交易律师，应当尽可能地站在更高的地方，看到每一个节点，节点和节点之间的联系，以及这个联系背后的规律，更重要的是，要看到这个交易中每一方的真正需求，以及他们相互联结形成的那个整体。

走笔至此，想到之前参加的一次律协组织的青年律师交流活动。一个年轻律师问我：您觉得一个好的律师应当具备怎样的品质？我的体会是："你的思维应该有层次，同时又要深入浅出。你要俯瞰全局，也要理解客户的真正需求。你要抓住最关键的节点，同时不能放过每一处细节。你要看到每件事情背后的一样和不一样，并深谙这其中细微的差别。你可以很灵活，但原则问题必须坚守。你要像个工匠那样细心雕琢，并在每一处微小动作的背后充分感受这份工作所蕴含的大美。"

也许我们每一个律师终其整个执业生涯，都只是在这条没有终点的道路上永不停歇地前行吧。

告别《悲怆交响曲》

——家族财富管理的法律创新与超越

家族财富终将何去何从?

我们身处于一个造富神话不断涌现的时代，无论是在中国本土还是在国际社会，我们经常能在新闻报道和电视荧屏上看到类似的故事，诸如京东的刘强东、阿里巴巴的马云、百度的李彦宏、脸谱网站的扎克伯格、苹果的乔布斯等。而除了这些在近期媒体中不断被提及的人物之外，整个世界还存在其他拥有大量财富的个人，如神秘的欧洲罗斯柴尔德家族、美国的洛克菲勒家族、香港的李嘉诚家族等。在长达几十年甚至几百年的历史长河中，这些人通过企业的发展和投资的运作，创造了普通人几辈子甚至十几辈子都无法企及的财富。

这类富人们的创业经历、财富程度甚至花边新闻成为普罗大众们在茶余饭后的谈资。人们不断讨论着什么样的人才可以创造如此之多的财富？普通人需要具备什么样的条件才可以像他们这样成功？如此多的财富可以满足怎样奢华的生活？他们的家族内部为了争夺遗产发生了什么样的宫斗戏码？而在这些老生常谈的话题中，很少有人会问：他们的财富是否会随着他们的老去昙花一现？他们的企业在失去了他们之后是否还会像如今一样辉煌？他们的子孙后代是否会永享他们所创造的财富带来的幸福生活？

大多数人甚至媒体不太热衷于讨论这些问题不代表这些问题不重要，可能仅仅是因为他们没有那么有趣或者吸引眼球，讨论这些问题对己身并没有任何的帮助，无论是从现实意义上还是从纯粹八卦的角度。实际上，从大的方面来看，这些问题对于金融市场的从业者来说孕育着巨大的商机；从小的方面来看，这些问题的解决对于拥有小额财富的个人来说也有很好的借鉴意义。因此，归根结底，一个关乎每个家庭的终极话题就是：家族财富终将何去何从？

一次不同寻常的招标会

作为金融市场的从业律师，我们经常会收到银行和其他一些金融机构的邀请，参与一些项目的招标，如项目融资、银团贷款、金融机构并购设立，这些业务或许曾经风靡一时，产生了重大的市场影响力，但随着时间的推移，其历史意义或许比现实意义更加重要，我们在前面的案例中也有详细介绍。参与这类里程碑式的业务是我们律师参与整个时代构造的一部分，就像我们参与的当年中国第一高楼上海环球金融大厦，虽然现在已经不是第一高楼了，但一样会一直屹立在雨雪风霜中，见证来回变化的风云天地。

然而，作为金融律师，我们不仅要有辉煌的过去，还要有远瞻的前景。2014 年一个阴雨弥漫的早晨，我们在坐落于外滩的上海大厦内参与了一次不同寻常的招标会。招标会由四大国有大型银行之一的私人银行总部主持，要求我们律师就银行的家族财富管理项目提供法律服务，包括结构设计、文本起草、落地实施等全套服务，目的是要将家族财富管理业务发展成为该银行标志性的支柱性业务之一。家族财富管理在当时市场上已有讨论，甚至有些信托公司已经开始实施，然而，我们的客户作为全国性的大型国有银行拟直接开展家族财富管理业务，而不准备通过第三方如信托公司开展，这在业内甚至整个中国本土金融业尚属首次。

走进上海大厦时，我不禁感慨万千。20 世纪 90 年代初期，我经常出入这里，因为另一家国有大型银行中国建设银行上海分行的国际业务部就在这个大楼。当时为了上海许多大型项目融资需求，我作为银行的律师和银行同事们一起日夜为宝钢、金山石化、30 万吨乙烯工程、九四专项等项目融资而忙碌，只不过当时国内资金匮乏，所有项目都是向日本输出入银行、德国进出口银行、美国及其他国际银行借款，然后再转借款给国内的公司。转眼 20 年之后，中国已成为世界第二大经济体，我们要解决的是中国大量财富的管理项目。真是 20 年巨变啊！

在等待招标会开始的时候，我和其他同事在宾馆的咖啡厅坐着休息，浓郁的咖啡香味弥漫在鼻间，窗外远处是车水马龙的外白渡桥。那些 20 世纪徜徉于上海滩的富人家族曾经也积累了大量的财富，他们应该也想过他们的财富何去何从，可惜那时的一切都随着时代的变迁烟消云散了。如今，经过半个多世纪发展的中国新一代银行家和企业家又开始了新一轮的财富思考。这一年，其实还发生了很多大事：中国股市经历了 7 年的低迷之后开始疯涨，企业家们的财富在资本的盛宴中又再一次水涨船高了；马云的阿里巴巴在美国正式上市，造就了一个宇宙级的 IPO，那个曾经的教书先生在世人面前意气风发，挥斥方遒，仿如一个少年；中钢集团数百亿贷款出现逾期，这个钢铁大鳄如今还深陷泥沼；微软正式完成收购诺基亚，那个承载一代人记忆的手机制造商轰然倒塌…… 看起来的太平年代好像也并不太平，财富永远伴随着机遇和风险，它们终将何去何从，第一次进入中国大型商业银行的视野中，意义绝对不止一个银行业务那么简单。

简单的客户需求和不简单的律师意见

▲ 客户的项目需求

在一杯咖啡的时间之后，我们见到了招标会的主办方——该大型国有银行的同事们。简单的会场坐满了来自银行各个不同部门的负责人员，每个人略显轻松的表情中透露着些许凝重，可能是这个业务在他们看来并没有那么复杂，但因为总行特别重视的缘故，其意义也许不仅仅在于业务本身。

简单的寒暄之后正式步入正题，银行的需求简单而明了：需要做一个家族财富管理业务的产品。作为一名金融律师，我本能地感觉到这个需求可能只是“冰山一角”，对于这样一个大型商业银行来说，开展这个业务的意义会非常重大，没有想象中那么简单。

▲ 律师的重新布局

有鉴于此，我们没有首先进入银行设定的思维框架中，而是跳出了框架来全局性看待这个简单的需求。我们需要了解银行为何要开展这个家族财富管理业务。经过沟通，我们了解到银行积累了大量的高净值个人客户，这些客户在银行有大量的个人理财业务，如何针对性地对这部分客户开发新的银行业务，既能进一步捆绑客户，又能发展出银行新的利润增长点，同时还要顺应时代的发展，成为银行一项紧迫的战略任务。最终，他们将出路瞄准在家族财富管理业务上，通过为高净值个人客户的整个家族财富进行管理，不仅可以扩大客户资产管理的范畴，还可以为银行贡献新的利润增长点。

顺着整个思路，我们提出了几个基本观点：

（1）这是一项银行整体的战略任务规划，做这一业务需要有一个宏观的格局；

（2）需要建立银行自主品牌的家族财富管理业务，因为该业务将会在未来的财富管理市场占据重要的地位，提前布局属于银行自主品牌的业务，对银行的市场领先地位有不可或缺的重要作用；

（3）银行需要给予其客户非常稳固的产品结构以回报客户的信任，因为客户会将其终身的财富都交给银行来管理，银行就应当尽到高度的信义义务来给予客户以回报，即应当设计一套产品可以实现客户财富的世代传承，而不仅仅是着眼于眼前的利益；

（4）需要在银行和客户之间建立除财富管理之外的其他纽带（如文化），以更紧密地联系客户；

（5）需要放眼全球来看待这个业务，其覆盖范围不能仅仅局限于中国本土，还应当包括整个世界经济体，实现客户资产的全球配置。

以上是我们在招标中首要提及的意见，看起来似乎不仅是法律方面的意见，然而，这确实是我们价值最重要的体现。在商业交易中，律师不仅仅是需要解决问题，更重要的是配合客户来布局整个项目，因为客户的思考和需求往往带有很大的局限性，这个时候就需要律师根据其经验帮助客户重新认识项目、梳理项目，最终才可以顺利圆满地完成项目。

▲ 现实的困境

与其说我们的上述观点是一种意见，我们倒更认为是一种想法，显然我们的想法得到了银行的认同。会议开始时银行各位同事面部表情上的一丝丝凝重清淡了不少，随着我们想法的提出，银行也主动参与到这个话题的讨论中，没有再局限于家族财富管理业务产品的本身结构了，气氛也逐渐活跃。

在经过简短的互动讨论之后，我们向银行提出了几个可能面临的现实困境：

（1）如何确保银行可以以自主品牌开展家族财富管理业务？这一问题来源于家族财富管理业务的核心制度设计——信托，而中国对于商事信托采取的是特许经营的模式，正好银行体系内并没有一家持牌的信托公司，与第三方信托公司的合作势必会影响到银行自主品牌的建立，那么如何在信托公司之外寻找合适的平台或者结构来替代实现这一需求是一个现实的问题。

（2）如何能够帮助银行设计出一套可以进行全球资产配置和传承的法律结构？虽然经过改革开放之后，中国原先的计划经济体制基本被淘汰，但是对于跨境投资和外汇管制仍然还存在很多限制性的规定，如何在现行的体制下寻找突破口为银行设计一套可以进行全球资产配置和传承的业务结构也是一个问题。

（3）因为目前市场上并没有可供参考的适用于家族财富管理业务的成熟公司治理模式可供参考，如何设计出一套良好的公司治理结构和内部控制制度，确保受托财产被良好管理从而无愧于客户对银行的信任，也是一个需要解决的问题。

（4）所有的结构设计和方案计划最终都需要落实到文本层面，如前文所述，信托本身是一个“舶来品”，中国本土的信托实践大多是基于信托产品来开展的，迄今为止我们还没有看到一套成熟的被广泛使用的适用于家族财富管理业务的文本，如何设计和起草家族财富管理业务一系列合同文本也是一个需要考虑的问题。

就像大多数后知后觉的人一样，当我们在讨论这个问题的时候，才会幡然发现，原来中国的财富管理和传承与世界上其他国家存在那么大的差距。这个时候我们才会想到，我们的国家真正的发展才持续了不过三四十年，我们的主要商事法律制度是在过去的二三十年中制定出来的。二三十年对于个体来说是一个漫长的过程，但是对于一项法律制度来说，还是太短了。信托制度这一概念甚至可以上溯到几千年前的古罗马时代，而我们国家第一部信托法是2001年颁布的，十几年前才从国家法律上认可信托制度。

我们在提出上述困境后，作为一名从业律师，内心其实是有一丝悲悯之情的，悲的是法律制度的落后，悯的是生活在这片土地上的人们。而我们能清晰地感受到，在听到上述问题之后，银行各位同事深深的挫败感。

▲ 可能的解决办法

时间短、发展慢并不代表没有，家族财富管理是一项古老的业务，信托制度是其核心价值。中国《信托法》虽然属于舶来品，但对于信托制度的借鉴和立法仍然为我们提供了很好的依据。此外，在二三十年间中国金融市场的快速发展带来的法律制度的革新，也为我们提供了一些其他的解决问题的思路。在认识到项目的重大意义以及面临的困境后，我们已经给银行梳理了一个大致的项目结构和问题，接下来我们根据对法律的解读和从业经验，提出了几个可能的解决办法，包括：

（1）为保有银行自主品牌，以银行自身开展民事信托，同时利用信托制度实现客户财富的世代传承，伴以银行提供的其他增值服务，完成产品结构设计。

在银行体系内寻找一个可替代信托公司的其他主体代信托公司完成信托结构的设计，实现客户财富的世代传承。

（2）利用上海市自由贸易区作为缓冲地带，实现客户财富的全球配置。

（3）由律师牵头完成第三方框架性服务结构，包括税务师、审计师、拍卖行等，围绕家族财富管理业务进行统筹性安排，确保业务稳定性和概括性。

(4) 参考我们在境外市场所做的家族财富管理业务合同，根据中国法律起草适用于国内的家族财富管理合同文本。

上述的几个解决办法是我们针对性地在现场给银行提的意见，目的在于探讨一些可能的办法，在银行开展家族财富管理业务的大背景下，我们的意见给了银行一线的希望。现场一度很压抑的氛围随着意见的提出，稍微得到一些缓解，而窗外凄凄沥沥的阴雨中此时也点缀了几缕早晨的阳光，每个人在阳光的映射下显得踌躇满志，似乎问题总能有一些解决的办法。而只有我们律师知道，要解决这些问题实在是太难了，在英国人手上发扬光大的古老信托制度能否像窗外100多年前英国人造的外白渡桥一样继续在中国发挥它的功用，在当时看来是一个难解的谜。

复杂的论证和简洁的结构

虽然项目面临着巨大的困难和不确定性，我们最终还是赢得了银行的信任。在招标会结束不久之后我们就收到了银行打来的电话，高度肯定了我们的提议并同意了我们的服务方案，希望按照我们的设计进行研究，并最终汇总成一个具体的项目结构，汇报总行实施。

此刻，对于我们律师来说，是一场胜利，因为我们赢得了这次不同寻常的招标，我们有机会参与到这个项目的结构性设计中，因为该项目的重大意义，我们可能正在为家族财富管理市场探索一个新的路径。同时，对于我们律师说，也意味着责任的重大，银行对我们的信任一如客户对银行的信任一样，都是不能被辜负的。

为了确定使用何种载体来实现家族财富管理业务的基本结构性框架，我们花费了大量的时间进行内部讨论和研究。我仍然清晰地记得在和其他同事交代项目背景和可能的结构问题时，他们眼中流露出来的激动和兴奋，仿佛在从事一项伟大的事业一样，时至今日，当时研究和讨论的经过仍历历在目。

▲ 基本结构设计——如何让信托制度贯穿家族财富管理业务的基本结构

首先，根据《信托法》的规定，信托可以分为民事信托、营业信托和公益信托，除了公益信托之外，另外两种信托方式其实都可以作为家族财富管理业务的基本结构，所以，我们首先考虑了以银行作为受托主体进行民事信托安排。这一方案的优点在于银行可以直接作为受托人，接受其客户的委托，直接管理客户的家族财富，在最大限度上能够获得其客户的信任同时能够体现银行的自主品牌，而且在根本法律上也有明确的规定，算是有法可依。但是，这一方案其实面临了几个主要的法律难题，首先就是在如今金融分业经营的情况下，银行从事此类民事信托业务可能会被认定为超出其经营范围。《商业银行法》第 2 条明确规定，商业银行是吸收公众存款、发放贷款、办理结算等业务的企业法人，而第 3 条则明确列举商业银行可以经营的全部或者部分业务，均没有包含信托业务。

因此，在金融分业经营的大背景下，结合《商业银行法》对商业银行可经营业务的规定，我们认为商业银行以民事信托为依据开展家族财富管理业务可能会面临较大的法律风险。除此之外，根据我们的经验以及对信托业实践的了解和总结，民事信托在司法审判实践中其实得到承认的案例不多，以一种法律后果尚不确信的制度为依托，这对于银行以百年传承为目标的家族财富管理业务来说，是一种相当大的冒险。

其次，我们参考了市场上近几年非常热门的资管产品结构，以证券公司或者基金管理公司为受托人，以证监会颁布的一系列资产管理法律法规为依据，以家族财富为受托财产，设计出一套适合家族财富管理业务的资产管理法律结构。这一方案的明显优势在于银行体系内其实有现成的证券公司和基金管理公司可以合作，如果项目得以实施，可以确保银行在此项业务中拥有完整的自主品牌。此外，由于资管产品得益于市场的大力发展和监管的推动，其业务模式非常成熟而且法律监管也比较完善，对于家族财富管理业务的开展可以说有非常大的帮助。

但是，在我们按照此方案进行结构设计时发现，无论是证券公司的资产管理业务办法还是基金管理公司的特定客户资管业务办法，制定这些规则的上位机关是证监会，在法律体系内属于层级较低一级的部门规章制度。而且在这些规章制度中，我们发现资产管理业务的基础法律关系其实并未明确，即信托这一核心元素并未体现在相关的规章制度中。当时有效的规章如《证券公司客户资产管理业务管理办法》[1]未提及客户是通过何种方式交由其进行资产管理的，这样就存在法律上的不确定性因素，而有的规章如《基金管理公司特定客户资产管理业务试点办法》则直接规定基金管理公司的特户资管是为了委托人的利益、运用委托财产进行投资，这一规定其实与传统意义上的信托概念相去甚远，倒更似委托。

有鉴于此，我们认为如果按照此方案设计家族财富管理业务结构，虽然能够满足银行某一方面的需求，但是对于家族财富管理业务法律结构的稳定性、确定性而言都是不太够的，因为家族财富管理业务可能会长存一百年甚至几百年，但这些规章制度可能在十几年甚至几年之内就会被废止。

最后，我们将目标锁定在《证券投资基金法》规定的非公开募集基金（我们通常所称的私募基金）。根据对《证券投资基金法》的法条解读，我们认为基金的本质法律关系为信托。这一点可以从《证券投资基金法》对基金

---

〔1〕 2018年10月22日被《证券期货经营机构私募资产管理业务管理办法》（证监会令第151号）废止。

的定义可以得到佐证，其第 2 条规定，在中华人民共和国境内，公开或者非公开募集资金设立证券投资基金，由基金管理人管理，基金托管人托管，为基金份额持有人的利益，进行证券投资活动，适用本法；本法未规定的，适用《中华人民共和国信托法》、《中华人民共和国证券法》和其他有关法律、行政法规的规定。该条的规定明显不同于上述证监会颁布的《基金管理公司特定客户资产管理业务试点办法》对基金公司特户资管的定义，首先，《证券投资基金法》没有采用委托的概念；其次，《证券投资基金法》明确规定其未规定的内容适用《信托法》的规定，这直接表明《证券投资基金法》的上位法其实是《信托法》；最后，根据我们对国外基金立法实践的了解，基金这一概念也是从信托的概念演化出来为商事交易所服务的。因此，我们首先确定基金的法律关系为信托。

紧接着我们根据《证券投资基金法》第 3 条第 3 款最后一句的规定，即通过非公开募集方式设立的基金的收益分配和风险承担由基金合同约定，认为《证券投资基金法》对私募基金的收益分配其实是属于相对比较宽松的，不同于公募基金的规定。这对于我们家族财富管理业务的结构设计其实给予了相当大的法律空间。因为，《证券投资基金法》中的公募基金规定其受益人是基金份额持有人，进一步规定基金份额持有人以其出资为限对基金财产的债务承担责任，相当于明确公募基金的基金财产为基金份额持有人出资，而受益人也为基金份额持有人，这对于银行要开展的家族财富管理业务显然是不适用的，因为家族财富管理最终是要实现以家族后代为受益人的目标的。而私募基金的上述规定，则明确表明基金的收益分配是可以通过基金合同自主约定的，不再局限于委托人必为受益人的硬性条件。据此，我们解决了委托人和受益人分开的法律问题。

另外一个需要解决的核心问题是，基金管理公司开展家族财富管理业务是否面临着从事信托业务的合规性风险，一如我们前面指出的商业银行从事民事信托的法律障碍一样。关于该点，我们翻阅和查找了大量的资料和法律规定，最终，我们找到了国务院办公厅于 2001 年 12 月 29 日发布的《关于〈中华人民共和国信托法〉公布执行后有关问题的通知》。根据该通知的规定，在国务院制定《信托机构管理条例》之前，按人民银行、证监会依据《信托法》制定的有关管理办法执行。人民银行、证监会分别负责对信托投资公司、证券投资基金管理公司等机构从事营业性信托活动的监督管理。这表明，在国务院制定《信托机构管理条例》之前，国家所特许从事营业性信托业务的机构不仅包括信托公司，还包括证券投资基金管理公司，只是这两种类型的机构均需要受到证监会的监管而已，但这至少明确了通过基金管理公司开展信托业务属于法律所明确允许的范畴。

因此，最终我们所设计出的家族财富管理项目的基本结构就是由基金管理公司开展私募基金业务以实现家族财富管理业务所需要达到的最终目的。当然，我们在市场上也看到很多私募基金，他们大多以短期的收益为目标，募集投资并最终解散，如何确保承载家族财富管理业务的私募基金区别于市场上大多数存在的以投资收益为目的的私募基金，是后期制作文本时需要关注的实践问题之一。

▲ 深度结构设计——如何让家族财富管理业务发挥财富全球配置的作用

利用基金管理公司开展私募基金业务以最终承载家族财富管理业务只是我们初期需要解决的基本问题之一。如何在这一结构的基础上进一步实现银行对于家族财富管理业务进行全球配置的目标也是另一个非常现实的问题。关于这一问题，我们当初设想了很多，但由于中国整体法律环境仍然是侧重于监管和控制的，尤其是对于海外投资和外汇管制这一块，因此，留给我们的结构设计空间其实并不大，比如，我们考虑过利用证监会的合格境内机构投资者制度，实现资产的海外配置，但是这里的资产仅局限于现金，其他的如以基金管理公司为名直接以受托资产投资等在现行法律制度下也不太现实。所以最终在这一问题上也没有一个切实可行的解决办法。

然而，我们最终还是给客户提供了一个思路。因为在设计这一项目结构时，正好是上海自贸区发展得如火如荼之际，虽然当时的政策不是特别明朗，国家和业界其实均给予了上海自贸区很高的期待，而实际上上海自贸区也在越来越向自由金融和贸易的方面上发展，如2014年上海自贸区颁布了《信托登记试行办法》，首创了国内信托登记的先河，为困扰家族财富管理业务的信托财产登记提供了想象的空间（虽然现阶段看起来仍然过于遥远），再如，当时上海自贸区基本实现了跨境投资的备案制度、资金的自由出境制度等。这些都为银行所需求的资产全球配置提供了一些基础的空间，只要在政策环境逐渐开放的情况下，最终实现资产的全球自由配置将有可能会成为现实。因此，最终我们建议将上面提到的家族财富管理业务的基本结构设在上海自贸区内，以尽可能地利用政策先行先试的优势，掌握先机。在这一问题上，银行的需求其实也是一个远景目标，而不是迫切需要解决的问题，律师利用其对前沿政策动向和市场趋势的发展为客户提供了解决思路。

▲ 延展性结构设计——如何让家族财富管理业务获取客户的信任

在解决了项目的基本结构之后，对于承载整个项目的私募基金的管理人，采取何种公司治理结构也是需要深远考虑的问题之一。这一问题其实背后隐含着很多内容：其一，清晰和完善的公司治理结构可以增加客户对管理人的信赖。我们之前说到，家族财富管理业务中高净值个人客户是将其毕生的心血和财富托付于管理人，管理人如何能够确保受托管理的财富不被随意处置、肆意滥用？如何确保财富最终会保值增值并最终流向家族的后代？这固然需要管理人娴熟的管理能力，同时，对于管理人内部的控制制度也是一个极高的要求。其二，一个良好的公司治理结构也可以对管理人起到很好的自我保护和风险控制作用。如果受托管理的财产被员工不当使用，对于客户来说，是一种损失，这种损失最终可能会追究到管理人而由管理人承担。

关于这一问题，我们当初为银行设计了很多的方案，根本出发点是基于国内外先进的公司治理理念，采取内部分权制约的模式来规划的，同时参考了公募基金管理人、上市公司、商业银行等一系列公司治理结构案例。在具体的方案中包括设立独立董事、风控委员会、薪酬委员会、投资决策委员会等。但最终项目落地实施时，因为一些实际原因，有些提议其实最终并未完全落实，这属于项目执行层面的问题。

▲ 其他结构设计——如何围绕家族财富管理业务开展附带增值服务

在家族财富管理业务中，围绕着家族财富管理业务可能会出现的业务需求，以家族财富管理业务百年传承的宏伟目标为出发点，我们当初还为该项目设计和提议了很多其他附带的结构性设计。

考虑到家族财富管理中财富管理的整体性和客户现阶段特殊的需求（包括投资需求、个性化配置需求等），我们曾建议整体家族财富管理采用母子基金结构，即家族整体财富全部信托给管理人管理而成立母基金，就客户的个性化需求，可以在该母基金下再成立子基金。

关于财富传承过程中的税务筹划、财产保管需求，我们当初曾围绕着这一系列附带的业务建议建立“一揽子”第三方服务方案，由律师或者管理人牵头，组成第三方服务工作组，成员包括律师、审计师、税务师、拍卖行等，分别负责法律事务（婚姻、继承等）、税务、保管、评估、鉴定、登记和处置等。

除此之外，基于家族财富传承背后的文化传承需求，我们还曾建议在具体业务开展后进行“一揽子”的文化教育培训讲座。这类讲座不仅包括对客户及其子女的传统文化培训，还包括服务于这些客户的银行客户经理们的专业化培训。实际在项目开展过程中，我们受邀进行过几次系列讲座，比如全球家族财富传承趋势、家族财富精神文化传承等，银行和客户均表示效果非常好。

在经过日夜不停的内部研究和论证之后，终于，我们将这一具有重大战略意义的业务的大体结构性法律问题解决并提供了完善的结构设计方案。当我们时隔几个月后带着我们的方案再次见到银行招标会上那些同事时，经过事前的沟通，他们再也不复当初的惆怅了。这份承载着我们汗水的方案就像我们和银行之间的桥梁一样，建立起了我们之间的连接。

这次我们没有再去当初招标会黄浦江畔的那个宾馆，而是踏进了银行在外滩的、20 世纪由外国人设计的大楼里，这些大楼曾经代表着一个远东的国际化都市，而如今，它们屹立在外滩之边，毗邻着繁华的陆家嘴，仿佛向世界默默彰显着中国人的财富。巧合的是，2014 年，整个中国的 GDP 首次迈入 10 万亿美元的门槛，排名世界第二，30 年前的 1984 年，这个数据只有不到 7000 多亿美元。在这里，我们为银行设计的家族财富管理业务的法律方案也正式被接纳了。

水土不服的合同文本

家族财富管理业务的开展离不开文本，这个文本既包括落实项目结构的文本，也包括客户开展业务时需要的文本。好的交易结构需要有好的交易文本来支撑，这是毋庸置疑的。律师如果仅仅为客户设计出完善的交易结构，但这些交易结构没有落实到好的文本上，最终交易也无法真正地落地。

在获得银行的确认之后，我们开始了项目文本的制作工作。在本项目中，我们主要帮助客户起草了公司治理结构的章程性文件以及客户开展业务的标准信托合同。章程性文件自不待言，而关于标准信托合同，其实非常耗费心血。这里面的问题前面已经提到，一方面是国内没有一个标准化的可适用于中国法律环境的家族财富管理信托合同可以参考，另一方面是因为现行市场上存在很多私募投资基金的合同文本，它们的存在和广泛的实践可能会对家族财富管理信托实践造成一定的混淆，因为前者多，后者少，对于稀缺而少见的法律结构和文本，市场接受度如何，司法接受度如何，都是律师需要考虑的问题。

关于信托合同，因为国内没有标准的适用于家族财富管理业务的合同可供参考，我们最终借鉴了国际社会通用的有关家族信托的合同范本作为起草的依据，结合中国本土的法律，最终形成一个适用于国内的家族财富管理的信托合同。在起草该合同时，其实遇到的不仅仅是法律问题，同时还有一些现实的银行接受度问题。因为我们起草合同时是以标准文本的要求来起草的，力求能够涵盖家族财富管理业务的方方面面，同时兼顾国际通行做法和适应未来法律变化，而银行在将这类文本运用到具体业务时，可能还无法接受如此程度的条款，因此，这也要求我们在具体起草文本时不能只关注文本本身，而且也要了解客户的需求和面对客户的问题。下面试举几个例子说明该问题。

▲ 采取何种目的设立信托？

合同目的是解决一个合同存在的根本性问题。不同于私募基金合同的短期目标，家族财富管理的信托合同的根本目的是信托财产的破产隔离和世代传承，因此，在设计条款时必须明确合同目的，以正确区分此信托合同与其他私募基金合同的本质不同，这对于将来面对司法裁判时也利于解释合同条款和安排。

▲ 设立何种类别的信托？

《信托法》其实没有明确信托的类别，只是简单区分了民事信托、营业信托和公益信托，而这种区分对于所要开展的家族财富管理业务来说并没有实质性的意义。家族财富管理业务中的一个核心问题是，受托人在多大程度上承担受托财产管理的责任，或者说受托人对于受托财产的权限到底有哪些。按照国际社会的普遍做法，家族信托通常采用全权信托（discretionary trust）的模式，而这种类别的信托要求委托人在将全部财产信托给受托人之后，完全由受托人自主决定何时分配受托财产本金、何时分配受托财产收益。这一规定按照如今我们中国的国情来看，可能有点匪夷所思，然而，这却是家族信托的核心条款之一。这一切都是源于信托本身所要求的信任和法律所施加的信义义务的原因，而这些在目前中国的文化和法治环境下，很难实现。与此相对应的就是固定信托（fixed trust），即在设立信托时有明确的指示，包括何时分配、分配多少等。这对于中国尚不完善的诚信体系来说，可能是一个替代的解决办法。

除了全权信托和固定信托之外，信托还可以分为可撤销信托和不可撤销信托。《信托法》对于这一问题也并没有明确，但是规定在委托人为唯一受益人时信托可以解散，信托文件另有规定除外。区分可撤销和不可撤销信托的意义，对于银行和客户来说都比较重要，如果信托可以撤销，从法理上来说，信托财产可能无法独立于委托人的破产财产，信托处在随时可撤销的状态中也不利于银行充分利用和管理信托财产，如果信托不可撤销，一个现实原因就是客户可能不是特别愿意达成这样一个自己无法反悔的信托安排。

▲ 如何确定信托财产？

家族财富管理信托不同于一般的商事信托，其基本需求是将家族所有的财富全部置于该信托之下，不仅包括现金，还包括一切有价值的物质财富，包括房产、动产（艺术品等）、股票、股权等。中国目前的法律环境和信托实践，对于非现金资产的信托安排非常欠缺，比如《信托法》规定，对于信托财产，法律法规规定应当办理登记手续的，需要办理信托登记，而房产作为信托财产如何进行信托登记就是一个现实的问题，迄今为止，还无法很好地处理此类问题。股权同样也面临着这一问题。对于股票和一些动产而言，一个因为有了私募基金可以开户的规定，另一个因为转移所有权无须办理登记，其作为信托财产在法律上不存在实质性的障碍。

如何解决信托财产登记的问题，属于立法层面要考虑的，就合同文本的角度来说，我们不能因为法律没有规定而回避这个问题，因此，我们在合同文本中设计了一个信托财产加入制度。在初期设立家族财富信托时可能仅有现金和股票资产，后期如果法律允许，还可以再进一步加入其他类别的财产。至于股票资产的转移所可能引起的上市公司控制人变更问题，则需要另外考虑，而非本信托合同需要解决的问题。

▲ 如何确定受益人？

家族财富管理信托区别于市场上其他信托和基金的一个最大不同就是，受益人与委托人分离，或者说受益人不仅限于委托人。《证券投资基金法》已经给予了私募基金自由约定的空间，因此，在合同里设置不同于委托人的受益人条款其实并不存在法律上的障碍。那么还需要解决的一个问题就是如何确定受益人，受益人范围如何确定？

《信托法》规定受益人或者受益人范围不能确定的信托无效。因此，一个确定的受益人或者受益人范围是信托有效的必要条件之一。那么在家族财富信托中，受益人往往是不特定的，其内涵可能包括家族后代所有人，那么这样一群受益人是否可以算作是特定的受益人范围，中国法律目前并没有一个明确的规定。按照英美法例，只要信托在分配时受益人可以根据合同条款予以明确，即构成确定的受益人，据此来看，只要家族后代这一概念在信托合同中以恰当的语言予以描述，也可以构成确定的受益人范围。

另外一个问题是受益人的加入和排除制度。一个人即使不是家族后代，或者在设立信托时不属于受益人范围，是否可以通过后期加入而成为受益人，或者一个人在设立时是受益人之一，是否可以通过后期安排而排除在受益人范围之外，这一问题在短时间内可能并不是一个特别重要的问题，但是在一个信托需要持续百年之久的时候就不得不考虑了。因为随着时间的流逝，后代之中有可能会出现对整个家族不利的人，而家族之外也可能会出现对这个家族有特殊贡献的人，如何使他们能够排除和加入家族财富信托中来，对于一个承载整个家族财富管理责任的信托合同来说，也是一个必须要面对的问题。据此，我们在信托合同受益人章节给予了必要的合同安排，使之成为可能。

家族财富信托合同中的法律问题其实多如牛毛，尤其是在不尽完善的中国法律环境下，一些问题其实相当特殊，比如信托财产的分配方式、国外信托监察人（protector）制度、受托人变更、受托人管理权限等，囿于篇幅的关系，在此不一一列举。

透过这样一个案例，我们可以看到，不同于诉讼律师在庭前幕后的纵横捭阖、激昂雄辩，金融律师是在商业交易中了解客户需求、设计结构、起草文本、在完成交易的过程中体现价值。要成为顶尖的金融律师或者领先的金融律师，就需要在为市场开启一个新型业务、新型结构时可以创造独特的价值。客户在向金融律师提出需求之后，金融律师不仅需要了解客户在这个项目的需求，还要从整个行业的动向、市场的变化来思索项目的创新。同时，对于国内尚未发展或成型的产品或商业结构，需要从国际市场的惯例来借鉴经验，从而可以在更加广阔的维度上为客户提供服务，也可以在更加宏观的格局下来设计整个交易结构。此外，我们金融律师也要脚踏实地却又要不失灵活地积极创造交易结构以满足客户的需求。

正如这个家族财富管理案例，正是我们敏锐地感知到整个市场的需求以及问题所在，同时结合整个时代的格局考虑到家族财富管理业务在市场中的发展和动向，加上客户内部对此事项的高度重视，才成就了该项目在更高立意上得以开展。在更大的国际视角下完成这样一个项目，呈交给客户的是一个稳定长久而可靠的业务模式和结构，带给市场的是一个可以不断复制和创新的源泉，从而引领整个行业不断地前进。当然，这个法律结构还要经受实践的不断检验，还需要根据市场的发展不断完善，它更需要一个稳定、一致的法律结构和法律文化，才有可能打破中国几千年来“富不过三代”的魔咒。

在《英雄》交响曲鼓舞下

——站在银行金融业的浪尖上

作为金融律师，绝大多数时候我们是通过在具体金融交易中为客户提供法律服务和解决方案来体现律师对于促进交易、构建交易秩序的专业价值的。过去的30年是中国银行业波澜壮阔急速发展的30年，从全国数家银行到现在的数千家银行，从国有银行垄断的市场到千舸争流的外资银行、股份制银行、城市银行、农商银行、村镇银行和网上银行构成的市场，从单一的存款贷款结算业务到现在的复杂产品的商业银行业务、投行业务、中间业务等；从过去从未在全球金融机构排名中出现到现在数家银行跻身全球金融机构前十名，中国银行业已然是中国经济乃至世界经济的重要支柱力量，它自身也是受高标准监管且高度自律化的行业。作为从事银行金融法律服务的专业律师，我在过去20多年来始终担任上海银行同业公会的法律顾问，参与行业自律组织的工作，从更加广阔的视角观察行业的发展趋势并参与银行业的发展及行业规则的制定，始终站在银行业发展的浪尖上，和银行同业公会一起肩负着引领银行同业发展的使命，尽力去体现金融律师的社会价值。

上海银行同业公会设立：一个美丽的开始

1992年对于改革中的中国来讲是极为不寻常的一年。在这一年，全社会的重心转移到加快改革与开放上来。银行业作为国民经济的重要动脉，在改革开放以来不断蓬勃发展，为处于深刻社会变革中的实体经济源源不断地输送血液。1992年，是中、农、工、建四大国有银行体系形成之后的第8个年头，也是我国第一家股份制商业银行——交通银行设立后的第5个年头，同样在这一年，在华外资银行经营机构发展到70家之多。但是，蓬勃发展的银行业同样存在各种问题。例如，刚刚成立的中资银行在规范运营上存在很多问题、不同背景的中资银行之间以及中资银行与外资银行间在文化以及对法规政策的理解与执行上存在很大的差异、银行业与司法机关及其他政府部门的沟通渠道有限等。改革开放的进一步推进急需一个健康的、稳定发展的银行业给予有力支撑。此时，建立银行同业内部的自律沟通渠道、构建银行业与政府机构、社会公众之间的沟通协调的桥梁变得极为迫切。在这样的时代背景下，上海市银行（外汇）同业协会于1992年12月应运而生。

上海市银行（外汇）同业协会的前身是于1918年成立的上海银行公会，在近代上海金融中心的形成过程中，多次重大事件中都有上海银行公会的身影。1920年在上海银行公会成立之初订立了上海银行业营业规程，作为各银行开展营业活动所需遵循的自律性制度。1933年全球性金融危机蔓延，美国政府为转嫁金融危机的负面影响采取高价收购白银的政策。中国境内白银大量外流，引发了全社会的金融恐慌，大批银行、钱庄相继倒闭，造成了历史上著名的“白银风潮”。在危急时刻，上海银行公会代表上海银行业出面与美方沟通，最终美方同意稳定银价，以解决中国金融行业的危局。在中华人民共和国成立前的动荡时代，上海银行公会肩负起引领金融同业的使命，在加强行业自律、参与经济政策的制定和实施以及稳定金融行业和国民经济方面起到了非常重要的作用。1952 年至 1992 年，金融业私营及公私合营逐渐退出历史舞台，上海银行公会也在此间一度终止其业务活动。而迎着改革开放的强劲东风重新启航的上海市银行（外汇）同业协会延续了上海银行公会的内在逻辑及使命，一路伴随着中国经济的发展和腾飞。

上海市银行（外汇）同业协会成立之初由 25 家中外资金融机构作为发起单位，后于 1998 年更名为上海银行同业公会（下称同业公会或银行同业公会）。自同业公会成立之初，我受公会秘书长、上海银行界资深国际业务专家史万钧先生邀请，担任公会的法律顾问，至今已经是第 21 个年头。作为公会唯一的法律顾问，我带领团队不仅参与了同业公会更名、同业公会章程的起草、理事会设立的整个过程，也为银行展业过程中遇到的共性的、重大的问题提供法律咨询意见。对于我们而言，虽然担任同业公会的法律顾问 20 多年来几乎都是义务性的，但这也成为我们了解行业动态的重要窗口，这段经历极大地拓展了我们的视野，使我们有能力站在行业的高度理解银行金融领域的种种问题，更为我们处理具体业务提供了更广阔的思路和独特的视角。看到我们提出的法律意见和解决方案为银行业的发展持续地带来积极影响，我们深刻地体会到金融律师在推动行业发展和社会进步中的重要作用，这种使命感和荣誉感不断地感动和激励着我们，让我们在银行金融领域法律服务路上走得更远、更踏实、也更有自信。

借撰写本书之契机，将我们在和上海银行同业公会一起成长的过程中遇到的较有代表性的事例与各位读者分享，一方面，是对我们这些年来所做的公会工作的梳理；另一方面，希望这些经历可以为各位读者带来关于律师执业的些许灵感或启发。

逃废债之殇：催生征信制度雏形

同业公会成立初期便遇到了极为棘手的企业逃废银行债务的难题。企业逃废债兴起于20世纪90年代中期，始于国有企业，受波及和影响最大的则是国有银行。20世纪90年代中期正值改革开放的关键时期，国企改制不断深化。大批国有企业一直以来生长于计划经济体制的土壤，一时很难适应市场经济的变化，加之其经营管理效率和资源配置效率低下等“积弊”，导致这些国有企业的经营步履维艰，更有甚者，只能依赖银行的巨额债务才能勉强维持生存。很多企业根本无力清偿银行贷款，大量银行贷款实质性悬空。企业为了逃避银行债务，在实践中发明了花样繁多的避债手段，比如通过公司分立或低价转让资产的方式实质性转移公司资产、利用不规范的股份改造或破产程序逃避债务等。

此外，某些地方政府在企业逃废债的蔓延和恶化中起到了推波助澜的作用。地方政府政绩的评价指标主要是经济增长、社会稳定、增加就业，而各地的国企在贡献税收和消化就业人口上起了至关重要的作用。“国企不能倒”已经成了从企业到政府的共识。在当地支柱性企业经营不良的情况下，为确保企业不倒和政绩达标，某些地方政府往往指令当地的国有银行下放定向贷款，使大量的资金资源又流向了原本已经生命垂危的国有企业；而当贷款到期无法偿还，银行诉诸司法手段时，有些地区的司法机关和政府又联袂为企业逃废债行为保驾护航，致使银行在诉讼及执行阶段面临极大困难。有的地方政府甚至组织机关干部协助当地企业突击进行大规模破产及资产转移以逃避银行债务。

在多重因素的共同作用下，20世纪90年代中后期企业逃废债如流毒般在全国范围内疯狂蔓延。据公开可查的记录显示，截至2000年年末，在工商银行、农业银行、中国银行、建设银行、交通银行开户的改制企业为62,656户，涉及贷款本息5792亿元，经过金融债权管理机构认定的逃废债企业32,140户，占改制企业51.29%，逃废银行贷款本息1851亿元，占改制企业贷款本息的31.96%。在逃废债的企业中，国有企业22,296户，占逃废债企业总数的69.37%，逃废金融机构的贷款本息1273亿元，占逃废债总额的68.77%；非国有企业9844户，占逃废债企业的30.63%，逃废金融机构贷款本息578亿元，占逃废债企业贷款本息的31%。所涉范围广泛、金额巨大的逃废债行为严重地伤害了银行资本、影响了银行的日常经营，如若处理不妥当，将为整个金融系统的稳定埋下隐患，也将对融资文化造成强烈冲击。

上海作为中国的金融中心，首先感受到了这种强大的冲击。当时，上海银行同业公会频繁接到成员单位反映其所遇到的企业逃废债问题，随后同业公会展开了针对逃废债的成因以及应对策略的讨论，我们作为同业公会的法律顾问也多次参与了讨论。在讨论中，我们提出，逃废债盛行的一个重要原因是社会信用制度和信用文化的缺失。商业社会本质上是个陌生人社会，商品交易在陌生人之间大量进行，征信制度和信用文化是这些陌生人交易得以进行的重要保障和前提。而当时在我国还没有征信制度以及相应的基础设施，银行在贷款发放前，无法获得企业借贷及履约的完整信息，企业在先债务履行情况的好坏都不会影响到下一笔贷款的获取，更不会影响到社会公众对企业的评价。这就导致大量企业对自己的履约情况漠不关心，甚至在运营情况不好的时候毫无忌惮地采取各种手段以逃避债务。那么，如何在现有的制度框架下，构建银行同业之间以及银行与公众之间关于逃废债失信企业的信息共享成了摆在同业公会面前的重大课题。

经过理事会讨论及多方征求成员单位意见，公会初步计划基于成员单位提供的逃废债企业信息，在公会层面建立逃废债企业名单，并进一步在成员单位间共享该名单，对情节极为严重的企业在当地及全国有影响力的报刊上予以公示。然而，在我们看来，要实现公会预想的机制，在当时法律制度并不完善的状况下可谓困难重重。首先，在法律的定性上，商业银行是民事主体，不具备任何行政属性，其无权依据任何行政法规对借款人的信息予以公布或披露，并且也没有任何法律赋予贷款人可以在借款人违约的情况下披露违约情况的权利；其次，根据《商业银行法》，商业银行对客户信息具有保密义务，未经事先同意不得披露客户信息，如银行违规披露客户信息，可能面临监管部门处罚；最后，擅自披露、公开企业的贷款及履约情况可能有侵犯对方民事权利之虞，商业银行可能因此承担民事赔偿责任。综合上述情况，贸然推行逃废债企业名录共享及公示机制，不仅不利于银行利益的保护，还可能引发法律风险及信誉风险。

为防范风险、规范银行业操作，我们经过反复考虑提出了一个解决方案，即建议同业公会要求其成员单位在与借款人签署的贷款协议中加入一条关于信息披露的标准条款，明确约定在发生贷款逾期或其他违约事件时，贷款人有权向同业公会及公会成员单位通报借款人的违约情况，并且在达到一定严重程度的情况下，贷款人有权在地区及全国有影响力的报纸上公示其违约情况。通过这种方式，信息披露制度作为双方合意的一种合同安排被固定下来，为贷款人后续的信息披露及公示提供了法理基础，同时，也让借款人在签约之时便清楚地认识到其将受到信息披露机制的约束，从心理层面给借款人以震慑。

通过这个机制，我们帮助银行业在一定范围内构建了征信制度的雏形，为商业银行的债权安全提供了保障。但是，我们更希望通过向公会提供这些法律建议传达一个法治理念，那就是，银行业的发展永远都要在法律的框架内规范地进行，即使对于有信用瑕疵的借款人也不能简单地采取“以暴制暴”的方式直接将其失信情况予以公示，这样做不仅会给商业银行自身带来一系列风险，更有可能戕害整个银行业。另外，我们也帮助各家银行完善了他们的格式贷款合同，对制约违约企业取得了更大的主动权。这也为日后中国人民银行的征信系统提供了一个初步的体系。

设立动产质押平台：巧解钢贸企业担保难题

改革开放使中国各项事业高速推进，其中发展最为迅猛的便是关系国计民生的基础设施建设。基础设施建设地大量投资导致市场对钢材的需求逐年上升。

钢材产品具有一定的特殊性，其单价较高，从事钢材贸易的贸易商需要大量资金才能完成一单钢材贸易，这极大地制约了钢材贸易的效率。为解决这一问题，银行、贸易商和钢厂在实践中逐步形成了一套融资模式，即由银行、贸易商、钢厂签署三方协议，约定银行向贸易商提供贷款用于钢材采购，贸易商采购钢材的货款由银行直接支付给钢厂，贸易商通常会在贷款银行预存一定金额的保证金，贸易商同意在钢厂交货后将成品钢材质押给贷款银行，银行对质押的钢材进行监管，贸易商每次销售时，需向银行支付对应货物的货款，银行方会同意解除相应钢材上的质押，允许贸易商提取钢材。但这个模式存在很大的问题：第一，钢材的体积大且需要存储在专业仓库，这就导致银行在质押设立时以及贷后监管中都难以对质押的钢材进行严格的监管，实际上银行对质押的钢材是否存在以及数量、质量所知甚少；第二，法律法规对动产质押并未规定具体的登记机关，银行在接受钢材质押时无从知晓质押物上是否已经存在其他质押。实践中，虚构质押物和一物多押的情况时有发生。据上海银监局2011年公布的数据，截至2011年6月末，上海用于质押贷款的螺纹钢总量为103.45万吨，是螺纹钢社会库存的2.79倍。

时间来到2011年，此时钢铁行业的风光早已不在，取而代之的是产能严重过剩、钢材滞销、价格疲软等不利局面。2012年，钢材贸易商的银行贷款违约集中爆发。危机爆发后，贷款银行立即着手执行质押担保，此时一物多押、虚构抵押物的情况迅速暴露出来，使银行业对钢贸企业的信任降至冰点，银行业对钢贸行业的贷款投放大幅收紧，很多已有贷款被宣告提前到期，这无疑使钢贸行业的境况雪上加霜。这种情况持续下去，大批钢贸企业将面临倒闭的命运，银行也将产生大量难以消化的不良资产。

在此背景下，上海钢材贸易商会、上海银行同业公会、上海银监局进行了沟通，就钢贸企业信贷危机的处理以及钢贸行业与银行业未来的合作与发展进行了讨论。我们作为同业公会的唯一法律顾问，全程参与了沟通和讨论。我们提出，除了尽可能地挽回银行损失外，需要各方共同思考的是，为何部分钢贸企业的违约会造成波及整个钢贸行业的信贷危机。我们认为，究其原因乃是动产质押制度的不完善。因为不存在公示的质押记录，各家银行无从知晓质押物的已质押状况，给了部分不合规的钢贸企业以可乘之机。为使银行业恢复对钢贸行业的信心从而继续为钢贸企业提供贷款支持，最重要的是弥补动产质押制度在信息公示方面的缺失，以同业公会为主导设立动产质押信息的共享及公示机制。按照我们的提议，在同业公会的主导下，成立了上海银行业动产质押信息平台。我们的团队全程参与了设立平台的相关手续、文件起草等工作。该平台实现了上海银行同业之间就质押信息的共享，为避免重复质押、保障银行权益起到了重要作用。信息平台设立后，银行与钢贸企业之间的互信关系逐渐重塑，很多银行重启了对钢贸企业的贷款项目。

诚然，作为律师，就银行如何执行担保、最大限度地减轻损失提供法律意见是律师价值的体现。然而，在参与本案例讨论时，我们并未将目光局限于此，而是进一步地将着眼点放在探究造成担保乱象的根源，以及如何重塑银行业与钢贸行业之间的良性互动上。我们能这样做的原因是我们意识到了这些争议不仅牵涉银行作为个体的利益，更是关系到钢贸行业的未来发展。解决具体问题、维护当事人的利益固然重要，然而，如果一名律师仅将自己的作用限定于此，其也仅相当于一名法律技术工。如果律师能从行业发展的高度去思考问题，那么他在找出具体问题最优解的同时，一定可以发挥更大的作用、创造更大的社会价值。

信用卡诈骗：司法的天平该如何平衡

同业公会的一项重要职能是代表整个银行业与司法部门及其他政府部门进行沟通协调。我们作为公会的唯一法律顾问，曾多次参与这类沟通和讨论，并代表整个银行业发声。其中，给我们留下最深印象的是与上海的法院系统就信用卡诈骗案件的损失承担问题展开的讨论。

近些年来，随着社会消费观念的转变和升级，信用卡在人们的生活中扮演起越来越重要的角色。据统计，2017 年，国内的信用卡和借贷合一卡的发行量已累计达到 5.88 亿张。信用卡的使用极大地方便和刺激了人们的消费，但是，与信用卡相关的犯罪数量也越来越多。根据最高人民法院公布的数据，2015 年 1 月 1 日至 2016 年 12 月 31 日，每年已审结的信用卡诈骗案件都高达 10,000 件以上，且有逐年上升的趋势。

信用卡诈骗最常见的方式是冒用他人信用卡和伪造信用卡。在这类案件中，被盗刷信用卡或被伪造信用卡的个人是案件的直接受害人，且真正实施侵害的嫌疑人通常很难抓捕。一旦这类案件无法追查到嫌疑人，被盗刷的金额无法讨回，就会涉及该等损失由谁来承担的问题，即被盗刷信用卡或伪造信用卡的个人是否需要向银行偿还被盗刷的金额。直接受害人为了减少自身损失，通常会以银行未履行监管义务或银行系统缺陷为由，主张由发卡银行承担相应损失。在实践中，法院通常都会判令盗刷信用卡的损失由银行承担，且在很多案件中法院不会在判决书中对论证过程进行展开。如此一来，信用卡诈骗的逐年增多给发卡银行造成了很大的经济损失，且判定银行承担责任的理由通常不为银行所了解。针对这一问题，同业公会代表上海银行业与上海市多个区的基层人民法院及上海市中级人民法院、上海市高级人民法院进行了专项沟通，我们代表同业公会与多位主办法官就法律问题进行了讨论。法官们普遍认为，个人作为信用卡的持有人同时也是发卡银行的消费者，从能力上讲消费者处于弱势，且从资金实力上讲，消费者承担风险消化损失的能力较差，因此在类似案件的裁判中法院倾向于从保护消费者权益的角度考虑，将盗刷信用卡风险和损失划归银行。

针对法院的观点，我们提出了不同的看法：第一，从银行的经营逻辑上讲，银行是吸储放贷的机构，其用于经营的绝大部分资金来自个人客户的存款，而银行自身的资本要求只占8%。也就是说，银行的资金实际上也是广大个人消费者的资金，并不是银行自己的。这是一个很重要的和大众甚至法官不同的认知，因为大众甚至法官一般认为银行是大机构，会“店大欺客”。如果在信用卡盗刷案件中，不区分实际情况地将损失划归银行，在保护一部分消费者的同时，可能伤害了其他部分消费者的利益。第二，就如何认定损失的承担方这一问题，从公平的角度出发，应该回归到问题的本质，即银行和消费者对信用卡的安全各自负责什么责任，以及各方是否已经妥善履行了其责任。经过上述沟通，法官们最终认可了我们的观点，并且表示将在今后处理类似案件时，着重厘清各方的义务边界，并且就责任归属进行个案分析。

我们之所以能够取得法院部门的认同，我想最重要的原因是我们的分析是基于对行业本质深刻认识的基础上，而不是刻板地套用一些公认的观念或道理。对行业的深刻理解是金融律师不可或缺的技能，也是金融律师体现自身价值的重要基础。

银行公会纠纷调解中心：定分止争的创举

银行业在本质上是服务业，其最主要的营业活动是从资金供给端吸收资金，再通过发放贷款等形式向资金需求端提供资金，以赚取利差收益。银行吸收公众资金的方式之一便是发放理财产品。银行理财产品不同于银行存款，消费者购买理财产品后与银行之间成立的是委托理财关系，而非债权债务关系。消费者需要自行承担委托理财的风险，但同时也可能获得高于银行存款利息的理财收益。

2003 年至 2007 年的经济上行阶段，资金供给端的资金充足且具有较高的投资需求，资金需求端的资产及经营状况良好，这为发展银行理财提供了有利条件。在这段期间，银行理财得到了较快发展，其中较多的理财资金集中在资本市场和大宗商品市场，例如，市场上比较常见的“打新股”理财产品、信贷受让计划类理财产品等，这些理财产品的风险和收益都相对较高。一直以来，消费者普遍存在一个认识误区，即银行理财是利息较高的存款，银行会绝对地保障收益和本金的兑付。在实践中，一些银行从业人员为促进理财产品的销售，会对消费者的这种错误认识不予澄清，更有甚者对消费者进行错误的引导，进而导致公众对银行理财产品的本质及风险没有一个清晰准确的理解，这为银行理财产品的发展埋下了隐患。2008 年金融危机发生后，资金需求端的经营情况恶化，导致很多理财产品无法达到预期的收益，甚至出现了无法还本的情况。此时，很多购买理财产品的消费者向银行监督部门或消费者权益保护部门投诉银行，其中最主要的理由是银行在出售理财产品时没有对理财产品的交易性质以及风险进行提示。

成员单位将其遇到的消费者投诉情况反映给同业公会，希望公会能够对银行与消费者之间的纠纷解决提供思路和帮助。然而，此时公会面临的问题是公会以什么样的身份参与纠纷解决程序，以及由什么主体来主导纠纷解决工作。同业公会就此问题，咨询了我们的意见。我们认为，不可否认，公会在处理银行业务相关纠纷中应该是更加专业的，由公会来主导调解本应更有利于高效公平地解决争议，但是，由于同业公会是银行业的自律组织，与成员单位有着密切联系，有利益冲突的嫌疑，由同业公会出面调解可能引发消费者的抵触情绪，并对同业公会的公正性产生质疑，不仅不利于纠纷的妥善解决，而且有可能进一步激化双方之间的矛盾进而导致更大的社会问题。从这个角度出发，必须要明确同业公会是作为中立第三方的姿态参与纠纷解决程序的，这一点对于妥善解决纠纷至关重要。我们认为，最为理想的情况是可以在同业公会之外独立设立一个纠纷调解中心，专门负责处理银行与消费者之间的纠纷调解工作。然而，综合考虑当时的情况，同业公会认为成立独立调解中心的条件尚未成熟，最终，在同业公会内部设立了纠纷调解中心。我们作为法律顾问，全程参与了调解中心的设立，包括调解中心章程的起草、调解规则的设定等。调解中心设立后，妥善解决了银行和消费者的多起具体纠纷，并且支持银行成员单位对销售人员进行消费者权益保护方面的培训，同时，积极主导并支持成员单位对消费者进行金融知识普及。调解中心的作用越来越大，在社会上形成了良好的影响。出于利益冲突的考虑，在我们的建议下，调解中心于 2016 年 3 月从同业公会中独立出来，单独成立了上海银行业纠纷调解中心，我担任理事会理事，继续从事消费者权益保护工作。上海银行业纠纷调解中心成立后，调解案件不断增多，影响不断扩大，这在全国也是首屈一指的。

热点法律问题探讨：与行业共同成长

自担任同业公会法律顾问以来，我们经常通过撰写上海银行同业通讯法律顾问专栏及为银行业进行专题培训等形式向同业公会及其成员单位分享我们的银行金融经验，同时也期望一起提升整个银行业的专业水平，并建构良好的行业文化。

在银团业务最初兴起之时，中资银行对于银团融资业务还不是很熟悉，而银团业务已经在国际融资市场上发展得相当成熟，贷款市场公会（The Loan Market Association）和亚太区贷款市场公会（Asia Pacific Loan Market Association）已经成立多年，对银团贷款融资的规则进行过系统的梳理。为增进中资银行对银团融资业务的了解，我们对银行公会的成员单位进行了专题培训，详细讲解了亚太区贷款市场公会关于银团贷款的相关规则、惯例及法律文本要点，并比较了国际银团文化和中国银团文化的差异。此外，我们还根据市场的发展和热点，对房地产融资、贸易融资、收购融资等专题对同业公会成员单位进行培训。

出于对行业未来发展的关心，我们还超前地就贷款业务领域的一些问题进行研究。例如，中国贷款二级市场形成的可能性。目前，受制于监管规则，中国的贷款二级市场尚未形成，而在亚太其他地区或国际融资市场上，二级市场已经相当成熟，二级市场上的信贷转让非常普遍且对融资市场的积极作用已经体现得非常明显。未来的中国是否会允许二级市场的形成以及二级市场相关的配套制度将如何设置等，都是我们专项研究过并且持续关注的议题。

> 金融律师在业务之外如何发挥更大的社会价值？如何站在行业的高度参与甚至引领市场的发展、行业的规范？20多年的经验告诉我们，只有超越具体案件的经济利益，愿意创造律师的社会价值，积极参与到你所热爱的行业中去，紧紧跟随时代的脉搏，研究最新的市场动向，了解整个行业的需求，才能不断超越自己，站在市场的浪尖上，为行业贡献自己的价值，其实这也是金融律师执业必不可少的一部分。

ACTION

3

第三部

◇

进行曲：

金融律师的成长

执业路径：律师的一年级到九年级

一、个人发展和变化的市场

中国的法律在迅速地变化，市场每天也在变化，个人的发展和这个时代的变化是息息相关的。

（一）1982—1992 年

1982 年到 1989 年的 7 年，我在华东政法学院读完了本科和研究生。当时毕业时到上海市司法局报到，桂局长对我说："你是上海律师界第一个法学研究生毕业做专职律师的。"因为当时很多法学研究生都选择做兼职律师。我毕业之后到上海市第三律师事务所（又称上海市对外经济律师事务所）做了 4 年涉外律师，一开始就做外商投资、银行金融等相关领域的业务，老律师蒋鸿礼律师带着我。当时律所都是国营，三所是上海唯一一家做涉外业务的事务所，机会很好。当时，我一直想出国，但由于当时研究生毕业 5 年内不能出国的政策，即使实际上我已经收到几所美国大学的录取通知，但最后还是没有办法出国。

（二）1992—1998 年

1992 年邓小平南方讲话、浦东开发以后，上海利用人力资源和地理位置大力发展经济。在这一环境下，市司法局组织成立了浦东涉外律师事务所，包括我一共有6个人参加了这个浦东涉外所的组建，我当时答应的原因主要是有机会让我到国外进修一年，但最后因为原单位第三律师事务所不同意，还是没能出国。

从1992年到1998年，浦东乃至上海的发展都是轰轰烈烈、极其迅猛的。1994年后，上海开始真正有了大量的涉外业务，而在1993年和1994年我被司法部指派参加英国的中国律师培训项目，当时很多律所主任去考都没能过英语关，我顺利通过考试并且是全国前几名。我在这个项目中收获很大，近距离观察英国的事务所是怎么工作的，最大的收获主要是开阔了眼界，眼界决定前途。我在英国的经历再不能拷贝，因为市场在变化，条件不一样，不能说我所谓的经验就一定是对的，只能基于当时时代发展的选择。从英国回来后，伴随着浦东和上海的大发展，我开始做大量的涉外项目，比如上海通用汽车、延安路高架、内环线、上海地铁的融资等。当时整个市场涉外业务和银行业务非常多，我印象是当时一年的时间做300个大大小小的项目，少的一年也有200多个。在1998年，我筹建通力所，当时大部分律所还是国营所，刚放开做合伙制，我主要是想尝试，直到后来2004年到君合所负责银行金融部。

从1989年开始一直到现在我一直在做银行金融法律业务，但这一业务也随着市场不断发生变化。20世纪90年代初，并没有那么多外资银行，主要是为中资银行做业务，比如上海地铁项目向外筹借政府贷款，然后转贷给这些国营企业去做。中资银行实际上并不知道用律师，但外国贷款需要中国律师的法律意见书，所以就必须要有我们的加入。之后外资银行业务越来越多，国内的直接商业贷款也越来越多。到90年代中期，中资银行开始有大量的银行诉讼、坏账，就需要律师更多地参与。1998年之前，主要做外资银行的贷款业务，直到1998年的上海通用汽车项目开始，中资银行大量发放人民币贷款。上海通用汽车项目是我职业生涯当中的一个标志，几乎当时所有的上海滩银行都参与了这个项目，总共有 45 家银行参与了 8.21 亿美元的融资，其中 34 家中资银行、11 家外国银行。在这个项目中，我们不只配合外国事务所出具律师意见书，而是他们起草一部分英文协议（美元协议），我们要起草人民币协议，然后我们中外律师共同起草一些担保协议等。这个项目不仅仅代表我，同时也代表中国律师在银行金融业务中的地位得以显著提升。

（三）2000 年至今

现在，许多涉外项目中中国律师已开始主导设计项目的交易结构，起草主要的文件，然后找一家国际事务所配合我们。这已经是时有发生的，而且将来也会更多地发生的。业务也在不断发生变化，传统业务和新型业务并存。

2006 年我和我的团队做了 200 多个项目，一部分是商业银行传统的业务，比如贷款，上海地铁 1600 亿元的融资，再如为 20 多家台湾企业在江苏、浙江等很多地方的子公司向外资银行融资提供法律服务，主要是花旗银行、汇丰银行等等这些外资银行。新型的商业银行业务也更多地成为我们的业务，比如我的团队帮助摩根士丹利在北京、大连、广东、上海就大量的商业地产收购提供法律服务，而收购的同时或者之后就会有融资业务配套上去，所以我们的角色也一直在变化中，这以收购的目标资产为基础来做杠杆融资，是新型的融资业务。再如 QDII 业务，主要是上市公司通过特殊的途径到海外投资一些债券，QDII 中我们要帮助银行客户设计交易模式，原来没有现成的，这是一类很大的业务。新型的商业银行业务还包括很多和投行相关的，如基金托管，外资银行找我们（不是商业银行业务）开始朝投行业务发展，投行不仅仅是证券上市，做财务顾问，它同时也包括推出一些新的产品。我们帮外资银行设计这些东西，比如认股权证（warrants），中国 A 股已经有了。所以除了商业银行传统的业务之外，我们现在很多时候在做许多新型的投行业务。传统的两个市场，一个是资本市场，另一个是货币市场，银行主要在货币市场里面，而不是在资本市场里面，但是这两者存在交叉。现在，我们更要关注一些新东西，比如我们在做的债券，资产证券化、信贷资产证券化，还有证监会主推的资本市场证券化。另外，一些私募基金也成为我们客户群里的新成员。

现在的金融业务还包括大量金融机构的业务，我们代表外资银行投入中资银行，或者代表中资银行接受外资银行入股、协助成立基金管理公司、收购中资保险公司。金融机构是跨越银行和非银行的机构，非银行机构目前最活跃的是基金管理公司、保险公司、汽车金融公司、融资租赁公司、财务公司等。这些从它的成立到它后面的常规的业务、产品设计都可能需要我们律师的参与，比如我们帮助设立汽车金融公司，帮助他们卖汽车，帮助他们工厂推销他们的汽车，我们帮他做完，做完之后他们想让美国产品马上拿到中国推广，这是一种商业模型，零售银行和大卖场挂钩做零售业务，这是中国之前从来没有过的。

可以看出，我们的业务和市场的变化是息息相关的，因此，年轻律师一定要关注市场，要看市场发生哪些交易、哪些特点以及哪些新的政策，比如4月九部委专门成立了一个市场改革委员会，第一目标提出2007年要加大公司债券市场，这意味着什么？不是说简单地去看看能否抓住其中的一两个项目，我们要关注这个市场的发展，关注中国政策的发展是很重要的。

另外，一个人不可以什么都做，一个专业化的过程是非常必要的。一个人的人生怎么做规划，大体上我的体会是越早做规划越好，而且这个规划要不断修整，这个规划的好处是你现在是第一年做律师，你就应该知道第三年要做到什么样的状况，第五年达到什么样的位置，无论是自己的业务还是自己的能力。

二、年轻律师的发展路径

问：现在新的年轻律师是自己去选择或者自己打拼专业化，这两个途径也是不一样的，我想从你的角度来看，对于年轻律师而言，他们选择专业化想成为有名的律师，这些年轻的律师有没有一个选择的途径？是否有一些空间？比如你现在做银行律师，做得非常好，但一个新的年轻的律师没有经验，或者这个新的年轻的律师也可以做成像刘律师一样非常地知名，但是他没有进入的空间，没有进入的渠道，你们这些成功的律师对于年轻的律师有一些什么样的建议？

答：（一）年轻律师的专业化

你刚才的问题实际上涉及一连串的问题，你讲的第一个问题的前提就是认为年轻律师要专业化，第二个问题是在现在的条件下，有什么途径专业化。首先，我并不赞成年轻的律师过早地走专业化道路，即一上来就定位做银行业务或证券业务。对一个好律师而言，头脑能力和法律推理能力是最重要的，而法律问题对个人的能力的要求和训练，不同的业务不会有太大的差别。想要成为专业领域的专家这个心态没有错，问题是什么时候专业化？比如我在君合事务所分管培训工作，我们现在建立了一个体系，大致是1～3年是Junior（初级律师），3～5年是Middle（中层律师），6～8年是Senior（资深律师），按道理而言进入第九年之后你要成为一个合伙人了，这个合伙人并不仅仅是一个title（职位），而是应具备相应的能力。第一，我不是看这个合伙人赚多少钱，当然赚钱肯定代表他有这个能力，合伙人要有合伙人的事业、为人。这个为人包括对法律、对市场、对事务所、对下面团队等各个方面的为人。第二，他必须有一定的能力，像君合合伙人很多是工资合伙人，不一定要求有自己独立的业务，但是必须有相当的经验，这是合伙人目标能力的要求。

（二）律师的目标能力

以我做的花旗银行入股浦发银行为例，外资银行入股中资银行是由很多问题组成的，最简单的问题，审批程序是什么？这个程序是要外资贸委（现在是商务部）批还是银监会批或者证监会批。这些问题并不是我有经验就知道，我也会找年轻律师来研究。作为年轻律师，并不是在网上查个东西就完事这么简单，而是脑子里都必须要有一个清晰的1、2、3、4、5、6、7、8、9。

➢ 1、2、3

所谓的1、2、3是什么概念？第一，客户给你提出一个要求，你必须明白要求是什么。你必须很准确、清楚地了解，比如刚才说了解入股审批的东西，审批的程序包括高管人员任命还是包括提供技术合作。合伙人的指导作用是要非常清楚地来界定这些东西。第二，你们要知道这是让你做什么。这个东西有什么经验可以借鉴，是否有一个模板或基础。第三，这个东西什么时候要。比如这个审批问题：其一，你要查法律依据；其二，法律依据查完之后，你要作一番分析，这个分析不能凭空想象，而是必须要有逻辑有依据的，还要知道政府部门实践中对这个问题是怎么来做的；其三，可能要加上司法实践当中是怎么看待这个问题的，从法律、法规、政府政策、市场惯例、司法实践各个方面这样做法律研究才全面。

➢ 4、5、6

所谓的4、5、6是什么？就是你要去做这样的功课，要去反思，把相关的事情搞清楚。

我面试过一个复旦大学毕业后在法国最大的律师事务所工作了3年的律师。我一开始觉得：第一，复旦大学毕业的；第二，在法国最大的律师事务所工作了3年，因为这种国际所培训非常好，到我们这儿来是最好的，因为我可以直接让他做业务。我很开心地和他聊，但是没有多久，就感觉不太对。我问这3年当中你都在做什么？他说我做十几个并购的DD（Due Diligence尽职调查）。我问他在DD里面是全面抓还是只负责其中的一小块？因为并购的DD非常锻炼人，这里面有无数的问题需要搞清楚，还要给客户提建议。DD在并购当中调查的作用是起到发现这个公司是否值得并购的作用，是否存在问题。但是光把问题列出来还不够，还必须分析这些问题是否大到足以不能进行交易还是可以解决，你解决的方案是什么。给客户提供一些参考意见或者成为客户砍价的一个最大的依据：第一要不要做，第二以多少价格收购。他跟我说他主要是做公司设立这一部分。于是我就问了他一个问题，看一个外商投资企业的营业执照，你主要看什么？他说我看它有没有年检，还有期限，但是他到这里就讲不出其他东西来了。我立马感觉到，在这3年他根本没有学习到什么东西，原因可能是没有人指导他，但是自己也不反思也是其中一个很大的原因。我给他最后的意见，你来不来君合是你的事情，但是你不要在这家事务所做了，因为真的是浪费你的时间。为什么？因为营业执照是有很多东西要看的。你看经营范围，首先要看是否有产业许可的问题。你再看看他的注册资本？我要看审批权限是哪一级的问题。看名称，是否有中国两个字。中英文是否一致，跟他们提供的文件是否一致。期限是否和他的章程、批复、批准证书一致。如果有经验的话，从中可以看出十几个问题出来。你要快速看一下，当然不一定会有什么问题。虽然在像君合这样的事务所会有人指导，但是你不能总期望别人的指导，这就需要我刚才所说的4、5、6了。如在刚刚营业执照问题上，这4、5、6是要你做完后想一想，这个产业有什么样的产业政策，国务院鼓励限制的有哪些方面；审批权限方面的问题，在地方和中央之间的权限是怎样划分的。如果4、5、6做好了，那么这1、2、3就不可能是漏掉的问题了，这就是你对这个问题的看法和经验的积累。

➢ 7、8、9

但是，对我而言，做完4、5、6不是我对团队中律师的期望，我期望的是7、8、9，即对我布置的事情能够提出你建设性的看法和做法，是我没有想到的，老律师比年轻律师经验多，但我历来不相信经验就表示提出的看法一定就比年轻律师有价值，也不代表年轻律师不能动脑子提出自己有价值的看法来。

比如，我们金融委员开会的时候，提出《企业破产法》和《物权法》对银行经营业务的影响，我布置了四个年轻的律师分头做研究，每人一部分准备给大家讲，不是做讲座。而是你起头，大家提出问题交流。有些提出的问题就很好，这些问题我也没有看到。不代表人家做三四年一定就比我做18年的差。千万不要迷信，尤其是在座的各位想做大律师的话，没有什么好迷信的，因为大家起跑线没有差别，差别就是经验而已，差别就是看问题的角度。我觉得针对初年级、中年级和高年级律师，我们设计出几个能力目标，我的培训就是围绕这几个目标，当然不是手把手教，而是利用事务所平台把他们带起来。中年级律师阶段你们要理解这些合同，合同条款不是写在那里，而是你要理解背后的东西，如果你不做4、5、6功课，不去理解为什么会这样，就没有办法很好地达到那些能力目标。我在面试的时候，经常问一个问题：合同里面的陈述保证条款是什么意思？你给我讲一下你对这个条款的理解。很多人居然连条款包括哪些具体内容都说不出来。不是说只有银行贷款合同有，你们做并购合同也是有的，还有很多合同都是有的，但是事实上这个条款是“舶来品”，放在20年前中国可能都没有这些，一个合同最多只是两三页纸。合同是让我们分担所有的风险，这些风险在当事人之间做出分配，无论是并购还是其他交易都是这样的，你作为这一方的律师应该怎么做？你作为另一方的律师又该怎么办？最后大家在谈判的时候才可以谈出所以然，要让他们理解合同。

我一直认为三年级是一个坎，在座的很多人是执业3年的，那么中年级律师要做什么？第一，应该真正开始学起草一般的协议；第二，要理解交易结构，不能只想着自己能设计交易结构，同时自己也要了解交易结构；第三，要开始和客户交流，在工作团队中要学会处理团队的工作模式。中年级是很关键的，你们看一下外国比较抢手的律师都是在3～4年工作经验的，5年工作经验他们是不要的，为什么？因为他们认为5年你已经定型了，你行人家也不会要，因为你正在往合伙人的位置上走，不行他根本就不要。你看一下外国所、一流所，大家应该有危机感的，当然这不适用于转行过来的人，也不适用于诉讼。我们主要是针对专业化的律师。你们说高年级6～8年的律师的目标应该是什么？第一，应该学会设计交易结构；第二，要能够管理这个团队；第三，要能够管理客户的要求，另外高年级律师要对市场、专业领域有比较成熟的看法。

这代表我的一个看法，因此在这个一年级到九年级的概念当中，我不认为一年级到三年级的目标是做专业化，我认为应该是打基础，我现在没有说市场开拓而是谈你的技巧能力、头脑能力、积累经验能力。我觉得一年级到三年级律师要把自己的基本功打扎实，三年级是一个坎，如果定型了，3年之后就很难有很大的突破。法学院毕业后做其他，若干年后再转型做律师，就会晚了，怎么说呢？最重要不是市场，在我看来是风格已经定型了，风格定型之后，我觉得他就很难扭转了，包括思维模式，思路都无法扭转。

三、利益冲突和客户关系

问：一个外国公司委托我向中国的企业发律师函，有版权、商标以及专

利侵权，我发过去了。现在问题的关键是中国的公司跑过来问我他该怎么做？我觉得很麻烦，因为国外的公司是我的客户，他的利益我肯定要维护，如果我和对方公司走得太近的话我又觉得不合适。

答：你有这个想法，说明你本身已经具备了做律师最基本的素质，这不存在走得太近和太远的问题。国外公司是你的客户，如果对方公司来找你，没有问题，但第一，你应该向你的客户汇报。因为我们是服务于我们的客户的，我们肯定不能未经客户的同意去做一些和相关对方当事人接触的事情。比如，你们选我做仲裁员，你们可能也会遇到一些问题，我不会和你们讨论案子的，你们打电话给我，我也不会接听，这是最基本的要求。你刚才说的问题我只能这样理解。第二，你想帮你的客户，你也知道你应该和他接触，他来找你是想把这个问题朝前推。比如，推动停止侵权也好，做出悔改也好或者其他的。

你要先发邮件过去征求客户的意见，就说我的律师函已经发出去了，现在有一些对方公司在找我。可能其他对方公司也会来找我，如果这是一般小公司，也没有什么想法，你要开始提建议，提出一些建议来推动，比如说他们来找你，我认为他们来是一个好的现象，他们想解决这么一个问题，我是否可以和他们谈判，了解侵权的情况，想听他们有什么建议，他们想拿到你们授权，还是愿意做补偿或者补偿之后继续让他们做，你了解他们意图，我建议这么做，回来之后再向你们汇报。再者，客户让你发函的时候，是这么一个指示。但要了解他为什么让你发函？背后的原因是什么？因为这些人都是在非法利用非正版的软件。如果是合法授权的话就没有问题了，因为知识产权就是靠授权赚钱的。

有时候利益冲突是很难清楚界定的，比如说我们现在有一些业务，昨天晚上我的助手还给我打一个电话，我们现在做的一个业务涉及一个公司，这个公司的股东是一个集团的关联公司，这个公司是我们的对手，这个对手的股东是集团的一个关联公司，而这个集团是我们的客户，我们在帮他们做很多事情，你听上去是没有什么事情，这个问题从合伙人角度和律师角度考虑是不一样的。我要考虑的不仅仅是是否违反职业规范，还要考虑客户对我的要求，我不能让客户觉得被冒犯了，你怎么做都没有问题，但是他们合同里面有你做了这个就不能做其他的东西，这里面有一个需要合理裁量的问题。我也经常碰到这样的问题，只是大家的思路有点不一样而已。但最基本的，我们律师不能违反职业规范和对客户的诚信义务。

四、业务如何推广

问：目前你个人以及律师所在搜索客户、捕捉客户、稳定客户作为公司固定的、忠实的客户都使用了什么手段？当然格局不同，大家做法不同，对于我们年轻律师而言，我们应该采取什么手段？

答：还是前面说的话，很多东西是没有办法复制的，因为所处的市场条件是不一样的，像我当时做的时候，全上海只有 3 家事务所做涉外的业务，其他事务所都不做。银行一说找律师就找蒋律师，蒋律师是我的指导老师。我觉得现在的情况的确不一样，不能说我的经验一定很好。你提的这个问题很大，但首先要明确，我们做不同层面的客户、市场，可能使用的手段是不一样的。比如我做摩根士丹利和上海农商行，这两类客户，一个外资客户，一个中资客户；一个大客户，一个小客户，我们要先了解客户对我们的要求，了解客户对我们的期望。我们作为律师是收费提供服务的，是靠头脑能力帮助客户解决问题的，我们做的事情是客户不懂或者不太懂的专业问题，或者他懂但是他需要外包的专业服务，这是一个客户的需求。以发律师函为例，如何从发律师函这 1 件事扩展到 10 件、20 件事情，让客户向他的圈子介绍你，不是光靠说大话让客户信任。那如何让客户信任呢？就要先去了解为什么客户要让你发律师函，停止侵权是表面的，你要多问客户，多了解客户。你上网站看这个公司做什么业务，了解这个公司历史，找的人是这个公司什么部门的？这个部门在公司里面是怎么运作的？他们在中国的市场业务是怎么样？他们想做什么？你们有没有多去想过这些问题。如果你多想、多问，我发了这个律师函后续的活动是否有一个清晰的认识，客户是否会愿意听你的建议，觉得你是有价值的？我和我的合伙人经常强调我们的增值服务是什么？写律师函很多人会写，没有错别字，很规范、纸张好，排版可以国际化，观点也很好，你和他的差别在哪里？凭什么他让你做而不让其他人做？我觉得第一要了解客户需求，要多了解，这是根本的。我们不可能跑到大街上面去拉客户，尤其是在中国社会更是这样。因为中国文化的影响，比如朋友介绍的客户，一般而言你会对他客气；如果是自己跑上门来的客户，中国人戒备心理很强，你不会和他交流。全世界律师行业都是这个特点，不是靠自己拉一个完全不认识的客户，这是没有的，即使有也不是主流，有可能是朋友的介绍，或者你正在做的客户的介绍是最重要的，你就一个客户，但是他的关联公司有很多，这些公司要用律师的时候有好几家，我们要多理解客户需求、多动脑筋。

五、个人发展计划

问：你刚才一直强调在律师的职业生涯发展过程当中，对自己首先要有计划，计划还要根据客观情况的变化，要不断地调整，你是我的前辈，你有几个阶段：1989 年刚毕业的时候选择做律师，1992 年邓小平南方重要讲话的时候，当时有很多涉外所的出现，1998 年你开事务所，2001 年我们国家“入世”，在这几个阶段里面，你的个人计划是什么或者说比较模糊的计划是什么？

答：坦率而言，我提这个建议并不代表我个人计划得很好。我这一批律师是被浪推着走的，你可以看到。你刚才说得很对，有几个转折点，代表着市场在不断放大，实际上就是无形地在被推着走的。为什么提出这个建议？因为现在市场已经不是20世纪90年代初期的那个市场，当时人很少，而现在我们人多起来了，我做银行法律业务可以做到什么程度？我从来不去管的，客户来找我，我看案件的情况，人的精力是有限的。我说一个比较感伤的情况，我们是按小时收费的，如果哪一天我退休了，我还有多少时间，只有2万个小时，做一个小时就少一个小时，你认为一个职业生涯能做多少年？从国际而言，45岁绝对是下坡路，55岁在英国大所基本上是强制退休，人有的时间是多少？职业生涯20年已经很不错了，我现在执业已经有18年了，时间有限。

我们为什么要做计划，其实不仅仅执业，其他事情也是一样的。如果说没有刻意的计划也是不可能的，比如我做银行业务这么多年，也在不断地扩展，一开始是做中资银行，后来做外资银行，然后做传统的业务和新型的业务，其实我也有计划，比如年终的时候，总结一下去年一共做了多少业务，都是什么情况，哪些是你的进步，今年的目标是什么。我自己也会经常提出来。就我而言，第一，我觉得我比较坚持，像百度的李彦宏，北大检索系毕业的，跑到美国读书也是学检索，毕业到微软做检索软件，回国做百度还是检索方面的，刚刚开始做两三年的时候，很多人想收购百度，结果他不肯卖，一直自己做，最后到上市。一直到现在他都是做中国最好的检索。因此，一定要坚持自己的专业方向，其实我比较喜欢我自己做的事情，所以一直做到今天。第二，这个坚持不是乱坚持，在这个过程当中，我有意识地去开拓从中资银行到外资银行，做市场分析，政策分析，和客户交流、吃饭都在谈论这些问题，然后我们关注我们竞争对手——国际所的动向，所以我觉得从业务模式而言应该是这样的。从执业生涯而言，为什么从最初在国营所做事到后来放弃，我觉得这个很正常，这是我自己的规划，前面是做业务，后面是搞事业，几个人想尝试一下就组建了通力所，的确还不错，在中国被认为是一个一流所，但是到2004年的时候我为什么退出，主要是两个原因：第一，我太累了，支撑不住了，我要回归家庭，当然我40岁的心境可能与你们30岁的心境不一样，我不可能像10年前一样经常通宵工作，这是个人原因。第二，事务所已经走到一个不可能再高的地步，其他合伙人和我的想法也有一些差别，所以我就放弃了，退出之后我选择到君合上海分所。君合代表中国一个方向，在高端市场里面不可能有个人英雄主义，如果谁想做尖端，专业化的东西，像国外的精品所越来越不会是这个市场的方向，但是像大所做高端市场必须这样强调团队优势，我做任何一个产业在君合里面我都可以找到已有的大量的经验。

比如，去年我做一个南美公司到中国收购钢铁的案件，我以前没有做过收购钢铁方面的案件。他们的董事长、CEO、CFO三个高管到中国挑选律师，他们本来打算挑一个中国所和一个国际所，因为这家南美公司是世界排名前几的钢铁行业。我说一下怎么成功拿到这个项目的。这个客户不是我的客户，为什么会找到我？是一个咨询公司的CEO介绍给他的，这个CEO跟他说你们到中国找律师，可以找刘大力律师，为什么那个人信任我并且推荐我呢？这个人是一家美国公司Lexis Nexis原先的亚太总监，他找我不是做业务，而是来到中国进行中国市场法律的收集，前期市场的调查了解。我用一个小时给他讲中国法律是什么。这个是不收费的，因为这完全不是业务，他们为什么会来找我呢？这是美国的一个律师给他推荐的，说你要去中国，可以和刘律师谈一下。这个事件都是相互影响的，美国律师为什么想到我？那是因为过去在业务合作中，感觉我还不错，这都不是无源之水。当然直接敲门也有但是不多。

当一个客户说我要做一个项目，我要和你开会，当然他是带着问题来的。你作为一个律师，你应该怎么去准备？当时在巴西钢铁公司并购这个项目上一共有五个事务所，等于是选秀。我组织了一个团队针对这个项目来作研究，作什么样的研究？第一，找了几个助手针对下面这些问题开展研究：（1）我们需要研究中国钢铁整个行业法律环境。这个题目很大，我给他们指导要求不多，因为我们还有其他几十个业务要做。我们一共准备了3天，我要求作研究的人都是刚刚毕业一年，有的甚至不到一年的人。你去研究一下发改委最近有什么政策？这个政策是怎么演变过来的？最近有什么变化。大家都知道在中国投资，发改委的作用是最重要的，因为钢铁业是重工业。（2）研究对外资在这个领域的政策，看看商务部有什么政策？（3）研究国资委对国资控股的企业的合资政策是什么？这是研究法律环境的。第二，再研究市场热点，市场里面，外资公司进入钢铁业的案例有多少？是哪几个？怎么进入？多少比例？有什么特点？我会安排一系列活下去。第三，我会找资深律师，根据前面这两个同事研究出来的东西，在第二天、第三天初步考虑一下这种并购在钢铁业有什么特点和问题，有什么特别法律问题。他们3个准备好了以后回来和我开小组会议，在这个过程当中我不断提出要求和问题，我们就是准备两三轮。我还要另外一个助手准备一些钢铁业的专业知识。我们根据研究准备的资料给客户讲完之后，他们立刻定下来聘请我们了，并且他们还来问我，你们是否需要外国律师，如果需要，你希望找谁？你们推荐。我怎么找外国律师，为了方便合作当然是我说了算，当然要征得客户同意。我说要，为什么？因为要向董事会汇报工作。在跨国案件里面，中国律师最大的一个问题就是对公司的了解远远不够，对外国公司文化了解不够，另外，董事会对中国律师并不怎么信任。我们中国律师的整个形象没有让别人十分信任，所以我就推荐了 Clifford Chance 上海分所，跟它的管理合伙人在以前的一些项目中都有合作，相互比较了解。这就是我开拓业务的整个过程。

类似的情况还有很多，比如去年亚洲开发银行的一个收购水厂的项目。以前它全部使用国际所，这次他们收购水厂，认为国际所太贵，于是在北京做一个选秀。当时几大所都在，最后我飞过去把案件拿下来。我就专门研究水的市场、政策法律环境。他问的所有问题都在我的掌控当中，没有一个超出我的准备，而且我的准备比他深得多。但是国内客户也在发生变化。上汽去韩国收购双龙的项目，也是我从好几家中国所和外国所手中抢夺下来的。它们的那个准备方案又不一样。关于客户的需求，中国客户往往要求得更多，不仅仅是法律，而是和法律相关的很多东西，他随时会要你开会，你不来开会他们肯定认为你不对。外资客户根本不会随随便便要你来开会，因为律师是按照小时收费的，他们宁可到你办公室来跟你谈也不会要你直接去开会。这就是中外客户做事不一样的地方。

另外，其实每个人都有自己的特点，不同特点的人、不同性格的人都可以成为优秀的律师。比如，我的助手里有性格很内向的人，但做文本能力很强，非常细致，起草文本的能力比我还强。也有性格非常外向的，中外客户都很喜欢他，国营企业客户也很喜欢他。还有一个，英文能力。我经常对助手说，我们经常做高端的业务，如果不把英文抓起来，这是很麻烦的。当然一个事务所只是做本土生意没有问题，如果做涉外就不行了，这不是英文水平的问题，很多人会误解说英文不够好，不是这样的，他表现的是逻辑方面的问题。比如我们写一个律师函，中文写得会很严谨，但是用英文写，同样的内容没有办法翻译，比如我做仲裁，自己写裁决书，必须有推理，根据法律规定是 A，案子是 B，最后裁决是 C。A 是什么？怎么去解决 A？是按照立法本意解释，还是扩张解释，这本身就是一个问题。更要命的问题，为什么你B就适用A，而不是那个法律呢？不能是因为A、因为B、然后就所以C，这不能自成逻辑的，为什么？这里面要有推理的，C才是下面的，为什么才可以得出C，我们中国逻辑出现毛病在哪里？因为A、B，为什么A适用B，对于这个问题往往不会问的。判决书也不会写为什么A、B最后是C，这都是要推理的。

人的特点不一样，性格特点不一样，结果就不一样。，我们在座所有人都有自己优势，有自己的特点，你也有自己成功的地方，如果把自己的一些特点放大，把自己不足的地方补上来，这样自己就会又上一个台阶。

（2007年5月在上海律师协会青年律师沙龙上的交流）

跨境房地产收购融资的最新发展

近年来，在中国发生了大量的跨境房地产收购交易，相应地，为这些收购提供融资的房地产收购融资交易也越来越多。下面对目前市场上常见的房地产收购融资交易结构以及影响该等交易顺利进行的常见结构性问题作一简单介绍。

一、交易结构

是直接收购目标房地产（“资产收购”），还是收购目标公司的股权或目标公司海外母公司的股权（“股权收购”），抑或两者的结合？这种收购结构的安排对相应的收购融资结构安排的影响是决定性的。在实践中，因收购结构的不同，跨境收购融资的结构主要可以分为股权收购融资（如图 3 - 2 - 1 所示）和资产收购融资（如图 3 - 2 - 2 所示）：

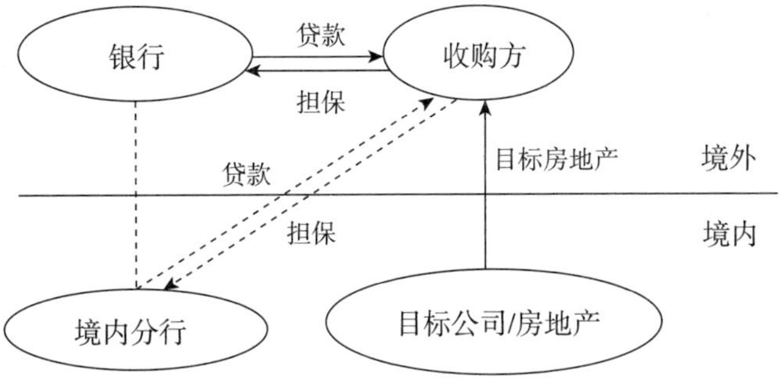

图 3-2-1　股权收购融资结构图

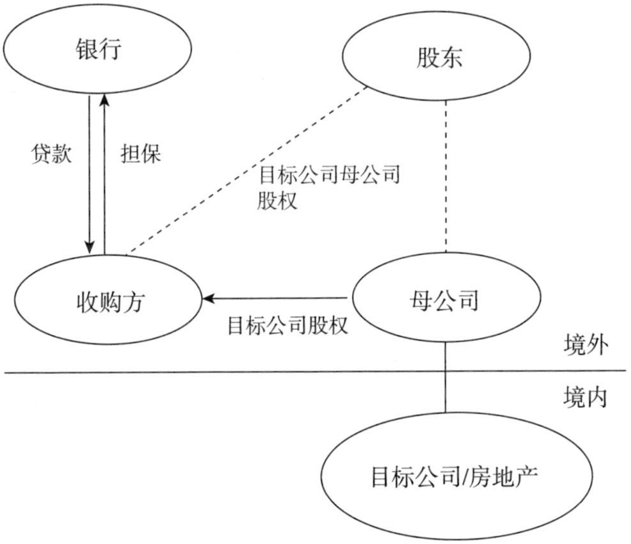

图 3-2-2　资产收购融资结构图

二、主要法律问题

➢ 担保结构

在目标房地产上设定以贷款人为抵押权人的抵押，通常是房地产收购融资的最基本的要求。就股权收购而言，这种抵押的设定可能涉及原审批机关、外管以及房地产登记部门的批准或登记，不仅费时，更重要的是在实践中经常可能由于地方政府部门对法规的理解不同而无法顺利完成。就资产收购而言，这种抵押的设定相对比较容易，不过，实践中关于房地产权利换手时风险分配问题（是先转让房屋所有权，还是先支付融资款项或是先进行抵押的登记），往往需要特别的安排方能解决。

➢ 用房地产收益还款

房地产收购融资通常要求将目标房地产的收益作为融资的稳定还款来源。在采用资产收购的情况下，只要经过适当的外汇登记并通过有资质的物业管理公司进行操作，由目标房地产所产生的租金及其他收益可以直接兑换成外汇用作还款来源。但就股权收购的情形而言，目标房地产的收益首先是目标公司的利润，而该等利润的汇出在中国法下受到限制，通常不能符合还款额度的要求。

➢ 对房地产收益的控制

银行在房地产收购融资中通常要求对目标房地产所产生的收益进行尽可能地控制，包括在房地产收益上设定担保，并在相关收益账户上设定质押（charge）。由于中国现行担保法的局限，通常很难在中国法下设定令银行完全满意的上述担保。需要另行作出法律安排。相对而言，在资产收购的情况下进行上述担保的安排，相对于股权收购而言，有较多的可操作性。

➢ 业主公约及物业管理文件的约束

收购方在收购目标房地产时，必然有明确的经营计划，如果与目标房地产相关的业主公约和物业管理文件等文件中有任何可能影响新业主实现其经营计划的内容，必须作出妥当的处理。

➢ 银行对违约后管理层的控制

如果发生融资项下的违约事件，银行可能要求尽快实现担保，而在国内实现抵押，在执行时间上通常具有不确定性，可能很长。因此，银行通常要求在发生违约的情况下，银行可以直接控制借款人或担保人的决策部门。

➢ 对目标房地产进行整修

如果在收购完成后需要对目标房地产进行较大的整修，银行通常会要求对这种整修进行监管，特别是要求监管整修所需的资金以及整修符合当地监管要求。在银行为这种整修所需的资金提供融资的情况下，通常都会需要境内银行的参与。

➢ 国有资产问题

许多被收购的房地产涉及中国的国有资产问题，这可能引起繁复的、在很大程度上不在交易双方控制范围内的国有资产评估、拍卖等程序。如何减小国有资产收购所引起的程序对交易的影响，不仅对收购本身而言非常重要，对收购融资也一样，需要作出法律上的安排。

（2005 年 10 月在亚太贷款协会研讨会上的演讲）

收购融资的法律结构和主要问题

收购融资有巨大的市场需求。由于产能过剩，市场上相关产业的收购兼并持续不断。同时，国有企业混合所有制改革也带来国企的收购重组浪潮，而资本市场的低迷，让资金压力过大的上市公司也在寻找并购的机会。中国企业走出去、“一带一路”倡议的实施也带来大量的境外收购。

一、收购融资的基本结构

收购融资的结构在不同交易中会有所不同。境内收购融资、境外收购融资和跨境收购融资因为不同的法律环境、监管环境以及市场惯例不同也有所不同。不过，收购融资的基本结构可以总结如图 3－3－1 所示：

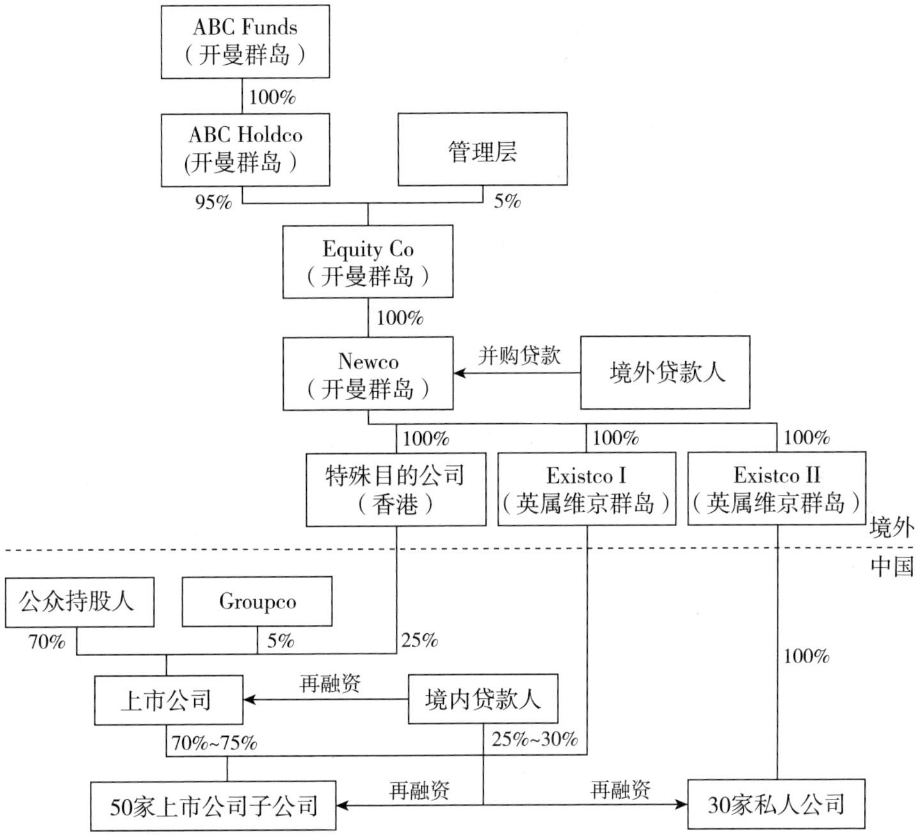

图 3-3-1　收购融资基本结构图

收购融资的基本结构中，收购方以自有资金和银行贷款来支付收购对价；收购方将收购的股权或资产抵押给银行作为收购融资的担保；贷款需要存放在监管账户中等待收购交割条件的完成。

二、收购融资的基本程序

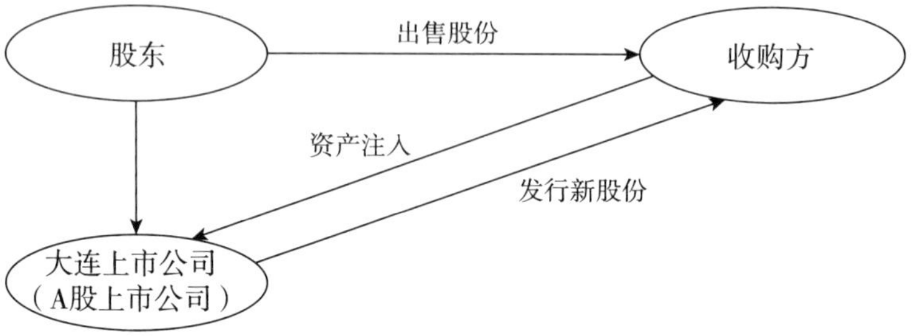

图 3-3-2　境内收购基本结构图

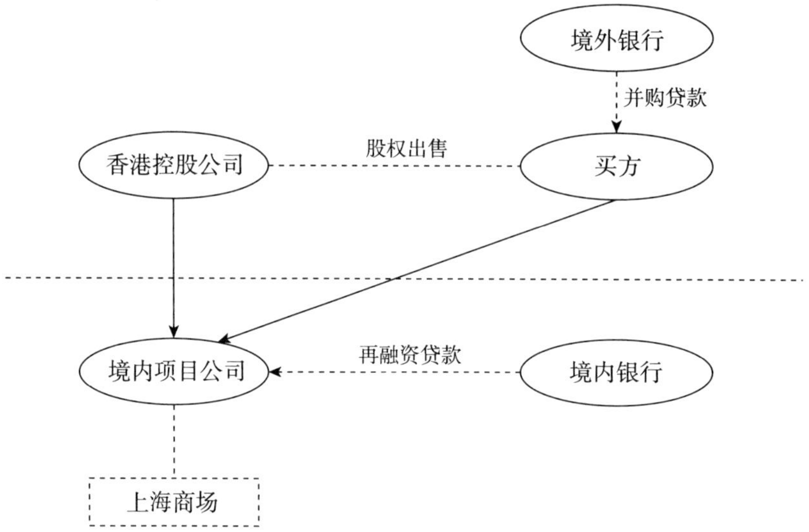

图 3-3-3　外资收购境内企业基本结构图

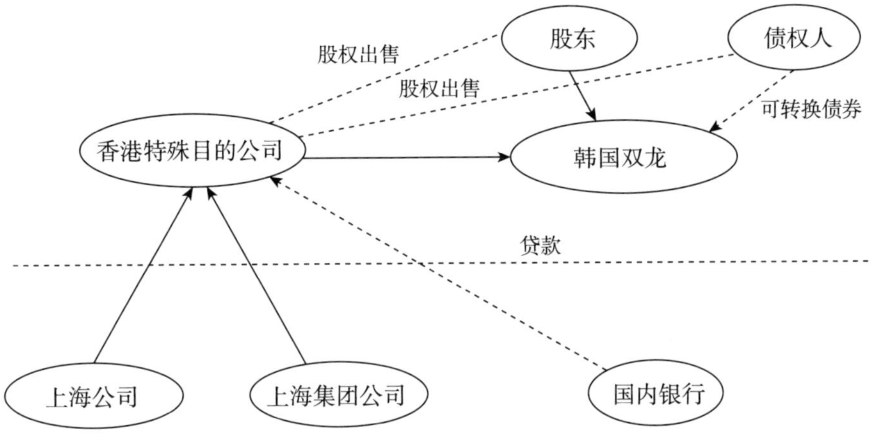

图 3－3－4　境内企业对外收购基本结构图

在收购方收购出售方在目标公司的股权或目标资产的所有权情况下，收购方在签订收购协议后首先以自有资金支付预付款（或部分对价），通常为30%或以上；在银行放贷前收购方将收购的股权或资产抵押给银行；如果收购方不能先获得收购的股权或资产，可能需要安排过渡期担保；银行在收购方完成担保和其他提款先决条件后首先将贷款放款到监管账户；在收购方完成收购交割条件后释放监管账户内的贷款支付给出售方。

三、收购的重大问题

提供收购融资的银行同样关心收购中的重大问题，因为只有确保收购本身的成功以及收购后的经营顺利，才能确保还贷。所以，通常银行会指示它的律师来审阅收购方律师的尽职调查报告以及收购协议，并就其中的重大问题进行评估。

1. 尽职调查中的重大问题

（1）目标资产上的担保权益，这不仅包括法律上的担保，也包括合同中约定的优先权益或限制性条款；

（2）集体所有制企业或管理层收购的转型造成的所有权瑕疵；

（3）资本结构——进一步资本化和举债的能力；

（4）特殊行业的重要证照和许可，也包括年度的年检和持续许可；

（5）与主要商业伙伴间合同的延续，这涉及主要现金流的来源；

（6）核心知识产权的维护，这对特定的行业尤其重要；

（7）劳动问题，包括主要管理人员的赔偿金以及企业关键人员的劳动合同持续问题。

2. 强制收购要约

在上市公司收购的情况下，30% 或以上股份的收购会触发强制收购要约，会对收购增加很大的不确定性。如何在不触发强制要约收购的前提下取得所有权和管理控制权，成为收购协议中有关投票权等公司治理的约定。

3. 反垄断审查

当收购达到经营者集中一定程度的时候，会触动反垄断审查。能否通过反垄断审查也是银行关注的问题之一。

4. 国家安全审查

当收购涉及的目标企业或业务涉及国家安全，会触发国家安全审查。能否通过国家安全审查以及相应的时间表也是银行关注的问题。

5. 与长期客户之间的供货合同或销售合同

由于涉及现金流，银行会特别关注收购对目标企业与长期客户之间的供货合同或销售合同是否会受到影响。

6. 关联交易和不竞争

同样由于涉及目标企业的持续经营和现金流，银行会关注收购方、出售方与目标企业的关联交易和业务竞争问题。

7. 反稀释和购买选择权

银行希望收购方持续维持其控制地位，所以对收购协议中的反稀释权条款以及购买选择权条款会进行关注。

四、融资策略

银行和收购方会就收购融资的策略进行选择，包括收购融资是以下一种或多种融资：

（1）用于进行收购的贷款；

（2）用于对目标公司现有债务进行再融资的贷款；

（3）为业务整合发放的流动资金贷款。

五、收购方和银行的不同角度

发　起　人	贷　款　人
尽快放款，尽可能降低贷款人对并购条件以及目标公司运营的控制	对目标公司的尽职调查，对并购条件的控制（贷款文件中的背对背陈述和保证，收购先决条件也需作为放贷先决条件）以及目标公司运营的控制（有关目标公司运营和财务的严格承诺）
高杠杆率	发起人自有资金所占比例（银监会要求40%；国际贷款人要求30%～40%）
对发起人无追索	对发起人有限追索：欺诈性陈述，未经允许而对核心资产进行的销售，对主要承诺的违反（包括消极担保、财务负债、合并、变更经营、股份和红利、目标公司的所有权），特殊目的公司要求的违反
尽可能减少在目标资产上的担保权益，为将来进一步的融资预留空间	对目标公司现有债务进行再融资以避免竞争，并在目标公司所有资产上设置担保权益
财务指标：保持弹性	严格的财务指标要求：杠杆率、利息保障、最低有形净值、资本性支出
对目标公司现金流的保留	在目标公司发生重大资产处置、上市、进一步融资及分红的场合要求强制提前还款

六、中国公司的担保问题和财务资助

1. 在境内交易背景下，目标公司向股东提供担保变为可行；

2. 在跨境交易结构中，目标公司向股东提供担保受到外汇管理局的高度监管；

3. 上市公司对外提供担保需获得股东会或董事会审批；

4. 担保的登记在不同地区有不同的实践要求，经常不可控；

5. 不允许上市公司提供财务资助；对非上市公司无该等限制；

6. 上市公司的收购，在要约期间有资金恒定要求，即20%保证金要求；对非上市公司的收购则无该等监管要求。

（2009年4月在汇丰银行中国总部的法律培训）

银团贷款的法律问题和实践

银团贷款在国外已经是非常成熟的一款金融产品。在大型的融资中，为了确保融资风险分散，同时为了满足借款人足够的贷款资金需求，银团贷款在市场中被普遍使用。银团贷款在国内也比较普遍，但是相比于国外的银团贷款，国内银团贷款市场无论是从法规、专业、文化上都有比较大的差距。本篇研究集中于国内的银团贷款市场中的几个重要问题展开，我们需要完善哪些银团法规？我们要关注哪些主要问题？我们想建构怎样的银团文化？

一、目前国内银团市场面临的问题

传统的银团市场由银行主导，进行接受借款人委任、银团分销、贷款文本制作和谈判、签约、提款、贷后管理等一系列流程。但是在目前国内环境下，银团市场（尤其是中资银团市场）恶性竞争严重，互相压制价格，甚至是以借款人为中心而非安排行为中心。这导致了一个局面，就是在银团贷款安排中，借款人获取了类似安排行的角色。借款人可以主导贷款条件的谈判，可以挑选贷款人，甚至在贷款谈判中与单个贷款人沟通，采取各个击破的策略，导致整个银团谈判完全被借款人操纵。而在这种恶性竞争的局面下，银团的安排行为了利益往往都采取一味退让的态度，导致其不能起到很好的牵头作用，也无法连接所有贷款人成为一个银团整体，自然也就无法联合对抗借款人的诸多要求了，失去了银团传统的风险共担、利益共享文化基础。

除了上述问题外，在国内的银团市场中，尤其是在谈判中很普遍的一个问题，就是银团和借款人双方在涉及各自利益时都是各执一词。而双方争执到最后无法解决的时候，往往就会出现一方压倒另一方的局面出现，要么是借款人利用其强势地位压制银团的利益，要么是银团利用其强势地位压制借款人的利益，或者更有甚者，银团做不下去直接就解散了。无论哪种结果，都无法实现银团和借款人的共赢，而且这种交易做下去也无法体现一个高专业水准、高质量的银团。

鉴于以上问题，我们将高专业水准的银团实践和流程作了梳理，同时也结合境内和境外银团市场的惯例作了对比，以便我们可以了解高质量的银团的普遍做法，同时在本文的最后一部分提出了银团文化建设建议。

二、境内境外银团市场和制度比较

按照国际经验，银团贷款市场分为两个部分，一级市场和二级市场。一级市场里，银行牵头组成银团，向借款人发放银团贷款。二级市场里，参贷银行可以将其银团份额转让给其他有需求购入银团贷款的银行或者金融机构。目前，国际上有成熟的银团贷款一级市场和二级市场，但是国内，只有银团贷款的一级市场比较成熟，二级市场仍然在开发中。图 3 - 4 - 1 是境内外贷款一级市场惯例的一个对比图。

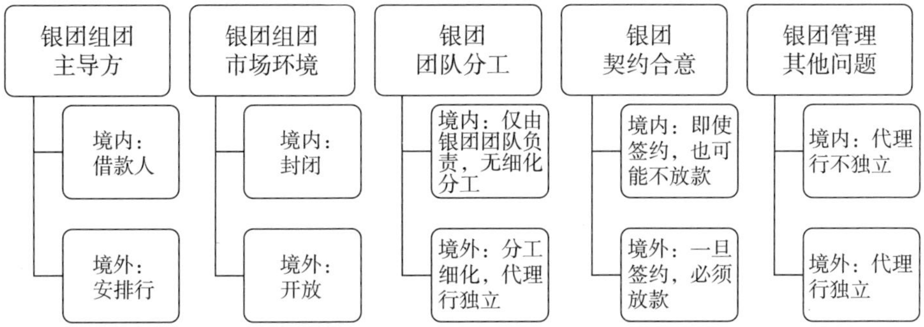

图 3－4－1　境内外贷款一级市场对比图

三、境内外银团贷款角色比较

银团贷款内由于银行众多，而各银行在银团贷款内的分工和贡献程度不一样，因此，每家银行就会有不同的银团角色。由于国内银团法规的限制，国内的银团贷款角色相对比较单一，而国际银团里，这些角色都是合意性质的，没有明确的法规指引，因此，交易各方可以按照国际惯例灵活赋予银行不同的角色，以实现整个银团市场的花团锦簇。图 3－4－2、图 3－4－3 是境内和境外银团角色的对比图。

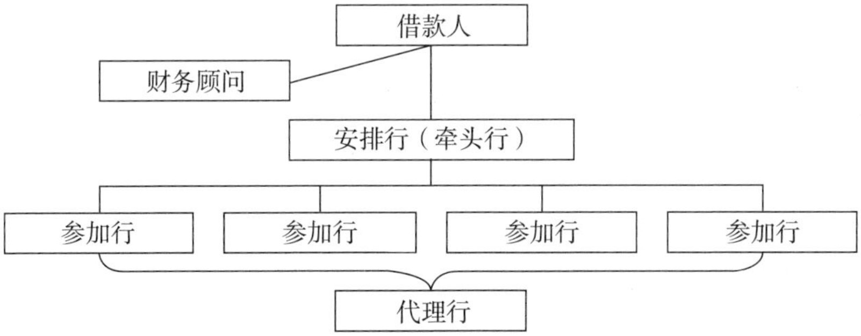

图 3－4－2　境内银团贷款基本结构图

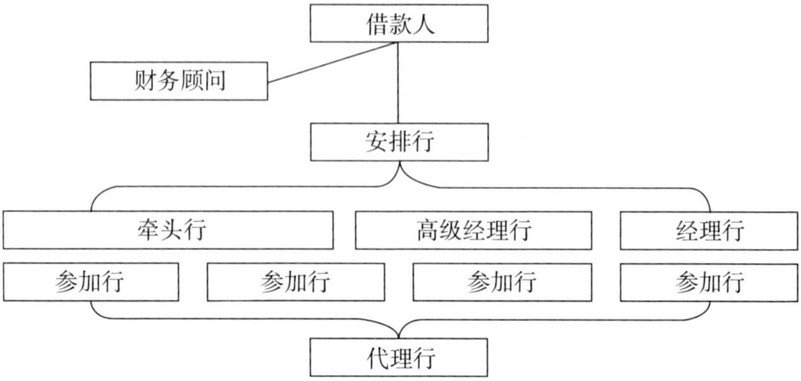

图 3－4－3　境外银团贷款基本结构图

四、银团贷款的组织及分销

银团贷款有一套复杂的流程，从客户委任开始直至贷后管理，整个贷款过程耗时短则两个多月，多则一年。一般而言，传统的银团贷款流程包括：客户出具委任书；安排行签署委任书复函确定委任（同时包含确定的贷款条件清单）；编制信息备忘录；安排行向潜在参加行发送贷款邀请函（包含贷款条件清单、银团保密承诺函以及信息备忘录）；如参加行有意向，则参加行向安排行发送参贷承诺函；聘请律师制作法律文件；就法律文件进行谈判；签署法律文件；发放贷款；贷后管理。

上面我们提到银团贷款的组织环节中有一条是安排行向潜在参加行发送贷款邀请函，实际上，这个程序就是银团贷款的分销过程。银团贷款是否能够成功组成，安排行是否能发挥其主要作用，关键在于银团贷款的分销是否成功。如果一个银团贷款没有任何参加行愿意参加，那么无疑是失败的。这一过程非常考验安排行的市场地位、银团经验技巧、营销能力、贷款结构设计能力等。那么哪些因素会影响到银团贷款的分销呢？大致可以分为以下几种情形：

1. 银团理念相同的银行之间更容易成功分销。银团理念是指各家银行对待银团的态度、认识、经验、文化等多方面之综合。比如，在银团贷款市场内，外资银行之间的银团理念就比较一致，包括对惯例的认同、对条款的安排等，而中资银行与外资银行之间的银团理念则有比较大的差异，包括所使用的法律文本的差异、对基本惯例的认识差异等。所以，在国内银团贷款市场上，往往外资银行之间会互相分销银团贷款，中资银行之间互相分销银团贷款，但是中外资银行之间很少互相分销银团贷款。当然，鉴于外资银行资金的紧缺性，现在外资银行也在某些银团贷款中逐渐开始与中资银行一起参与银团了。

2. 借款人的意愿也会影响到银团贷款的分销，比如借款人对银行可能有白名单或者黑名单管理，那么安排行在分销时就需要尊重借款人意愿，主动寻找白名单内的银行分销，或者是避免黑名单内的银行参加。

3. 银团贷款的业务合作和经验学习也会影响到银团贷款的分销，比如某些参加行可能想要积极拓展银团贷款业务，那么他们可能就会积极主动地争取与一些经常做安排行的大型银行开展银团贷款业务，以增加业务合作和经验学习，在这种情况下，这些具有市场领导地位的安排行在这些小银行的银团贷款分销就非常有优势。

4. 银行之间的利益互换也会影响到银团贷款的分销。这里有两种情况，一种是银团贷款市场本身是比较小的，参与的银行也不会特别多，尤其是经常做安排行的银行，在一个案子里一家银行在做安排行时其他银行就是参加行，而在另外一个案子里参加行可能就是安排行而安排行可能变为参加行，那么在做银团贷款分销时，银行之间就会互相参加；另一种情况是借款人往往会给予安排行一笔安排费，而安排行为了促进其他参加行的加入，会愿意拿出一部分安排费作为参贷费，分享给其他参加行，这样也会促进银团贷款的分销。

5. 银行的产业政策和风险控制政策也会影响银团贷款的分销。这个比较容易理解，因为每家银行均有其不同的产业定位和风险控制要求，借款人的产业和信用情况，肯定是会影响到安排行在特定银团贷款中的分销的。

五、银团贷款结构设计

在银团贷款组织过程中，还有一个重要方面就是根据借款人的融资需求不同，设计不同的银团贷款结构。一个好的银团贷款结构可以增加银团贷款组团的成功概率，甚至可以做成市场标杆性的案例。那么银团贷款结构设计涉及哪些方面呢？具体分析如下：

1. 贷款结构：根据币种的不同区分为人民币贷款、美元贷款、多币种贷款等，也可以根据用途的不同区分为流动资金贷款、固定资产贷款、并购贷款、项目贷款等。

2. 主体结构：根据参与银行的不同可以区分为外资银行银团贷款和中资银行银团贷款，也可以根据借款人的不同区分为单一借款人银团和多个借款人银团。

3. 多银团结构：在特别大型复杂的银团中，为了管理和操作之目的，也为了项目特殊情况考虑，可能还会有多银团结构，即一个大银团下面细分为多个小银团，大银团涵盖所有融资银行，小银团部分银行参加，执行项目的特殊部分；图 3 -4 -4 就是一个典型的大银团和小银团结构的案例：

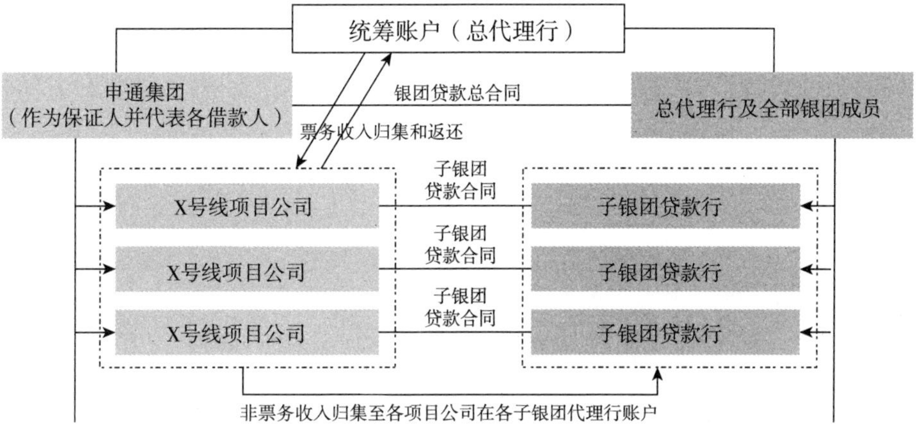

图 3－4－4　上海地铁银团项目（ICBC）

4. 担保结构：简单的银团可能没有担保，但是复杂的银团则会配予复杂的担保，比如跨境担保（涉及内保外贷和外保内贷）、房地产抵押担保、应收账款质押担保、权利转让或者债权从属担保等。

5. 现金流和账户结构：借款人的现金流结构也是需要在银团贷款中特别设计的，尤其是在一些项目融资和并购融资中，包括项目的收入如何分配和监管，还本付息的储备如何安排等。

6. 银团关系：银团贷款内银行之间的关系构成了银团关系，包括代理行的职责、付款机制、款项分摊机制、担保执行机制、银团会议机制等，也都需要专门的设计。

7. 银团费用结构：上面我们提到了安排行为了促进银团分销可能会分享其安排费，那么除了安排费之外，银团内的费用其实还包括各贷款人承诺贷款的承诺费、代理行的代理费等，这些费用在设计银团贷款时也需要考虑。

六、银团贷款文本结构

银团贷款文本在市场上是有成熟的范本可供参考的，在国际上有 LMA

（Loan Market Association）专门发布国际性的银团贷款示范文本，在亚太地区有 APLMA（Asia Pacific Loan Market Association）专门发布亚太地区的银团贷款示范文本，而在国内，中国银行业协会也有专门发布适合中国市场的银团贷款示范文本。总体而言，各类示范文本在结构上都比较类似，大体包含的内容如下：

1. 授信额度：银团金额，有些银团中还包括加入机制，即初始成团后，其他银行还可以再加入银团，那么一开始的授信金额就是一个初始金额。

2. 提款先决条件：这是银团贷款中设计的银行在放款之前要求借款人必须满足的基本条件，包括主体资格证明、授权、登记或者备案等。

3. 提款机制和还款机制：因为是多家银行放款，因此银团贷款文本中需要设计提款机制，同样，还款机制也需要设计。

4. 账户结构安排：我们在上面银团贷款结构设计中已经提到了，如果涉及现金流和账户安排，则也需要体现在银团贷款文本中。

5. 陈述和保证：这是借款人向银团作出的基本事实陈述，是银团达成的基础，银行也是基于对这些陈述的信赖提供的贷款，是银团贷款文本中核心的法律条款。

6. 财务承诺：银团中对借款人的财务条件所作的限定均体现在财务承诺中，也是银团贷款文本的核心条款，但是银团对借款人财务条件不作约束的情况除外。

7. 一般承诺：银团对借款人在签约后的约束性事项均体现在一般承诺中，也是银团贷款文本的核心法律条款。

8. 违约事件和违约救济：借款人违反银团条款或者特定事件达成则构成违约事件，触发违约事件后则赋予银团违约救济权利，也是银团贷款文本中的核心法律条款。

9. 银团成员关系：这一部分往往是写在银团贷款文本的最后一部分，主要是处理银团成员之间的关系，与借款人的关联性不大。

为了更加直观地表现银团贷款文本结构，我们将 APLMA 的银团贷款示范文本和中国银行业协会的银团贷款示范文本作了一个对比比较，从中既可以看出银团贷款文本的结构，也可以看出两者在内容上的区别，注意这些只是列举，不是表明在其他方面两者完全一致：

表 3－4－1　中国银行业协会与 APLMA 银团贷款示范文本对比表

区别条款	银行业协会标准版本	APLMA 标准版本
定义部分	表达习惯不同，使用承贷额、总承贷额、总额度等概念	使用承诺额、可使用的承诺额、可使用的授信、总承诺额等概念
定义部分	没有利差损失条款	利差损失是标准条款
定义部分	重大不利影响的定义范围比较狭窄，包括法律地位、资产财务经营状况	重大不利影响范围较广，包括业务经营财务、履行义务能力、融资文件有效性和可执行性等
定义部分	对负债的定义比较宽泛，包括了基本全部债务	对负债定义相对较窄，仅限定为财务负债，排除了贸易应收款账、经营性负债等一些正常的债务
提款	提款安排较为特殊，包括受托支付、自主支付、固贷提款条件等中国法规的特殊要求	对提款不作限制，可以理解为全部是自主支付
替代利率	对正常贷款利率的替代利率机制没有完整和全面的约定	对正常贷款利率的替代有明确的约定，包括触发条件、流程安排、参考利率、协商安排等
罚息	罚息，就逾期而言，一般在原利率的基础上上浮 30% ~50%；就挪用而言，一般在原利率的基础上上浮 50% ~100%	没有挪用罚息的概念，只要是逾期，则罚息是在原利率的基础上加一定点数得出，一般美元贷款为原利率上加 2%
提前还款	提前还款条款比较简单	提前还款的情况比较多，尤其还包括了单一贷款人提前还款或者取消、贷款人替换等机制

续表

区别条款	银行业协会标准版本	APLMA 标准版本
陈述、承诺	陈述和承诺条款还包括了一些中国法规要求的必备条款，如固定资产贷款要求等	陈述、承诺取决于市场惯例和银行要求，自主约定
违约	违约事件比较严格，一般不给予宽限期	违约事件通常会给特定违约事件一定的补救期和起始金额限定
银团表决	采用的是银团会议机制，即需要召开银团会议表决特定事项	没有设计银团会议机制，任何事项要么由多数贷款人，要么由全体贷款人表决
代理行责任权利	对代理行责任和权利约定条款较少，范围也较窄	对代理行的职责和权利有比较多的规定
转让	对贷款转让约定较为简化，只可以整体转让	对转让约定比较灵活，而且转让方式有多种安排，包括转让、出让、约务（novation）更替等

七、银团谈判的基本准则

银团市场，从开始到后来的文本，都有非常成熟的惯例操作。所以，银团和借款人双方如何进行银团的谈判呢？非常重要的一点就是回归专业。无论是借款人还是银团，在银团贷款中，实际上都是风险共担的，双方需要实现并不是一方压倒另一方，而是要实现共赢，在重大问题上要取得一致。另外，即使存在分歧，分歧也需要在银团市场的惯例下解决，必须在符合市场惯例的情况下，了解具体项目中具体的需求，具体的问题所在，然后再来确定哪些问题是技术性问题，哪些问题是银团可以给予通融的问题，哪些问题又是属于借款人可以退让的。针对各类问题区别对待，最终各方达成一致，共同把银团贷款做成功，做成高质量和高水准的贷款。

八、国内银团贷款市场环境和制度建设的建议

鉴于目前国内银团市场的现状和问题，可以考虑从以下几方面来建设国内银团贷款市场：

首先，建构银团交易文化。如我们上面所提到的，这个文化就是银团内部共进退，而银团和借款人风险共担，在符合市场惯例的情况下，区别对待各类问题，从而实现借款人和银团的共赢局面。

其次，培育开放的银团交易市场。我们不但要在国内做银团贷款，还需要与国际市场接轨做国际性的银团贷款；不仅是中资机构自己做银团，也要中外资机构一起共同开展银团；不仅要做银团的一级市场，也要积极探索建立银团的二级市场。只有在开放和兼容的环境下，银团市场才会迸发出活力，也才能发展得更好。

再次，进一步明确银团内各方的分工，牵头行做好牵头行的角色，代理行做好代理行的角色，互相确定彼此的银团职责，做到分工明确，更好地服务于整个银团的运作。

最后，进一步完善银团交易相关的法律法规。目前国内的银团法规较少，行政指导色彩比较强，也缺乏司法对银团市场的指导，因此，银团市场需要国家在法律法规和司法领域进一步给予指导和指引，促进银团市场的进一步规范发展。

（2014 年 11 月在国家开发银行总行的法律培训）

中国企业境外投资面对的挑战和律师的作用

中国企业境外投资会遇到很多挑战，首先是法律环境的不同，其次是语言文化的不同。复杂的当地法律以及难以沟通的语言文化环境，是阻碍企业境外投资的“拦路虎”。

一、中国企业境外投资中的普遍失误

中国企业境外投资中普遍遇到的问题和失误有以下几个方面：

1. 侧重商业风险而低估其他风险。在境外投资过程中，企业往往精力集中在议价而忽视影响价格的其他风险因素，如政治和法律风险可能直接导致交易成本倍增，而强调交易成本控制却忽略了必要成本开支可能对价格谈判起到事倍功半的效果。

2. 忽视不同法律体系、商业习惯和文化的差异。在境外投资过程中，企业往往还会以国内的商业经验和思维习惯来判断境外投资的风险，但是不同国家有不同的文化和法律传统，按照中国在经济法治环境的传统思维来对待国外的法律和文化往往会产生文化上的冲突，而且在境外投资中也有相当数量的国内投资人在境外投资项目中不会对投资目标国的法律体系做调研工作。

3. 不当使用中介机构。在境外投资中，企业对于中介机构作用的认识和使用呈现两极分化的态度，有的企业忽视或者不了解中介机构的作用，脱离中介机构工作，或者程序性地征询中介机构的意见，有的企业则是过度依赖或者看高中介机构的作用，要求中介机构给出最终决策意见，或者违背中介机构的职责分工和牵制作用。

二、境外投资面临的挑战

中国企业境外投资中面临的主要问题和挑战有以下几个方面：

1. 来自目标国的诸多问题，比如：（1）对外国投资者的限制，如产业限制；（2）对收购或者投资的强制性要求，如强制披露要求、持股限制、反垄断审查、全面要约收购等；（3）税务；（4）环保；（5）劳工；（6）外汇。

2. 来自目标公司的诸多问题，比如：（1）尽职调查过程中遇到的问题，分为业务尽职调查（包括业务计划、业务运营、市场状况、竞争力分析、管理层状况、劳工关系状况等），财务尽职调查（包括财务历史、财务预测、成本分析、现金流分析、税务分析、职工计划、会计政策、融资计划、分红计划等），法律尽职调查（包括批准与许可、公司文件、重大合同、法律诉讼、资产所有权、知识产权等）；（2）股权结构安排的问题，包括股东权利、对董事会的控制以及期权安排等；（3）管理层的配合问题，包括管理层的期望值、管理层的薪酬计划等；（4）工会问题，包括雇员持股计划、利润分成计划、劳工协议等；（5）业务整合方面的问题，包括核心技术的维持、上下游业务的维持、与收购方业务的整合等。

3. 来自竞争对手的问题，比如：（1）排他性协议；（2）联合财务投资人；（3）价格策略；（4）保密；（5）公共关系。

4. 其他问题，比如中国国内的管制要求、目标当地的公关、国内和国外媒体的宣传、融资过程中的问题等。

三、律师在境外投资中的作用

律师在中国企业境外投资中可以起到的作用既有宏观层面的，也有微观层面的：

1. 从宏观层面来说，律师可以在境外投资的战略制定中起到作用，具体如下：

（1）可以协助描绘交易地图，包括 MOU/保密协议、政府审批、收购融资启动、协议谈判、交割、并购后整合等；

（2）利益相关者的管理和协调，包括政府关系、保密、公关、税收筹划、核心知识产权获取、债权人、工会、上下游商业伙伴等；

（3）与交易各方互动，包括与其他中介机构的互动、与对方或者股东的互动、与管理层的互动、与工会的互动、与政府的互动、与媒体的互动等。

2. 从微观层面，律师可以在境外投资中起到执行境外投资工作的作用，具体如下：

（1）协助收购估值，包括确定目标/战略、进行尽职调查、确定主要问题、确定估值范围等；

（2）实施收购，包括协调顾问工作、向管理层报告、沟通策略、实地调查、准备文件、进行谈判、避免竞争、完成交割等；

（3）业务战略协调，包括业务结构设计、投资因素分析、业务整合分析等；

（4）政府审批协助和沟通，包括与中国审批机关沟通、与当地政府机关的沟通等。

（2015 年 12 月在全球投资并购峰会上的演讲）

中国新时代的机遇和挑战：市场、法律和文化

我们的论坛由来自中国、澳大利亚、瑞士、美国的律师同行对中国对外投资的新趋势和所遇到的各种挑战，以及中美贸易战的法律问题从市场和法律角度提出了各自的看法。中国的对外投资总量在2017年首次下降。中国在美国的投资2018年上半年和2017年同期相比下降了65%，因为中国监管政策的变化以及国外对外资审批监管的加强。欧盟在2017年吸引中国的投资9倍于美国，这主要是归因于美国的外国投资国家安全审查制度以及中美贸易战。同时，中国对亚洲、非洲、南美洲等新兴市场的投资在持续。但是，我们看到欧洲各国、澳大利亚也在加强对中国投资的审查，对中国投资者在技术转让、劳动法律的遵守、隐私保护等方面有很多顾虑。还有法律的差异、文化的差异更是挑战很大。我现在从文化的角度来谈谈中国新时代的机遇和挑战。

先请大家看一张图片，这是一张青铜面具，是在中国成都出土的三星堆文物，碳元素测明它已有5000年历史。大家看，它的眼睛很特别，不是一般的眼睛，而像恐龙的眼睛。它代表什么？

代表灵眼、觉性之眼、灵魂之眼。它代表我们要以心灵之眼、觉性之眼来看世界，看这个世界背后的奥秘。

我们从5000年中国传统文化来看中国的本质，我们能看到什么？孔子曰："中庸之道"。老子说："以道建德。"这是中国文化的本质，是中华民族的本质，是中国国家的本质。中国文化是有德的文化，中华民族是有德的民族，中国是有德的国家，因为合乎天道。这是中国5000年历史发展的内生动力、中华民族5000年生存的精神底蕴、中国5000年历史延续生存的真正原因。

如何看目前中国与世界的关系？刚刚我们听到了有关中美贸易战的纠缠、各国对中国投资的恐惧和阻碍、中国和世界关系的各种不确定，但这些表象背后的实质是好事。中国古老的《道德经》说："万物负阴而抱阳，冲气以为和。"所有这些发生的本质都是让中国和世界建立更好的关系，让中国和世界各民族建立更真诚、更友善的关系，包括经济关系和贸易往来。中国将为人类福祉做出更多贡献，这是天道。一切都将回归人类福祉这一基本命题。

在近30年的律师执业生涯中，我从完全不了解中国的传统文化到10年前开始学习，逐渐了解到在三星堆、传统儒学以及《道德经》背后存在的中华古昆仑文明，这是久已遗失的有关生命智慧的中国传统文化。我深切感受到整个世界、整个时代在呼唤中国传统文化重新为人类福祉释放它的价值、重新为人类幸福呈现它的奥秘、重新为人类福祉服务。

（2018年10月在国际律师协会罗马年会中国论坛上的演讲）

中国在亚洲基础设施投融资的趋势

一、中国在亚洲和世界范围内的对外投资分布

根据国家商务部和国家统计局的数据，2018 年中国对外直接投资 1430.4 亿美元，同比下降 9.6%。在全球对外直接投资流出总额同比减少 29%，连续 3 年下滑的大环境下，成为第二大对外投资国，第一名为日本（1431.6 亿美元），其中 2018 年中国对亚洲的对外直接投资接近 1014.2 亿美元，占中国对整个世界范围内的 2018 年对外直接投资的 70.9%。

图 3－7－1 是中国自 2014 年起至 2018 年在亚洲和世界范围内的对外投资数据对比图。

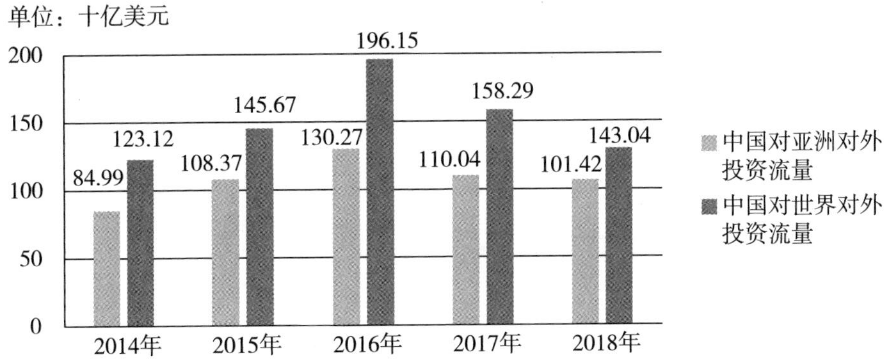

图 3－7－1　中国 2014 年至 2018 年在亚洲和世界范围内的对外投资数据对比图

从图3－7－1中可以看出2016年是中国对外投资的高峰年，在此后均是逐年下降。这是因为2016年中国的政策开始控制中国企业的对外直接投资，对某些领域进行了限制，如房地产、酒店、体育等行业。预测2019年整年的中国对外直接投资量应该略有增长，主要得益于中国“一带一路”倡议的发展拉动了中国对外直接投资流量。

二、中国在2018年上半年世界范围内新签EPC合同数量

中国在基础设施领域内的投资主要体现在EPC合同的签署量。根据中国拟在建项目网显示的信息，2018年上半年中国在世界范围内新签的EPC合同数量为399个，其中亚洲占211个。

图3－7－2是中国2018年上半年新签EPC合同量的分布图。

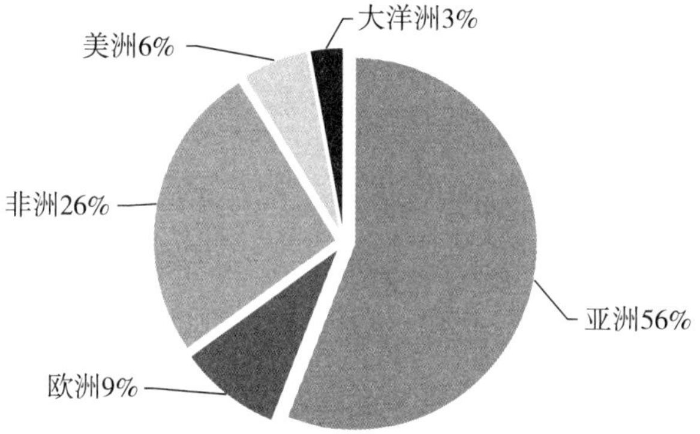

图3－7－2　中国2018年上半年新签EPC合同量分布图

由图3－7－2可以看到，在亚太地区全部新签EPC合同量就已经接近60%。在所有新签的EPC合同中，占比前三的行业领域分别是电力、交通和建筑。

图3－7－3是中国在亚洲国家的新签EPC合同量的分布图。

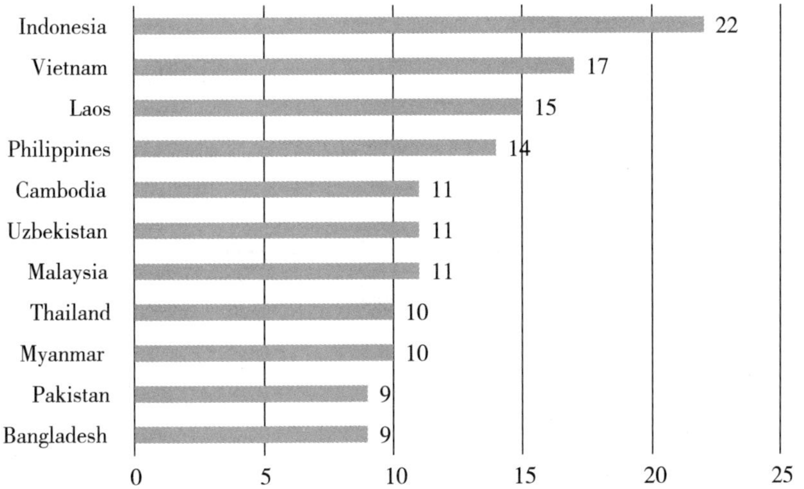

图 3－7－3　中国在亚洲国家的新签 EPC 合同量分布图

由图 3－7－3 可以看到，中国在印度尼西亚的基础设施投资是最多的。这是由以下几个方面原因造成的：

1. 中国政府与印度尼西亚政府之间的良好合作关系。中国与印度尼西亚之间签署了经贸合作 5 年规划，是中印之间经贸合作的重要基础。而且中国连续 7 年是印度尼西亚的第一大贸易合作伙伴，中国也连续两年成为印度尼西亚第三大外资来源地，同时中国在印度尼西亚有 3 个经贸合作区，10 多个合作园区。因此，中国和印度尼西亚之间的经贸往来最密切。

2. 印度尼西亚的总体规划，尤其是大力发展基础设施的战略。印度尼西亚制定的 2011—2025 年总规划，对印度尼西亚吸引外资，特别是基础设施领域的外资有很大的吸引力。

三、中国近期对外基础设施领域投资趋势

1. 投资方式正在转型。从传统的签 EPC 合同模式，到签 EPC 合同加融资模式，再到现在的签 EPC 合同并落地投资模式，中国的投资者正在逐渐加

深与当地的联系。这个转型有当地政府和政策的原因（如法律要求基础设施领域内的投资必须有当地实体等），也有中国企业投资的现实需求原因。在这种转型中，中国企业面临的挑战主要是经营模式的转变、经营管理人才的缺乏以及本地化过程中的文化理念冲突等。

2. 投资平台的转变。以往投资大部分是通过国企在香港的窗口公司投资，随着国际投资的逐渐频繁，以及税收方面的考虑，其他地区的特殊目的公司也逐渐增多，当然有时候也可能是先通过香港窗口公司，再连接海外特殊目的公司，最终到达投资目的地。

3. 基础设施领域的投资由国有企业主导，并受中国海外投资战略影响。中国自 2016 年开始对对外投资的领域开始了行业限制，并就对外投资的项目进行真实性和合规性审核，导致私有企业的对外投资开始减少，而依托国家为背景的国有企业则在对外投资中占主导地位。由于国有企业主要集中于基础设施领域，如建筑、电力等，所有近期的基础设施领域投资大部分集中于国有企业。此外，国家的“一带一路”倡议以及做大做强国企的战略也对中国在对外基础设施领域的投资起到了积极影响。“一带一路”倡议的主要参与主体就是国有企业，而做大做强国企更加剧了头部企业的集中。

4. 对外基础设施领域内的投资主要是有国有政策性银行的融资支持，逐步有商业银行的加入。国家开发银行、中国进出口银行一直以来都是中国对外基础设施领域内融资的主导金融机构，而商业银行由于受限于对基础设施领域投资的风险评估能力，大部分时候是跟随政策性银行参与融资，但是随着其对各国别和基础设施领域内的风险评估能力的提高，可以预见商业银行也会逐渐加入对外基础设施投资领域内的融资中来。

5. 大部分基础设施领域内的投资都是由中国出口信用保险公司保险，并由国内的投资股东担保。为了推进中国对外基础设施领域的投资，中国出口信用保险公司还推出了中国企业海外投资保险，包括股权投资和债权投资。而这类融资领域中，区别于典型的项目融资，国内的投资方股东通常都会出具股东担保，承担项目融资的追索责任。

四、中国对外基础设施领域投资的挑战

中国对外基础设施领域内的投资主要面临来自两方的挑战，一方是国内的，另一方是东道国的。

1. 来自国内的挑战主要包括：

（1）中国国有企业对外投资需要面临冗长的内部政府手续，包括发改委的核准或者备案、商务部的投资登记、外管局的境外投资外汇登记以及国资委的对外投资监管。

（2）中国外管管制政策的变化。对外基础设施领域内的投资金额往往较大，而资金出境需要受制于外管局的外汇管理政策，这些政策随时都可能会发生变化，导致中国对外基础设施领域的投资也面临资金上的不确定性，比如有时候中国资金出境需要受到外管局的临时约谈等软性约束。

（3）融资手段单一，难以获得商业银行的贷款。政策性银行的融资属于稀缺资源，在大量商业银行缺乏兴趣参与对外基础设施领域的融资情况下，如何获取稀缺的政策性银行融资也是对外投资企业面临的一大挑战。

（4）中国出口信用保险公司的保险门槛较高。对外基础设施领域的投资想要获得融资，一般都需要有中国出口信用保险公司的保险，而该保险是建立在项目本身的基础上的，包括当地政府是否为项目出具担保函，BOT 协议中当地政府是否承诺一定的收益保证（如公路桥梁领域的最低通行量，电力领域的最低购买量等），意味着投资者需要与当地政府协商一个较好的商业投资条件，而中国投资者在这些方面与国际投资者竞争时往往都无法处于一

个较好的位置，所以，整体投资的挑战就比较大。

2. 来自东道国的挑战主要包括：

（1）本国和双边的政治问题。基础设施领域的投资涉及东道国的民生领域，甚至是中国和东道国的国家战略的一部分，投资周期长，资金需求量大，因此，本国的政治环境对中国投资者的挑战很大，而中国与东道国之间的政治合作也可能会对基础设施项目的投资带来影响。

（2）货币不稳定性问题。接受中国基础设施领域投资的国家大部分是欠发达国家，其本国的经济落后，甚至存在很大的不稳定性，最直接体现在货币上，该国本国货币汇率的稳定性会直接影响中国投资者在该国的投资收益。这就需要中国投资者通过各类避险工作来规避此类风险。

（3）外管管制问题。在东道国的投资是否可以收回，是中国投资者核心关注的问题之一。如果遇到东道国的外汇管制，中国投资者所投资的债权和股权资金可能会面临无法收回的问题。需要通过当地政府给予政府担保或者承诺来解决此类风险。

（4）当地法律不确定性所带来的问题。如前所述，东道国大部分是欠发达国家，法律体系可能还不完善，很多涉及项目操作细节的地方可能会出现无法可依的局面，而且伴随着法律体系的落后，司法相对来说也会比较落后，导致司法实践也无法对项目操作给予很好的指引。需要通过与当地政府和立法部分进行法律和政策上的沟通，以尽量明晰项目操作中所涉及的法律问题。

（5）当地政府关系和公共意见问题。在基础设施领域内的投资往往会涉及东道国多个区域，从而牵涉多个地区的政府部门，同时也会牵涉多个区域内的公众，比较典型的就是管道工程或者公路工程，因为线性的关系，往往这类问题比较突出。问题主要集中于如何协调各政府部门的利益以及各地区公众的意见，因为有的项目虽然国家政府支持，但地区政府不一定支持，有些项目政府会支持，但当地民众可能会反对。这就需要中国投资者与东道国政府一起，积极处理政府关系和公众意见。

（6）劳工问题。基础设施领域内的投资涉及大量人力资源，劳工问题就比较突出。问题主要集中在当地劳工法律要求，比如劳工保护、工作时间限制、工会权益等，都可能会对投资项目的建设和运营造成潜在的影响。

（7）文化差异问题。国内和东道国文化上的差异也会对基础设施投资项目的建设和运营提出挑战，包括宗教、语言、思维习惯、生活习惯等诸多复杂方面。

（8）企业社会责任问题。中国投资者对东道国的社会责任和社区承诺也是一个非常大的挑战，要求中国企业为当地社区做出更多的贡献和承担更多的责任，包括劳工、环境、公益配套设施等。中国企业和政府也在这方面逐渐改善，包括对中国企业海外投资制定一些基本的要求，有些中国企业也会参与国际的一些先进做法引领行业的发展，而中国企业在东道国当地也加深了与社区的合作、与 NGO 的沟通等，开始承担更多的社会责任。

五、孟加拉高速公路项目案例分析

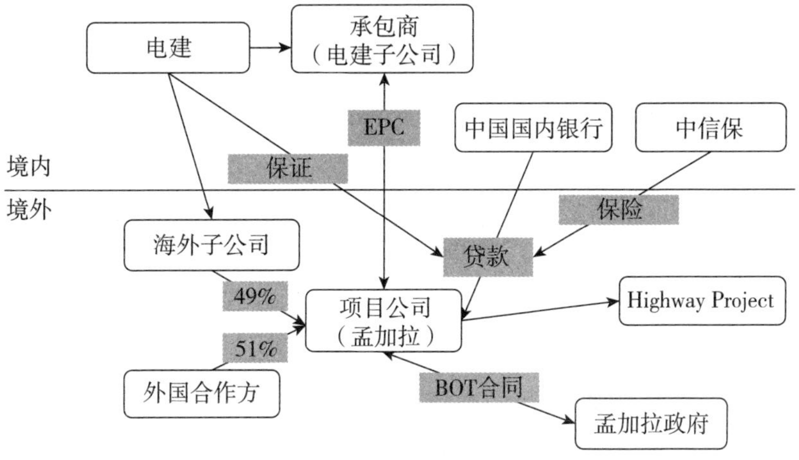

图 3－7－4 孟加拉高速公路项目结构图

背景介绍：

国家：孟加拉国（亚洲）

产业：基础设施——高速公路

背景：中国大型国企和地方国企联合海外投资，项目EPC承包由中国电力建设股份有限公司下面的子公司承做。该项目是泰国一家上市公司首先在孟加拉国中标，后由于开发实力不够，引入中国资金和技术承做。资金安排是中方合计49%，泰方51%。

项目面临的主要挑战：

1. 在中方介入时，合作方泰国上市公司已经成立项目公司，与当地政府签署了BOT协议，而该BOT协议无法更改。

2. BOT协议中有诸多问题，是当地政府对此类项目的要求：

（1）投资人股权锁定。要求原投资人股权不得低于51%。这个要求与中方进入时的设想不一致。在这类投资中，投资只占很小的比重，主要是靠投资来拉动承包商的介入，因此EPC合同项下的收入才是中方投资人看重的，而且也是实质性的收入。靠股权的投资回报基本很少。在BOT合同中规定51%的最低股权比例将导致中方无法在项目公司中占有控制权，无法主导项目的开发、建设和运营。而这个项目也基本上是由中方承建的。中方面临的风险很大。在这种情况下，在公司治理结构中，就设想通过尽量将决议事项下沉到董事会层面，而非股东层面，减少股东对公司事务的干预。

（2）上述安排引发另一个问题——当地法律不健全，律师水平不高，解释法律较为随意。而且由于此次高速公路项目是该国第一条高速公路项目，没有其他项目经验可以参考。导致，中方律师在与当地律师沟通如何设计公司治理结构时产生不确定性。比如，对于哪些需要股东会一致决议事项，当地法律规定得不太明确，而在不明确的情况下，当地法律又缺乏释义性的解释，当地律师缺乏经验，当地政府部门水平也有限，导致在这些技术性条款的设计上存在很大的挑战。

（3）在这类项目中，由于公路属于线性项目，沿途占地面积特别广泛，而政府交付土地的方式为分阶段交付，没有一次性交付建设土地。而且每次分阶段交付之时，都涉及沿线的征收和拆迁问题。在尽职调查此类问题的时候，发现当地政府并没有很符合法律地完成征拆迁手续。因此，在 BOT 协议的履行过程中，还面临着土地的风险。这个风险无法通过其他方式解决，只能依赖政府的协助。

另外，在 BOT 协议中，当地政府还要求在融资关闭前，如果投资终止，投资人无法获得政府补偿。因为一般的 BOT 合同中，比较合理的是，如发生合同终止的情形，政府会适当补偿投资人之前发生的费用。这个与当地政府谈判，无更改的可能。这一点造成中方投资面临较大的不确定性。因为上面说了，中方是通过自己的子公司 EPC 承包项目建设的，投资的大头来自中方这边。如果对于投入不负担补偿责任，则中方面临的损失可能很大。最终通过与泰方约定，前期投入由泰方全权负责，在融资关闭前，中方不会投资资金。

（2019 年 2 月在国际律师协会亚太年会论坛上的演讲）

“一带一路”：机遇、挑战和趋势

一、“一带一路”发展模式

经过6年的发展，中国“一带一路”已经形成了一定的模式。那就是首先进行基础设施的投资，发展“一带一路”国家当地的基础设施；然后建设产业园区，包括工业制造园区、物流园区、临港经济区、高科技园区、贸易园区等；之后在园区建设完成后，引进上下游企业，形成产业链，培育当地可持续发展能力；这样就可以推进政府之间的投资贸易便利化，推动投资保护、避免双重征税、贸易自由化谈判；在这样的基础上形成跨国、跨区域的投资贸易市场。这就是中国“一带一路”比较成熟的投资模式。中国把自己在过去40多年的改革开放过程中所取得的经验复制到“一带一路”国家，帮助这些国家像中国一样发展。“想要富，先修路”，中国认识到基础设施对于国家发展的意义，所以从2013年到2018年在“一带一路”国家完成公路、铁路、港口等基础设施承包工程达4000亿美元；在24个“一带一路”国家建设了82个产业园区，引进投资达290亿美元。这是中国改革开放中发展经济经验的延伸。中国没有照搬西方的模式，而是循序渐进，“摸着石头过河”。中国经验在“一带一路”国家更有适用性，中国速度、中国技术和中国资金目的就是在“一带一路”国家发展经济，创造就业机会，创造本地化商业机遇被证明是有效模式，尤其在政治经济不稳定地区向当地人民传播希望、责任、认同和使命。

所以，从这样的发展模式我们可以清楚看到，中国的“一带一路”就是在进一步推动全球化的进程。中国从全球化中受益，又通过“一带一路”来回馈给世界。

二、挑战和回应

“一带一路”的发展过程中遇到了各种各样的挑战，除了政治、法律、文化、环境的差异性给中国企业的投资和建设带来的巨大挑战外，我这里从国际上经常讨论到的角度重点谈四点：

1. 企业的社会责任

中国企业在“一带一路”的投资经常会被认为在履行当地的社会责任方面非常欠缺，在使用当地雇员方面、在劳动合规性方面都做得不够；和当地社区的沟通、信息公开等方面做得不好。应该说，中国企业在中国过去40多年的发展过程也是自身快速成长的过程。“走出去”是中国企业从来没有的国际化的过程，它自然会把它自身成长的问题同时带到“走出去”的项目中，这个不必回避。但是，中国开始制定新的法律法规加强中国企业的社会责任。中国在2018年制定了新的《企业境外经营合规管理指引》，要求境外投资企业设立合规部门、建立合规制度。而在实践中，越来越多的中国企业注重履行当地的社会责任，加大招聘、培训当地雇员、建立当地企业工会，并且在投资时进行社区调研，与当地居民、非营利组织和媒体沟通，注重当地媒体宣传，为当地社区修路建校，有了很大的变化。

2. 绿色环保问题

环保一直是国际社会关注“一带一路”的重点。应该说，中国在过去的高速发展中的确有不少环境保护问题，这是发展的代价。一开始中国企业“走出去”也把这样的习性带了出去，对环境保护注重不够。但是，中国现在已经出台了一系列新法规政策，把环境保护纳入中国企业海外投资的重点要求。中国银监会制定的规定对境外投资项目的贷款有对环境保护的明确要求。中国企业越来越重视环境保护，一些领先的企业会采取比当地法律要求更高的国际标准来执行项目的环保措施。另外，中国注重发行绿色债券，目前发行最多，占世界第一。

3. 资金问题

中国资金的支持是“一带一路”发展的支柱力量。针对是否会带给“一带一路”国家“债务陷阱”的问题，中国2019年专门发布了《“一带一路”债务可持续性分析框架》，对当地国每年进行债务评级，作为贷款的重要参考。另外，中国已与多家主权基金合作支持“一带一路”的资金需要。中国已与27个国际机构签订“一带一路”融资指导原则，并且在加强与国际金融机构合作共同融资。“一带一路”正吸引更多国际资金一起加入进来。同时，中国已与20个国家签订人民币互换协议，人民币进一步国际化。

4. 反商业贿赂

《廉洁丝绸之路北京倡议》是中国新的努力。中国的“一带一路”投资在增强政府信息透明度，并在项目的招标、建设、管理中落实合规性要求，过程中有廉洁要求。同时，中国和更多的“一带一路”国家签订双边引渡条约、司法协助协定。

三、“一带一路”的趋势

中国政府2019年已宣布将进一步高质量地与各国共建“一带一路”。这是中国决心进一步推动全球化的进程。除了上面谈到的挑战，“一带一路”

还面临更大的挑战，那就是民粹主义和贸易保护主义，这些反全球化的浪潮，在欧洲、英国、美国都已经发生。那么，如何应对这样的挑战？实际上，面对这样的挑战，我们必须回到人类福祉这个根本议题，我们已经没有办法只从一个国家的利益角度来面对了，我们呼唤一个更高的智慧来面对这个全球化的挑战。中国有古老的文明，中国早已湮灭的《道德经》智慧背后有中国的古昆仑文明，它或许会有这个问题的答案。我们需要重新从中得到启迪，在这个历史性的时代，为人类重新找到方向。

（2019 年 9 月在国际律师协会首尔年会中国论坛上的演讲）

突 破 困 局

我们现在整个上海律师界有 3 万多名律师，其中青年律师几乎占了 1/2，是半壁江山。而其中执业在 3 年以下的青年律师，又占了青年律师总数的一半。我了解到，前一段时间上海律师协会青年律师工作委员会作了关于青年律师现状的调研，提到了青年律师在市场开拓、业务量等方面面临很大的挑战。而当前的疫情可能对我们青年律师的业务影响尤其大。为了帮助青年律师克服这样的困难、走出这样的困境，青工委组织了“师说”的网课来帮助青年律师，这样的用心非常了不起。所以，我今天就从当下疫情情况下市场开发和客户关系这个角度来分享我的一些体会。当然，每一代人所处的时代不同，面临的挑战也不一样。我在华东政法大学兼任了律师学院的院长，和 90 后青年人有不少的交往。我们 90 后的青年律师，是非常有自信、有创造力的，没有 60 后、70 后这代人所存在的心理负担。什么样的负担呢？成长于物资匮乏的年代所造成的缺乏安全感的心理负担。90 后的青年律师们都有一股闯劲、一股冲劲。

这次网课也的确是在当下一个特殊情况下进行的。当前新冠肺炎疫情还在继续。这是一场考试，是一场大考，对整个人类都是考试，因为目前这个疫情已经在全球蔓延。对我们整个社会，对我们的国民性都是一场考试。但这个过程中，我是非常感动的。因为我们可以看到这两个月以来，这么多中国人从全球来“人肉”口罩和防护服。我们的医护人员前赴后继，一批批地投入武汉防疫战斗中。很多熟悉我的朋友知道，我在做律师之外，这些年一直在做公益。我们的公益组织在这个期间也开展了很多活动，包括我本人，都会打电话去关爱那些在网上求助的武汉家庭。因为这个疫情太突然，所以我们的医疗资源没有办法及时跟上。很多武汉的家庭只能待在家里，还有很多家庭多人病毒感染。但是，我们可以看到亲人之间相互支持，真情守护。在获得宝贵的病房资源的时候，老母亲会让给儿子，丈夫会让给妻子，这是我们中国人非常真切的亲情，所以说我们的国民性经受住了考验。另外，疫情对所有的企业、对个人、对我们律师，也是一个考验，也是一场考试。前几天，我在网上看到了一个统计，说受疫情影响最严重的行业是酒店业、旅游业、运输业、餐饮业，受影响的程度几乎是100%或者95%。让我吃惊的是，律师业排到了第五位，律师业受重创85%。一开始我看到这个数字是比较吃惊的，因为我对整体的律师状况不是那么了解。考虑到那么多中小企业在这个疫情下所受到的冲击；考虑到我们居民现在几个月待在家里不能外出，也不能进行原本的法律诉讼；考虑到这个疫情可能还会持续一段时间，所以，虽然这个数字可能统计得不够准确，但是毋庸置疑，疫情对律师业会有很大的冲击。所以在这种情况下，我们上海律师协会能够来做这一系列的网课，也的确是很了不起的，这速度也是很快的。想当年，我们80年代末90年代初的那一批律师，完全要靠自己“拼刺刀”，没有这样的机会可以得到律师协会这么大的支持。

面对这样的疫情，实际上很多企业在困局中。今天我看到一个新闻，携程的CEO在接受采访时流泪，因为她说到这一个多月上亿人退订单，他们已经垫了10亿元的资金。这对企业来说是非常严重的状况。大家也知道，现在买张飞机票去海南多少钱？5 元钱。到成都，50 元钱。这是我们企业面临的严峻的生死之战。对我们律师来说，可能不同专业领域、不同业务层次压力会有所不同，但是作为一个行业整体，这个挑战的确不能忽视。

今天先从我 15 年前的一个案件开始谈起，与大家分享。因为在案件中，我们客户也会面对困局。我们律师这个职业，就是要帮助客户解决问题，并且是创造性地解决问题，帮助客户走出困局，不管是诉讼还是非诉讼。我先简单介绍一下这个案件，它比较有代表性，也是我在过去 30 年的职业生涯中的一个案件。

2005 年的一天，我接到了招商银行信用卡中心法律部的一个电话，他们准备终止和美国运通的一份信用卡合作协议，可能接下来会发生诉讼，希望律师帮助分析一下可能会遭受的索赔和损失。接下来我了解到，他们双方在这之前已经签过一份信用卡合作协议，双方合作发行联名信用卡。大家知道在 2005 年的时候，外资金融机构在中国并不能发行人民币信用卡，所以外资金融机构要进入中国市场，都要和中国的金融机构合作。美国运通和招商银行信用卡中心达成了这个合作协议，联合发行联名卡。为此，招商银行会支付几百万美元，由美国运通来提供这个信用卡的技术。但是，招商银行不想再继续合作了，准备终止这份合作协议，并要考虑提起诉讼或者被美国运通起诉的情形。招商银行需要事前了解这样一个可能的诉讼对他们而言会产生的经济损失。

面对客户的这样一个需求，当时我一方面请我们上海的律师团队和我们纽约的同事一起来分析，因为它可能涉及美国法下的诉讼，也可能是一个中国法下的诉讼；另一方面，我希望了解背后的原因，也就是客户这个需求背后的需求。后来就安排了一个和他们总经理的会议。通过会议上的询问，我了解到，招商银行基本上已经开发出了所需要的信用卡技术，而同时这个合作协议是之前的职业管理团队与美国运通签署的，现在的管理层认为合作协议规定的合作费用过高、不合理，所以才产生了目前想要终止协议的想法，并且要马上付诸实施。了解了这个原因之后，我又进一步去了解招商银行背后的需求。也就是说，尽管这种信用卡技术已经不需要了，但是美国运通是全球最顶尖的信用卡领导者，它是否还有其他种类的信用卡、其他的信用卡技术是招商银行需要的？果然，总经理说，应该还有一种被美国运通视为看家本领的无限额度信用卡。这个卡可以发给少数精英，可以无限使用，没有限额，但是它会有风控系统、数据分析等一套背后的技术来支持。还有一种公司卡，就是共享一个账户，但是可以有若干张信用卡，由公司不同的高管来使用。今天来看，这两种信用卡技术已经不是只有招商银行才有，在市场中已经比较普遍了，但是在当时，我们中资金融机构还没有办法开发出这样的信用卡产品，因为它涉及背后的技术、管理、风控等系统。既然了解到招商银行有这样的一个需求，我提出建议，我们是不是可以修改这个协议来变成我们所需要的信用卡的合作。另外，美国运通的需求也很清楚，它需要进入中国市场，但是它没有一个合法的路径和渠道，除非和中资金融机构合作，而招商银行是中国市场上最领先的信用卡竞争者。基于对这两个需求的考虑和了解，我给招商银行提出的建议就是修改这个协议，重新来拟定我们所需要的合作协议的条款。我相信美国运通会同意朝这个方向努力。果然，我们提出这样的建议后，美国运通同意朝这个方向来修改协议而继续合作。经过若干轮谈判、修订之后，双方达成了进一步就新的信用卡合作条款。同时，招商银行也避免了支付额外的一大笔技术费用。此后，招商银行信用卡成为我们君合律师事务所的长期客户，每年会带来很多的律师业务。

这个案件的一个关键点就是我想与各位同行分享的，我们怎么从一个客户的困局中、客户的问题中，甚至无路可走中，找到他背后的需求，也就是需求背后的需求。这是一个关键点，这是一把钥匙。当然很多律师会说，这个说起来容易，做起来很难。的确没有错。但是，这是一个最重要的方向。一个律师当然需要先掌握专业知识，就像我对银行业多年的了解，对信用卡政策的了解，对市场的了解，这当然都是必不可少的。但是，我想说了解客户的需求，以及需求背后的需求，这不是一句简单的话，这是一个方向，一个指南针，抓住它就会纲举目张。

面对当下的疫情，我们刚才提到的这个困局，实际上对所有企业来说是一样的。我们有很多律师也在做企业的业务。企业的律师业务应该说数量不小。那么，现在企业的困局，从这两个月的发展来看，对任何一家企业来说都是生死时速，有的企业家甚至都会说跪着都要活下去。所以，你现在会看到像中石化这样的巨无霸在干嘛？在卖菜。国航在做什么？在做外卖。他们在作出调整，作出改变。因为所有的行业都受到疫情巨大的冲击，并且这个冲击是突如其来，超出任何一个企业的计划。如果我们要想了解我们客户的需求，不管是个人客户还是企业客户，不管是中小企业还是巨无霸，这个时候是最好的时候。关键是我们青年律师这两个月有没有真正地、深入地跟随企业的变化去了解。这是一个巨变的时代，是企业在经营模式上、在员工心态上、在企业文化等方面发生巨大调整的时候。所以，我们可以观察到很多，会对我们有很大启发。企业唯一要做的就是一定要跟随市场的需求、跟随用户的需求。谁抓不住这个需求，谁就必然被淘汰，这是基本的商业规律。

这几年我在华东政法大学律师学院给本科生上课。过去我一直上银行金融法律实务，后来发现，这对法律专业的本科生来说帮助不够大，所以我换了一门课，就是市场营销与客户关系。过年前我记得第一次上课，请几位同学来回答他期待从这门课中学到什么？回答出奇的一致，是什么？除了他们讲到对市场营销的理解，对客户关系的理解之外，他们期待的是，这个课怎么满足他们自己的需要，他们自己的渴望、他们自己的想法能够得到满足。我说你们完全错了。市场营销的一个根本点就是你要去了解市场，了解客户的需求，而不是你自己的需求，否则就是根本方向错误。在这里我举两个事例来说明市场的需求，看看企业当下在这种疫情冲击下业务戛然而止时，在如何自救，如何调整，如何改变。比如说健身房，我们很多青年朋友平时会去健身，现在宅在家里没有办法健身。这些健身房，再大的健身房，现在突然关门，没有营业、没有现金流，那该怎么办？有一家洛克健身房，在春节期间马上组织团队，第一步拍短视频，和政府合作、和体育局合作、和各个平台合作，免费播放指导在家里如何锻炼这样的短视频，来扩大流量。第二步进行直播课程，由线上的教练来指导在家里的这些学员进行训练。第三步推出专题课程，例如 30 天瘦身、腹肌训练等专题训练，都是收费的。所以在过年期间，他们的流量多了 20 多亿，远远超过在疫情之前的情况。携程CEO 接受采访时流泪，因为上亿元的订单被取消，那么他们怎么应对呢？他们要怎么活呢？他们推出了不同的计划，同胞计划、V 出行计划等。你要去观察，去了解这些信息，了解我们的企业客户，了解他们的变化和需求。还有，任何一个企业都不仅仅是这个企业本身，也包括它整个产业链条的上游下游，所以也需要了解整个产业链条。携程的同胞计划就是一个伙伴计划，要把所有的商业伙伴团结起来。如果它平台上的酒店能够免一部分佣金，就可以被评为爱心酒店，在疫情后就会有相应的回报。携程还会提供贷款给它的服务平台、代理商。在这个时候疫情反而变成了携程把它不同的合作伙伴紧密联系在一起的机会。当我看到携程的商业计划时，我赞叹它把疫情变成了它和各个商业伙伴加强联结的一个契机。同时，携程还推出了旅游预售产品，因为携程预测疫情过去之后会爆发一个旅游高峰，所以，它推出一个预售，这样的话会提前得到现金流。对企业来说，现金流是最关键的需求。那么我们律师怎么办，我们怎么来抓住客户的需求？在疫情期间，我们怎么去了解并满足企业的法律需求，像这些企业一样，他们有生死时速，我们很多律师反而可能没有那么紧迫。虽然我们不同的人在疫情下可能会有不同的心境，但是作为一项终生的事业，当我们选择了学习法律、实践法律，选择了律师这个职业，我们渴望用法律来创造价值。所以，这不仅仅是一个饭碗，这还是我们的事业，可以说是我们的梦想。那么我们怎么向这些企业学习，也能够去抓住这样的需求呢？

我在律师事务所带团队的时候，还有我在律师学院给学生讲课的时候，我都会讲到一个问题，我们的实习律师，或者说我们的年轻律师来到事务所实习或者工作时，努力的方向往往都是错的。为什么说存在方向错误呢？因为我们所有的实习生为了想要留下来工作，都要努力地表现自己。我反应很快，我效率很高，我可以做很多项工作，我对法律的掌握很熟练，我可以写备忘录，我可以作法律研究，我可以做很多工作，我会努力地表现自己的各项才华。我们的年轻律师为了得到资深律师的提携、合伙人的提携，也会非常努力。这个努力本身没有错，我不是说这个努力有问题，我是说这个表现自己的方向是错的。你有没有先了解带教律师的需求、带教合伙人的需求，以及他们背后客户的需求？如果你没有真正地了解，你也没有主动去了解，那么你做的东西再好，很有可能没有办法契合合伙人的需要、资深律师的需要，更重要的是没有契合客户的需要。所以，对年轻律师来说，对实习律师来说，我们不是先要努力地去表现自己的才华，这是一个困局，是一个自我的困局，是一个自我中心的困局。当我们困在这个自我中心中，基本上就像我提到的律师学院的学生一样，要的是怎么满足我自己的需要。随着时代的发展，我们都渴望自己的需要得到满足，这个本身没有错，但是你有没有了解对方的需要。作为年轻律师来说，有没有了解资深律师的需求、有没有了解合伙人的需求，以及背后客户的需求。如果不够了解，没有深刻了解，那么我们再怎么努力去呈现自己的能力，表现自己的才华，可能都会南辕北辙，可能都没办法有效果，可能都没有办法给到带教律师力量，没法给到合伙人价值。所以从这个意义上讲，从这个角度来说，这个方向是错的，这个方向反了。我经常会和年轻律师讨论，在每一项工作中，在接受无论是来自客户的还是来自资深律师的指示时，对于他们的指示，你真的清楚了吗？了解了吗？如果不清楚，有没有去问清楚？这是最基本的。听清楚，对不清楚的先了解，这只是第一步，然后第二步，你能不能在这个基础上更深入地去了解？为了让你更深入地理解这项任务、做好这项工作，哪怕是一个最简单的邮件、最简单的法律研究、最简单的备忘录，或者是一个证据收集，你有没有真正地了解这个资深律师的需求？他为什么让你做？他希望你做多长时间？他希望你用什么样的方式呈现？需要多长的篇幅？这个案件的整个背景是什么？这些也就是我说的，这把钥匙，不是你的需求，是你面对资深律师的需求，是你面对客户的需求。那为什么我说这是一个困局呢？因为我们往往会困在这个自我中心里，成为一个困局，成为一个无法了解对面客户的困局。

在疫情期间，我看到一个针对几百家中小企业的调研。被调研的80%的企业表示，他们所面临的真正困难是自身的经营问题，只有20%的企业将困难归因于企业之外的原因。所以，在我们青年律师成长的过程中，不管是在疫情期间，还是在疫情外，我们有多少人把自己的不够成长归因于自己，有多少人把它归因于外在的环境、外在的市场、客户甚至是家人、单位和合伙人？所以，如果我们青年律师不能够从这个自我中脱离出来，那么我们永远受困。这是我今天要分享的很重要的一点。疫情本身不是困局，我们把它当成困局才是困局。这个市场不是问题，我们青年律师把它当成问题，它才是问题。当我们拘泥于自己的视野、自己的观点、自己的立场、自己以往的经历，就会受困。为什么一开始我说我认为自己仍是个年轻律师，不是开玩笑，是因为我非常敞开，愿意向所有人学习，向你们学习。你们为什么是未来？你们年轻。什么是年轻？你们开放，你们有创造力，你们有无限的可能，你们可以向一切学习，那么一切可以成为你的，成为你的才华，成为你的价值。但是，我们往往活在过去的经验习惯中，活在过去的教育中，这就会让我们舍本逐末，只知道先满足自己。

无论是我今天谈的这个案例，还是企业在当下疫情中的求生，都为我们提供了一个绝佳的机会，让我们一起体会市场的需要、客户的需要、企业的需要。我们今天在现场的律师同行们，在过去的这两个月你有没有了解你的客户、了解客户的需求的变化、他们未来的经营的调整，有没有和他们联系过、有没有了解过、有没有关心过？没有的话，说明你在困局中，不是疫情困住了你，是你的自我中心困住了你。前几天我看到一个报道，有一个餐饮企业老板在整个春节期间完全没有办法睡觉，因为他每天有房租，有员工工资，还有一系列的成本需要支付。另外，企业暂停营业，现金流中断，结果可想而知。所以这种焦虑、痛苦对企业主来说是生存的问题。这个企业主在经过一番痛苦而深入思考后，他先一个一个地打电话给他的员工，虽然有几百个人，他都会一个个地去打电话，去关心他们，了解他们的困难，希望他们能够尽快回来复工。在这个过程中，他在重新建构这个企业和员工的关系。企业家的心态在这个疫情下在变化，员工的心态也在变化。所以他努力地想把全部员工凝聚起来。尽管如此，一开始还是很困难，直到他做了一个动作。是什么呢？他组织了他的员工去为上海的医护人员送餐。在这个时候，他的这些员工上下一心。在这个过程中，企业的凝聚力有了，团队建构起来了，企业的文化建构起来了。平时，企业围绕这个凝聚力要先去花钱培训，要声嘶力竭地去喊口号，但效益都不高。现在，一个动作就完成了，为什么？因为这个企业家突破了企业的自我中心，突破了简单的物质利益，而来到了全社会人人关心的层面，去关爱那些医护人员。这也是刚才我们说要突破自我来达到的。

那我们青年律师怎么突破自我？你要来到你的对面——客户这里。你要去了解，去关心。对企业来说，它不仅仅是一个市场的变化，还是商业模式的深刻变化、团队心态的变化、企业文化的变化。对我们每一个律师来说，无论你的客户是大客户还是小客户，是个人客户还是企业客户，一样都在疫情下发生以上这些变化。我们都生活在这片蓝天下，这块土地上，都会经历一样的变化。即使在家中，你有没有去关心他们、了解他们。尤其我们很多民事律师，做个人案件的，做家庭律师的，我们有没有以这样的方式和客户连接起来，和这个时候的客户需求连接起来。这背后有个更大的需要，就是在我们客户背后是整个市场，是整个社会，这背后人的需要也在发生深刻的变化。如果我们只是宅在家里，我们只是看到我们自己饭碗中的这几个业务、这几十个案件，我们就没有办法跟上这个时代、跟上这个变化。所幸的是，我们 90 后的青年律师们就像我刚才说得那样非常有自信，非常愿意去闯出一片天地，有强烈的自信和创造力，又没有任何心理负担。我们 60 后、70 后有很多的心理负担，因为从小被经济条件局限，所以需要一个很强的安全感和保障，创新力就受影响。但是你们 90 后没有，因为你们出生在中国改革开放巨变后的这个国家，你们是这个国家的未来。这次疫情，也是一个百年不遇的机会。这个机会，既是我们去了解客户、了解市场的机会，也是我们了解自己，改变自己，改变我们的习惯，改变我们的习性，改变自己的机会，突破自己的机会，突破这个困局的机会，也是重新和客户建构更密切关系的机会。这个疫情是百年不遇的，对我们律师来说，同样也是百年不遇的机会，是机会而不是困局。这对整个社会是一场考试，对全人类是场考试，对我们个人来说也是一场考试。我们怎么才能考及格、考优秀，就取决于我们每个人自己能不能突破自己，能不能改变自己，能不能了解我们客户背后的需求。这次疫情中，很多企业捐款捐物资，为公共卫生事件出力，是非常了不起的。这份公心，这份为整个国家出力的心，你有没有看到，有没有参与其中？这个参与不是说一定需要捐钱捐物，不是一定要去做公益的活动才叫参与。我们可以透过我们的工作，透过我们律师这个职业去参与。但是这个职业已经不是一个简单的范畴，是你去了解这个企业新的需求，它的经济需求，它的社会责任，它背后整个社会新的需求。所以，让我们一起来通过这次考试。

问：请问相比证券与资本市场的法律服务，银行金融领域的法律服务有什么不同的打法？

答：资本市场和银行金融打法肯定是不一样的，因为每个行业都有每个行业的特点。资本市场是一个公开市场，我们律师的客户无论是上市公司还是证券公司，业务无论是 IPO、发行债券还是上市公司的并购，都有以下特点：第一，你需要非常熟悉资本市场的法律监管环境，还有市场实践，因为资本市场的实践比其他任何市场都来得重要。第二，资本市场瞬息万变，就像这个疫情期间，排队增发的有 60 多家上市公司，而现在像房地产企业，在海外发行债券金额已经达到了 60 多亿美元，在国内也已经达到了 200 多亿元，因为整个房地产需要资金。所以，你就可以看到资本市场在这个疫情期间一级市场多么活跃，大家可以看到这个业务量。同样，这一轮的调整所带来的科技行业、教育行业，医疗行业，这些企业的上市和增发需求会增长。同时有一些企业一定会被淘汰、被重组和并购。相对来说，银行金融市场需要律师介入的，从高端到低端几个层面都有。高端的包括项目融资、银团贷款、房地产融资、收购融资等。这样的高端银行金融业务只有少数律师在做，已经形成了比较成熟的法律服务市场。但是接下来也会有很大的变化，因为国家27万亿元的投资基建，会带来至少七到八个行业的大发展，会带来银行的融资，包括基础设施融资。银行金融业务另外的层面有信用卡业务、银行诉讼、追债、住房按揭等，这些我认为疫情下都会带来很大的机遇。回应这个网友的问题，关于打法首先还是在于你有多了解客户的需求。按照现在权威专家的说法，摘口罩至少要到4月底，因为全球疫情的问题，可能到6月才能有一个判断，所以还会持续一段时间。那么这段时间内，我们可以做什么准备？了解这种变化和需求。接下来，你能够满足这种需求吗？证券公司也好，期货公司也好，或者银行，融资租赁公司，汽车金融公司，要谈打法，首先仍然是了解需求、需求的变化。其次，我不认为这个市场已经饱和，我也不认为这个市场已经被瓜分完毕。这个市场充满了机会，充满了机遇。只有在中国才会有在短短10年内就成为超级航空母舰的律师事务所，并且做得非常好的事务所，这就说明了问题。我们有没有抓住这个变化，通过抓住变化来创造机会，甚至是一个新的细分的行业，甚至是你的新的客户，都是一样的。所以，如果说具体的打法，我们丢掉了这个前提，丢掉了这个方向，就像我之前说的年轻律师和实习律师，他再努力，想要证明自己，但是当他不能了解这个需求，不能把握住这个需求，跟随这个需求，他做的往往是没有用的。我们业务的打法也是一样的。

问：现在年轻律师的生活经历都比较简单，大多数从学校就直接到了律所。那他通过什么方式能够更好地了解客户？比如说做银行金融业务，是不是我先去银行做一段时间法务，比直接到律所去做金融业务的律师更有优势呢？能够有什么好的途径去加强了解客户？

答：这个问题很好。我个人的体会，应该是条条大路通罗马。第一，不能有局限。我们都会有一个既有的逻辑观念，一个既有的视野，既有的做法，如果我们青年律师想要去了解客户的需要，你们超越60后、70后的最大的优势就是你们生活在网络时代，你们被信息包围，你们操作电脑穿梭网络、挖掘这些信息，跟踪这些信息的能力比 60 后、70 后熟练得多。所以，首先是你的眼光、你的眼界是否能够超越你既有的局限。像今天我给大家分享的关于企业的信息和市场的信息，是你们大家都能看到的，但关键是你有没有用心和眼光，这是第一。第二，在你现有的客户和你做的现有案件中，或者你帮助其他律师在做的案件中，都会有无数的信息。你接触的每个客户都会给你无数的信息。只是你有没有这个心、你敞不敞开、你去不去了解、你去不去询问。就像刚才我说实习律师，当你接到一个指令，只是写一个简单的备忘录。如果你不问，只是根据交代你的一二三，去作一个 a 的研究，做出一个 b 的推论，得出一个 c 的结论就结束的话，那你就失去了很多机会，甚至你做的这个可能都没有用，因为你没有主动去了解这个案件的全局，这个案件所在的行业，目前的政策法规的变化，这个客户为什么提出这个需要，然后合伙人是怎么想的，他希望得到你什么样的帮助，从什么角度帮助，以前有没有现成的案例，然后合伙人的思维是什么，你可以从哪几个角度去下手。又如就法律来说，你除了查法条，你要查政策，你还要去查司法解释，还要查案例，除了这些之外，还有这些政策在实践中落地的情况。大的律师事务所有它的优势，就像在君合，三百六十行，每一行都能找到过去的案例，都可以求助，这是君合很好的传统。只要你用心，你都是可以从你现有的任务中、这个案件中挖掘到无数的信息。第三，你和客户的交流到了什么程度，了解多少客户的行业和业务？你愿意问吗？我接触的一些 90 后，都比较自闭，没有办法真正和客户建构关系。

做法务会是一个很好的增加你见识的机会。我们也有很多同行从法务转行做律师，也会从律师转回做法务，这是两个不同的纬度。做法务，可以增强对企业管理运行的了解，对这个行业的了解。但是，法务会常常被局限在这个行业所经常碰到的法律问题中，不像律师可以碰到完全不同领域的法律问题，不同行业的问题，所以这个是不同的。在我看来，年轻律师在三年级之前，也就是从一开始到第三年是非常重要的一个阶段。这个阶段，如果我们能够真正打好基础，就会决定我们以后职业生涯的发展。如果这个阶段我们走了弯路，就会很可惜，因为你在第四年、第五年再去改，有很多方面已经定型，你就会比较难。所以，这是两个不同的职业路径，或者说是两个不同的标准考量。作为律师，如果你的梦想是做一个优秀的律师，做一个真正领导这个行业的律师，我认为没有必要为此专门去做法务。因为在这个行业内，只要你足够敞开，不是自困于自我中心的困局中，你真正敞开，真正能够和客户建构关系，就能成长，成长为一名优秀律师。就像在疫情下，即使我们坐在家里，我们也可以和客户建构关系，建构更深的关系，可以了解更多的信息，当下的未来的信息，不是我一定要选择什么样的工作，我才能获得什么样的收获，这个还是有局限的。

（2020 年 3 月在上海律师协会“师说”沙龙上的直播网课）

◇

返场曲：

博弈——银团贷款合同的谈判要点

中国银行业协会银团贷款合同示范文本

［•］

（作为借款人）

［•］

（作为牵头行）

［•］

［•］

［•］

（作为贷款人）

和

［•］

（作为代理行）

人民币［•］元

固定资产银团贷款合同

［•］年［•］月［•］日

目　　录

7.1 主动提前还款

7.2 主动取消

7.3 自动取消

7.4 强制取消

八、付款规定

8.1 贷款资金的发放

8.2 贷款资金的支付

8.3 借款人付款

8.4 代理行付款

8.5 付款顺序

8.6 垫款

8.7 付款币种

8.8 抵销

8.9 非营业日

8.10 分摊

九、税费

9.1 税费

9.2 印花税

十、成本增加

10.1 成本增加通知

10.2 补偿

十一、法律变动

11.1 法律变动通知

11.2 取消和提前还款

十二、减轻损失

12.1 减轻损失

12.2 义务限制

十三、事实陈述

十四、约定事项

14.1 积极义务

14.2 限制事项

十五、违约事件

15.1 违约事件

15.2 银团成员行的救济

十六、银团成员行关系

16.1 委任代理行

16.2 代理关系

16.3 代理行的责任

16.4 代理行的权利

16.5 独立信贷评估

16.6 代理行和牵头行作为贷款人

16.7 银团会议

16.8 贷款人补偿

16.9 代理行辞职

16.10 代理行扣款

16.11 其他业务

16.12 与贷款人的往来

十七、费用和补偿

17.1 银团费用

17.2 银团成本

17.3 损失赔偿

17.4 货币补偿

17.5 计算依据

17.6 免于补偿

十八、转让

18.1 借款人转让

18.2 贷款人转让

18.3 转让生效

18.4 转让的约束力

18.5 转让的后果

18.6 转让行免责

18.7 转让行进一步免责

18.8 簿记存档

18.9 变更经办行

十九、各银团成员行权利义务的关系

19.1 义务独立

19.2 权利独立

二十、保密义务

20.1 保密范围

20.2 其他披露范围

20.3 取代

20.4 信息采集

二十一、修改和豁免

21.1 修改或豁免申请及同意

21.2 书面修改

21.3 代理行同意

二十二、通知

22.1 通过代理行

22.2 通知方式

22.3 通知送达

22.4 地址变更

22.5 通知语言

二十三、债务证明

二十四、权利累积和条款独立

24.1 权利累积

24.2 条款独立

二十五、合同文本

25.1 语言

25.2 正本

二十六、适用法律和争议解决

26.1 适用法律

26.2 争议解决

26.3 放弃豁免

二十七、生效

附件一 贷款人初始承贷额

附件二 文件确认书格式

本合同由以下各方于［•］年［•］月［•］日在［•］签署：

一、［•］，作为借款人（“借款人”）

注册地址：

法定代表人：

二、［•］，作为牵头行（“牵头行”）

注册地址：

法定代表人：

经办行：

经办行注册地址：

经办行负责人：

三、［•］，作为代理行（“代理行”）

注册地址：

法定代表人：

经办行：

经办行注册地址：

经办行负责人：

四、下列金融机构，作为贷款人（“初始贷款人”）

［•］

注册地址：

法定代表人：

经办行：

经办行注册地址：

经办行负责人：

[•]

注册地址：

法定代表人：

经办行：

经办行注册地址：

经办行负责人：

[•]

注册地址：

法定代表人：

经办行：

经办行注册地址：

经办行负责人：

借款人：为借款人自身的利益，在银团的组成、贷款份额的分配、代理行的任命等银团事项上，借款人希望这些事项都由借款人决定，或取得借款人的同意。

贷款人：由于市场竞争激烈，贷款人在银团的组成上往往非常迁就借款人的要求，甚至在实践中由借款人和每家贷款人直接接洽，而银团成员无法取得并保持统一立场。

评述：之所以要组成银团，其中一个重要原因就是由多家银行一起来承担贷款风险，因此银团的利益应该是一致的，它超越任一家贷款人的角度和立场，因此，从银团应有的立场来说，牵头行应该代表的是所有贷款人的利益，代理行也是代表所有贷款人的立场，虽然就每一家银行而言它都有自己的利益，尤其是商业利益。在实践中，牵头行能否履行好自己的职责，在银团合同签订之前，及时与各家银行联系，沟通项目信息，确定贷款意向和份额，确定贷款主要条款，分配好银团成员之间的商业利益；另外，及时与借款人沟通，了解借款人的需求和变化，并反映给银团，这变得非常重要。实践中，往往由于牵头行不能很好地履行职责，或过于集中在自身的商业利益，而无法取得银团成员的信任，或者无原则地迁就借款人的越界行为，而让借款人与每家银团成员直接沟通银团重大事项，从而造成银团无法顺利实施的情况经常出现。在英国法下，安排行和各家参与行之间有法律关系，安排行对各家参与行有法律责任，即使在银团协议签订之前。这一点在中国法律下还没有明确规定。

鉴于：

[•] 年 [•] 月 [•] 日，借款人正式注册成立，其初始注册资本为[•]，实收资本为 [•]。

为 [•] 需要，借款人拟向初始贷款人筹措固定资产贷款。

各方经友好及平等协商，基于真实意思表示，签署本合同如下，以昭信守。

一、定义及解释

1.1　定义

在本合同中：

保证合同	指保证人和代理行于［•］年［•］月［•］日签署的一份［•］保证合同。
保证人	指［•］。
财务年度	指从每个公历年的一月一日（包括该日）起至该公历年的十二月三十一日（包括该日）止的期间。
承贷比例	指，就各贷款人而言，该贷款人当时的承贷额与当时的总承贷额之间的比例。
承贷额	指： 1. 就各初始贷款人而言，初始承贷额减去其在已经提取的全部贷款资金中所占的份额，再减去其在按照本合同条款被取消或转让的金额中所占的份额；或 2. 就各受让行而言，其按照本合同第十八条（*转让*）受让的承贷额，减去其在之后已经提取的全部贷款资金中所占的份额，再减去其在按照本合同条款被取消或转让的金额中所占的份额。
初始承贷额	指本合同第二条（*贷款额度*）及本合同附件一（*贷款人初始承贷额*）中所规定的各个初始贷款人的初始承贷金额。
出质人	指［•］。
贷款人	指初始贷款人及/或受让行。
贷款利率	指，就每笔贷款资金而言，本合同第 5.1 条（*贷款利率*）约定的贷款年利率。
贷款余额	指借款人已经提取但尚未清偿的贷款资金总额。
贷款资金	指在本合同项下已经提取或将要提取的任何贷款本金。

贷款资金账户	指本合同附件四（*各方账户*）中所列的该等账户。
代理行	指［•］或继任代理行。
代理行付款账户	指本合同附件四（*各方账户*）中所列的该等账户。
担保合同	指保证合同、抵押合同及/或质押合同。
担保人	指保证人、抵押人及/或出质人。
担保权益	指任何抵押、质押、留置、定金或具有担保效力或目的的任何协议或安排（无论该等协议或安排是否依据中国法律设定或解释）。
抵押合同	指抵押人和代理行于［•］年［•］月［•］日签署的一份［•］抵押合同。
抵押人	指［•］。
多数贷款人	指在总额度中所占份额的比例达到或超过［•］%的一家或多家贷款人。

> 借款人：虽然多数贷款人主要涉及银团表决或银团决定，但借款人希望这个比例越高越好，这样针对借款人的决定更不容易作出。
>
> 贷款人：银团中份额大的贷款人往往希望多数贷款人比例低，而份额小的贷款人希望这个比例高。
>
> 评述：市场惯例是51%或2/3。具体是必须在银行利益与银团效率之间取得平衡，应该由银团成员协商作出决定，但安排行在安排贷款份额之前就应在贷款基本条件书中确定多数贷款人的比例。

罚息利率	指逾期罚息利率及/或挪用罚息利率。

费用函	指借款人与相关方签署的关于本合同项下的交易的费用函。
付息日	指（根据情况在下述√选一项，不选的打×）： [　] [各利息期结束次日]； [　] [各利息期结束之日]。
负债	指借款人的所有对外付款或还款的义务，无论其性质或形式如何，也无论是主债务还是担保义务，是实际的还是或有的，是到期的还是未到期的。

> 借款人：由于负债这个定义主要用于限制借款人的承诺事项和违约事件，借款人不希望这个定义过于宽泛，往往希望负债限于到期的特定贷款负债。
> 贷款人：为确保贷款的安全，贷款人希望借款人的财务状况的任何风吹草动都能让贷款人有权采取措施，所以在一般情况下要求这个定义越广越好，无论什么性质的负债，无论是不是潜在的，无论是否到期。
> 评述：借款人的负债在多大范围合适实际取决于具体项目的情况，这和借款人是否集团公司、借款人项目是什么产业、贷款是否有担保等因素有关。在通常情况下，贷款人的要求是合理的，因为贷款人对以后贷款风险的把控主要通过贷款合同约定的权利进行。在借款人债务信用比较好的情况下，贷款人可以考虑将负债限于借款负债或银行负债，甚至

> 加上一定的限额，但是可能需要区分在借款人的承诺事项中和在违约事件中不同情况下的负债。

工商局	指国家工商行政管理总局、地方工商行政管理局及/或其分支机构。
还款日	指本合同第六条（*还款*）中所列的各个偿还贷款的日子。
基准利率	指人民银行不时制定、调整并公布的，以年率表示的［•］年期人民币贷款利率。
贷款基础利率	指全国银行间同业拆借中心在每个营业日计算并且公布的，以年率表示的［一年期/［•］年期］人民币贷款基础利率。
结息日	指（根据情况在下述选√一项，不选的打×）： ［　］按月结息，则结息日为每月的二十（20）日； ［　］按季结息，则结息日为每季末月的二十（20）日； ［　］贷款到期一次性收取利息，利随本清，则结息日为贷款到期日； ［　］其他日期：指［•］。
借款人交易对手账户	指借款人通知代理行的该等账户。
经办行	指本合同所列的任一银团成员行履行本合同的经办机构，包括按照本合同第18.9条（*变更经办行*）变更后的经办行。
会计准则	指符合中国的法律法规且在中国被普遍接受的会计准则。

利率确定日	指，就每笔贷款资金而言，（i）其提款日，以及（ii）自该提款日起（根据情况在下述√选一项，不选的打×，若为固定利率则全部打×）： [ ] 人民银行基准利率调整日起每月［•］日； [ ] 人民银行基准利率调整日起每季末月［•］日； [ ] 人民银行基准利率调整日起每年［•］月［•］日； [ ] 每个结息日的次日； [ ] 人民银行基准利率调整日； [ ] 其他日期，指［•］。
利息期	指按照本合同第5.3条*（利息期）*所确定的期限。
潜在违约事件	指（随着补救期届满、发出了通知、作出了任何决定等事件及/或类似事件的发生）将会构成违约事件的任何事件或情况。

> 借款人：由于潜在违约事件的不确定性，往往不愿意接受这个定义，只愿意接受实际发生的违约事件。
> 贷款人：希望对影响借款人经营和财务状况的事件，即使只是将来可能成为违约事件，也能有所把控，取得主动权，即可以采取一定的措施来保护银行的利益和贷款的安全。
> 评述：这个定义经常是借贷双方争论的条款。在一般情况下，贷款人的立场有其合理性，因为在信贷关系中，贷款人在放贷后往往是被动的，它并不能参与借款人的经营决策，但却和借款人及其股东承

> 担一样的经营风险，所以这也是为什么在长期的银行惯例中，包括在国际贷款惯例中，贷款合同本身的条款基本是保护银行这一方利益的，基本上都是对借款人的要求，基本原理就是如此。也就是说，银行的唯一义务就是依照贷款合同的规定提供贷款，而合同的其他条款都是如何确保贷款能如约归还而规定借款人应该如何做和不应该如何做。同时，由于银行在放贷后的被动性，贷款合同往往给予银行在借款人可能出现约定的状况时一定的主动权，包括在潜在违约事件发生时。必须要注意的是，潜在不代表完全不确定，而是已经发生了某个事件，比如借款人收到其他债权人通知，告诉它如果不在一个月内履行它在某个合同项下的义务，该债权人将向法院提起诉讼。虽然这个时候，借款人还没有发生诉讼（诉讼构成违约事件），但随着一个月补救期的届满就有可能会发生。借款人收到这个通知本身就构成了潜在违约事件。由此可见，真正谈判的重点在于违约事件约定的范围大小。

<u>人民银行</u>　指中国人民银行。

<u>人民币</u>　指中国的法定货币。

<u>融资文件</u>　包括本合同、任何<u>费用函</u>、各<u>担保合同</u>及各转让证书（如有）及<u>代理行</u>和<u>借款人</u>指定为<u>融资文件</u>的其他文件。

<u>生效日</u>　指具有本合同第二十七条（*生效*）中约定的含义。

税费	指任何司法管辖地的税务、财政或其他行政机关征收的税、费、关税、预提税或其他类似性质的税项和费用及因迟缴上述各项所需支付的罚金和利息。
税务局	指国家税务总局、地方税务局及/或其分支机构。
提款期	指本合同生效日/首个提款日起至［•］年［•］月［•］日（包括该日）止的期间。
提款日	指，就本合同第4.1条（*提款*）中规定的每一提取贷款资金的日子。如实际提款日与提款通知中指明的提取该笔贷款资金之日不同，则为该笔贷款资金划付至贷款资金账户之日。
违约事件	指本合同第15.1条（*违约事件*）所列的任一事件或情形。
文件确认书	指借款人实质上按照本合同附件二（*文件确认书格式*）要求的格式和内容签署并提交的一份文件确认书。
项目	指［•］。
信息备忘录	指牵头行受借款人委托于［•］年［•］月［•］日编制的一份关于［•］的信息备忘录。
许可负债	指借款人的以下任何一项负债： 1. 各融资文件项下的任何负债； 2. ［•］；及/或 3. 经代理行（按照多数贷款人的决定）同意的任何负债。

借款人：借款人为了将来资金需求，不愿意接受任何对以后借款的限制，希望能有此项权利在将来需要资金时对外借款，而不需要贷款人同意。借款人一个很重要的理由是贷款人并没有在贷款合同之外给借款人所需其他资金的贷款承诺，而它将来需要资金。

贷款人：贷款人不希望借款人未经贷款人同意就可以对外借款，从而使贷款合同下的贷款有可能落在其他贷款之后归还。同时，如果借款人的现金流也用于归还其他借款，贷款人在贷款合同项下的还贷有可能受到不利影响。另外，还会涉及银行账户、结算等商业利益与其他银行分享的问题。

评述：借款人的立场有其合理性。但是，在固定资产贷款中，由于项目所需资金在可行性研究报告中有具体的测算和规划，在签署贷款合同时，贷款人和借款人应该对项目所需资金都已经安排落实，包括资本金、股东借款和银行贷款。原则上不应该发生其他固定资产资金需求，除非是项目变更或扩大，而这些变化是需要贷款人事先同意的，这涉及贷款人根本地位和利益，这是合理的要求。当然，流动资金需求是另外一回事。

许可投资　　指借款人的以下任何一项投资：

1. ［•］；

2. [•]；及/或

3. 经代理行（按照多数贷款人的决定）同意的任何投资。

> 借款人：借款人往往希望拥有对外投资的权利，而不必受贷款人同意的约束。
>
> 贷款人：贷款人出于贷款安全的考虑往往希望控制借款人的重大经营决定，如对外投资。
>
> 评述：贷款人的立场有其合理性。在固定资产贷款的情况下，借款人的项目应该都已呈现在项目可行性研究报告中。如果借款人在此之外进行其他投资，理应事前与贷款人沟通、解释，取得贷款人的同意。当然，项目需要的相关投资，贷款人本着让项目顺利完成并产生经营收入来还贷的目的，没有理由不予同意，只是相关情况，包括对外投资所需资金、对借款人资金的影响等是贷款人所关心的、需要事前了解。

营业日	指各银团成员行对外开业从事一般对公业务之日（星期六和星期日（不含因按国家规定调休而需工作的星期六和星期日，以及其他法定节假日除外）。
银团成员行	指牵头行、各贷款人及/或代理行。
银团成员行账户	指本合同附件四（*各方账户*）中所列的各银团成员行的账户。
质押合同	指出质人和代理行于［•］年［•］月［•］日签署的一

份［•］质押合同。

<u>重大不利影响</u>　　指<u>借款人</u>或任何<u>担保人</u>的法律地位、资产状况、财务状况或经营状况发生重大变化，并且依照<u>多数贷款人</u>的合理判断，该等变化已经或将要对<u>借款人</u>或该<u>担保人</u>完全履行其在任何<u>融资文件</u>项下义务的能力产生重大不利影响。

> 借款人：借款人往往难以接受这样一条无法量化的条款，认为主观性太强，给予贷款人太多的裁量权，所以在谈判中经常要求删除或缩窄这个定义。
> 贷款人：借款人出现重大不利影响的情形，对贷款安全非常重要，往往会坚持保留这个定义及运用。
> 评述：贷款人为贷款安全的目的对借款人出现具有重大不利影响的情形时保留采取行动的权利，这样的诉求有其合理性。只不过，什么情形构成重大？什么是不利影响？这里贷款人关心的不仅仅是财务状况，还包括经营状况和法律状况，这个范围是可以根据具体项目情况进行谈判的。重大变化的程度也是可以通过谈判进行量化的。而不利影响是仅仅针对还款义务，还是贷款合同重大义务，还是贷款合同所有义务，这也是可以根据具体情况进行谈判的。

<u>中国</u>　　指中华人民共和国，仅为本合同之目的，不包括香港特别行政区、澳门特别行政区和台湾地区。

注册会计师	指［•］或其他资信良好的，在中国境内具有执业资格的注册会计师。
转让证书	指转让行、受让行及代理行实质上按照本合同附件三（*转让证书格式*）要求的格式和内容签署并提交的一份转让文件。
总承贷额	指各贷款人的承贷额之和。
总额度	指总承贷额与贷款余额之和。

1.2　解释规则

在本合同中：

1. 目录及标题仅为阅读方便的目的，在解释合同条款时可以忽略。

2. “资产”应当被理解为包括所有目前和将来的、有形或无形的资产、财产、收入、收益、应收账款以及其他各种权益。

3. “人”应当被理解为包括任何自然人、公司、合伙、企业或任何其他法人或非法人组织或法律实体。

4. 一项违约事件的“存续”指该违约事件已经发生且没有消除，也没有按照本合同条款被完全补救或豁免。

5. 一个“月”指开始于一个公历月的一日，结束于下一个公历月中对应之日的一段期间，但是，如果下一个公历月中没有该对应之日，则该期间结束于下一个公历月的最后一日。

6. 任何人的“停业”、“解散”、“清算”、“破产”、“重整”、“和解”或“整顿”应当被理解为包括依照其成立地的或业务经营地的法律进行的任何相同或类似的法律程序，“进入”该等法律程序包括其自己通过决议或任何其他人申请开始该等法律程序。

7. 在提及本合同的一方或者任何其他人时，包括其法律上的继承人和受让人。

8. 本合同、任何其他协议或文件应当被理解为包括其自身，也包括根据其条款的约定而对其做出的任何修订、修改、替代或补充。

二、贷款额度

全体贷款人同意按照本合同的规定向借款人提供总计本金额不超过人民币［•］元（大写：人民币［•］元整）的中长期贷款额度。

其中，各初始贷款人的初始承贷额见本合同附件一（*贷款人初始承贷额*）。

三、贷款用途

3.1　借款人应当将提取的每笔贷款资金用于［•］，前提是贷款资金的使用应符合国家相关法律法规、政策和贷款人相关制度的规定。

3.2　借款人应当按照本合同中约定的贷款资金的用途实际使用每笔贷款资金，未经代理行（按照多数贷款人的决定）书面事前同意，借款人不得改变贷款用途。

3.3　尽管有本合同第4.3条第5款和第14.1条（*积极义务*）第12款之规定，各银团成员行对借款人如何实际使用每笔贷款资金不对借款人承担责任。

四、提款

4.1　提款

1. 受限于下述第4.2条和第4.3条，借款人应按照下列计划提取贷款资金：

【】年【】月【】日【】元人民币

【】年【】月【】日【】元人民币

【】年【】月【】日【】元人民币

【】年【】月【】日【】元人民币

2. 经借款人书面申请并经代理行（按照全体贷款人的决定）同意之后，提款计划可以变更。

> 借款人：借款人往往希望能够有更大的灵活性，即不需要银团同意即可改变提款计划，或者不需要在银团贷款合同中约定提款计划。
>
> 贷款人：为提前准备资金，贷款人不希望给予借款人这样的灵活性，特别是小银行或者在大型银团贷款中，因为资金紧张，往往无法给予借款人这样的灵活性。
>
> 评述：借款人和贷款人的上述立场都是有合理性的。但是固定资产贷款和流动资金贷款不同，借款人应该有其可行性研究报告或其建设计划，也就是说，银团贷款是根据借款人项目的需要而提供贷款的，借款人应按照政府批准或备案的报告，或者根据其董事会批准的计划进行建设，而不应该有任意性。提款计划及其改变都应该有其依据，并应事前提供给银团，让银团了解，并基于此提供贷款，所以在固定贷款合同中要求借款人提供提款计划并在改变提款计划时获得银团同意是有合理性的。当然，提款计划可以具体到什么程度，以及改变时获得同意的程序可以根据具体交易来谈判确定。

4.2 首次提款的先决条件

1. 在上述的首个提款日之前的【】之前，借款人已经向代理行提供了下列各项文件并且签署了一份按照本合同附件二（*文件确认书格式*）的格式和内容完整填写的文件确认书，代理行已经向借款人和各贷款人确认其已经收到下列各项文件并且该等文件的格式和内容令多数贷款人接受。代理行收悉该等文件后，须尽快通知借款人及各贷款人。如果该项条件没有满足，借款人不得提款。

（1）经正式签署并生效的每份融资文件的原件。

（2）由借款人的法定代表人或授权签字人签署的一份文件确认书，以及下列各项文件的原件或复印件，但如果是复印件，则需加盖借款人或（在适用时）相关担保人的公章：

1）工商局颁发的借款人及各担保人最新的记载统一社会信用代码的企业法人营业执照。

2）借款人及各担保人的股东协议或合营合同（包括历次补充和修改）。（如有）

3）借款人及各担保人的最新公司章程（包括历次补充和修改）。

4）借款人及各担保人[董事会]/[其他内部有权机构]现任[董事成员]名单及各[董事成员]和财务负责人的签字样本。

5）借款人及各担保人的法定代表人的身份证明文件。

6）注册会计师出具的确认借款人的注册资本已按照其章程缴付的验资报告。

7）借款人的[股东会]/[董事会]/[其他内部有权机构]通过的包括下列内容的决议：

（a）批准其作为一方的融资文件的条款并同意借款人签署和履行该融资文件；

（b）授权有关人员代表借款人签署其作为一方的融资文件；以及

（c）授权有关人员代表借款人签署其作为一方的融资文件项下的所有文件及通知。

8）各担保人的[股东会]/[董事会]/[其他内部有权机构]通过的包括下列内容的决议：

（a）批准该担保人作为一方的担保合同的条款并同意该担保人签署和履行该担保合同；

（b）授权有关人员代表该担保人签署其作为一方的担保合同；以及

（c）授权有关人员代表该担保人签署其作为一方的担保合同项下的所有文件及通知。

9）借款人及各担保人法定代表人或授权签字人的身份证明文件和签字样本。

10）借款人及各担保人的最近一期的年报或经审计的财务报表。

11）经代理行（根据全体贷款人的指示）书面确认的项目实际进度资料。

12）融资文件及其项下的交易所需的政府机构或其他有权机构的批准文件或同意。

13）[•]。

（3）[•] 律师事务所就融资文件向银团成员行出具的法律意见书原件；以及 [•] 律师事务所就首次提款的先决条件已经满足形式要求而出具的先决条件确认函原件。

（4）各担保合同项下的担保完成登记的证明文件原件。

（5）本合同第十七条（*费用和补偿*）约定的借款人到期应付的所有费用已经完全支付的证明文件。

（6）[•]。

借款人：由于提款先决条件能否满足会关乎贷款人是否及时放贷，所以借款人希望能增加这一条款的确定性，会要求对先决条件文件的审查由代理行负责，而不必经大多数贷款人同意。 贷款人：代理行为避免自己的责任往往不愿意自己判断先决条件是否满

足，而贷款人也通常不愿把这个判断权交给代理行。所以在谈判中不会同意借款人的要求。

评述：提款先决条件是否满足按照惯例是由多数贷款人做出，但在具体项目中根据情况是可以通过双方谈判找到平衡点的。

2. 代理行应当在收到本条第1款所列的文件后的［•］个营业日内，向各贷款人转递该等文件的复印件（代理行应对借款人提交的先决条件文件进行形式审核，逐条确定其形式是否符合上述第1款约定的要求）。各贷款人应当在收到该等文件后的［•］个营业日内，通知代理行其是否接受该等文件。

3. 本条约定的首次提款先决条件满足后，代理行应立即通知借款人可以发出首次提款通知。

4. 代理行应当在收到每份提款通知后的［•］个营业日内，将该提款通知的复印件转发给各贷款人，同时告知各贷款人其在该笔贷款资金中的承贷比例和金额。

5. 代理行应妥善保存各融资文件和提款相关资料的原件。

借款人：为了满足提款先决条件，借款人会将提款先决条件文件提交给代理行，由代理行转交给各家贷款人分别审阅，各家贷款人在一定时间内审阅完毕后会通知代理行。一旦满足提款先决条件，借款人即可以发送提款通知。借款人会将提款通知提交给代理行，代理行转交给各贷款人，并通知各贷款人的参与金额。借款人可能会根据提款紧急程度对代理行流转提款先决条件文件和提款通知以及各贷款人反馈的时间提要求，这个要求有其商业上的合理性。

贷款人：银行内部处理文件都需要有流程和时间，文件的审阅工作一般都是由后台完成，因此，在时间安排上，各家贷款人都需要和内部其他部门沟通确认。
评述：提款中的流转日期是一个流程上的安排，借款人和贷款人可以合理协商，约定一个各方均能接受但又切实可行的日期即可。

4.3 每次提款的先决条件

在下列各项条件满足后，各贷款人应当按照其承贷比例按照本合同第8.1条（*贷款资金的发放*）的规定通过代理行发放每笔贷款资金。

1. 在该笔贷款资金的预定提款日，借款人在本合同第十三条（*事实陈述*）中作出的各项事实陈述，就当时的事实和情况而言，均为真实的和准确的。

2. 没有发生或存续任何违约事件或潜在违约事件，且该笔贷款资金的提取将不会导致任何违约事件或潜在违约事件。

3. 没有出现本合同第5.2条第2款、第8.2条第4款规定的情况。

4. 项目资本金先于贷款资金到位或与贷款资金同比例到位，且项目实际进度与已投资额相匹配。

5. 代理行已收到与项目有关的商品、服务、资金等各类交易所需提供的贷款用途证明文件和凭证。

6. 没有出现本合同第7.4条第2款规定的情况；及

7. [•]。

借款人：根据融资进度的安排，借款人在提款期内可能会有多笔提款，除了首笔提款需要满足提款先决条件外，借款人还需要满足每次提款的先决条件。借款人希望每次提款的先决条件越少越好，而且需要具有可操作性。

贷款人：贷款人需要设置每次提款先决条件还是从风险控制的角度出发的。如果后续各笔提款时存在一些不利银行的情形，或者需要满足特定条件，则贷款人可以不予提款，以控制银行的风险。
评述：每次提款先决条件对贷款人来说是有必要的，因为有其商业上的合理性。而借款人为了增加提款的确定性和可预期性，希望每次提款先决条件尽量少，并具有可操作性也是合理的。最终需要贷款人和借款人根据融资的具体情况合理商定双方都可以接受的提款条件。

五、利息

5.1　贷款利率

本合同项下每笔贷款资金的利率为每一个利率确定日当日的基准利率（［上浮］/［下浮］［•］%）/贷款基础利率（［上浮］/［下浮］［•］%）/固定年利率［•］。

如基准利率/贷款基础利率不再被公布，从而无法确定该笔贷款资金在利率确定日对应的利率，借款人和代理行（根据全体贷款人的决定）应当通过以下方式确认该等贷款资金的利率：

［•］。

5.2　罚息利率

1. 如果借款人没有按照本合同的规定支付任何到期应付款项，则自该等款项正常到期之日起至其全部获得清偿之日止，该等款项应当改按［•］（“逾期罚息利率”）计息。

2. 如果借款人挪用任何贷款资金，则自挪用发生之日起至挪用结束之日止，该等贷款资金应当改按［•］（“挪用罚息利率”）计息。

3. 同一笔贷款资金既逾期又挪用的，适用较高的罚息利率计息。

4. 对于根据逾期罚息利率或者挪用罚息利率产生的利息（“罚息”），其利息期的约定同样适用第5.3条的约定。即罚息的首个利息期自本合同的任何款项的应付未付之日开始，至其后紧邻的结息日（不包括该日）结束。如果借款人在还款日没有支付罚息，则在下一个利息期，贷款人应以罚息作为本金根据逾期罚息利率或者挪用罚息利率计收复利。

5. 贷款人收取罚息的权利不应影响贷款人在任何融资文件或适用法律项下的其他权利或救济。

5.3 利息期

1. 贷款资金在获得清偿之前，应当在连续的若干期间（“利息期”）内计付利息。除非本合同中有其他约定，每个利息期为【】个月。

2. 在本合同项下：

（1）每笔贷款资金的首个利息期自其提款日（包括该日）起算，至其后紧邻的结息日（不包括该日）结束。

（2）首笔提款之后每次提取的贷款资金，在其首个利息期结束之日与之前已经存在的贷款资金合并。

（3）每次提取的贷款资金的首个利息期之后的各个利息期，自上一个结息日（包括该日）起算，至其后紧邻的结息日（不包括该日）结束。

（4）贷款资金的最后一个利息期结束于最后一个还款日（不包括该日）。

3. 如果一个付息日的原本之日不是一个营业日，则该日顺延至该公历月内之后最近的一个营业日（如有）或提前至最近的上一个营业日（如该公历月内其后并无营业日）/提前至该非营业日最近的上一个营业日。

5.4 计息

1. 本合同项下任何贷款资金的利息及/或罚息应当按照其实际借用的天数与日利率/罚息利率逐日计息；日利率/罚息利率=对应的年利率/360。

2. 代理行应当在各利率确定日按照本合同的规定确定适用的贷款利率，并在确定后立即通知借款人和各贷款人。

5.5 付息

1. 借款人应当在各付息日支付按照本合同的规定所计的利息。

2. 代理行应当在各付息日前第［•］个营业日或之前通知借款人在该付息日应付利息及/或罚息的金额。

六、还款

6.1 贷款期限

1. 本合同项下的贷款期限为从首笔贷款资金的提款日（包括该日）/生效日起至［•］（包括该日）止的期间，共计［•］（“贷款期限”）。借款人应当在贷款期限结束之日前，按照本合同的条款清偿其在本合同项下所欠的全部债务。

2. 贷款期限的展期须获得全体贷款人的同意。

6.2 还款

借款人应按照以下还款计划在各还款日还款。

还款日	还款额
［•］	［•］
［•］	［•］
［•］	［•］
［•］	［•］

6.3 还款准备金账户

借款人应在【】之内在代理行处开立还款准备金账户。项目项下的全部收入应首先存入该账户，然后由借款人使用。该账户内的资金余额自首个还款日之前的【】日起，不得低于【】。

在借款人未能按照本合同的规定按期足额清偿任何到期应付款项时，代理行有权直接从还款准备金账户中扣收相关款项，用于清偿。

> 借款人：还款准备金是对借款人较高的要求，也就是在贷款分笔到期之前，借款人需要提前将资金存入特定账户，这在商业安排上对借款人是不利的，借款人通常不愿意这样做。
> 贷款人：作为格式文本的要求，这是对贷款人一定的保护，可以保证借款人的现金流提前储备起来以备还款，能够有这样的约定当然最好。
> 评述：关键还是要看借款人的项目和资金安排，如何让贷款人安心？还款准备金只是增信的措施之一，如果借款人可以提供足够的增信措施，还款准备金的要求本身就不会是争执的问题所在。

七、提前还款和取消

7.1　主动提前还款

1. 借款人拟提前偿还全部或部分贷款余额时，应在拟提前还款日的［•］个营业日之前向代理行提交提前还款通知（“提前还款通知”）并获得代理行（按照多数贷款人的决定）的书面同意。

2. 提前还款通知应当载明拟提前还款的金额和日期。

3. 提前偿还部分贷款余额的，提前偿还的金额至少应当是人民币［•］元（大写：人民币［•］元整）并且应当是人民币［•］元（大写：人民币［•］元整）的整倍数或者代理行（按照多数贷款人的决定）同意的其他金额。

4. 提前还款日应当是一个付息日。

5. 提前偿还的本金截至提前还款日所发生的全部利息及/或罚息应当与提前偿还的本金一并清偿。

6. 提前偿还的款项应当按照本合同第六条（*还款*）所列的相关贷款余额的到期次序，［依倒序］/［依顺序］/［按等比例］冲抵贷款余额的本金，［后到期的先还］/［先到期的先还］/［等比例减少提前还款日后的各期还本金额］。

7. 任何提前偿还的款项不得再次提取。

8. 借款人无权撤销其已发出的任何提前还款通知；借款人应当在提前还款通知中载明的提前还款日提前还款。

9. 借款人应当在提前还款的同时通过代理行向各贷款人支付一笔提前还款补偿费，该补偿费的计算方式为：［•］。

借款人：为最大限度地管理资金成本，借款人需要取得自由提前还款的权利。

贷款人：借款人自愿提前还款意味着贷款人的利润损失，所以，贷款人会尽量限制借款人的提前还款权，或者要求借款人比照贷款人损失的利润向贷款人支付一笔补偿费。

评述：借款人的立场是符合其自身的商业利益的，有其合理性。但贷款人希望在项目建设阶段的困难时期由贷款人支持，那么项目进入经营期的发展应该也由贷款人来共享利益，自然也是合理的商业期待。所以，如果借款人希望获得提前还款的权利，理应受到合理的限制，比如还款来源不应是借款包括股东借款、提前还款应该有一定的数额要求、提前一定的时间通知以便贷款人重新作出资金使用安排，避免贷款人更大的资金利润损失。

7.2　主动取消

1. 借款人拟取消全部或部分总承贷额时，应在拟取消之日的［•］个营业日之前向代理行提交取消通知（“取消通知”）并获得代理行（按照多数贷款人的决定）的书面同意。

2. 取消通知应当写明拟取消的金额和日期。

3. 取消部分总承贷额的，取消的金额至少应当是人民币［•］元（大写：人民币［•］元整）并且应当是人民币［•］元（大写：人民币［•］元整）的整倍数。

4. 取消在取消通知中写明的取消日期生效，该日期应当是提款期内的一个营业日。

5. 取消总承贷额的，自取消生效之日起，各贷款人的承贷额等比例相应减少。

6. 借款人应当在取消之日付清按照本合同第 17.1 条（*银团费用*）第 2 款约定的到期应付的全部承诺费。

7. 取消的任何总承贷额不得恢复。

8. 借款人无权撤销其已发出的任何取消通知。

借款人：出于商业利益的需要，借款人往往希望有取消贷款的权利，这样就不必支付承诺费。

贷款人：由于贷款人作出贷款承诺后，贷款人需要作出相应的资金安排，在借款人没有提款时，借款人需要支付承诺费以补偿贷款人的资金损失，但在借款人取消贷款时，借款人按照惯例并另外不支付任何费用，所以，贷款人并不愿意给予借款人无条件的取消贷款的权利。

评述：取消贷款意味着借款人对贷款的需求减少，这背后的原因如何？比起是否可以取消这个简单的问题，借款人需要向银行说明它资金需求的变动原因，新资金的来源或项目仍可以有足够的资金完成建设并经营。如属于正常的变动导致的资金需求减少，而非特别的状况如获得第三方融资，

那么借款人的主动取消行为是合理的，但仍然应该受到合理的限制，如提前通知、限于一定的金额。在实践中，为保护贷款人利益，要求借款人支付一定的取消费也是有一定先例的。

7.3　自动取消

除非本合同各方另有约定，提款期结束之日后，当时未提取的全部总承贷额自动取消，各贷款人的承贷额同时取消，且任何该等取消的总承贷额和承贷额不得恢复。

7.4　强制取消

1. 受法律变动影响贷款人的承贷额应当按照本合同第十一条（*法律变动*）的约定取消。

2. 如果借款人的控制权发生变化：

（1）借款人在知悉有关事项后应尽快通知代理行；

（2）任何贷款人无义务就任何提款提供贷款资金；且

（3）代理行（按照全体贷款人的决定）应在向借款人提前至少10个营业日发出通知后，要求借款人提前偿还贷款并取消总承贷额，同时融资文件项下的所有贷款应在通知载明之日到期应付。

上文控制权发生变化是指［　］。

借款人：借款人有时候为了避免特定事件构成违约事件，可能会要求将该特定事件调整为强制取消事件，这样在合同项下就不会出现违约事件，那么也不会触发借款人在其他合同项下的交叉违约条款，避免出现连锁反应。往往这类事情都是借款人业务上可能要做，或者是不受借款人控制类的事情，如法律变化、资产处置、保险收益、控制权变化等。

贷款人：对于借款人可以控制类的事情，贷款人为了给借款人增加威慑力，往往都会坚持要求放入到违约事件中，而不是强制取消的事件中。所以，贷款人在强制取消中的安排大部分时候是和违约事件一起来谈判的。

评述：强制取消和发生违约事件之后的加速到期在法律上的效果均是一样的，即贷款额度被取消，且借款人必须还款。区别在于，强制取消的安排中，贷款人往往会在取消贷款和提前还款时给与借款人一定的时间宽裕，而违约的安排中，贷款人不会给予借款人这种宽限。借款人将特定的不受其控制的事件放入强制取消安排中，有其商业上的合理性，贷款人在评估强制取消事件时需要结合融资项目的实际情况与借款人具体协商。在银团中，强制取消的安排还可以为单一贷款人单独设置退出安排，比如因为某个贷款人的原因导致增加费用，或者存在合规问题等，可以通过强制取消条款专门取消该贷款人的额度和贷款。这种单独的安排无法通过违约事件来处理。

八、付款规定

8.1　贷款资金的发放

各贷款人在按照本合同的规定参与发放每笔贷款资金时，应当在该笔贷款资金的预定提款日［•］（北京时间）之前将其在该笔贷款资金中的份额付至代理行付款账户。

任一贷款人未发放其在拟提取贷款资金中的份额，借款人仍应提取其他贷款人按提款通知发放的贷款资金。

各贷款人应按承贷比例发放其在拟提取贷款资金中的份额，为方便本合同履行之目的，本合同项下贷款人在贷款资金中的放款比例分配事宜，可经由全体贷款人协商一致另行做出变通的安排，但该等安排不影响本合同项下各贷款人对借款人发放贷款资金的总额。

8.2 贷款资金的支付

1. 具有下列情形之一的，应当采用贷款人受托支付的方式进行支付。贷款人受托支付的方式是指代理行根据借款人的支付委托，在提款日将相关的贷款资金发放至贷款资金账户，并尽快将相关贷款资金转付至借款人交易对手账户：

（1）单笔支付金额超过项目总投资的5%；

（2）单笔支付金额超过人民币5,000,000元（大写：人民币伍佰万元整）；或

（3）[•]。

采用贷款人受托支付方式的，借款人应当在相关贷款资金发放前向代理行提交贷款资金的用途证明材料等，代理行（依其自行决定）审核同意后发放贷款资金。任何银团成员行均不对受托支付所对应的交易的真实性、合法性负责。

2. 除上述第1款规定的情形之外，以借款人提前提交资金使用计划为前提，可以采用借款人自主支付的方式进行支付。借款人自主支付的方式是指代理行将贷款资金发放至贷款资金账户，并由借款人自主进行对外支付，自主支付的对象应是符合本合同约定的借款人交易对手。借款人应当在每月[•]之前，向代理行汇总报告该等贷款资金的支付情况。

3. 采用借款人自主支付的方式进行支付的，在生效日后，如出现以下情况，代理行（按照多数贷款人的决定）有权变更贷款资金的支付方式为贷款人受托支付：

（1）借款人信用状况下降；

（2）项目进度落后于资金使用进度；

（3）借款人没有按照本合同的约定支付贷款资金；及/或

（4）[•]。

4. 在生效日后，如出现以下情况，代理行（按照多数贷款人的决定）有权停止相关贷款资金的发放和支付：

（1）借款人违反本合同的约定，以化整为零的方式规避贷款人受托支付的方式；

（2）项目进度落后于资金使用进度；及/或

（3）[•]。

借款人：银团贷款的发放分为代理行归集和代理行贷款资金划付两块。借款人在代理行归集安排中希望尽量压缩代理行归集资金的时间，以便加快提款进度，而在代理行资金划付时则希望可以直接付至借款人自己账户，由其自由安排资金的使用，即一般称为“自主支付”。

贷款人：贷款人收到提款通知后筹集资金需要时间，因此其向代理行归集资金的时间取决于其内部资金安排，而贷款资金划付至借款人自己账户由其自由安排不利于贷款用途监管，容易出现贷款资金被挪用的风险，所以要求可以直接将贷款资金划付至借款人的交易对手，即一般称为“受托支付”。

评述：代理行资金归集的时间取决于贷款人内部的资金安排，这个对贷款人来说是合理的。如果借款人真实资金需求非常紧张，应提前做好提款计划。借款人主张贷款资金由其自己使用安排有其合理性，因为贷款资金有大小之别，资金使用时间也有前后之别，贷款人一律要求受托支付，而不给借款人自主支付的安排，则对借款人的运营来说过于僵化。同时，不同于国际融资市场，国内融资市场的融资规则还需要受制于中国银保监会的法律法规，其中就有关于受托支付和自主支付的要求。因此，在满足法律法规的前提下，贷款人和借款人可以根据借款人具体的提款计划合理安排自主支付和受托支付。

8.3 借款人付款

借款人应当在本合同项下任何应付款项的到期日［•］（北京时间）之前将到期应付款项付至代理行付款账户。

8.4 代理行付款

1. 代理行应当在各提款日当日的［•］（北京时间）之前，将其按照本合同第8.1条（*贷款资金的发放*）的规定实际收到的相关贷款资金付至贷款资金账户，并按照本合同第8.2条（*贷款资金的支付*）的相关约定进行支付。代理行有义务向各贷款人通报该笔贷款资金的支付情况。

2. 代理行应当将其按照本合同第8.3条（*借款人付款*）的规定实际收到的各笔款项在收到之日的［•］（北京时间）之前，按本合同第8.5条（*付款顺序*）约定的顺序和比例付至各银团成员行账户。

3. 在贷款人受托支付的情况下，因借款人提供的委托支付信息及相关交易资料不真实、不准确、不完整导致代理行的受托支付义务未能及时完成的，代理行不承担任何责任，借款人在本合同项下的还款义务不受影响。

4. 如果发生借款人交易对手账户开户行退款，导致代理行无法及时将贷款资金支付给其交易相对方，代理行不承担任何责任，借款人在本合同项下的还款义务不受影响。对于借款人交易对手账户开户行退回的款项，借款人在此授权代理行予以冻结。在此情形下，借款人应重新提交支付委托及用途证明材料等，经代理行（依其自行决定）审核同意后，将贷款资金通过贷款资金账户支付至借款人交易对手账户。

8.5　付款顺序

除非法律法规另有要求，代理行应当按照以下顺序分配其在本合同第8.3条（*借款人付款*）项下收到的各笔款项：

1. 支付本合同第17.1条（*银团费用*）项下约定的到期应付的任何代理费以及补偿代理行在执行融资文件的过程所发生的合理成本和支出；

2. 支付本合同第17.1条（*银团费用*）项下到期应付的任何安排费；

3. 按照各贷款人的承贷比例支付本合同第17.1条（*银团费用*）项下到期应付的任何承诺费；

4. 向各贷款人按照其实际向借款人发放贷款资金的比例支付本合同项下到期应付的任何利息（包括但不限于任何复利和罚息）；

5. 向各贷款人按照其实际向借款人发放贷款资金的比例支付本合同项下到期应付的任何本金；以及

6. 支付本合同项下到期应付的其他款项。

8.6　垫款

1. 代理行可以（但没有义务）代本合同任何一方垫付任何款项。

2. 如果按照本合同的规定，应当通过代理行向本合同任何一方支付任何一笔款项，而代理行在作出该等支付的当日实际上并没有收到该笔款项，则一经代理行要求，已从代理行收到该笔款项的一方应当立即将该笔款项退还给代理行，并同时按［•］的利率向代理行支付自代理行付款日（包括该日）起至退款日（包括该日）止的利息。

8.7　付款币种

除非当事方另有约定，本合同项下的任何款项应当以人民币支付。

8.8　抵销

借款人在支付本合同项下的任何款项时，不得行使任何抵销权。

8.9　非营业日

如果一笔款项的到期应付之日不是一个营业日，则该笔款项的支付日则顺延至该非营业日所在公历月内之后最近的一个营业日（如有）或提前至该非营业日最近的上一个营业日（如该公历月内其后并无营业日）/提前至该非营业日最近的上一个营业日。

8.10　分摊

1. 除本条第4款另有约定外，如果任何银团成员行（“收款行”）基于本合同第8.3条*（借款人付款）*的约定之外的任何方式从借款人处收到本合同项下的任何到期应付款项，则该收款行应当在收到该等款项（“分摊款项”）当日，通知代理行，并尽快将分摊款项转付给代理行。

2. 收款行按照上述第1款的约定向代理行转付了分摊款项的，应当视为借款人并未对该收款行支付该等款项。

3. 代理行应当将其按照上述第1款的约定收到的分摊款项视为由借款人支付，并将该等分摊款项按照本合同第8.4条（*代理行付款*）第2款的约定付至各银团成员行账户。

4. 上述第1至3款不适用于下列任一款项：

（1）贷款人依据本合同第十八条*（转让）*的规定进行转让或间接分贷而收到的任何款项；或

（2）银团成员行就本合同项下的争议向借款人提起诉讼或仲裁而收到的任何款项，但该等不适用需要满足以下的条件：（i）其已经事先通知其他银团成员行，并且（ii）其他银团成员行在收到该等通知后的［•］个营业日内，未参加该等诉讼或仲裁或已经明确表示不参加该等诉讼或仲裁。

九、税费

9.1　税费

除非法律法规另有明确要求，借款人按照本合同的规定向任何银团成员行（无论其是作为实际收款人，还是转付人）支付或应付的任何款项，应该是该银团成员行应获得的款项的净额，不应包含任何的税费。

9.2　印花税

借款人和各银团成员行应当依照法律法规的规定各自承担与融资文件相关的印花税。

十、成本增加

10.1　成本增加通知

在生效日后，如果因任何适用法律法规或其解释的颁布、实施或变更，及/或为了遵守对其有管辖权的中央银行、财政、税务、金融监管或其他行政机关的要求，导致或将导致任何贷款人（“成本受影响贷款人”）发生以下任何一项成本（“增加成本”）：

1. 因签署或履行融资文件而增加的成本或发生的额外成本；

2. 按照融资文件的规定收到或应收的任何金额的减少；及/或

3. 为参与发放任何贷款资金、维持或筹措其承贷额或其在任何贷款余额中的份额而增加的成本或发生的额外成本，

则，成本受影响贷款人在知悉该等情况后，应当及时通知（“成本增加通知”）代理行，同时详细地说明增加成本的产生原因和计算依据；代理行在收到任何成本增加通知后，应当及时通知借款人。

10.2　补偿

在借款人收到成本增加通知后的［•］个营业日内，借款人应当通过代理行向成本受影响贷款人支付一笔金额等于增加成本的款项。但是，对于以

下增加成本，借款人无须补偿：

1. 借款人已经按照融资文件其他条款的规定作出补偿；

2. 对任何贷款人或其任何分支机构的营业总收入或总利润所计征税费的税率变动、计算基础变动而产生的增加成本；

3. 因任何贷款人没有遵守任何适用法律法规或对其有管辖权的中央银行、财政、税务、金融监管或其他行政机关的任何要求而导致的增加成本；

4. 因任何贷款人自身的信用评级下降而导致的增加成本；及/或

5. 因任何贷款人非融资文件项下的交易而导致的增加成本。

借款人：国营企业借款人因为习惯于国有银行固有的贷款模式，不熟悉也不习惯成本超支条款，会要求删除该条款，或要求尽量明确化。外资企业熟悉成本超支条款，但希望了解过去发生的状况、发生的可能性、具体的执行机制。

贷款人：这个条款是国际惯例，希望保持。因为很少发生，所以很难解释具体的操作方法。

评述：这个条款的确是国际惯例，但适用于国内的银团时就出现操作上的困难，因为国际银团的贷款利率是贷款成本（通常为 Libor 或 Hibor）加利差，因此银行的成本增加或应收金额减少是清晰的。但在人民币融资的情况下，在 LPR 定价机制实施之前，通常的做法是中国人民银行的基准利率上下浮动点数，而中国人民银行的基准利率并非直接反映贷款人的资金成本。另外，国内银行的资金成本是不透明的，资金成本和每笔贷款并不直接挂钩，所以，的确在法律法规或监管政策变化的情况下（如央行提高存款准备金比例或调整资本充足率的要求），银行的资金成本的确提高了，但如何反映在本贷款合同项下借款人应该承担的增加的成本，目前尚没有客观的参考依据，只能由相关贷款人自行提供。所以，贷款人在要求借款人承担成本增加时应该提供具体的计算依据。目前，中国人民银行在推动实行贷款市场报价利率（LPR）机制，要求各报价行根据自身对最优质客户执行的贷款利率报价，在此基础上形成LPR由市场化报价原则。这样可以期待，在新的LPR利率机制形成后，银行在法律法规或监管政策变化时导致成本增加的情况可以明确量化并且透明化。

十一、法律变动

11.1 法律变动通知

在生效日后，如果因任何适用法律法规或其解释的颁布、实施或变更，及/或为了遵守对其有管辖权的中央银行、财政、金融监管机构或其他行政机关的要求，导致或将导致任何贷款人（“受法律变动影响贷款人”）继续履行融资文件、参与发放任何贷款资金、维持或筹措其承贷额或保持其在任何贷款余额中的份额成为不合法或违反监管规定，则该受法律变动影响贷款人应当在知悉该等情况后尽快通知（“法律变动通知”）代理行，并详细地说明导致该等不合法或违反监管规定的原因及依据。代理行在收到任何法律变动通知后应当尽快通知借款人。

11.2 取消和提前还款

1. 在借款人收到法律变动通知后，受法律变动影响贷款人的承贷额应当立即全部自动取消。

2. 借款人应当在收到受法律变动影响贷款人的要求后［•］个营业日内，向受法律变动影响贷款人提前偿还其在任何贷款余额中所占的份额以及发生的利息。

3. 按照本条的规定取消承贷额及提前还款的，受法律变动影响贷款人无义务向借款人支付任何的罚金或费用。

借款人：为确保贷款的使用，借款人尤其是跨国公司借款人对本条法律变动导致取消贷款和强制提前还款，而影响了资金计划，还是希望安排行或其他贷款人承担增加贷款或安排新贷款的职责。另外，银行如果因为在贷款合同履行中的监管原因收回贷款，对借款人不公平。

贷款人：因为是法律法规政策的原因，所以贷款人也是被动的。因为情况的不确定性，安排行和其他贷款人都无法在贷款合同中承诺其他不确定的贷款份额。

评述：在法律法规或监管政策发生新的变化，使贷款人无法继续放贷或维持贷款，那么该条款的要求是合理的。但如果是法律法规或监管政策没有发生新的变化，但在贷款合同履行中，某一贷款人（往往是中小银行）无法达到一定的监管要求（如存代比），是否有权使用本条款？根据目前该条款的约定尚不够清楚，因为在监管要求不是特定指向本贷款合同项下的贷款时，贷款人不能达到监管要求与它在本贷款合同项下的义务并不能直接挂钩，因此会产生分歧。一般情况下，这是贷款人的责任，在提供贷款前就应该确保其可以适当履行贷款义务，除非是在法律变化的情况下或者在贷款合同另有明确约定的情况下。

十二、减轻损失

12.1　减轻损失

有下列情形之一的，受到影响的银团成员行应当和借款人以及其他银团成员行诚意协商，并应当尽合理的努力，减轻该等情形造成的影响。但是，借款人在融资文件项下的义务不因本条款的约定而得以免除或减少：

1. 借款人应当按照本合同第十条（*成本增加*）的规定向任何贷款人补偿任何增加成本；

2. 借款人应当按照本合同第十一条（*法律变动*）的规定向任何贷款人提前还款；及/或

3. 任何承贷额应当按照本合同第十一条（*法律变动*）的规定被取消。

任何银团成员行在本条项下应当采取的措施包括但不限于：

（a）变更经办行；

（b）将其承贷额或在相关贷款余额中的份额转让给不受本条所列情形影响的任何其他人；及/或

（c）申请任何的豁免、减免、退税或宽限。

12.2　义务限制

1. 如果已发生违约事件或潜在违约事件的，或任何银团成员行按照其合理判断，认为如果其按照本合同第12.1条（*减轻损失*）的规定采取任何措施会对其业务、运营或财务状况产生不利影响的，该银团成员行没有义务采取该等措施。

2. 借款人应当向相关银团成员行补偿该银团成员行因按照本合同第12.1条（*减轻损失*）的规定采取任何措施而产生的任何合理费用和开支。

十三、事实陈述

借款人分别在生效日、各提款日和各付息日，结合当时的事实和情况，向各银团成员行作如下陈述：

1. 法律地位

借款人及各担保人是依照其注册地的法律法规合法成立并有效存续的企业法人。

2. 订约能力

借款人及各担保人有必要的民事行为能力和民事权利能力拥有其资产、经营其业务、签署并履行其为一方的融资文件。

3. 公司授权

借款人及各担保人签署并履行其为一方的融资文件所需的所有公司内部授权均已获得，并且完全有效，该等融资文件已经由其法定代表人或授权签字人有效签署。

4. 许可

为合法地拥有资产、经营业务、签署并履行其为一方的融资文件，借款人及各担保人已经获得了必需的各项批准、许可、同意、登记及备案，并且完全有效。

5. 工商信息报送

借款人及各担保人已经按照相关法律的要求报送年度报告，并且借款人或各担保人并未被列入经营异常名录或者严重违法企业名单。

6. 条款效力

借款人及各担保人在其为一方的融资文件项下的义务合法、有效、对其具有约束力。

7. 违反法律或其他文件

借款人及各担保人签署并履行其为一方的融资文件没有，并且不会，违反下列任何一项或与之冲突：

（1）对其或其资产有约束力的任何合同、协议或其他文件；

（2）其股东协议、公司章程及其他公司治理文件；及/或

（3）任何法律法规。

8. 诉讼及仲裁

没有发生，也不存在针对借款人或任何担保人提起的，对其履行其为一方的融资文件产生或可能产生任何重大不利影响的任何法院诉讼、仲裁、行政程序、司法或行政机关的执行程序或类似性质的其他程序。

9. 清算及破产事件

借款人及各担保人没有启动或被启动任何停业、解散、清算、破产、重整、和解、整顿或类似的程序。

10. 违约事件

没有发生或存续任何违约事件。

11. 遵守法律

借款人及各担保人在所有方面遵守适用于其的所有法律法规，并且没有违反与其业务和经营相关的任何法律法规。

12. 债权顺位

各银团成员行在融资文件项下对借款人（或视情况而定，各担保人）的债权与借款人（或视情况而定，各担保人）其他债权人对借款人（或视情况而定，各担保人）的无担保或无法定优先权的债权至少处于同一受偿顺位。

13. 司法豁免

在任何司法程序中，借款人、各担保人及其各自的资产在起诉、判决、执行、财产保全或其他程序方面不享有任何豁免权和特权。

14. 信息披露

（1）在信息备忘录发出之日，信息备忘录中披露的信息在所有实质方面均为真实、完整及准确的，并且没有遗漏具有或可能具有任何重大不利影响的任何信息。

（2）自信息备忘录发出之日，借款人（担保人，如有）的法律地位、业务状况、财务状况或资产状况没有发生产生或可能产生任何重大不利影响的任何情况。

（3）借款人最近向各银团成员行提供的财务报表和报告是依照会计准则制作的，公允、真实、完整并准确地反映了借款人在该等财务报表和报告制作之日的财务状况；并且，该等财务报表和报告没有遗漏借款人的任何重大负债、重大收入或重大损失。

（4）借款人向各银团成员行提供的所有材料均为真实、完整和有效的。

15. 无重大不利影响

没有发生具有重大不利影响的事件或情况。

借款人：借款人往往会感到事实陈述条款（又称陈述与保证条款）过于繁多，希望删减。对于违反法律和其他文件陈述事项，会因为不了解已签署协议的情况而不愿意作出保证；对于诉讼仲裁陈述事项，会因为担心有不了解的诉讼仲裁案件（尤其在借款人是大型公司的情况下）也不愿意做出这样的保证；对于遵守法律陈述事项，借款人同样担心过于严苛而违反这项规定。

贷款人：陈述与保证条款是需要借款人就这些事项做出保证的，以确保贷款的安全。对借款人不愿做出的几项保证是由于借款人的原因，只要借款人做好工作，是可以作出的。

评述：陈述与保证是贷款协议的重要条款，虽然它最早来自国际融资文本，但在几十年的改革开放过程中已广泛为融资市场所接受，成为国内融资文本的惯例条款，它代表着借款人在签约时就其法律、财务状况对贷款人做出的保证，是贷款人签署贷款合同的基础，所以如果借款人违反任何一项，都意味着贷款合同的基础丧失了，是借款人的根本违约，所以，借贷双方理应高度关注陈述与保证条款。在谈判过程中，除非借款人不愿提供或故意隐瞒有关事实，否则应该作出相应陈述和保证，谈判中具体要解决的是避免技术违约，而不是删减陈述与保证事项。借款人可以合理地要求陈述与保证事项限于其了解的范围，并可以排除已披露的情况，比如对

> 已经发生的诉讼仲裁，只要披露给贷款人并排除在保证事项的范围内，借款人就不必担心技术违约。另外，每个陈述事项的措辞都应该由借贷双方仔细斟酌，确定其范围，也是避免技术违约的解决方案。

十四、约定事项

借款人承诺，从生效日起至借款人在本合同项下的全部义务获得完全履行之日止：

14.1 积极义务

1. 债权顺位

各银团成员行在融资文件项下对借款人（或视情况而定，各担保人）的债权与借款人（或视情况而定，各担保人）其他债权人对借款人（或视情况而定，各担保人）的现有及将来无担保或无法定优先权的债权至少处于同一受偿顺位。

> 借款人：如果借款人作出这项承诺，就意味着借款人不得与其他贷款人达成优先还款的协议，这有可能会影响借款人将来的融资能力，所以谈判中会被要求删除。
>
> 贷款人：贷款人不希望其他贷款人在还款时排在自己前面，因为借款人现金流有限，这样会让自己的贷款处于不利地位，所以在谈判中很难接受借款人的要求。
>
> 评述：这款债权顺位承诺，不涉及限制借款人提供担保的问题，主要是通过协议安排不同负债归还的次序问题。虽然措辞还不是非常清晰，但解读应该是指约定的不同负债归还的先后次序问题，而非借款人破产时偿还的先后次序问题，因为后者违反法律，不为法律所认可。那么不同负债的先后归还次序是指每次归还的先后，还是整体的先后次序？条款的措辞语焉

不详，但一般情况下，贷款人都希望的是最严格的解释，但能否为借款人接受，就要看项目的具体情况来谈判确定了。

2. 法律地位和能力

借款人应当（并促使各担保人）维持其企业法人地位合法、持续并有效存续，确保其具有必要的民事行为能力和民事权利能力，以履行其为一方的融资文件。

3. 遵守法律

借款人应当（并促使各担保人）确保在所有方面遵守与其业务和经营相关的任何法律法规，包括但不限于环保及税务方面的法律法规，以及节能减排方面的法律法规、政府规章和行业监管措施。

4. 许可

借款人应当（并促使各担保人）及时获得为履行其为一方的融资文件所必需的各项批准、许可、同意、登记及备案，遵守该等事项，并维持该等事项持续完全有效。

借款人：本条款的承诺会被理解为借款人和项目在整个贷款合同履行过程中所需要的所有批准、许可都要及时获得。在一个建设项目或特定行业的项目中，所需要的批准、许可很多，包括建设规划的、施工、消防、环保、劳防、卫生、税务等，而有些还需要每年取得新的批准或许可，因此，对借款人来说，作出这个承诺是有压力的，会担心无法完全或及时取得。借款人据此会提出缩窄本条款的要求，只限于几项重大的批准和许可。

贷款人：借款人取得法律要求的批准、许可是维持贷款的基本要求，也是银监会有关规章的法定要求，很难同意借款人的要求。

评述：在实践中，借款人的要求有一定的合理性，但贷款人需要了解的是哪几项是借款人所担心的，问题所在是什么，还是只是担心无法做到而已。如果只局限几项重大批准和许可对贷款人是不利的，没有办法掌握全局的影响，也无法掌握一定的主动权。所以，根据具体项目的产业、结构和需要，确定这一项承诺的范围是比较谨慎、明智的做法。

5. 工商信息报送

借款人应当（并促使各担保人）及时向工商局报告年度报告，并且确保借款人及各担保人不被列入经营异常名录或者严重违法企业名单。

6. 保险

借款人应当向信誉良好的保险公司就其业务及资产投保，投保险种应当是从事同等或类似业务的企业通常投保的险种；借款人应当维持该等保险持续完全有效，并及时续保。

7. 提供资料

（1）借款人应当在每月结束后［•］天内，向代理行提供其该月的财务报表（包括附表）。

（2）借款人应当在每季度结束后［•］天内，向代理行提供其该季度的财务报表（包括附表）。

（3）借款人应当在每半个财务年度结束后［•］天内，向代理行提供其该半个财务年度的财务报表（包括附表）。

（4）借款人应当在每个财务年度结束后的［•］天内，向代理行提供其该财务年度的经注册会计师审计的年度财务报表（包括附表），并附一份注册会计师对该报表的专业审计意见。

（5）借款人应当（并促使各担保人）确保其财务报表依照适用的法律法

规和会计准则准备。

(6) 借款人应当在代理行要求后的［•］天内，向代理行提供其（或视情况而定，各担保人）在本合同第14.1条（*积极义务*）第4款项下获得的各项批准、许可、同意、登记及备案的复印件。

(7) 借款人应当在代理行要求后的［•］天内，向代理行提供其按照本合同第14.1条（*积极义务*）第6款的规定投保的各项保险的保单或保险合同的复印件。

(8) 借款人按照本条的规定提供财务报表或其他资料复印件的，应当同时提供一份由借款人的一名董事或财务负责人签署并加盖公章的证明，说明该等复印件与原件一致，其中披露的信息是准确、完整和最新的。

(9) 借款人提供本条第（2）项和第（3）项规定的财务报表的，应当同时提供一份由借款人的一名董事或财务负责人签署并加盖公章的证明，合理详细地写明本合同第14.1条（*积极义务*）第9款规定的各项财务指标的计算依据和结果。

(10) 借款人应按照代理行的要求及时提供贷款资金使用记录和资料。

(11) 借款人向各银团成员行提供的所有材料均为真实、完整和有效的。

8. 通知义务

发生下列情形之一的，借款人应当在知悉后立即通知代理行：

(1) 发生任何一项违约事件或潜在违约事件；

(2) 发生针对借款人或任何担保人提起的，或者借款人或任何担保人针对他人提起的，标的金额达到或超过人民币［•］元的任何法院诉讼、仲裁、行政程序、司法或行政机关的执行程序或类似性质的其他程序；

(3) 总额达到或超过其净资产10%的关联交易情况，包括：交易各方的关联关系、交易项目和交易性质、交易金额和相应比例、定价政策等；及/或

（4）发生产生或可能产生重大不利影响的事件。

9. 遵守财务指标

借款人应当遵守下列财务指标：

[●]。

借款人：借款人从商业角度出发，一般不愿意加入任何财务承诺的条款，因为加入了财务承诺条款，相当于对未来借款人的运营施加了压力，一旦无法达标，则构成违约。

贷款人：贷款人从商业角度出发，是非常希望能够约定清楚财务承诺的，这个是对贷款还款最直接的保障。

评述：贷款人同意向借款人发放贷款的前提肯定是经过了财务测算，尤其是一些并购贷款或者项目贷款，甚至有完整的财务模型。这些财务测算是银行审批贷款的核心要素，所以，贷款人要求在贷款合同中加入财务承诺是合理性的要求。如果借款人无法满足贷款人设置的财务承诺要求，说明借款人的运营或者现金流出现了问题。当然，借款人也需要对银行提供的财务测算进行独立的测算，确保根据其合理预期，在整个贷款期限可以满足银行的要求。财务承诺中的重要指标包括有资产负债率、EBIDA 等。资产负债率一般是一个静态的指标，国有银行比较喜欢使用该指标，因为客户多是一些资产雄厚的大国企，但是这个指标是无法反应借款人的现金流情况的，而现金流往往是贷款还款最主要的关心点。而 EBIDA 则是息税摊销前利润，反应的就是借款人的盈利能力，是一个动态的概念。对贷款人判断贷款安全非常有帮助。

10. 项目资本金

借款人应当确保项目资本金先于贷款资金到位或与贷款资金同比例到位，

并确保项目资本金与贷款资金配套使用。

11. 项目进度

借款人应当确保项目实际进度与已投资额相匹配。

12. 贷款管理

代理行可随时对借款人使用每笔贷款资金的情况进行检查和监督，借款人应当配合代理行进行贷款支付管理、贷后管理及相关检查。代理行进行检查和监督的方式包括但不限于：（Ⅰ）要求借款人提供其使用贷款资金的有效证明资料；（Ⅱ）对贷款资金使用情况进行账户分析、凭证检验或现场调查；以及（Ⅲ）法律法规允许的其他方式。

13. 担保或支持

借款人及各担保人同意向各贷款人提供如下支持或担保：

（1）保证合同项下的保证；

（2）抵押合同项下的抵押担保；

（3）质押合同项下的质押担保；以及

（4）[•]。

14.2 限制事项

1. 担保权益

除依据担保合同设置的担保权益外，借款人应当确保在其任何资产上不会设置或存在任何担保权益，除非获得了多数贷款人的同意。

> 借款人：由于限制借款人再提供担保，实际上就会限制借款人的后续融资能力，所以通常借款人不愿意接受这样的限制。
>
> 贷款人：由于借款人再向第三方提供担保，无论是为自身后续融资还是为其他方债务提担保，都会实质性地影响贷款人的权益，可能会影响借款人的还款能力，所以贷款人对本条款会坚持保留。

评述：虽然本条款取决于借贷双方的博弈，也决定于双方的市场地位，但作为固定资产贷款，这个问题的前提是项目的资金安排。也就是说，在贷款合同签订之时，双方都明了项目所需资金是否都已安排妥当。当银行已准备提供贷款时，它是了解项目的资金需求及安排的。那么基于什么需要，借款人希望保留提供新担保给第三方的空间？对于项目的建设和经营是否必需和相关？是的话，借款人的要求就有合理性，否则贷款人有理由不予同意。这是本条款博弈背后的逻辑。

2. 资产处置

借款人应当确保不会通过单笔或多笔交易或一系列交易出售、出租、出让、转让或以其他方式处置其任何重大资产，除非获得了多数贷款人的同意。

借款人：这个资产处置条款是借款人的经营需要，并且会有相应的收入，不应该受到贷款人的限制。

贷款人：借款人的资产处置对贷款人非常重要，因为项目资产是还贷的基础，所以借款人的类似行为必须受到贷款人的监控。

评述：这个问题需要结合具体项目作具体分析。借款人的这类行为哪些是正常经营需要的？哪些是非正常的处置行为？非正常处置是指涉及项目必需的资产或者重大的资产，也包括非市场正常价格处置，这时贷款人必然要了解为什么借款人需要这样做？对项目建设和经营的影响是什么？借款人有什么相应的措施？这些都是贷款人必须要事前监控的。

3. 分立和合并

借款人应当确保不会进行任何合并、分立、被承包经营或类似安排，除非获得了多数贷款人的同意。

【这个条款的谈判要点参照对上述第2点限制事项的评述。】

4. 减少注册资本

借款人应当确保不会减少其注册资本，除非获得了多数贷款人的同意。

5. 分红限制

有下列情形之一的，借款人不应当分配利润：

（1）[•]；及/或

[•]。

借款人：为借款人的股东利益，借款人希望在正常还贷的情况下，它的分红不应受限。

贷款人：在还清贷款之前，借款人理应不进行分红。

评述：虽然这个商业问题取决于借贷双方的博弈，但它和以下几个因素有关：（1）贷款周期；（2）资本与贷款的比例；（3）产业和市场的特点等。借贷双方需要基于这些具体的因素来平衡是否完全限制分红，还是有条件分红。

6. 许可负债

除许可负债之外，借款人不得发生任何其他负债。

【该条款的谈判要点参照对定义负债的评述。】

7. 许可投资

除许可投资之外，借款人不得发生任何其他对外投资。

【该条款的谈判要点参照对上述第 2 点限制事项的评述。】

十五、违约事件

15.1　违约事件

下列任一情形构成一项违约事件：

1. 付款违约

借款人没有按照本合同约定的金额、币种、支付方式和时间支付到期应付的任何款项。

> 借款人：希望贷款人给予一定的宽限期，之后才构成付款违约。
>
> 贷款人：未能到期支付就是违约，无法在这种情况下给予宽限。
>
> 评述：在特定的项目、特定的结构情况下，借款人可能会技术违约，也就是可能由于内部的流程导致1~2天的延误，这种情况下，借款人要求的1~3天的宽限有一定的合理性，虽然贷款人仍有理由不接受，因为这样的流程借款人内部可以提前进行。必须指出的是，付款违约在银行市场惯例中通常是没有宽限期的。

2. 挪用贷款

借款人没有按照本合同约定的用途使用任何一笔贷款资金。

3. 不实陈述

借款人在本合同第十三条（*事实陈述*）项下所作的任何一项事实陈述在任何重大方面不真实、不准确、不完整或具有误导性。

> 借款人：在这种情况下，借款人往往希望获得一定的宽限期，来进行补救。
>
> 贷款人：不实陈述指的是在重大方面，所有情况已经非常严重，贷款合同的基础有问题了，这已经不是补救的问题。
>
> 评述：贷款人的立场有一定的合理性。所以，借款人要求的宽限期一定是指的可补救的情形，而这只能是由贷款人来判断的。而对可补救的情形，允许借款人进行补救也是符合贷款人利益的，因为宣布借款人违约、进行

收贷或提前收贷对贷款人而言是万不得已的最后措施。对可补救的不实陈述，通常的市场惯例宽限期在7~21天。

4. 违反约定或其他义务

借款人没有遵守第十四条（*约定事项*）项下的各项义务或没有按照本合同的规定履行或遵守任何其他义务。

【本条款的谈判要点参照对上述第3点不实陈述的评述。】

5. 交叉违约

借款人没有清偿到期应付的任何负债，且总金额达到或超过人民币［•］元。

借款人：在负债定义包括借款人所有种类的债务的情况下，借款人往往对交叉违约坚持删除或缩窄，因为在建设和经营过程中借款人会签署各种各样的合同，需要支付各种款项，如果把这些包括进这个交叉违约，对借款人非常不利，也不公平，因为这种违约很有可能对还贷没有影响，况且借款人可能在第三方合同项下的违约有善意的对抗理由。借款人最希望通过谈判达到的是交叉违约只限于其他银行的贷款。
贷款人：交叉违约的目的在于监测借款人的经营状况，尤其是财务状况。虽然是建设和经营合同项下的违约，可能会对项目造成不利影响，所以银行需要掌握主动权，在出现重大不利情况下可以采取措施，避免被动等待。
评述：交叉违约是贷款人监测贷款安全的一个重要手段，也是一个预警机制，所以有其合理性。只不过交叉违约的范围多大？涉及所有第三方合同还是只有第三方贷款合同？涉及所有违约还是超过一定金额的违约？是实际发生的违约还是包括潜在违约？是否排除借款人善意且正当抗辩的违约？是否给予借款人一定的宽限期去纠正？这些问题必须根据项目的具体情况、借贷双方的谈判地位来一一确定。

6. 无力偿债

（1）借款人的任何债权人宣布借款人的任何负债延期偿付，且总金额达到或超过人民币［•］元。

（2）借款人与其任何债权人开始就任何负债进行延期偿付等债务重组安排的商讨，且总金额达到或超过人民币［•］元。

（3）借款人全面停止或者中止对其债权人的支付，或在债务到期时无能力、承认无能力或者被假定为或视为无能力偿付其债务，或者宣称其将不会履行到期债务。

7. 清算及破产事件

借款人或任何担保人已经启动或被启动任何停业、解散、清算、破产、重整、和解、整顿或类似程序。

8. 执行事件

借款人的总计市场价值或账面价值二者中较低者达到或超过人民币［•］元的资产被查封、冻结、扣押、执行、征收、没收或被采取其他类似措施，并且该等措施在开始后的［•］个营业日内未被解除。

9. 财务指标

借款人没有遵守本合同第14.1条（*积极义务*）第9款（*遵守财务指标*）约定的任何一项财务指标。

10. 重大不利影响

发生了任何具有重大不利影响的事件或情况。

11. 融资文件无效

融资文件成为无效或不可执行的。

15.2 银团成员行的救济

1. 通知

（1）借款人或任一贷款人知悉一项违约事件或其合理认为可能构成一项违约事件的事实或情形，其应当及时通知代理行。

（2）代理行在收到上述通知后，应当及时通知各贷款人。

（3）如任何一项违约事件非经借款人告知代理行的，代理行应在获悉后及时通知借款人，以便借款人做出确认和解释或者采取补救措施。

2. 救济权利

在任何一项违约事件的存续期间，代理行（按照多数贷款人的决定）可以行使以下一项或多项权利：

（1）豁免相关违约事件，或同意对相关违约事件的补救；

（2）宣布中止提取任何贷款资金；如此宣布后，该部分贷款资金立即中止提取；

（3）取消全部或部分总承贷额；如此宣布后，各贷款人的承贷额相应地按等比例取消，且被取消的总承贷额不能被恢复；

（4）宣布全部或部分贷款余额连同所有应计利息、费用和本合同项下其他款项立即到期应付；如此宣布后，该等款项立即成为到期应付，代理行无须给予任何进一步的通知；

（5）要求借款人立即提供额外的担保措施；

（6）执行担保合同；及/或

（7）行使法律法规及本合同赋予的任何其他权利。

3. 代理行的行动

（1）本合同第15.2条（*银团成员行的救济*）第2款（*救济权利*）中所列的各项救济权利或拟对借款人提起和进行的任何争议解决法律程序的权利应当通过代理行组织进行，但是，代理行不按照多数贷款人的决定采取该等行动的，相关银团成员行可以自行采取该等行动。

（2）在一项违约事件存续期间，代理行有权在任何时候采取其认为必要或合理的行动以保护各银团成员行在本合同项下的权利和权益。

4. 各银团成员行的承诺

（1）各银团成员行不会以与本合同的约定相冲突的方式行使其在本合同项下的权利。

（2）各银团成员行向其他银团成员行承诺，除非本合同另有明确约定：

1）其不会向任何人单独要求或接受任何形式的债务清偿，用于清偿借款人在本合同项下欠付该银团成员行的任何债务；及/或

2）其不会就借款人在本合同项下对该银团成员行的任何债务，单独要求或接受任何担保权益或财务支持。

5. 扣划

在一项违约事件存续期间，各银团成员行有权扣划借款人在该银团成员行（包括其任何分支机构）处开立的任何账户内的余额，并按照本合同第8.10条（*分摊*）的规定转付给代理行进行分摊。

十六、银团成员行关系

16.1　委任代理行

1. 除代理行之外的各其他银团成员行在此委任代理行作为本合同项下该银团成员行的代理人，并授权代理行行使本合同条款明确赋予代理行的权利以及合理附带的所有其他权利。

2. 仅为担保合同约定的担保登记之目的，各其他银团成员行在此授权代理行根据本合同确定的原则和相关事实直接与相关担保人签订担保合同的补充或修改协议，或按当地登记部门要求的格式范本签署并提交担保合同，或根据当地登记部门的要求适当降低担保债权金额以满足其内部有关担保债权的金额必须低于担保物的评估价值的要求。

16.2　代理关系

1. 代理行与其他银团成员行之间的关系仅为代理关系。代理行作为银团的代理人，其主要的职能是根据本合同服务贷款人和保障银团利益，其应勤勉、守约、尽职、专业地履行约定的各项职责，保证各项约定及贷款人的指示与授权得到有效执行，其性质是事务性的。

2. 代理行不在任何方面作为借款人的代理人。

16.3　代理行的责任

1. 代理行应当在收到本合同任何一方通过代理行转交给其他一方的任何文件的原件或复印件后的［•］个营业日内，将该等文件转交给该其他方；除非本合同另有约定，代理行不负责审查其转交的任何文件的格式和内容的充分性、准确性或完整性。

2. 代理行应当设立并保存与本合同相关的台账，并在各贷款人要求时，向贷款人提供该等台账。

3. 代理行应当按照本合同第8.1条（*贷款资金的发放*）和第8.2条（*贷款资金的支付*）的约定，发放和支付贷款资金，并对其进行管理和控制。

4. 代理行应当在收到本合同任何一方发出的关于发生一项违约事件的通知后的［•］个营业日内，通知各银团成员行。

5. 代理行应当在知悉本合同任何一方没有按照本合同的规定向任何其他银团成员行支付任何到期应付款项后的［•］个营业日内，通知各银团成员行。代理行发现上述情形的，应做必要的调查，并将调查所获取的信息及时传送给各贷款人。

6. 代理行应当按照多数贷款人的决定，组织各银团成员行提起及/或参与和本合同相关的任何诉讼、仲裁或法律争议程序，但前提是各贷款人已经按照本合同的规定，向代理行补偿或预付了代理行因遵守该等决定而已经或可能支出或发生的任何成本、费用、开支（包括但不限于律师费）及责任。

7. 代理行不因本合同其他任何一方违反本合同条款而向任何其他方承担任何责任。

8. 多数贷款人的任何决定或按照该等决定行事违反或会导致违反法律法规的，代理行经事先通知各银团成员行，可以不按照该等决定行事。

9. 代理行应当勤勉尽责地履行其在本合同下的各项职责。

> 贷款人：代理行的职责非常重要，有时贷款人会要求增加代理行的违约责任。
>
> 代理行：代理行只按照银团的决定或多数贷款人的指示行事，不同意增加代理行的违约责任条款。
>
> 评述：代理行与贷款人的关系属于合同法下的代理关系，代理行须在贷款合同明确约定的代理权限范围内行事，或按照银团指示行事。代理行承担合同法下法定的代理人责任，即使没有合同约定。而按照行业惯例，通常银团贷款协议不会约定代理行的违约责任或者贷款人的违约责任的。

16.4　代理行的权利

1. 除非实际知悉相反情形，代理行可以推定：

（1）本合同任何其他方在本合同中或关于本合同所作的任何事实陈述是真实、完整和准确的；

（2）没有发生或存续任何一项违约事件；

（3）本合同的任何其他方均没有违反其在本合同项下的义务；及/或

（4）本合同任何其他方或多数贷款人没有行使其拥有的任何权利。

但是，如果代理行已知悉或本合同任何其他方知悉相反情形的存在而通知代理行的，则代理行不仅有权且有义务按照本合同相关规定通知各贷款人。

2. 代理行可以在其认为必要时聘请律师、会计师、评估师、翻译人员或其他专业人员，并向该等专业人员支付咨询或服务费用，并可以依赖该等专业人员的意见行事。

3. 代理行可以依赖其合理相信为真实的任何通信或文件行事。

4. 代理行可以向本合同任何其他方披露其认为合理的按照本合同条款收到的任何信息。

贷款人：代理行的权利范围应该越小越好，或者代理行在行使特定权利前需要取得全体或者多数贷款人的同意。

代理行：为了提高代理行的效率和反馈速度，同时也为了保护代理行自身的利益，代理行希望其在银团中的权利越大越好。

评述：代理行的权利大小需要看所代理事项的大小来定，涉及银团重大事项的，代理行不能越俎代庖代为行使权利，但是涉及代理行自身操作有关的，代理行要求取得特定权利，是有合理性的。因此，考虑代理行权利条款时，需要考虑，代理行行使这个权利会产生什么样的法律后果？这个法律后果由谁承担？是否愿意承担？

16.5　独立信贷评估

各贷款人确认，其已经并将继续独立的对借款人的财务状况、资信度、业务状况、法律地位及其他情况进行调查、审查和评估，并据此独立做出判断和决策并承担风险，包括但不限于下列各项：

1. 关于本合同任何其他方或本合同项下交易的任何信息的充分性、准确性或完整性，无论该等信息是不是由代理行或牵头行提供给该贷款人；

2. 本合同任何其他方的财务状况、资信度、业务状况、法律地位或其他情况；及/或

3. 本合同或有关的任何文件或本合同任何其他方采取的或将要采取的任何行动的合法性、有效性、约束力、充分性或可执行性。

相应地，针对上述问题及可能存在的风险，代理行均不对任何贷款人负责。

16.6　代理行和牵头行作为贷款人

代理行或牵头行同时也是一家贷款人的，其应当按照本合同条款享有贷款人的权利并承担贷款人的义务。

16.7　银团会议

1. 贷款人决策机制

（1）如果发生了本合同条款明确要求由多数贷款人或全体贷款人决定的任何事项，任一贷款人在知悉后应立即通知代理行，代理行在收到该等通知后或在知悉发生该等事项后应当及时通知各贷款人，要求表决。

（2）各贷款人应当在收到代理行上述通知之后，在该通知中要求的期限之内，将其决定通知代理行。

（3）除非本合同另有约定，代理行应当按照多数贷款人或全体贷款人依本合同条款做出的决定行事；代理行按照多数贷款人或全体贷款人的决定行事的（无论是作为还是不作为），代理行不向本合同其他方承担任何责任。

（4）多数贷款人或全体贷款人按照本合同条款做出的决定对各贷款人具有约束力，各贷款人应当全面配合代理行执行多数贷款人或全体贷款人的该

等决定。

（5）多数贷款人或全体贷款人未按照本条款规定做出决定时，代理行应当就该等事项提出一个初步解决方案，并按照上述程序再次征求各贷款人的意见。如果任一贷款人没有在代理行发出的通知中写明的期限之内将其决定通知代理行，则视为其同意代理行提出的该解决方案。

（6）代理行认为某种作为或不作为最有利于贷款人利益的，代理行可以（但没有义务）进行该种作为或不作为。

2. 全体银团成员行同意事项

除本合同中另有约定外，对本合同中涉及下列任一事项的条款的修改应当获得全体银团成员行的同意：

（1）承贷额、总承贷额或贷款资金币种的改变；

（2）提款期、贷款期限的改变；

（3）贷款利率、罚息利率的改变；

（4）向任一银团成员行支付的或应付的款项的币种、金额及支付日期的改变；

（5）对“多数贷款人”定义的修改；

（6）对本合同第二十一条（*修改和豁免*）的修改；及/或

（7）担保人、担保方式、担保金额、担保期限等重要事项的改变。

3. 银团会议程序及议事规则

（1）如发生需要代理行按照多数贷款人或（视情况而定）全体贷款人的决定行事的事宜，则代理行应当组织召开银团会议，银团会议由代理行主持。

（2）除上述第（1）项的约定外，如出现以下情形，代理行应及时召集银团会议：

（a）牵头行认为有必要召开银团会议；或

(b) 在总额度中所占份额达到［•］以上的贷款人书面提议。

(3) 代理行召集银团会议，应提前至少［•］个营业日或在代理行确定的更短时间内书面通知各贷款人。会议通知中应包括会议召开的时间、地点（如适用）、方式以及银团会议的提案。

(4) 银团会议可以通过现场会议或通讯会议或书面同意的方式召开。在尽可能的情况下，代理行应选择书面同意的方式开会。

(5) 各贷款人应在收到会议通知后的［•］个营业日内通知代理行其是否参加银团会议，并可在会议召开日前［•］个营业日之前提交临时提案。

(6) 每一贷款人可以派一或两名授权代表以及若干名普通代表参加银团会议。所有代表均可以参与谈论、发表意见，但仅由授权代表代表该贷款人进行表决。每一贷款人的授权代表必须持合法、有效的授权委托书并有明确的授权范围。每一贷款人出具的授权委托书应明确表明，经授权代表签字（无须加盖公章）的文件对该贷款人具有法律约束力。各贷款人的公章印鉴应在代理行处备案，各贷款人的授权代表应出具加盖公章的授权委托书，以便代理行核实授权委托书的效力。

(7) 银团会议作出的有效决议，由代理行制作书面文件，并由每一贷款人的授权代表签字；就该决议持有异议的贷款人，也应在该决议上签字。受限于本合同相关条款的约束，该决议对全体贷款人具有约束力。每一贷款人获得一份有效的银团会议决议原件。如该决议与借款人在融资文件下的权利、义务有关，应当向借款人提交一份有效的银团会议决议原件。

4. 贷款人可以另行协商签订银团贷款银团间协议。

借款人：虽然银团会议是属于银团成员之间的事项，但强势借款人为保护自己的利益，增加银团决议的难度，会就多数贷款人的比例、多数贷款人决定的事项等提出自己的要求，比如提高多数贷款人的比例、增加多数贷款人决定的事项、减少代理行自己决定的事项等。

贷款人：银团会议和银团表决机制均应由银团成员之间自行进行约定。

评述：一个高质量的银团取决于银团的运作机制。国内银团安排行与银团成员、代理行与银团成员之间的沟通均需要更加透明、更加相互信任。为避免借款人对银团会议这些条款约定的影响，银团成员之间单独签订贷款人间协议也时有发生。

16.8 贷款人补偿

1. 每一贷款人应按照其承贷比例在代理行要求后的［•］个营业日内就代理行按融资文件进行代理行为而发生的全部合理的成本、费用、损失、开支（包括律师费）及责任（因代理行的过失或过错导致的除外）向代理行作出补偿（除非代理行已从借款人处按融资文件的规定获得偿付）。

2. 任何贷款人准备按照本款规定作出补偿的，均有权要求代理行提供该等补偿金额的详细计算依据；代理行应在贷款人要求后［•］个营业日内向其提供该等计算依据。

16.9 代理行辞职

1. 代理行（“辞职代理行”）可以在任何时候，通知贷款人，表达其辞职的意愿。

2. 多数贷款人应当在收到代理行按照上述第1款的规定发出的辞职通知后的［•］个营业日内，委任一家有资质的、信誉良好且经验丰富的金融机构作为代理行的继任者（“继任代理行”）。多数贷款人没有在该期限内委任继任代理行的，辞职代理行可以指定一家其认为有资质的、信誉良好且经验丰富的金融机构作为继任代理行。

3. 自继任代理行通知本合同其他各方其正式继任之日起，辞职代理行的辞职以及继任代理行的委任生效。

4. 自辞职代理行的辞职以及继任代理行的委任生效之日起，辞职代理行在本合同项下作为其他银团成员行的代理人的任何进一步的权利和义务立即解除，同时，继任代理行承接在本合同项下作为其他银团成员行的代理人的任何进一步的权利和义务。

5. 辞职代理行应当在收到继任代理行继任通知后的［•］个营业日内，向继任代理行提供其为按照本合同行使权利并履行义务而合理要求的文件、记录以及必要的协助。

6. 多数贷款人可以通知代理行，要求其按照上述第 1 款的规定辞职；代理行在收到该通知后，应当按照本条款的规定辞职。否则，多数贷款人可以决定撤换代理行。

16.10 代理行扣款

任何银团成员行在本合同项下欠付代理行款项的，代理行在通知该银团成员行后，可以从代理行按照本合同本应向该银团成员行支付的任何款项中扣除不超过该等欠款的金额，用于清偿该等欠款，并且，该等扣除的款项应当视为已经由该银团成员行收到。

16.11 其他业务

各银团成员行（包括其分支机构）可以接受借款人的存款、向借款人提供其他贷款或进行其他任何种类的银行业务。

16.12 与贷款人的往来

除非收到相关贷款人按照本合同条款发出的相反通知，代理行可以认为该贷款人有权按照本合同收取款项，并且是通过其经办行行事。

十七、费用和补偿

［如果各方已经就本合同项下的交易与相关方签署了费用函，并且本合

同以下规定与费用函中的规定不一致的，则以费用函中规定的为准。]

17.1 银团费用

1. 本合同项下借款人应当支付的承诺费的计算方式为：【】。承诺费应于提款期内的每一个付息日与利息同时支付。

2. 本合同项下借款人应当支付的代理费为：【】。首笔代理费应于首笔贷款资金的提款日支付至代理行指定的账户，之后每年的代理费应于每年的【】支付至代理行指定的账户。

3. 本合同项下借款人应当支付的安排费为：【】/参见费用函的约定。

借款人：银团费用是借款人尽力降低的融资成本。在涉及具有相当影响力的项目或资质相当好的借款人的银团贷款中，没有银团费用或只有非常低的银团费用的情况不少见。

贷款人：在市场激烈的竞争中，银行尤其是安排行为了取得优质项目只有降低融资成本，但这往往使银团成员积极性降低甚至出现矛盾的局面，并且银团成员往往会在账户、结算等商业利益上竞争更加激烈。

评述：虽然银团成本是一个商业问题，借款人降低融资成本有其合理性。但超过一定的界限的相互压价，反而造成银团更多的问题，也反过来对借款人不利，毕竟银团贷款有一个履行的过程，良好的借贷关系、相互信赖的关系有利于双方处理未来出现的各种问题和挑战。另外，银团的成功与否不仅仅是一个利润指标，因为它涉及银行在金融市场的声誉和未来更多项目的共同合作，所以建构和谐、高质量的银团文化对各方都是考验。就银团费用，具体来说，安排费是支付给安排行的费用，是要求安排行按照其与借款人商定的融资条款条件书组织银团，同时尽量吸引更多的银行参与报价，从而成功组团，也提高借款人融资项目的影响力。所以，支付合理的安排费是这些金融服务的对价，否则受影响的是借款人自己。承诺费是在银行承诺贷款后借款人没有提款之前这段时间借款人应支付的费用，它是对贷款人资金安排和资金成本的补偿，按照国际和国内融资市场惯例都应该支付。代理费是对代理行履行职责的对价。在贷款合同签订后，安排行实际结束了它组织银团的工作，而由代理行接手贷款的所有事务，支付合理的代理费同样也是国际和国内融资市场惯例。

17.2 银团成本

1. 除非法律法规另有规定，各方在此同意：银团成员行发生的与融资文件的谈判、准备、签署、修改及豁免等相关的所有合理费用及开支应当由借款人承担，包括但不限于律师、评估师等专业机构的费用。

2. 除非法律法规另有规定，各方在此同意：任何银团成员行在任何司法管辖地执行或维护其在融资文件项下的权利而发生的所有费用及开支应当由借款人承担，包括但不限于律师、评估师等专业机构的费用和进行诉讼或仲裁的费用。

17.3 损失赔偿

借款人应当在收到任何银团成员行要求后的［•］个营业日内，向该银团成员行赔偿因借款人违反本合同项下的义务（包括但不限于下列任一情形）而使该银团成员行遭受或发生的除罚息之外的任何损失：

（1）借款人没有在任何款项的到期日清偿该等到期款项；

（2）借款人在任何款项的到期日之外的日期清偿该等到期款项；

（3）发生任何违约事件或潜在违约事件；

（4）因借款人的原因，任何贷款资金没有全部按时提取；

（5）借款人违反本合同的规定取消任何贷款人的承贷额；

（6）借款人提供的信息和资料不实；及/或

（7）［•］。

17.4　货币补偿

如果借款人在本合同项下支付的任何款项不是以本合同明确约定的应付货币（“合同货币”）支付的，而是以合同货币之外的任何其他货币（“支付货币”）支付的，并且在银团成员行按照市场汇率将该支付货币换成合同货币后，该金额少于该银团成员行应当收到的金额，则借款人应当补偿该等短缺部分以及该银团成员行发生的相关汇兑费用。

17.5　计算依据

任何银团成员行准备按照本合同第17.2条（*银团成本*）、第17.3条（*损失赔偿*）及/或第17.4条（*货币补偿*）提出要求的，应当通知代理行，同时提供该等要求的详细计算依据；代理行在收到该等要求后，应当及时通知借款人。

17.6　免于补偿

在以下情形下，借款人无须按照本合同第17.2条（*银团成本*）、第17.3条（*损失赔偿*）及/或第17.4条（*货币补偿*）的规定向任何银团成员行承担责任：

1. 由该银团成员行的重大过失、过错或者故意不当行为而产生的责任；及/或

2. 借款人已经按照本合同的其他条款向该银团成员行作出补偿。

十八、转让

18.1　借款人转让

借款人不得转让其在本合同项下的全部或任何权利或义务。

18.2　贷款人转让

1. 任何贷款人（“转让行”）拟向一家或多家金融机构（“受让行”）转

让其在本合同项下的全部或任何权利及/或义务的，应当提前至少［•］个营业日通知（“转让通知”）借款人及代理行。

2. 任何贷款人转让其全部或部分承贷额的，应当取得借款人的事先书面同意；但是，借款人在收到转让通知后的［•］个营业日内没有明确告知不同意的，视为同意该等转让。

3. 任何贷款人转让其在贷款余额中的全部份额的，无须征得代理行或本合同其他各方的同意。

4. 尽管有以上的规定，如果国家法律法规或监管机构对于银团贷款有其他规定的，贷款人转让时应遵守该等规定。

借款人：借款人为建立和保持与银行的关系，会要求贷款人在贷款合同项下的贷款份额转让，无论贷款是否已发放，均需要借款人的同意。

贷款人：贷款人应该有权利随时转让自己的贷款份额，而这不影响借款人在贷款合同项下的任何权利，借款人没有正当理由阻止贷款人的转让。

评述：贷款人有时为资金需要而转让贷款份额，有时是因为行内新的政策需要调整特定产业的贷款，有时是因为商业原因而卖出贷款份额。按照国际惯例，贷款人转让其贷款份额是不需要借款人提前同意的，其背后的原因在于贷款的二级市场，也就是只有在一个贷款份额自由转让的金融市场才会形成贷款的二级市场。而中国目前尚未能形成贷款的二级市场，甚至也没有形成贷款转让的惯例做法，这背后原因很多。虽然中国合同法规定，一方权利和义务的转让需要合同对方的同意，但这样的同意可以提前在合同中约定豁免。这样让贷款人转让贷款份额的自由会有利于整个金融市场。

18.3　转让生效

贷款人按照本合同第18.2条（*贷款人转让*）的规定进行的转让，在转让行、受让行及代理行签署了一份按照本合同附件三（*转让证书格式*）的格式和内容完整填写的转让证书后，在转让证书上记载的转让日期之日起生效。代理行不得拒绝或拖延签署转让证书。

18.4　转让的约束力

任何按照本合同第十八条（*转让*）的规定进行并完成的转让均对本合同各方具有约束力。

18.5　转让的后果

自转让生效之日起，受让行正式成为一家贷款人，在转让证书列明的转让标的范围内：

1. 转让行不再享有和承担本合同项下与转让标的有关的所有权利和义务；以及

2. 受让行将享有和承担本合同项下与转让标的有关的所有权利和义务。

18.6　转让行免责

对下列任一事项，转让行不向受让行承担任何责任：

1. 本合同或与本合同有关的任何其他文件的有效签署、真实性、准确性、完整性、合法性、有效性或可执行性；

2. 本合同项下的应付款项是否可以收到；以及

3. 本合同任何其他方在本合同中或关于本合同向任何人做出的事实陈述的真实性、准确性及完整性。

18.7　转让行进一步免责

转让行没有义务：

1. 从任何受让行回购该转让行已经按照本合同第18.2条（*贷款人转让*）

的规定转让给该受让行的任何权利及义务。

2. 补偿任何受让行因借款人或其他任何银团成员行没有履行本合同项下的任何义务而遭受的任何损失。

18.8 簿记存档

代理行应当保存本合同各方的名录，负责转让登记工作，记录历次银团贷款转让的情况，并在转让发生后及时通知本合同其他各方。

18.9 变更经办行

任何贷款人经提前至少［•］个营业日通知借款人及代理行后，可以变更其经办行。

十九、各银团成员行权利义务的关系

19.1 义务独立

各银团成员行在本合同项下的义务相互独立。如果任一银团成员行没有履行其在本合同项下的义务，并不影响或免除任何其他银团成员行履行其各自在本合同项下的义务。任一银团成员行对任何其他银团成员行在本合同项下的义务不承担任何责任。

19.2 权利独立

各银团成员行在本合同项下的权利相互独立。本合同任何一方在本合同项下对任一银团成员行不时产生的任何债务是单独的债务。除非本合同另有约定，各银团成员行均有权单独行使其在本合同项下的权利。任何银团成员行不得以权利独立为由不履行本合同项下的任何义务。

二十、保密义务

20.1 保密范围

本合同各方对其他方按照本合同向其提供的任何注明为保密的信息负有保密义务。但是，在以下情况下，该方有权披露该等信息：

1. 该等信息已为公众所知（但不是由于该银团成员行违反本条规定而使该等信息为公众所知）；

2. 在任何诉讼、仲裁或行政程序，司法或行政机关的执行程序或类似性质的其他程序中须披露该等信息；

3. 依照任何法律法规的要求进行披露并在该法律法规要求的范围内披露；

4. 依照其上市地证券交易所的上市交易规则披露；

5. 向任何政府、金融、税务或其他行政机关进行披露并在该等机构要求的范围内披露；

6. 向其董事、管理人员、员工或专业顾问（包括但不限于律师、审计师等）披露，前提是该等被披露方已经向该银团成员行承诺遵守本条中规定的保密义务；

7. 在本合同第20.2条*（其他披露范围）*允许的范围内披露；

8. 各银团成员行在贷款债权证券化交易中向相关评级机构披露；及/或

9. 经保密信息提供方同意后披露。

20.2　其他披露范围

任何银团成员行可以向可能或已经与该银团成员行订立本合同第十八条*（转让）*项下规定的任何转让、间接分贷的协议的任何人披露：

1. 本合同的复印件；及/或

2. 该银团成员行已经获得的关于借款人、本合同及本合同项下的交易的任何信息。

但是，被披露方必须在收到任何该等信息之前，向该银团成员行承诺遵守本合同第二十条*（保密义务）*中规定的保密义务。

20.3 取代

本合同第20.1条(*保密范围*)和第20.2条(*其他披露范围*)的约定取代任何银团成员行在成为本合同一方之前作出的关于借款人、本合同及本合同项下的交易的任何保密承诺。

20.4 信息采集

借款人同意并不可撤销地授权：银团成员行在不违反《征信业管理条例》及相关法律法规的禁止性规定的前提下，根据国家设立的金融信用信息基础数据库的采集要求，有权将有关借款人与银团成员行签署的全部合同/协议/承诺的信息，包括与上述全部合同/协议/承诺的履约信息的相关情况，以及借款人提供的企业基本信息及其他信息，提供给国家设立的金融信用信息基础数据库，供具有查询资格的单位查询和使用；同时，银团成员行亦有权查询和使用已经录入国家设立的金融信用信息基础数据库中有关借款人的信贷信息。该授权事项覆盖本合同签署前后银团成员行对本合同项下业务进行必要管理的各个环节，有效期随本合同实际终止而失效。

二十一、修改和豁免

21.1 修改或豁免申请及同意

1. 借款人提出对本合同条款的修改和豁免申请后，代理行应根据本合同约定的要求审核借款人提交的书面申请并审核借款人是否已经提供各贷款人决策所需的信息资料（如现金流量预测和财务报表等）。代理行收到前述所要求的文件后，应及时通知各贷款人要求表决。

2. 任何贷款人提出对本合同条款的修改的，应首先通知代理行，代理行收到通知后应及时通知其他贷款人要求表决。对于由贷款人提出的表决事项涉及借款人和任何担保人的，代理行还应将通知抄送借款人和该担保人，并根据本合同相关规定代表银团与借款人协商修订合同条款。

3. 对于借款人或任何贷款人提出的修改或豁免事项，代理行应根据本合同的相关规定判断该事项需多数贷款人同意还是需要全体贷款人同意。如本合同没有明确约定的、或各贷款人和借款人之间存在争议，则需要全体贷款人同意。

4. 代理行在收到借款人或任何贷款人的修改或豁免申请后，应按照本合同第16.7条（*银团会议*）的规定完成表决程序，并将最终形成的有效表决结果及时通知各贷款人、借款人和相关担保人。

21.2 书面修改

对本合同任何条款的任何修改应当以书面形式作出，并且在本合同各方签署后生效。

21.3 代理行同意

对涉及下列任一事项的条款的修改须获得代理行的同意：

1. 本合同第八条（*付款规定*）、第十六条（*银团成员行关系*）或第二十一条（*修改和豁免*）；及/或

2. 修改或放弃代理行在本合同项下的任何权利，或使代理行承担任何其他的义务。

二十二、通知

22.1 通过代理行

借款人与任何银团成员行之间关于本合同的所有通讯往来应当通过代理行进行。

22.2 通知方式

本合同任何一方发给任何其他方的任何通知、请求或其他文件，应当以书面形式作出并发送至收件方随时书面指定的联系地址或电传号或传真号或电子邮件并注明联系人（如有）。各方指定的最初联系地址、电传号、传真

号、电子邮件以及联系人（如有）在本合同签字页中列明。

本合同任何一方确认各方在本合同签字页最初指定或者根据本合同后续变更的联系方式为本合同项下争议所涉诉讼或者仲裁文书的送达地址，并且自行承担由此产生的法律后果。

22.3 通知送达

本合同各方之间进行的任何通信往来在满足下列条件后视为已经由收件方收到：

1. 如通过专人递送，在实际交付时；

2. 如以电传或传真传送，在传送完成并收到正确回号或传真报告时；

3. 如以电子邮件传送，在按照正确邮件地址发出后的第［•］个营业日［•］（北京时间）；或

4. 如以信函方式邮寄，在书写了正确地址并以挂号信投邮后的第［•］个营业日［•］（北京时间）。

尽管有本条上述约定，任何按照本条作出或交付的通信或文件如在收件之日收件所在地［•］之后收到，则视为在下一个营业日生效。

22.4 地址变更

本合同任何一方在变更联系地址、电传号、传真号、电子邮件时，应当尽快将该等变更通知代理行。在收到该等变更通知后，代理行应当立即通知本合同其他各方。

22.5 通知语言

本合同项下的通知应当以中文作出。

二十三、债务证明

任何银团成员行应当按照其业务操作惯例，在其会计账簿上记载与本合同相关的会计账目和记录。如无明显错误，在本合同项下借款人对银团成员

行的债务以银团成员行按其业务操作惯例出具的会计凭证中的记录为准。

二十四、权利累积和条款独立

24.1　权利累积

任何银团成员行没有或延迟行使其本合同项下的任何权利不应当被视为放弃该等权利，任何银团成员行单独或部分行使任何该等权利不排除该银团成员行之后以其他方式或进一步行使该等权利或行使任何其他权利。本合同约定的权利和救济是累积的，不排除法律法规赋予任何银团成员行的任何其他权利或救济。

24.2　条款独立

如果本合同任何条款在任何时候成为不合法、无效或不可执行，本合同其他条款的合法性、有效性或可执行性不受任何影响或减损。

二十五、合同文本

25.1　语言

本合同以中文起草并签署。

25.2　正本

本合同正本一式［•］份，具有同等效力。

二十六、适用法律和争议解决

26.1　适用法律

本合同适用中国法律并依照该法律解释。

26.2　争议解决

因本合同引起的或与本合同有关的任何争议，所有当事方应当争取在收到任何其他当事方发出的书面通知后的［•］日内友好协商解决。在该期限内协商不成的，任一当事方有权选择以下第［•］种争议解决方式：

1. 将该争议提交［•］仲裁委员会，按照申请仲裁时该会现行有效的仲

裁规则在［•］进行仲裁。仲裁裁决是终局的，对各方均有约束力；或

2. 将该争议提交［•］的人民法院通过诉讼解决。

> 借款人：借款人出于各种考虑有时会坚持选择仲裁作为争议解决的方式。
>
> 贷款人：贷款人的法务部门或风控部门大多对争议解决没有明确的政策。
>
> 评述：仲裁作为另类争议解决的方式在市场中开始有更多的使用，但在贷款合同中的市场惯例仍是诉讼为主，其主要原因还是贷款人在贷款出现问题时能够针对借款人资产快于其他债权人申请并实施强制措施以保护自身利益，仲裁在这方面程序上还比较慢。另外，贷款的诉讼涉及的法律问题也非常简单，和贸易、技术转让、投资争议相比，没有复杂的专业问题和法律问题需要专家来仲裁。

26.3　放弃豁免

借款人在此不可撤销地放弃其或其资产在任何司法管辖地享有的或可能享有的任何诉讼或司法程序中的豁免权。

二十七、生效

本合同自各方的法定代表人/负责人或授权签字人签署并加盖公章或合同专用章之日（“生效日”）起生效。

附件一　贷款人初始承贷额

初始贷款人	初始承贷额

附件二　文件确认书格式

致：[•]

作为代理行

日期：[•] 年 [•] 月 [•] 日

事由：[•] 年 [•] 月 [•] 日签署的[•] 贷款合同

我公司谨提及 [•] 作为借款人，与（1）[•] 作为牵头行，（2）[•]、[•] 和 [•] 作为初始贷款人，和（3）[•] 作为代理行于 [•] 年 [•] 月 [•] 日签署的 [•] 合同（以下称“贷款合同”）。在贷款合同中定义的用语在本确认书中使用时具有相同的含义。

我公司在此确认：

1. 在贷款合同第 4.2 条（*首次提款的先决条件*）第 1 款中所列的各项文件中，原件是真实和完整的，复印件（包括但不限于附于本确认书之后的文件）是其原件的真实、准确、完整的复印件，并且该等文件在本确认书之日完全有效。

2. 在我公司[股东会]／[董事会] 会议上通过并在会议记录中列明的决议截至本确认书之日没有被撤销、修改或替代，完全有效。

3. 我公司目前具有偿债能力。

4. 以下为在本确认书之日我公司所有的现任董事的名单以及在召开董事会会议之日的董事名单：

[•]。

除非我公司向贵行发出相反的书面通知，贵行可以认为本确认书所载内容在提款日及之前始终真实、准确。

____________________　　　　____________________

法定代表人（或授权签字人）

[•]　　　　　　　　　　　　公章

附件三　转让证书格式

致：［•］

地址：［•］

联系人：［•］

［•］

地址：［•］

联系人：［•］

发件人：［转让行］和［受让行］

日期为［•］的［•］合同（“贷款合同”）

我们在此提及贷款合同第十八条*(转让)*。贷款合同中定义的词语在本证书中使用时具有相同含义。

1. 转让行和受让行在此同意，转让行将附录中列明的权利及义务按照贷款合同第十八条*(转让)*的规定转让给受让行，受让行将会向其他银团成员行承担与转让行本次转让之前所承担的相同的责任。

2. 转让日期为［•］。

3. 受让行的经办机构地址列于附录中。

4. 贷款合同第18.3条（*转让生效*）至第18.7条（*转让行进一步免责*）的规定构成本证书的一部分，对受让行具有约束力。

5. 本证书受中国法律管辖。

附录　转让的份额

总承贷额项下：

转让行的承贷额	被转让的承贷额
[•]	[•]
转让行在贷款余额中的份额	被转让的部分
[•]	[•]

受让行情况：

受让行名称：

经办机构：

通知送达地址：

电话：

电传：

传真：

联系人：

电子邮件：

[转让行]	[受让行]
签字人：	签字人：
____________（公章）	____________（公章）

[代理行]

签字人：

____________（公章）

附件四　各方账户

<u>借款人</u>

<u>贷款资金账户</u>

户名：[*借款人名称*]

开户银行：[•]

账号：[•]

备注：[•] 银团贷款放款

<u>银团成员行</u>

<u>代理行付款账户</u>

户名：[•]

开户银行：[•]

账号：[•]

行号：[•]

备注：[•]

[*牵头行名称*]

户名：[•]

开户银行：[•]

账号：[•]

行号：[•]

备注：[•]

[*代理行名称*]

户名：[•]

开户银行：[•]

账号：[•]

行号：[•]

备注：[•]

[*贷款人名称*]

户名：[•]

开户银行：[•]

账号：[•]

行号：[•]

备注：[•]

[*贷款人名称*]

户名：[•]

开户银行：[•]

账号：[•]

行号：[•]

备注：[•]

[*贷款人名称*]

户名：[•]

开户银行：[•]

账号：[•]

行号：[•]

备注：[•]

签字页

<u>借款人</u>

［•］

地址：［•］
邮编：［•］
电话：［•］
传真：［•］　　　　　　　　　　联系人：［•］
电子邮件：［•］

法定代表人（或授权签字人）：

____________________　　　　____________________

姓名：　　　　　　　　　　　　公章/合同专用章
职务：

牵头行

[•]

地址：[•]

邮编：[•]

电话：[•]

传真：[•]　　　　　　　　联系人：[•]

电子邮件：[•]

法定代表人/负责人（或授权签字人）：

___________________　　　　___________________

姓名：　　　　　　　　　　公章/合同专用章

职务：

代理行

［•］

通讯地址：
邮编：［•］
电话：［•］
传真：［•］
联系人：［•］
电子邮件：［•］

法定代表人/负责人（或授权签字人）：

____________________ ____________________

姓名： 公章/合同专用章
职务：

贷款人

[•]

通讯地址：
邮编：[•]
电话：[•]
传真：[•]
联系人：[•]
电子邮件：[•]

法定代表人/负责人（或授权签字人）：

____________________ ____________________

姓名： 公章/合同专用章
职务：

<u>贷款人</u>

[•]

通讯地址：[•]
邮编：[•]
电话：[•]
传真：[•]
联系人：[•]
电子邮件：[•]

法定代表人/负责人（或授权签字人）：

____________________ ____________________

姓名： 公章/合同专用章

职务：

贷款人

[•]

通讯地址：[•]
邮编：[•]
电话：[•]
传真：[•]
联系人：[•]
电子邮件：[•]

法定代表人/负责人（或授权签字人）：

____________________ ____________________

姓名： 公章/合同专用章
职务：

致　　谢

首先我要向我的母校华东政法大学律师学院的丁绍宽院长致谢，如果不是丁院长的一再督促，我是不可能写出这本书的。正是他的一再督促，让我不好意思一拖再拖，终于在动笔后的 3 年完成此书，也正好作为我从事律师执业 30 周年的纪念。

8 年前受母校刘晓红前副校长邀请，我一起参与筹建了华东政法大学律师学院，致力于站在国际化的高度培养实务型的律师卓越人才。本来按照学院安排我要写一本银行金融法教材，但我发现要系统地写出一本中国的银行金融法理论专著，即使是大学教材也实属不易。根据我 30 年的银行金融律师执业经验，我深知银行金融法的一些基本法律问题还没有真正厘清。如果我们翻开一本英国银行法律专著，第一个问题就是银行和客户的法律关系。而这么基本的一个法律问题，在中国当前法律下找不到明确的界定，或者说只有混乱的规定。《储蓄管理条例》规定，“国家保护个人合法储蓄存款的所有权”，那么银行和客户的关系是物权关系还是债权关系？账户的法律性质是物权还是债权？还有银行抵销权等，这些基本法律关系实际上涉及的是整个银行金融法的基石，中国传统民法在以英美法为代表的国际金融市场惯例对中国银行金融业的冲击下尚无法及时作出回应，所以，我也无力写出这样一本银行金融法专著。

好在过去的30年律师执业中我办理了3000多个项目案件，大多数是银行金融交易，涉及银行金融业的各个方面，也涉及不同方面的银行金融法律问题，所以就想还是从律师实务的角度写写自己可能还有些价值的“干货”经验，希望对法学院的学生和青年律师们有所启发。虽然有了写这样一本书的想法，把自己过去执业的主要经验整理出来，也挑选一批有价值的案例整理出来，但真到下笔时，才发现难上加难，一是时间跨度大，涉及案件材料多；二是很多案件物是人非。还是要感谢我的工作团队，曾经和正在与我一起工作的同事们，是他们的热情帮助、讨论、回忆甚至是动笔写出他们参与的案例部分才推动我能在过去的3年里持续写下去。我的工作团队成员有的已经离开团队，成为国际银行的法务总监，成为金融创业者，或者成为著名律师事务所的合伙人，每个人都非常忙碌，但为了这本书，他们都非常愉快地参与了，就像当年我们一起并肩做项目一样，所以我要向他们表示感谢，他们是蔡敖飚、张宁、姚建波、周辉、陆居轶、崔冰、王睿、夏政双。特别是我的助理夏政双律师花了大量时间帮助我整理资料、编写案例并帮助写出了几个章节的初稿，占用了他不少节假日的时间。

回顾过去30年的执业生涯，除了对长期信任我的银行客户和长期合作的国际律师事务所合伙人表示感谢外，我必须要对曾经给我机会、帮助我成长的蒋鸿礼律师表达心底的感谢。蒋老师早年毕业于东吴大学，是上海海派老律师的代表，永远是合身得体的西装笔挺，头发纹丝不乱，举止温文尔雅，写一手漂亮的英文字。蒋老师在20世纪80年代末带着我走进中国银行、汇丰银行等一家家银行的大门。我能在银行金融法实务领域有所建树，是蒋老师领我入门。同时，我也要向毛柏根主任表达感谢，当年我毕业去了上海第一、第二和第三事务所进行面试，而毛主任用英文面试我，并当下决定录用我。在3年后组建上海浦东涉外律师事务所时毛主任又力邀我一起参加组建，并给我机会去参加英国的培训项目，可以说是毛主任帮助我执业更上一层楼。这些事情虽然过去了 30 年，但都历历在目，难以忘怀。

能够走到今天，写出这样一本书，还必须要感谢我的老师们。我还记得当年我从全国几十名考生中以名列前茅的成绩考取华东政法大学的国际经济法研究生，但当面向胡文治老师请求转到外国法制史专业学习时，胡老师的挽留和遗憾，我一直感恩在心；在研究古代法制史和法律文化过程中，和导师徐轶民老师的争论及徐老师对我的宽厚与关心记忆犹在；我们本科国际法班主任单海玲老师在课堂外的帮助如春风拂面一直温暖着我；法律英语田凤仪老师在课堂上对我的赞赏一直鼓励着我。我的初中班主任刘兴荣老师、高中班主任尹燕春老师对我的赏识也是我成长的动力。而廖志祥先生和孙新兰老师既是我在律师事业成功之时的人生导师，同时也是我在人生迷茫之时的人生导师，在跟随他们学习《道德经》生命智慧的过程中，让我可以活出来，来重新面对自己从未了解过的生命真正的愿望，为此，我深深感恩廖先生和孙老师带给我生命的启蒙。

在这个人工智能到来的时代，在这个我们人类会越来越被人工智能取代的时代，人类比任何时候都更加真切地面对生命价值这个基本命题，在物质的迷失中需要重新找到人类前进的方向。面对未来，我们律师也无法回避这个问题，因为我们同时也是一个个生命个体，我们也需要超越物质的锁链，来回归生命自身的需要和渴望。在这个风云变幻的时代，真正迎向命运，为土地创造价值，为人类创造价值，才有可能创造出自己生命真正的价值。

人有一个神秘的心灵地带，
谁能用天意、天旨去撩动它，
谁就能主导着人类未来文明、文化的动向。

（摘自廖志祥先生诗咒）

在本书稿校对的过程中，中国暴发了新型冠状病毒肺炎，一时间全体国民上下一心全力抗疫，我也通过我们的公益组织全力参与其中，生命时时被激荡着。在写下本书后记之时，中国已进入第二阶段，但新型冠状病毒肺炎开始在全球肆虐，世界各国纷纷进入紧急状态，各大股指大幅下挫，人类面临着第二次世界大战之后最大的一次考验。这对各国是一场大考，对人类社会也是一场大考。无论最后疫情如何发展，有一点是确定的，物壮则老，世界将进入一个新的时代。问题是，身处其中，我们准备好了吗？

最后，我必须要感谢我的大学老同学孙志华，感谢他的鼓励和支持，同时我也为老同学的成就而骄傲，他在法律出版界经过几十年的勤奋付出，成为法律出版社总编辑这一行业翘楚。同时也感谢法律出版社策划编辑李群女士特别的帮助和策划，还有李璐女士非常认真、专业的编辑校对，让这本书得以顺利出版，在此一并致以谢意。

刘大力

2020 年 3 月 22 日于上海

图书在版编目(CIP)数据

破局：银行金融法律市场与实务运作 / 刘大力著
. -- 北京：法律出版社，2020(2020.5 重印)
ISBN 978-7-5197-4342-0

Ⅰ. ①破… Ⅱ. ①刘… Ⅲ. ①金融法-研究-中国
Ⅳ. ①D922.280.4

中国版本图书馆 CIP 数据核字(2020)第 048421 号

破局:银行金融法律市场与实务运作
POJU:YINHANG JINRONG FALÜ SHICHANG YU SHIWU YUNZUO

刘大力 著

责任编辑 李 群
装帧设计 汪奇峰

编辑统筹 法规出版分社
出版 法律出版社
总发行 中国法律图书有限公司
经销 新华书店
印刷 中煤(北京)印务有限公司
责任印制 吕亚莉
开本 710 毫米×1000 毫米 1/16
印张 28.75
字数 356 千
版本 2020 年 4 月第 1 版
印次 2020 年 5 月第 2 次印刷

法律出版社/北京市丰台区莲花池西里 7 号(100073)
网址/www.lawpress.com.cn
投稿邮箱/info@lawpress.com.cn
举报维权邮箱/jbwq@lawpress.com.cn
销售热线/400-660-8393
咨询电话/010-63939796

中国法律图书有限公司/北京市丰台区莲花池西里 7 号(100073)
全国各地中法图分、子公司销售电话:
统一销售客服/400-660-8393/6393
第一法律书店/010-83938432/8433
西安分公司/029-85330678
重庆分公司/023-67453036
上海分公司/021-62071639/1636
深圳分公司/0755-83072995

书号:ISBN 978-7-5197-4342-0
定价:78.00 元
(如有缺页或倒装,中国法律图书有限公司负责退换)